이제 **오르비**가
학원을 재발명합니다

대치 오르비학원 내신관/학습관/입시센터 | 주소 : 서울 강남구 삼성로 61길 15 (은마사거리 도보 3분)
대치 오르비학원 수능입시관 | 주소 : 서울 강남구 도곡로 501 SM TOWER 1층 (은마사거리 위치)
| 대표전화 : 0507-1481-0368

오르비학원은

모든 시스템이 수험생 중심으로 더 강화됩니다.

모든 시설이 최고의 결과가 나올 수 있도록 설계됩니다.

집중을 위해 오르비학원이 수험생 옆으로 다가갑니다.

오르비학원과 시작하면

원하는 대학문이 가장 빠르게 열립니다.

출발의 습관은 수능날까지 계속됩니다.
형식적인 상담이나
관리하고 있다는 모습만 보이거나
학습에 전혀 도움이 되지 않는
보여주기식의 모든 것을 배척합니다.

쓸모없는 강좌와 할 수 없는 계획을 강요하거나
무모한 혹은 무리한 스케줄로
1년의 출발을 무의미하게 하지 않습니다.
형식은 모방해도 내용은 모방할 수 없습니다.

개인의 능력을 극대화 시킬 모든 계획이 오르비학원에 있습니다.

개화_말할 수 없는 것

|오극찬 외 7명|

저자의 말

일월 언어 연구소 두 번째 책인 '개화_말할 수 없는 것'입니다.

제작에 도움을 준 모두에게 감사합니다.

- 오극찬 -

I. 독서

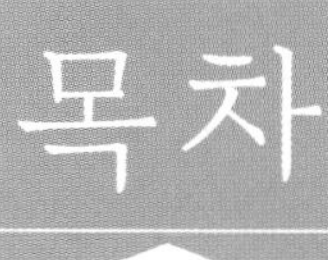

I. 독서

Ⅱ. 문학

 목차

Ⅱ. 문학

현대 운문/수필

고전 운문/수필

정답

개화

I. 독서

독서

| 기초 이론 |

독해·독서·잡소리·잡기술·이름부여

독자들에게

이 책은 25년도 평가원 기출문제를 토대로, 문학과 독서에 관한 이론과 해설을 담고 있다. 문제와 해설이 있다는 점에서 시중의 기출문제집과 비슷해 보이지만, 단순히 한 번 풀고 버리는 용도가 아니라 깊이 곱씹고 분석하기 위한 책이라는 점에서 차이가 있다. 독자들은 이 차이를 염두에 두고 학습하길 바란다.

1. 어휘

많은 학생을 가르쳐 보며 느낀 점은, 기본적인 어휘의 빈틈 때문에 지문 이해에 어려움을 겪는 경우가 매우 많다는 것이다. 하지만 수능 국어를 준비한다고 해서 "어휘집을 사서 통째로 외우라"는 방식은 비효율적이다.

가장 좋은 방법은 수능 지문에서 실제로 출제된 어휘 중 헷갈리거나 애매한 표현을 그때그때 익히는 것이다.

이 책에 삽입된 어휘 목록은 대체로 중간권(약 5등급 수준) 학생들이 잘 모르는 것들이지만, 독자층이 다양할 수 있다는 점을 고려해 메모 칸을 마련했다. 모르는 어휘가 나오면, 직접 사전이나 자료를 찾아 의미를 적어 두길 권장한다. 또, 중요한 어휘나 자주 출제되는 것들은 한자 표기도 함께 실어 두었으니 참고하길 바란다.

마지막으로, 어휘를 억지로 암기하려 하지 말라는 당부를 전하고 싶다. 영어를 외국어로 배울 때처럼 단어장을 달달 외우는 것은 이 책의 의도와 맞지 않다. 오히려 반복해서 노출되는 과정에서 가랑비에 옷 젖듯 자연스럽게 익히는 것이 바람직하다. <외우려 하지 말고, 외워지는 것>을 추구하자.

2. 잡기술

이 책에서는 주로 독서 지문에서 활용할 수 있는 다양한 독해 코드나 기술들을 통칭하여<잡기술>이라 부른다. 말 그대로 '잡스러운' 측면이 있어서 그렇게 명명했을 뿐, 절대적인 규칙은 아니다.

대비, 인과, 조건/목적, 조건/효과 같은 여러 이름으로 등장하는데, 사실 하나의 상황을 원인과 결과 관계로 볼 수도 있고, 조건/효과 관계로 해석할 수도 있다. 이런 임의성에도 불구하고, 기본 틀을 갖춰 두면 훨씬 편하게 지문을 읽을 수 있다.

예를 들어, 아래는 25년도 6월 평가원에 출제된 04~07번 지문의 첫 두 줄이다.

[1-1] 정당과 같은 정치 조직이 민주적 방식과 절차로 운영되어야 하는 것은 당연하다.

[1-2] 그런데 민주적 운영 체제를 갖추었으면서도 실제로는 일부 소수에게 권력이 집중되어 있는 경우도 적지 않다.

여기서 "그런데"가 쓰인 이유를 30초 안에 명쾌하게 설명할 수 있다면, 굳이 잡기술을 신경 쓰지 않아도 된다. 그렇지 않다면, 잡기술이 큰 도움이 될 것이다.

정답은 다음과 같다.

'그러나'가 쓰인 경우, 그 전후는 대비 관계를 나타낸다. 즉 [1-1]과 [1-2]가 내용상으로 반대된다는 것이다. 이때 독자의 머릿속에 '실질/형식'의 인식 틀이 있다면, [1-1]은 실질적, 형식적으로 민주적 방식과 절차로 운영되는 반면, [1-2]는 형식적으로 민주적이지만, 실질적으로 그렇지 못하기 때문에, '그러나'가 삽입됐다고 답할 수 있다.

이런 인식 틀(잡기술)은 일종의 '사다리'다. 목표 지점(문맥 이해)에 도달하기 위해 사다리를 타고 올라가듯, 우리는 잡기술을 사용해 글의 흐름을 더욱 쉽게 파악할 수 있다.

3. 잡소리

이 책 곳곳에는 <잡소리>라는 이름으로, 학생들이 자주 질문하는 부분이나 필요한 배경지식을 추가했다. 잡기술처럼, 가볍게 읽어 보길 권장한다. 꼭 다 외울 필요는 없지만, 알아 두면 독해가 수월해지는 팁들이 들어 있다.

맺음말

현시점에서 수능 국어와 관련된 사교육 자료들은 전반적으로 질이 높은 편이다. 그럼에도 불구하고, 무조건 맹신하거나 하나의 방식만을 절대적 진리로 여기기보다는, 스스로 고민하고 취사선택해야 한다. 이 책에서는 그러한 태도를 바탕으로, 어휘를 '가랑비에 옷 젖듯' 익히고, 잡기술(비교, 인과, 조건 등)을 유연하게 적용하며, 필요한 배경지식을 '잡소리'로 재밌게 소화하는 방식을 제안했다.

부디 이 방식을 그대로 수용하기보다 "내게 맞는가?"를 고민하며 적절히 활용하기를 바란다. 여러 가지 독해 방식 중 무엇이 자신에게 가장 잘 맞는지 끊임없이 점검하고, 문제 풀이와 분석을 병행하는 공부 습관이 수능 국어 학습에서 궁극적으로 지향해야 할 목표일 것이다.

이제 책에 대한 가벼운 소개는 끝났다.

다음으로 '독해'와 '이름 부여'에 대해 알아보자.

독해

내가 그의 이름을 불러 주었을 때,

그는 나에게로 와서

꽃이 되었다.

— 김춘수, 「꽃」—

머릿이야기

이번 장에서는 '독해'라는 개념을 해명하고, 이를 바탕으로 수험생들이 가진 궁금증을 해소해 보려 한다.

독해의 정의

i) 어떠한 압박 속에서
ii) 글(Text)을
iii) 이해하는 것

정말 간단하다. 하지만, 이 정의에는 시험 독해를 관통하는 중요한 전제가 담겨 있다.

1) 어떠한 압박

수능 국어든 LEET 언어이해든, 독해력은 시간 압박을 전제로 한다. 무한정 글을 탐구하는 것이 아니라, 제한 시간 안에 읽고 이해한 뒤 문제에 답해야 하기 때문이다. 이로 인해 학생들은 심리적 중압감을 느끼게 된다. 말하자면, 일반적인 '독서'와 달리, 이 시험 상황에는 "어떠한 압박"이 계속 작용한다.

게다가 압박을 느끼는 정도는 학생마다 다르다. 같은 분량의 압박을 가했을 때도, 각자가 지닌 '방어력'과 '속성'이 다르기에 체감하는 부담도 제각각이다.

쉽게 말해, 같은 데미지를 받아도 게임 캐릭터마다 '방어력'이나 '속성'이 달라 손실량이 다르게 나타나는 것과 비슷하다.

이처럼 주관적이고 규정하기 어려운 압박이라 해도, 어느 정도 완화하는 방법은 있다. 그중 하나가 일관성이다.

2) 일관성

여기서 말하는 '일관성'이란, 글을 읽을 때 자신만의 행동 방식을 정해 두는 것을 의미한다. 이를 추상적으로 들릴 수 있으니, 인터넷 강사를 예로 들어 보자. 대부분의 국어 인터넷 강의는 고정된 분석 틀을 가지고 글을 읽어나간다.

강사 자신이 만들어 둔 패턴을 학생들에게 제시하고, 학생들은 그 방식을 익혀, 새로운 지문을 만났을 때도 동일한 틀을 적용한다. 이런 방식은 시험장에서 안정적인 독해 태도를 유지하는 데 꽤 효과적이다. 즉, 압박 상황 속에서 판단의 혼선을 줄여 주는 셈이다.

하지만 학생들이 이 '일관성'의 취지를 잘 이해하지 못하고, "왜 선생은 저렇게 읽지?" 하는 의문 없이 막연히 필기하거나 외우기만 하면 제대로 된 효과를 보지 못한다.

소결

독해는 어떠한 압박감을 전제한다.

이를 대응하는 방법 중 하나가 일관성이다.

많은 강사들은 수업에서 본인의 일관된 독해 방식을 제시하지만, 학생들이 이를 충분히 활용하지 못하는 경우가 있다.

해결

이 문제를 해결하려면, 우선 학생들의 관념 변화가 필요하다. 글을 읽고 문제를 푼 뒤 강의를 듣는 과정에서, "선생의 말이 절대적 진리가 아닌, 하나의 상대적 방식 중 하나일 뿐"이라는 사실을 인식해야 한다. 인터넷 강의를 듣다 보면, 자신도 모르게 강사가 제시한 인식 틀에 맞추려는 경향이 생긴다. 때로는 그것이 긍정적으로 작용해 '체화'로 이어질 수도 있지만, 자칫하면 그 틀에 매몰되어 스스로 다른 가능성을 전혀 고민하지 않을 위험도 있다.

그러므로 학생들은 강사가 설명하는 방식 외에도 다른 접근법이 있을 수 있음을 염두에 두고, 모르는 부분은 스스로 여러 자료를 찾아 보충한 뒤, 인고의 시간을 거쳐 다음 강의로 넘어가는 태도가 필요하다. 다시 말해, 강사의 해설은 어디까지나 의견일 뿐이다. 학생이 그 해설을 비판적으로 수용하고, 자신만의 방식과 비교·검토해 보는 경험이야말로, 수능 국어에 걸맞은 학습법이라 할 수 있다.

예를 들어, 다음 문장을 살펴보자.

[1-1] 서양의 과학과 기술, 천주교의 수용을 반대했던 이항로를 비롯한 척사파의 주장은 개항 이후에도 지속되었지만, 개화는 거스를 수 없는 대세로 자리 잡았다.

> **강사가 '패러프레이징'을 중점적으로 가르치고 싶다면**
>
> 해설) "-지만"을 통해 보면, '서양 과학·기술, 천주교'가 '개화'와 사실상 동의어로 다루어지고 있음을 알 수 있다.

> **다른 강사가 '보조사 활용'을 강조하고 싶다면**
>
> 해설) "도"를 주목하면, 척사파의 주장(반대)이 개항 이전에도 있었음을 유추할 수 있다.

> **또 다른 강사가 '글의 흐름 예측'을 설명하고 싶다면**
>
> 해설) 척사파가 존재했음에도 불구하고 개화가 진행됐으므로, 뒤에서는 개화파의 의견이 주로 다뤄질 가능성이 높다.

이렇듯 모두 훌륭한 해설이지만, 시간제한 때문에 강사는 여러 설명을 전부 담아내지 못한다. 결국 각 강사가 자기가 강조하고 싶은 내용을 '취사선택'하게 되고, 그 선택이 곧 수업 스타일의 차이를 낳는다.

그렇다면 학생은 어찌해야 할까?"다 좋은 설명이니, 내가 받아들일 부분과 보완할 부분을 스스로 결정하라"는 것이다. 여러 강의를 한꺼번에 수강하는 건 시간상 쉽지 않지만, 한 강의를 듣더라도 다른 해석 가능성을 끊임없이 떠올려 보는 태도가 중요하다. 모르는 단어나 표현이 있으면 검색을 활용해 충분히 고민한 뒤, 다음 강의로 넘어간다. 다시 말하지만, 강사의 설명은 교리도 절대적 진리도 아니므로, 학생이 스스로 고민하고 평가하는 자세를 갖추어야 한다.

이러한 독해의 자유로움은 중요하지만, 이를 전부라고 생각한다면, 독서 공부의 무용론으로 귀결된다. 따라서 수험서를 집필하는 처지에서 너무 형식적이지 않은 '나름의 읽는 법'을 제시하겠다.

바로 '이름 부여'이다.

이름 부여

정의

i) 독해 과정에서
ii) 임의의 내용 단위마다
iii) 이름을 부여하는
iv) 행위

이름을 붙이는 방식 자체는 단순해 보이지만, 시각적으로 인지된 정보에 의미를 부여한다는 점에서 독해에 많은 이점을 준다.

효과

(1) 읽은 지식의 저장

이름 붙이기는 이미 들어온 정보를 더 오래 기억하게 해 준다. 단순히 눈으로 훑는 것보다, 각 단위에 '별칭'을 붙이면 정보가 더 선명하게 남는다.

(2) 목적의식

수능시험장처럼 긴장되는 상황에서 "그냥 열심히 읽자"라는 막연한 구호 대신, "이름을 붙여 가며 읽어 보자"라는 명료한 행동 지침이 있으면 훨씬 안정감을 느낄 수 있다.

사실 이 두 가지보다, 뒤에서 이야기할 효과들이 더 중요하다.

(3) 새로운 정보 추론

표면적으로 주어진 정보 외에도, 이름을 붙이는 과정을 통해 새로운 단서를 발견하거나 순서를 재구성하는 등 추가적인 추론을 할 수 있게 된다.

(4) 학습 가능성

시험이 끝난 뒤 자기 독해 과정을 되돌아볼 때, 어디서 혼선이 생겼는지, 어떤 부분을 잘못 이해했는지 구체적으로 점검하기가 쉬워진다. 이는 실전 모의고사 기간에 유용한 자기 피드백 도구가 된다.

자세한 이름 부여는 모든 독서 지문에 실어두었으니 그걸 참고하여 공부하면 된다.

메모

|독서|

| Preview |

| 인터넷 ID와 관련된 명예훼손 |

이 지문은 리프킨의 인터넷 ID의 명예 주체성을 인정하는가와 관련된 쟁점을 다루는 법학 지문이다. 주목할 지점은 지문 초반부에 자기 정체성, 가상 공간, 사회적 상호 작용에서의 자기표현 등 심리학적 소재를 중심으로 논의를 전개하다가 [3문단]부터 법학 지문으로 주제를 바꾸는 부분이다. 이러한 부분은 25년도 평가원 기출 독서 지문에서 많이 볼 수 있다.

고전적인 법학 지문답게 법률요건과 법률효과가 출제되었다. 따라서 독자는 무엇이 요건이고 무엇이 효과인지 점검하는 과정이 필요하다. 여기서는 대법원과 헌법재판소가 각각 명예훼손·모욕에 대하여 어떤 법률요건과 법률효과를 제시하는지 알 수 있다.

하나의 쟁점에 대해 여러 의견이 등장하고, 독자는 각 의견의 근거와 결론을 확보하는 습관을 지니는 것이 중요하다. 여기서는 <인터넷 ID의 명예 주체성을 인정하는가>에 대해 긍정설과 부정설의 주장과 근거를 확보해야 한다.

□ 의례적 儀禮的
□
□ 형식이나 격식만을 갖춘 것.

□ 위상 位相
□
□ 어떤 사물이 다른 사물과의 관계 속에서 가지는 위치나 상태.

□ 위축 萎縮
□
□ 어떤 힘에 눌려 졸아들고 기를 펴지 못함.

□ 명예 名譽
□
□ 세상에서 훌륭하다고 인정되는 이름이나 자랑. 또는 그런 존엄이나 품위.

□ 일원적 一元的
□
□ 특정한 문제나 사항을 오직 하나의 원리로 설명하는 것.

□ 성립 成立
□
□ 일이나 관계 따위가 제대로 이루어짐.

□ 판시하다 判示하다
□
□ 어떤 사항에 관하여 판결하여 보이다.

□ 헌법 소원 憲法訴願
□
□ 헌법 정신에 위배된 법률에 의하여 기본권의 침해를 받은 사람이 직접 헌법 재판소에 구제를 청구하는 일.

길라잡이

모르는 어휘가 있다면 정리하세요!

메모

리프킨은 사회적 상호 작용에서의 자기표현은 본질적으로 연극적이며, 표면 연기와 심층 연기로 ⓐ이루어진다고 언급했다. 표면 연기는 내면의 자연스러운 감정보다 의례적인 표현과 같은 형식에 집중하여 연기하는 것이고, 심층 연기는 내면의 솔직한 정서를 ⓑ불러내어 자신의 진정성을 보여 주는 것이다. 인터넷에서의 커뮤니케이션에 주목한 리프킨은 가상 공간에서 자기표현이 더욱 활발히 이루어진다고 보았다.

가상 공간의 특성에 주목한 연구자들은 사람들과의 관계 속에서 드러나는 고유한 존재로서의 위상을 뜻하는 자기 정체성이 가상 공간에서 다양하게 ⓒ나타난다고 본다. 가상 공간에서는 익명성이 작동하므로 현실에서 위축되는 사람도 적극적으로 자기표현을 할 수 있다. 아울러 현실에서의 자기 정체성을 ⓓ감추고 다른 인격체로 활동하거나 현실에서 억압된 정서를 공격적으로 드러내기도 한다. 게임 아이디, 닉네임, 아바타 등 가상 공간에서 개별적 대상으로 인식되는 ‘인터넷 ID’에 대한 사이버 폭력이 ⓔ넘쳐 나는 현실도 이와 무관하지 않다.

사이버 폭력과 관련하여, 인터넷 ID만을 알고 있는 상황에서 그에 대해 명예훼손이나 모욕 등의 공격이 있을 때 가해자에게 법적인 책임을 물을 수 있는지에 대한 논란이 있어 왔다. 이는 인터넷 ID가 사회적 평판인 명예의 주체로 인정될 수 있는가와 관련된다. 인터넷 ID의 명예 주체성을 ㉠인정하는 입장에 따르면, 자기 정체성은 일원적·고정적인 것이 아니라 현실 세계와 가상 공간에 걸쳐 존재하고 상호 작용하는 복합적인 것이다. 인터넷에서의 자기 정체성은 사용자 개인의 자기 정체성의 일부이기 때문에 자기 정체성을 가진 인터넷 ID의 명예 역시 보호되어야 한다. 반면 ㉡인정하지 않는 입장에 따르면, 생성·변경·소멸이 자유롭고 복수로 개설이 가능한 인터넷 ID는 그 사용자인 개인을 가상 공간에서 구별하는 장치에 불과하다. 인터넷 ID는 현실에서의 성명과 달리 그 사용자인 개인과 동일시될 수 없고, 인터넷 ID 자체는 사람이 아니므로 명예 주체성을 인정할 수 없다는 것이다.

㉮대법원은 실명을 거론한 경우는 물론, 실명을 거론하지 않았더라도 주위 사정을 종합할 때 지목된 사람이 누구인지를 제3자가 알 수 있는 경우에는 명예훼손이나 모욕에 대한 가해자의 법적 책임이 성립한다고 판시해 왔다. 이를 수용한 헌법재판소에서는 인터넷 ID와 관련된 명예훼손·모욕 사건의 헌법 소원에 대한 결정을 내린 바 있다. 이 결정에서 ㉯다수 의견은 인터넷 ID만을 알 수 있을 뿐 그 사용자가 누구인지 제3자가 알 수 없다면 피해자가 특정되지 않아 명예훼손이나 모욕에 대한 가해자의 법적 책임이 성립하지 않는다고 보았다. 반면 인터넷 ID는 가상 공간에서 성명과 같은 기능을

하므로 제3자의 인식 여부가 법적 책임의 근거가 될 수 없다는 ㉰소수 의견도 제시되었다.

14. 윗글의 내용과 일치하지 <u>않는</u> 것은?

① 심층 연기는 내면의 진솔한 정서를 드러내기 위해 형식에 집중하는 자기표현이다.

② 리프킨은 현실 세계보다 가상 공간에서 자기표현이 더욱 왕성하게 드러난다고 보았다.

③ 가상 공간에서 개별적인 것으로 인식되는 아바타는 사이버 폭력의 대상이 될 수 있다.

④ 익명성은 가상 공간에서 자기 정체성이 다양하게 나타나는데 영향을 미치는 가상 공간의 특성이다.

⑤ 가상 공간에서의 자기 정체성은 현실에서의 자기 정체성과 마찬가지로 타인과의 관계 속에서 나타난다.

15. ㉠과 ㉡에 대한 이해로 가장 적절한 것은?

① ㉠은 ㉡과 달리 자기 정체성을 단일하고 고정적인 것으로 파악하겠군.

② ㉠은 ㉡과 달리 인터넷 ID에 대한 공격을 그 사용자인 개인에 대한 공격이라고 보겠군.

③ ㉡은 ㉠과 달리 인터넷에서의 자기 정체성과 현실 세계의 자기 정체성이 상호 작용을 한다고 보겠군.

④ ㉡은 ㉠과 달리 인터넷 ID는 복수 개설이 가능하므로 자기 정체성이 복합적으로 구성된다고 보겠군.

⑤ ㉠과 ㉡은 모두, 인터넷 ID마다 개인의 자기 정체성이 다르다고 보겠군.

16. 윗글을 바탕으로 <보기>를 이해한 내용으로 적절하지 <u>않</u>은 것은?

<보기>

○○ 인터넷 카페의 이용자 A는 a, B는 b, C는 c라는 ID를 사용한다. 박사 학위 소지자인 A는 □□ 전시관의 해설사이고, B는 같은 전시관에서 물고기 관리를 혼자 전담한다. 이 전시관의 누리집에는 직무별로 담당자가 공개되어 있다. 어떤 사람이 □□ 전시관에서 A의 해설을 듣고 A의 실명을 언급한 후기를 카페 게시판에 올리자 다음과 같은 댓글이 달렸다.

A의 해설에 대한 후기
↳ b A가 박사인지 의심스럽다. A는 #~#.
↳ a □□ 전시관에서 물고기를 관리하는 b는 #~#.
↳ c 게시판 분위기를 흐리는 a는 #~#.

(단, '#~#'는 명예를 훼손하거나 모욕을 주는 표현이고 A, B, C는 실명이다. ID로는 그 사용자의 개인 정보를 알 수 없으며, A, B, C의 법적 책임에 영향을 미치는 다른 요소는 고려하지 않는다.)

① ㉮는 B가 가해자로서의 법적 책임을 져야 하지만 C는 가해자로서의 법적 책임을 지지 않는다고 보겠군.

② ㉯는 B가 가해자로서의 법적 책임을 져야 하지만 A는 가해자로서의 법적 책임을 지지 않는다고 보겠군.

③ ㉮와 ㉰는 A가 가해자로서의 법적 책임을 져야 하는지의 여부에 대해 같게 보겠군.

④ ㉯와 ㉰는 B가 가해자로서의 법적 책임을 져야 하는지의 여부에 대해 같게 보겠군.

⑤ ㉮, ㉯, ㉰가, C가 가해자로서의 법적 책임을 져야 하는지의 여부에 대해 판단한 내용이 모두 같지는 않겠군.

17. 문맥상 ⓐ~ⓔ와 바꿔 쓰기에 가장 적절한 것은?

① ⓐ: 완성(**完成**)된다고　② ⓑ: 요청(**要請**)하여

③ ⓒ: 표출(**表出**)된다고　④ ⓓ: 기만(**欺瞞**)하고

⑤ ⓔ: 확충(**擴充**)되는

메모

[1-1] 리프킨은 ^{전체}사회적 상호 작용에서의 자기표현은 본질적으로 ^{속성}[연극적]이며, ^{분류1}[표면 연기]와 ^{분류2}[심층 연기]로 이루어진다고 언급했다.

잡기술(나열)

필자는 서두에 생소한 용어(표면 연기, 심층 연기)를 사용하고 있다. 이때 독자는 나열된 순서대로 필자가 용어들을 설명해 줄 것으로 예측할 수 있다.

잡소리(연극적)

연극적이라는 것은 일상적인 사회적 상호작용에서 사람들이 마치 배우가 무대 위에서 배역을 연기하듯 자신의 말, 표정, 행동을 의식적으로 구성하고 연출하는 것을 의미한다. 우리는 살면서 (학교, 직장, 가정, 인터넷 등) 여러 집단을 옮겨 다닌다. 이 있다. 그 과정에서 우리는 각 무대에 맞는 역할을 수행한다. A라는 사람이 가정에서는 아들이고, 학교에서는 학생, 직장에서는 월급쟁이라는 역할을 수행하는 것이다. 이때 표면 연기와 심층 연기가 뒤섞인다. A라는 사람이 있다. 그는 집에선 살가운 아들, 학교에선 활발한 학생, 바깥에선 무뚝뚝한 직원이 될 수 있다. 이런 맥락에서 리프킨은 사회적 상호작용 자체가 본질적으로 연극적이라고 표현한 것이다.

[1-2] 표면 연기는 ^{정의}[내면의 자연스러운 감정보다 의례적인 표현과 같은 형식에 집중하여 연기하는 것]이고, 심층 연기는 ^{정의}[내면의 솔직한 정서를 불러내어 자신의 진정성을 보여 주는 것]이다.

잡기술(형식/실질)

형식과 실질 관계를 고려하면, 표면 연기는 형식적인 것, 심층 연기는 실질적인 것이라 범주화하여 이해할 수 있다.

잡기술(대비)

'보다'를 고려하면, <내면의 자연스러운 감정>은 <의례적인 표현과 같은 형식>과 대비 관계이고 이는 심층 연기에 속하는 내용임을 알 수 있다. 이를 통해 '내면의 자연스러운 감정'이 '내면의 솔직한 정서'와 문맥상 동의어임을 알 수 있다.

표면 연기	~(내면의 자연스러운 감정)		형식에 집중
↕	=		
심층 연기	내면의 솔직한 감정	⇒	진정성 보임

[1-3] ^{부분}인터넷에서의 커뮤니케이션에 주목한 리프킨은 가상 공간에서 ^{가상 공간 특징}[자기표현이 더욱 활발히 이루어진다]고 보았다.

잡기술(포함)

'커뮤니케이션'과 [1-1]의 상호작용이 동의어임을 고려하면, '사회'와 '인터넷'의 관계를 재조명할 수 있다. [1-1]의 사회는 인터넷을 포괄하는 상위 범주이다. 즉 이때의 사회는 전체가 되고 인터넷은 부분이 되는 것이다.

[2-1] 가상 공간의 특성에 주목한 연구자들은 ^{정의}[사람들과의 관계 속에서 드러나는 고유한 존재로서의 위상]을 뜻하는 자기 정체성이 ^{특징}[가상 공간에서 다양하게 나타난다]고 본다.

잡기술(초점)

여기에서 <주목한>은 필자가 독자에게 명시적으로 힌트를 주는 부분이다. 따라서 독자는 가상 공간의 특성에 주목하고, [2-1]의 가상 공간에서 다양하게 나타나는 것이 그 특징임을 알 수 있다.

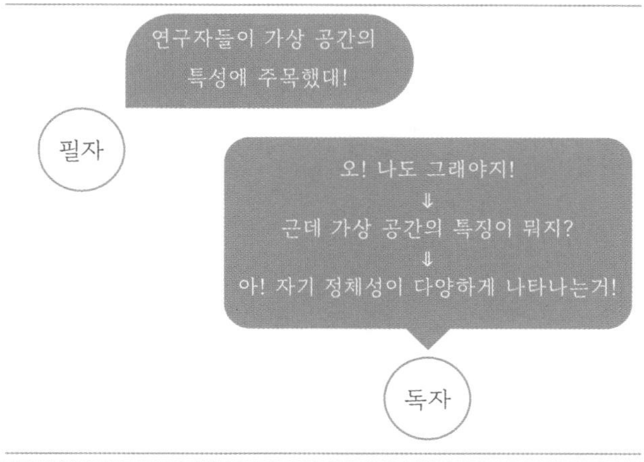

잡소리(자기 정체성이 다양하게 나타난다)

자기 정체성이 다양하게 나타나는 것은 한 사람이 현실 세계에서 갖는 하나의 정체성만을 고집하는 것이 아니라 가상 공간이라는 특수한 환경을 이용하여 여러 모습을 만들어 내고 경험하게 되는 것이다.

잡소리(위상)

위상은 <어떤 사물이 다른 사물과의 관계 속에서 가지는 위치나 상태>를 의미한다. 사전적 정의를 보더라도 위상은 '다른 사물(지문에서는 사람)'이 기본적으로 존재해야 성립하는 개념이다.

어떤 세계에 아무것도 없이 단 하나의 개체만 존재한다고 생각해 보자. 이때 위상이라는 개념이 성립하긴 힘들기 때문이다.

예를 들어 '국제 사회에서 우리나라의 위상을 강화해야 한다.'라는 말이 있다. 이때도 역시 '국제 사회'라는 일정한 국가들의 집합을 제시해준 것을 알 수 있다.

이러한 위상의 사전적 의미를 고려하면 제시문에서 자기 정체성의 개념에 대해 깊은 이해가 가능하다. 자기 정체성은 사람들이 모인 사회 속에서 드러나는 개인의 위상이다.

다음과 같은 도식을 참고해 보자.

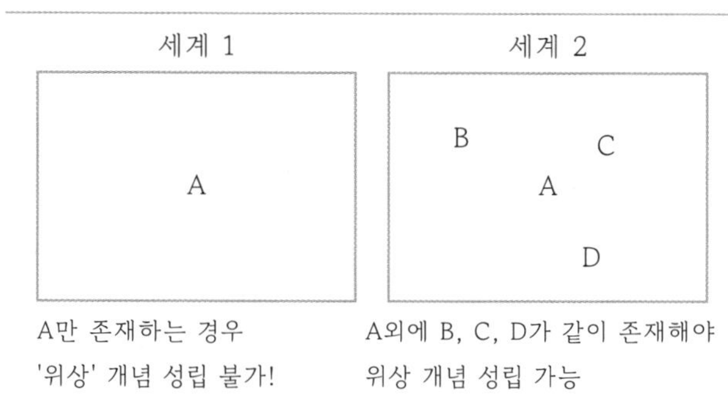

[2-2] 가상 공간에서는 [원인][익명성이 작동]하므로 [결과1][현실에서 위축되는 사람도 적극적으로 자기표현을 할 수 있다.]

[2-3] 아울러 [결과2][현실에서의 자기 정체성을 감추고 다른 인격체로 활동]하거나 [결과3][현실에서 억압된 정서를 공격적으로 드러내기도 한다.]

잡기술(포함)

앞서 [1-1]에서의 '사회'와 [1-3]의 인터넷, 여기에서 현실이 전체와 부분의 관계를 이루고 있음을 알 수 있다.

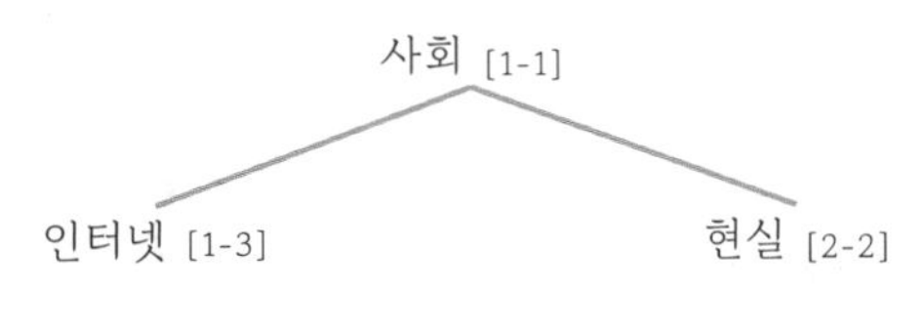

잡기술(나열)

'아울러', '거나'를 통해, 다른 인격체로 활동, 공격적으로 드러냄이 나열되어 있는 것을 알 수 있다. 또 이렇게 나열된 것들이 [2-2]에서 <자기 정체성이 가상 공간에서 다양하게 나타내는 양상>들임을 알 수 있다.

잡소리(초점)

[2-1]에서 가상 공간의 특성에 주목한 독자는 <익명성이 작동해 현실에서 위축되는 사람이 적극적으로 자기표현을 함>이 가상 공간의 특성임을 확보할 수 있다. 또 이것이 바로 <자기 정체성이 가상 공간에서 다양하게 나타내는 양상> 중 하나임을 알 수 있다.

잡기술(인과)

[2-2], [2-3]에서 익명성을 원인으로 결과들이 제시되어 있다.

원인	⇒	결과
익명성	⇒	1. 현실 위축 적극 자기표현 2. 다른 인격체 활동 3. 공격적 표출

잡소리(익명성)

익명성이란 인터넷 등 가상 공간에서 개인의 실명이나 신상정보가 드러나지 않도록 할 수 있는 것이다. 예를 들어, A라는 사람이 인터넷상에서 'ㅇㅇ'라는 닉네임을 사용한다면, 'ㅇㅇ'을 사용하는 사람이 A라는 것을 알 수 없다는 것이다.

[2-4] ^{부분}[게임 아이디, 닉네임, 아바타 등] 가상 공간에서 개별적 대상으로 인식되는 ^{전체}['인터넷 ID']에 대한 사이버 폭력이 넘쳐나는 현실도 이와 무관하지 않다.

> ### 잡기술(주제 이동)
>
> 필자는 '무관하지 않다(관련 있다)'를 고려하면, 필자가 글의 주제를 살짝 이동시키는 것을 알 수 있다. 필자는 여태까지 리프킨의 이론에 주목하다가 인터넷 ID에 대한 사이버 폭력으로 주제를 옮긴 것이다.
>
> 필자가 은근슬쩍 글의 주제를 변화시키는 것은 25년도 평가원 기출문제에 많이 출제된 서술 방식이다.
>
> ---
>
> [4-1] 을사늑약 이후, 개화 논의는 문명에 대한 본격적인 논의로 이어졌다.
>
> [25110409]

[3-1] ^{쟁점1}[사이버 폭력과 관련하여, 인터넷 ID만을 알고 있는 상황에서 그에 대해 명예훼손이나 모욕 등의 공격이 있을 때 가해자에게 법적인 책임을 물을 수 있는지]에 대한 논란이 있어 왔다.

> ### 잡기술(쟁점)
>
> 법학 지문에서는 하나의 쟁점에 대해 여러 의견이 제시되는 경우가 많다. 이때 독자는 그 쟁점을 명확히 인식하고, 찬/반 입장을 비교해야 한다.

[3-2] 이는 ^{쟁점2}[인터넷 ID가 사회적 평판인 명예의 주체로 인정될 수 있는가]와 관련된다.

> ### 잡기술(주제 이동)
>
> '관련된다'를 고려하면, 필자가 다시 한번 주제를 이동시키는 것을 알 수 있다. 앞서 [2-4]에서 확인한 부분이다.

> ### 잡기술(쟁점간의 관계)
>
> 서로 다른 쟁점이 제시된 경우, 독자는 이 쟁점 사이의 관계를 파악해야 한다. 그도 그럴 것이, 쟁점 A와 B가 제시된 경우, A에서 찬성 의견이 B에서 반대 의견이 될 수 있기 때문이다. 역으로 A에서 반대 의견이 B에서의 찬성 의견이 될 수도 있으니, 항상 그 둘의 관계에 집중하자. 여기서는 [3-1]과 [3-2]의 쟁점이 출제되었는데, 이들의 관계를 생각해 보면, 전자를 긍정한 쪽은 후자에서 긍정한다는 것을 추론할 수 있다. 이렇게 서로 다른 쟁점이 나오면 그 관계를 생각하면, 새로운 정보를 추론할 수 있다.

> ### 잡소리(명예)
>
> 명예는 <세상에서 훌륭하다고 인정되는 이름이나 자랑. 또는 그런 존엄이나 품위>를 의미한다. 아까 설명한 위상과 관련지어 보자면, '높은 위상' 정도로 이해해도 좋다.
> [3-2]의 쟁점을 보자. 만약 인터넷 ID를 명예의 주체로 인정한다면, [3-1]의 사례(인터넷 ID만을 알고 있는 상황)에서 명예훼손이나 모욕 등의 공격이 있는 경우 가해자에게 법적책임을 물을 수 있다.

[3-3] ^{긍정설}[인터넷 ID의 명예 주체성을 인정하는 입장]에 따르면, ^{긍정설1}[자기 정체성은 일원적·고정적인 것이 아니라 현실 세계와 가상 공간에 걸쳐 존재하고 상호 작용하는 복합적인 것]이다.

잡기술(쟁점)

[3-2]에서 쟁점 간의 관계를 끌고 내려오면, 인터넷 ID의 명예 주체성을 인정하는 입장은 쟁점1, 쟁점2 모두 동의하는 입장이다.

잡기술(논증)

일반적인 논리 시험 PSAT, LEET 추리논증과 달리 수능에서 출제되는 일부 논증은 주장과 근거의 엄밀한 구별이 필요하지 않다. 따라서 독자는 무엇이 주장이고 무엇이 근거인지 아주 엄밀하게 구별하려 드는 것보다 내용 단위로 체크하는 것이 좋다. 예를 들어, '자기 정체성은 복합적인 것이다'라는 부분은 긍정설의 전제1로 분류해야 하지만, 실전성을 위해 '긍정설1'로 분류하고 가는 것이 더 편리하다.

잡소리(전제, 결론/ 근거, 주장)

일반적으로 전제는 결론을 뒷받침하고, 근거는 주장을 뒷받침한다. 이때 전제, 결론/ 근거, 주장은 '발화 여부'에 대해서 차이를 가진다. 즉, 어떠한 추론 과정이 머릿속으로 진행된다면, '전제, 결론'이라는 용어를 사용하고, 이것이 타인에게 표현된다면, '주장, 근거'라는 용어를 사용한다. 이에 대해 엄밀히 구별하는 학자들도 있지만, 일상적으로는 혼용해서 사용한다. 따라서 이 책에서도 혼용해서 사용한다.

[3-4] ^{긍정설2}[인터넷에서의 자기 정체성은 사용자 개인의 자기 정체성의 일부이기 때문에 자기 정체성을 가진 인터넷 ID의 명예 역시 보호되어야 한다.]

잡기술(논증)

여태까지의 긍정설의 논증을 정리해 보면 다음과 같다.

긍정설	
1	자기 정체성: 현실 세계와 가상 공간에 걸쳐 존재하고 상호 작용하는 복합적인 것이다.
2	인터넷의 자기 정체성은 개인의 자기 정체성의 일부기 때문에 보호해야 한다.

잡소리(논증 기억법)

누군가 무엇을 주장할 때는 주장과 근거에 주목하는 것은 당연시된다. 여기서도 인터넷 ID의 명예 주체성을 긍정하는 입장의 결론과 전제를 살펴볼 수 있다.

결론	인터넷 ID의 명예 주체성을 인정한다. (자기 정체성을 가진 인터넷 ID의 명예는 보호되어야 한다.)
전제1	자기 정체성은 일원적·고정적인 것이 아니다.
전제2	자기 정체성은 현실세계와 가상 공간에 걸쳐 존재하고 상호 작용하는 복합적인 것이다.
전제3	인터넷 자기 정체성은 사용자 개인의 자기 정체성의 일부이다.

그러나 실전에서 이렇게 하기 쉽지 않다. 이 지문에서 긍정설의 경우, 굉장히 쉽게 전제와 결론이 보이지만, 철학 지문 특히 동양 철학을 소재로 한 경우에는 결론과 전제가 명확히 보이지 않는 경우가 많다.

일반적으로 법학에서 논증이 출제될 때 결론과 전제가 명확히 떨어지는 경향이 있고, 철학에서 논증이 출제될 때는 딱 떨어지지 않는다.[1]

그래서, 논증을 전제와 결론으로 끊어서 이해하는 것도 좋지만, 그것이 힘들다면, '아 이 부분은 긍정설1이고, 이 부분은 긍정설2가 되겠구나'처럼 내용 단위 정도로 끊어서 이해하는 것을 권장한다.

[3-5] 반면, ^부정설[인정하지 않는 입장]에 따르면, ^부정설1[생성·변경·소멸이 자유롭고 복수로 개설이 가능한 인터넷 ID는 그 사용자인 개인을 가상 공간에서 구별하는 장치에 불과]하다.

잡소리(개인을 가상공간에서 구별)

예리한 독자라면, '인터넷 ID가 복수로 생성 가능한데 어떻게 구별하지?' 같은 물음이 들었을 것이다. 복수로 인터넷 ID를 개설할 수 있는 상황에서 개인을 가상공간에서 구별한다는 것은, 인터넷 ID로 개인을 역추적해서 알아낼 수 있다는 것이 아니라, 서로 다른 인터넷 ID인 A와 B가 동시에 접속해 있을 때, A와 B가 실질적으로 다른 이용자인 것을 알 수 있다는 것이다. 만약 갑이 A와 B라는 아이디의 주인이라고 할 때, 갑이 A라는 아이디를 사용하고, 갑의 친구 을이 B 아이디를 사용한다면, 이는 실질적으로 다른 사용자 임을 알 수 있다.

[3-6] ^부정설2[인터넷 ID는 현실에서의 성명과 달리 그 사용자인 개인과 동일시될 수 없고], ^부정설3[인터넷 ID 자체는 사람이 아니므로 명예 주체성을 인정할 수 없다는 것이다.]

잡소리(논증)

부정설도 사이좋게 정리해 보자.

긍정설	
1	자기정체성: 현실 세계와 가상 공간에 걸쳐 존재하고 상호 작용하는 복합적인 것이다.
2	인터넷의 자기 정체성은 개인의 자기 정체성의 일부기 때문에 보호해야 한다.

부정설	
1	인터넷 ID는 구별 장치에 불과하다.
2	인터넷 ID는 개인과 동일시될 수 없다.
3	인터넷 ID는 사람이 아니라 명예 주체성 인정할 수 없다.

이렇게 비교해 보면 얼추 비교하기 쉽다. 다만 실전에서 이런 표를 그리라는 것이 아니라, 지문 옆에 조그맣게 부정설1 이런 식으로 표시하는 것이고 세세한 비교는 독자의 머릿속으로 진행하는 것이다.

---

1) 25년도 수능에 출제된 결합지문 중 (나) 지문의 '옌푸', '천두슈', '장쥔마이'의 논증 과정만 봐도 전제와 결론을 엄격히 구분하기 쉽지 않다.

[4-1] 대법원은 ^{대법원}[^{조건1-1}실명을 거론한 경우는 물론, ^{조건1-2}실명을 거론하지 않았더라도 주위 사정을 종합할 때 ^{조건2}지목된 사람이 누구인지를 제3자가 알 수 있는 경우에는 ^{효과}명예훼손이나 모욕에 대한 가해자의 법적 책임이 성립한다고 판시]해 왔다.

잡기술(논증)

대법원의 논증을 법률요건과 법률효과로 구분해서 알아보자.

	법률요건	법률효과
Case1	거론(실명)	명예훼손 or 모욕
Case2	~거론(실명) 인식가능성(제3자)	명예훼손 or 모욕

물론 실제로 명예훼손죄와 모욕죄가 성립하기 위해 추가적인 요건이 존재하겠지만, 대법원이 주목한 것은 실명 거론의 여부에 따른 요건 차이이기 때문에, 제시된 부분만 체크하고 넘어가면 된다.

이때, 법률요건과 효과를 체크하는 것도 중요하지만, 앞의 쟁점을 놓치면 안 된다. 쟁점은 '인터넷 ID가 사회적 평판의 주체로 인정되는가?'이다. 이에 대해 대법원은 긍정설의 입장에 가까운 것을 알 수 있다.

잡소리(명예훼손과 모욕)

25년도 평가원 기출문제에 명예훼손과 모욕이 중복되어 출제됐다. 따라서 이에 대한 조문과 리뷰를 실어뒀으니, 학생들은 가볍게 읽어보자.

제307조(명예훼손)

① ^{2)법률요건}[공연히 사실을 적시하여 사람의 명예를 훼손한 자는] ^{법률효과}[2년 이하의 징역이나 금고 또는 500만 원 이하의 벌금에 처한다.]

② ^{법률요건}[공연히 허위의 사실을 적시하여 사람의 명예를 훼손한 자는] ^{법률효과}[5년 이하의 징역, 10년 이하의 자격정지 또는 1천만 원 이하의 벌금에 처한다.]

명예훼손죄의 제1항은 사실 적시 명예훼손이고, 제2항은 허위 사실 명예훼손이다.

제308조(사자의 명예훼손)

^{법률요건}[공연히 허위의 사실을 적시하여 사자의 명예를 훼손한 자는] ^{법률효과}[2년 이하의 징역이나 금고 또는 500만 원 이하의 벌금에 처한다.]

제309조(출판물 등에 의한 명예훼손)

① ^{법률요건}[사람을 비방할 목적으로 신문, 잡지 또는 라디오 기타 출판물에 의하여 제307조 제1항의 죄를 범한 자는] ^{법률효과}[3년 이하의 징역이나 금고 또는 700만 원 이하의 벌금에 처한다.]

② ^{법률요건}[제1항의 방법으로 제307조 제2항의 죄를 범한 자는] ^{법률효과}[7년 이하의 징역, 10년 이하의 자격정지 또는 1천500만 원 이하의 벌금에 처한다.]

제310조(위법성의 조각)

^{법률요건}[제307조 제1항의 행위가 진실한 사실로서 오로지 공공의 이익에 관한 때에는] ^{법률효과}[처벌하지 아니한다.]

이는 25년도 9월 평가원에 출제된 소재이다. 이 조각 사유도 굉장히 중요한데, 헌법 제37조 제2항과와 직접적으로 관련된 소재이기 때문이다. 이 조항은 국민의 자유를 필요한 경우에만 제한할 때, 그 요건을 제시하고 있다. 형법 제310조(위법성의 조각)는 헌법 제37조 제2항이 구체화된 것으로 이해할 수 있다.

대한민국 헌법 제37조

②국민의 모든 자유와 권리는 국가안전보장·질서유지 또는 공공복리를 위하여 필요한 경우에만 법률로써 제한할 수 있으며, 제한할 때도 자유와 권리의 본질적인 내용을 침해할 수 없다.

제311조(모욕)

^{법률요건}[공연히 사람을 모욕한 자는] ^{법률효과}[1년 이하의 징역이나 금고 또는 200만 원 이하의 벌금에 처한다].

모욕죄의 법률요건을 나눠보면, (1) 공연히 (2) 사람을 (3) 모욕해야 한다. 즉, 공연히 사람을 모욕하지 않고, 1대1 대화에서 타인을 모욕한다면 모욕죄로 처벌받지 않는다. 이때 협박죄, 통신매체이용음란죄 등이 고려될 수 있는데, 이러한 법 적용에 있어서 언제든지 출제될 수 있으니, 모욕죄도 알아두는 것을 권장한다.

[4-2] 이를 수용한 헌법재판소에서는 ^{헌법재판소} [인터넷 ID와 관련된 명예훼손·모욕 사건의 헌법 소원에 대한 결정을 내린 바] 있다.

잡기술(논증)

'이를 수용한'을 고려하면, 헌법재판소 역시 대법원의 입장과 가까운 것을 알 수 있다. 따라서 헌법재판소도 앞서 쟁점에 대해 긍정설에 가까운 입장임을 알 수 있다.[3]

잡소리(헌법 소원)

대한민국 헌법 제111조에서 헌법재판소의 역할에 대해 규정하고 있다.

제111조 ①헌법재판소는 다음 사항을 관장한다.

5. 법률이 정하는 헌법소원에 관한 심판

헌법 소원은 국가 권력(입법·행정·사법 작용)에 의해 국민의 기본권이 침해되었을 때, 그 구제를 받기 위해 헌법재판소에 직접 제기하는 특별한 소송절차이다.

쉽게 말해, 무언가 국가에 의해 피해를 봤을 때, 헌법재판소에 혼내달라고 하는 것이다. 이는 일반적인 행정소송이나 민·형사상으로 구제되지 않는 영역에서 개인의 기본권을 보장하는 최후의 역할을 하는 데 그 의의가 있다.

잡소리(2007헌마461)

인터넷 ID와 관련하여 명예훼손·모욕 사건과 관련한 헌법 소원의 대표적인 예시를 적어뒀다.

갑은 네이버 뉴스에 댓글을 달았는데, 신원 불명의 사람들이 그 답글로 갑을 모욕했다. 갑은 불기소처분[4]을 받고 항고[5] 및 재항고를 거쳐 헌법소원 심판을 청구했다.

쉽게 말해, 갑이 피해를 본 사실에 대해 경찰에 신고했지만, 검사가 그 사건을 기소하지 않았다. 이것이 마음에 들지 않아 몇 번 다시 재판을 하고, 결국 헌법소원까지 넘어온 것이다.

결국 헌법재판소는 인터넷 댓글에 의한 명예훼손죄 및 모욕죄에 있어 명예의 주체인 피해자가 청구인으로 특정되었다고 볼 수 없다고 하여 이를 기각했다.

관련 판례 번호를 적어뒀으니 관심 있는 독자들을 찾아보길 바란다.

---

2) 법령에서 ①은 '항'으로 읽는다.

3) 정확히 헌법재판소가 수용한 것은 제3자의 인식가능성을 근거로 인터넷 ID의 명예 주체성을 판단하는 대법원의 논리이다.

4) 사건이 죄가 되지 않거나 범죄의 증명이 없을 때 또는 공소의 요건을 갖추지 못하였을 때 검사가 피의자를 기소하지 않는 처분. 쉽게 말해, 검사가 사건을 '컷트'한 것이다.

5) 법원의 결정, 명령에 대하여 당사자 또는 제삼자가 위법임을 주장하고 상급 법원에 그 취소나 변경을 구하여 불복 상소를 함. 또는 그런 절차

[4-3] 이 결정에서 다수 의견은 ^{다수설}[^{조건1}인터넷 ID만을 알 수 있을 뿐 ^{조건2}그 사용자가 누구인지 제3자가 알 수 없다면 ^{조건3}피해자가 특정되지 않아 ^{효과}명예훼손이나 모욕에 대한 가해자의 법적 책임이 성립하지 않는다고 보았다.]

잡소리(헌법 소원)

헌법재판소 다수 의견의 논증을 법률요건과 효과를 사용해 알아보자.

다수설	법률요건	법률효과
case1	^{요건1}인지(ID) ^{요건2}~인지(사용자) ^{요건3}~특정(피해자)	~[명예훼손 or 모욕]

이때 각 요건 사이의 관계를 파악하는 것이 중요하다. 요건1과 요건2가 만족하면, 요건3이 충족된다는 사실을 알 수 있다. 이렇게 요건 사이에도 독립적이지 않은 관계가 존재할 수 있다.[6]

[4-4] 반면, ^{소수설}[인터넷 ID는 가상 공간에서 성명과 같은 기능을 하므로 제3자의 인식 여부가 법적 책임의 근거가 될 수 없다는 소수 의견도 제시]되었다.

잡기술(요건)

헌법재판소의 소수 의견도 제시되었다. 이를 논증과 법률요건, 효과를 사용해보자.

소수설	법률요건	법률효과
case1	^{요건1}인지(ID) ^{요건2}~인지(사용자) ^{요건3}특정(피해자)	[명예훼손 or 모욕]

헌법재판소의 소수설은 다수설과 다르게 제3자의 인식 여부가 법적 책임의 근거가 될 수 없다고 한다. 따라서 소수설에 따르면, 사용자를 인지하지 못해도 처벌 될 수 있다는 것을 알 수 있다.

잡소리(의견 비교)

[4-3]의 헌법재판소의 다수설은 요건과 그 효과를 지문에서 명백하게 언급했지만, 소수설에 대해서는 그렇지 않았다. 이때 독자는 스스로 요건과 효과를 채울 수 있어야 한다.

헌법재판소는 복수의 재판관으로 구성되고, 하나의 케이스에 대해 다수결로 판단한다. 따라서 다수설과 소수설은 하나의 사건에 대한 재판관들의 견해차이임을 알 수 있다.

이러한 헌법재판소의 구성을 통해, 필자가 굳이 지문에 서술하지 않았더라도 독자는, 다수설과 대비되는 부분을 찾아 이를 비교하여 소수설이 주장하는 법률요건과 효과를 추론할 수 있다.

---

6) 실제로 요건2만 충족해도 요건1과 상관없이 피해자 특정이 불가능하여 가해자의 법적 책임이 성립하지 않는다.

메모

14. 윗글의 내용과 일치하지 <u>않는</u> 것은?

① 심층 연기는 내면의 진솔한 정서를 드러내기 위해 형식에 집중하는 자기표현이다.

② 리프킨은 현실 세계보다 가상 공간에서 자기표현이 더욱 왕성하게 드러난다고 보았다.

③ 가상 공간에서 개별적인 것으로 인식되는 아바타는 사이버 폭력의 대상이 될 수 있다.

④ 익명성은 가상 공간에서 자기 정체성이 다양하게 나타나는 데 영향을 미치는 가상 공간의 특성이다.

⑤ 가상 공간에서의 자기 정체성은 현실에서의 자기 정체성과 마찬가지로 타인과의 관계 속에서 나타난다.

길라잡이
본인만의 풀이 과정을 적어보세요!

① 심층 연기는 내면의 진솔한 정서를 드러내기 위해 형식에 집중하는 자기표현이다.

② 리프킨은 현실 세계보다 가상 공간에서 자기표현이 더욱 왕성하게 드러난다고 보았다.

③ 가상 공간에서 개별적인 것으로 인식되는 아바타는 사이버 폭력의 대상이 될 수 있다.

④ 익명성은 가상 공간에서 자기 정체성이 다양하게 나타나는 데 영향을 미치는 가상 공간의 특성이다.

⑤ 가상 공간에서의 자기 정체성은 현실에서의 자기 정체성과 마찬가지로 타인과의 관계 속에서 나타난다.

15. ㉠과 ㉡에 대한 이해로 가장 적절한 것은?

① ㉠은 ㉡과 달리 자기 정체성을 단일하고 고정적인 것으로 파악하겠군.

② ㉠은 ㉡과 달리 인터넷 ID에 대한 공격을 그 사용자인 개인에 대한 공격이라고 보겠군.

③ ㉡은 ㉠과 달리 인터넷에서의 자기 정체성과 현실 세계의 자기 정체성이 상호 작용을 한다고 보겠군.

④ ㉡은 ㉠과 달리 인터넷 ID는 복수 개설이 가능하므로 자기 정체성이 복합적으로 구성된다고 보겠군.

⑤ ㉠과 ㉡은 모두, 인터넷 ID마다 개인의 자기 정체성이 다르다고 보겠군.

길라잡이
본인만의 풀이 과정을 적어보세요!

① ㉠은 ㉡과 달리 자기 정체성을 단일하고 고정적인 것으로 파악하겠군.

② ㉠은 ㉡과 달리 인터넷 ID에 대한 공격을 그 사용자인 개인에 대한 공격이라고 보겠군.

③ ㉡은 ㉠과 달리 인터넷에서의 자기 정체성과 현실 세계의 자기 정체성이 상호 작용을 한다고 보겠군.

④ ㉡은 ㉠과 달리 인터넷 ID는 복수 개설이 가능하므로 자기 정체성이 복합적으로 구성된다고 보겠군.

⑤ ㉠과 ㉡은 모두, 인터넷 ID마다 개인의 자기 정체성이 다르다고 보겠군.

16. 윗글을 바탕으로 <보기>를 이해한 내용으로 적절하지 <u>않</u>은 것은?

<보기>

○○ 인터넷 카페의 이용자 A는 a, B는 b, C는 c라는 ID를 사용한다. 박사 학위 소지자인 A는 □□ 전시관의 해설사이고, B는 같은 전시관에서 물고기 관리를 혼자 전담한다. 이 전시관의 누리집에는 직무별로 담당자가 공개되어 있다. 어떤 사람이 □□ 전시관에서 A의 해설을 듣고 A의 실명을 언급한 후기를 카페 게시판에 올리자 다음과 같은 댓글이 달렸다.

A의 해설에 대한 후기
┗ b A가 박사인지 의심스럽다. A는 #~#.
┗ a □□ 전시관에서 물고기를 관리하는 b는 #~#.
┗ c 게시판 분위기를 흐리는 a는 #~#.

(단, '#~#'는 명예를 훼손하거나 모욕을 주는 표현이고 A, B, C는 실명이다. ID로는 그 사용자의 개인 정보를 알 수 없으며, A, B, C의 법적 책임에 영향을 미치는 다른 요소는 고려하지 않는다.)

---

① ㉮는 B가 가해자로서의 법적 책임을 져야 하지만 C는 가해자로서의 법적 책임을 지지 않는다고 보겠군.

② ㉯는 B가 가해자로서의 법적 책임을 져야 하지만 A는 가해자로서의 법적 책임을 지지 않는다고 보겠군.

③ ㉮와 ㉰는 A가 가해자로서의 법적 책임을 져야 하는지의 여부에 대해 같게 보겠군.

④ ㉯와 ㉰는 B가 가해자로서의 법적 책임을 져야 하는지의 여부에 대해 같게 보겠군.

⑤ ㉮, ㉯, ㉰가, C가 가해자로서의 법적 책임을 져야 하는지의 여부에 대해 판단한 내용이 모두 같지는 않겠군.

---

① ㉮는 B가 가해자로서의 법적 책임을 져야 하지만 C는 가해자로서의 법적 책임을 지지 않는다고 보겠군.

② ㉯는 B가 가해자로서의 법적 책임을 져야 하지만 A는 가해자로서의 법적 책임을 지지 않는다고 보겠군.

③ ㉮와 ㉰는 A가 가해자로서의 법적 책임을 져야 하는지의 여부에 대해 같게 보겠군.

④ ㉯와 ㉰는 B가 가해자로서의 법적 책임을 져야 하는지의 여부에 대해 같게 보겠군.

⑤ ㉮, ㉯, ㉰가, C가 가해자로서의 법적 책임을 져야 하는지의 여부에 대해 판단한 내용이 모두 같지는 않겠군.

17. 문맥상 ⓐ~ⓔ와 바꿔 쓰기에 가장 적절한 것은?

① ⓐ: 완성(**完成**)된다고　　② ⓑ: 요청(**要請**)하여
③ ⓒ: 표출(**表出**)된다고　　④ ⓓ: 기만(**欺瞞**)하고
⑤ ⓔ: 확충(**擴充**)되는

길라잡이
본인만의 풀이 과정을 적어보세요!

① ⓐ: 완성(**完成**)된다고

② ⓑ: 요청(**要請**)하여

③ ⓒ: 표출(**表出**)된다고

④ ⓓ: 기만(**欺瞞**)하고

⑤ ⓔ: 확충(**擴充**)되는

독서

| Preview |

전체구조

[1문단]에서 지문 전체 구조를 암시해 준다. [1-2]에서 '공정거래법'과 '표시광고법'을 나열하고 이 순서대로 글을 전개한다.

정의 분할

A라는 개념의 정의가 제시되어 있을 경우, 그 정의가 한 번에 이해가지 않으면, 그것을 나눠서 이해해야 한다. 여기에서 <재판매 가격 유지 행위>를 주체, 상대, 행위로 나눠서 볼 수 있다.

법률요건 · 법률효과

앞서 언급했던 법률요건과 법률효과는 모든 법학 지문에 등장한다고 봐도 과언이 아니다. 여기서는 어떤 광고가 부당한 광고가 되는지에 대한 법률요건과 법률효과를 확보하는 것이 중요하다. 또 후반부에 명예훼손죄가 성립하지 않기 위한 요건들도 확보할 수 있다.

- 촉진(促進)
  다그쳐 빨리 나아가게 함.

- 증대(增大)
  양이 많아지거나 규모가 커짐. 또는 양을 늘리거나 규모를 크게 함.

- 규제(規制)
  규칙이나 규정에 의하여 일정한 한도를 정하거나 정한 한도를 넘지 못하게 막음.

- 오인(誤認)
  잘못 보거나 잘못 생각함.

- 용역(用役)
  물질적 재화의 형태를 취하지 아니하고 생산과 소비에 필요한 노무를 제공하는 일.

- 기만(欺瞞)
  남을 속여 넘김.

- 구속(拘束)
  행동이나 의사의 자유를 제한하거나 속박함.

- 보증(保證)
  채무자가 채무를 이행하지 아니할 경우에, 채무자를 대신하여 채무를 이행할 것을 부담하는 일.

- 과징금(課徵金)
  규약 위반에 대한 제재로 징수하는 돈.

- 지침(指針)
  생활이나 행동 따위의 지도적 방법이나 방향을 인도하여 주는 준칙.

- 고시(告示)
  글로 써서 게시하여 널리 알리다. 주로 행정 기관에서 일반 국민들을 대상으로 어떤 내용을 알리는 일을 이른다.

- 부합(符合)
  부신이 꼭 들어맞듯 사물이나 현상이 서로 꼭 들어맞음.

- 폐해(弊害)
  폐단으로 생기는 해.

- 명시(明示)
  분명하게 드러내 보임.

- 후생(厚生)
  사람들의 생활을 넉넉하고 윤택하게 하는 일.

- 비방(誹謗)
  남을 비웃고 헐뜯어서 말함.

메모

공정거래위원회는 시장 경쟁을 촉진하고 소비자 주권을 확립하기 위해, 사업자의 불공정한 거래 행위와 부당한 광고를 규제한다. 이를 위해 '공정거래법'과 '표시광고법'을 활용한다.

'공정거래법'은 사업자의 재판매 가격 유지 행위를 원칙적으로 금지한다. ㉠재판매 가격 유지 행위란 사업자가 상품·용역을 거래할 때 거래 상대방 사업자 또는 그다음 거래 단계별 사업자에게 거래 가격을 정해 그 가격대로 판매·제공할 것을 강제하거나 그 가격대로 판매·제공하도록 그 밖의 구속 조건을 @붙여 거래하는 행위이다. 이때 거래 가격에는 재판매 가격, 최고 가격, 최저 가격, 기준 가격이 포함된다. 권장 소비자 가격이라도 강제성이 있다면 재판매 가격 유지 행위에 해당한다.

재판매 가격 유지 행위는 사업자의 가격 결정의 자유, 즉 영업의 자유를 제한하고 사업자 간 가격 경쟁을 제한한다. 유통 조직의 효율성도 저하시킨다. 재판매 가격 유지 행위를 하는 사업자는 형사 처벌은 받지 않지만 시정명령이나 과징금 부과 대상이 될 수 있다. 다만, '공정거래법'에 따라 공정거래위원회가 고시하는 출판된 저작물은 금지 대상이 아니다. 또 경쟁 제한의 폐해보다 소비자 후생 증대 효과가 큰 경우 등 정당한 이유가 있으면 재판매 가격 유지 행위가 허용되는데, 그 이유는 사업자가 입증해야 한다.

'표시광고법'은 소비자를 속이거나 오인하게 할 우려가 있는 부당한 광고를 금지한다. 광고는 표현의 자유와 영업의 자유로 보호받는다. 하지만 사실과 다르거나 사실을 지나치게 부풀리는 거짓·과장 광고, 사실을 은폐하거나 축소하는 기만 광고를 금지한다. 이를 위반한 사업자는 시정명령이나 과징금 부과 또는 형사 처벌 대상이 될 수 있다.

추천·보증과 이용후기를 활용한 인터넷 광고가 늘면서 부당 광고 심사 기준이 중요해졌다. 공정거래위원회의 '추천·보증 광고 심사 지침', '인터넷 광고 심사 지침'에 따르면 추천·보증은 사업자의 의견이 아니라 제3자의 독자적 의견으로 인식되는 표현으로서, 해당 상품·용역의 장점을 알리거나 구매·사용을 권장하는 것이다. 경험적 사실을 근거로 추천·보증을 할 때는 실제 사용해 봐야 하고 추천·보증을 하는 내용이 경험한 사실에 부합해야 부당한 광고로 제재받지 않는다. 전문적 판단을 근거로 추천·보증을 할 때는 그 내용이 해당 분야의 전문적 지식에 부합해야 한다. 추천·보증이 광고에 활용되면서 추천·보증을 한 사람이 사업자로부터 현금 등의 대가를 지급받는 등 경제적 이해관계가 있다면 해당 게시물에 이를 명시해야 한다.

위의 두 심사 지침에서 말하는 ㉡이용후기 광고란 사업자가 자사 홈페이지 등에 게시된 소비자의 상품 이용후기를 활용해 광고하는 것이다. 사업자는 자신에게 유리한 이용후기는 광고로 적극 활용한다. 반면 사업자는 자신에게 불리한 이용후기는 비공개하거나 삭제하기도 하는데, 합리적 이유가 없다면 이는 부당한 광고가 될 수 있다. 사업자는 자신에게 불리한 이용후기의 게시자를 인터넷상 명예훼손죄로 고소하기도 한다. 이때 이용후기가 객관적 내용으로 자신의 사용 경험에 바탕을 두고 다른 이용자에게 도움을 주려는 등 공공의 이익에 관한 것으로 인정받는다면, 게시자의 비방할 목적이 부정되어 명예훼손죄가 성립하지 않는다.

04. 윗글을 통해 알 수 있는 내용으로 적절하지 <u>않은</u> 것은?

① 부당한 광고 행위에 대해서는 재판매 가격 유지 행위와 달리 형사 처벌이 내려질 수 있다.

② 거래 단계별 사업자에게 거래 가격을 강제하는 것은 유통 조직의 효율성 저하를 초래한다.

③ 재판매 가격 유지 행위의 정당성을 인정받고자 하는 사업자는 그 행위의 정당성을 입증할 책임을 진다.

④ 경험적 사실을 바탕으로 한 추천·보증은 심사 지침에 따라 해당 분야의 전문적 지식에 부합해야 한다.

⑤ 공정거래위원회가 고시하는 출판된 저작물의 사업자는 거래 상대방 사업자에게 기준 가격을 지정할 수 있다.

05. ㉠, ㉡에 대한 이해로 가장 적절한 것은?

① ㉠은 소비자 후생 증대 효과가 시장 경쟁 제한의 폐해보다 작은 경우에 허용된다.

② ㉠을 '공정거래법'에서 금지하는 목적은 사업자의 가격 결정의 자유를 제한하기 위한 것이다.

③ ㉡을 할 때 사업자는 영업의 자유를 보호받지만 표현의 자유는 보호받지 못한다.

④ ㉡은 사업자가 자사의 홈페이지에 직접 작성해서 게시한 이용후기를 광고로 활용하는 것을 포함하지 않는다.

⑤ ㉠은 사업자와 소비자 간에, ㉡은 소비자와 소비자 간에 직접 일어나는 행위이다.

06. 윗글을 바탕으로 <보기>를 이해한 내용으로 적절하지 않은 것은?

> ────── <보기> ──────
>
> A 상품 제조 사업자인 갑은 거래 상대방 사업자에게 특정 판매 가격을 지정해 거래했다. 갑의 회사 홈페이지에 A 상품에 대한 이용후기가 다수 게시되었다. 갑은 그중 A 상품의 품질 불량을 문제 삼은 이용후기 200개를 삭제하고, 박○○ 교수 팀이 A 상품을 추천·보증한 광고를 게시했다. 광고 대행사 직원 을은 A 상품의 효능이 뛰어나다는 후기를 갑의 회사 홈페이지에 게시했다. 소비자 병은 A 상품을 사용하며 발견한 하자를 찍은 사진과 품질이 불량하다는 글을 갑의 회사 홈페이지에 게시했다. 갑은 병을 명예훼손죄로 처벌해 달라며 수사 기관에 고소했다.

① 갑이 A상품의 품질 불량을 은폐하기 위해 자신에게 불리한 이용후기를 삭제하는 대신 비공개 처리하는 것도 부당한 광고에 해당하겠군.

② 갑이 박○○ 교수팀이 A상품을 실험·검증하고 우수성을 추천·보증했다고 광고했으나 해당 실험이 진행된 적이 없다면 갑은 부당한 광고 행위로 제재를 받겠군.

③ 갑이 거래 상대방에게 판매 가격을 지정하며 이를 준수하도록 부과한 조건에 대해 정당성을 인정받지 못했더라도 그 가격이 권장 소비자 가격이었다면 갑은 제재를 받지 않겠군.

④ 을이 갑으로부터 금전을 받고 갑의 회사 홈페이지에 A상품의 장점을 알리는 이용후기를 게시했다면 대가성이 있었다는 사실을 명시해야겠군.

⑤ 병이 A상품을 직접 사용해 보고 그 상품의 결점을 제시하면서 다른 소비자들에게 도움을 주려는 취지로 이용후기를 게시한 점이 인정된다면 명예훼손죄가 성립되지 않겠군.

07. ⓐ와 문맥상 의미가 가장 가까운 것은?

① 그는 내 의견에 본인의 견해를 붙여 발언을 이어 갔다.
② 나는 수영에 재미를 붙여 수영장에 다니기로 결정했다.
③ 그는 따뜻한 바닥에 등을 붙여 잠깐 동안 잠을 청했다.
④ 나는 알림판에 게시물을 붙여 동아리 행사를 홍보했다.
⑤ 그는 숯에 불을 붙여 고기를 배부를 만큼 구워 먹었다.

메모

[1-1] 공정거래위원회는 ^{목적1}[시장 경쟁을 촉진]하고 ^{목적2}[소비자 주권을 확립]하기 위해, ^{수단1}[사업자의 불공정한 거래 행위]와 ^{수단2}[부당한 광고를 규제]한다.

[1-2] 이를 위해 ^{수단1}['공정거래법']과 ^{수단2}['표시광고법']을 활용한다.

잡기술 (나열)

'하고', '와'를 고려하면, 시장 경쟁 촉진과 소비자 주권 확립, 불공정한 거래 행위와 부당한 광고가 나열되어 있다.

목적	수단
시장 경쟁 촉진 ———————	불공정행위 규제
소비자 주권 확립 ———————	부당한 광고 규제

잡기술(나열의 연결)

'과'를 고려하면, <공정거래법>과 <표시광고법>이 나열되어 있다. 이때 전자는 [1-1]의 <사업자의 불공정한 거래 행위>와, 후자는 <부당한 광고>와 관련 있다.

수단	목적(수단)	최종목적
공정거래법	불공정한 거래 행위 규제	시장 경쟁 촉진
표시광고법	부당한 광고 규제	소비자 주권 확립

잡소리(시장 경쟁 촉진)

시장 경쟁 촉진은 <시장에서 다양한 사업자들이 서로 경쟁하도록 유도하여, 가격이나 품질, 서비스 면에서 소비자에게 유리한 결과가 나타나도록 만드는 것>이다.

시장 경제를 바탕으로 하는 대부분의 자본주의 국가에서 경쟁이 활발해야 기업들이 더 좋은 품질, 더 낮은 가격 등을 제공하려고 노력하여 소비자가 이익을 보고 시장 전체의 효율성이 상승한다.

만약 사업자의 불공정한 거래 행위가 있다면, 시장 경쟁이 저하된다. 예를 들어, 공급 업체가 유통 업체에 판매 가격을 강제하는 재판매 가격 유지 행위가 있다면, 유통 업체들은 가격을 낮추고 싶어도 낮출 수 없어 가격 경쟁이 사라진다.

잡소리(소비자 주권 확립)

소비자 주권은 <소비자가 잘못된 정보에 현혹되지 않고, 정확한 정보와 다양한 선택지를 가짐으로써 소비자가 시장 거래의 핵심적인 의사 결정권>을 의미한다.

만약 부당한 광고가 범람한다면, 소비자 주권이 침해된다. 소비자를 둘러싼 대부분의 광고가 거짓 광고, 과장 광고라면 소비자는 그것에 속아 올바른 판단을 할 수 없기 때문이다.

[2-1] '공정거래법'은 사업자의 재판매 가격 유지 행위를 원칙적으로 금지한다.

잡기술(원칙/예외)

법학에서 원칙적으로 어떤 대상을 금지하는 것은 예외적으로 허용되는 대상이 있음을 함축한다. 따라서 독자는 '공정거래법'이 사업자의 재판매 가격 유지 행위를 허용해 주는 경우가 있음을 인식하고 그 부분이 나오면 체크하는 것이 좋다.

원칙	금지
예외	허용

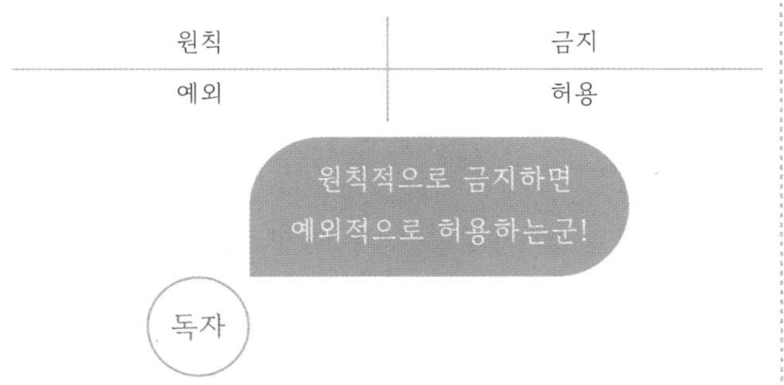

[2-2] 재판매 가격 유지 행위란 정의[주체사업자가 상품·용역을 거래할 때 상대방1거래 상대방 사업자 또는 상대방2그다음 거래 단계별 사업자에게 행위1거래 가격을 정해 행위2-1그 가격대로 판매·제공할 것을 강제하거나 행위2-2그 가격대로 판매·제공하도록 그 밖의 구속 조건을 붙여 거래하는 행위]이다.

잡기술(정의)

이렇게 정의가 길게 나오는 경우, 독자는 정의를 나눠서 인식하는 것이 좋다. 여기서는 주체, 상대방, 행위로 나눴다.
이때, 정의를 조건과 효과 관계로 볼 수 있다.

조건		효과
주체	사업자	
상대	1거래 상대방 사업자 2그 다음 거래 단계별 사업자	금지
행위	1Set(거래 가격) 2-1강제 2-2그 밖의 구속조건(~강제)	

즉 저 조건을 만족하지 못하면, 금지할 수 없는 것이다.

잡소리(거래 단계별 사업자)

사업자(A)와 그 거래 상대방 사업자(B)가 물건(X)의 유통 계약을 한다고 가정하자. 이때, A는 X의 제조를 하는 회사이고, B는 X의 유통을 하는 회사이다. B는 A에게서 X를 사서 C라는 회사에 비싸게 팔아 이윤을 얻는다.
이러한 상황에서 C가 [2-2]의 그다음 거래 단계별 사업자가 되는 것이다.

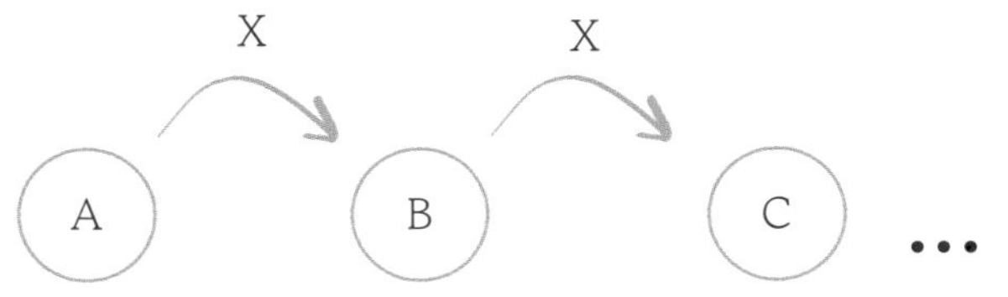

[2-3] 이때 ^{전체}[거래 가격]에는 ^{부분}[재판매 가격, 최고 가격, 최저 가격, 기준 가격]이 포함된다.

[2-4] ^{조건}[권장 소비자 가격이라도 강제성이 있다면] ^{효과}[재판매 가격 유지 행위에 해당]한다.

잡기술(나열)

 거래가격의 하위범주로 재판매 가격, 최고 가격, 최저 가격, 기준 가격들이 제시되었다. 이때 독자는 나열된 항목들이 순서대로 서술될 수 있다는 예측을 할 수 있다.
(그러나 이 예측은 틀렸다.)

잡기술(포함)

'포함된다'를 통해, 거래 가격이 재판매 가격, 최고 가격, 기준 가격을 포함하고 있음을 알 수 있다. 이때, [2-2]에서 거래가격에 대한 금지 조건이 있으므로, 재판매 가격, 최고 가격, 최저 가격, 기준 가격도 나머지 조건을 만족하면, 금지된다는 것을 알 수 있다.

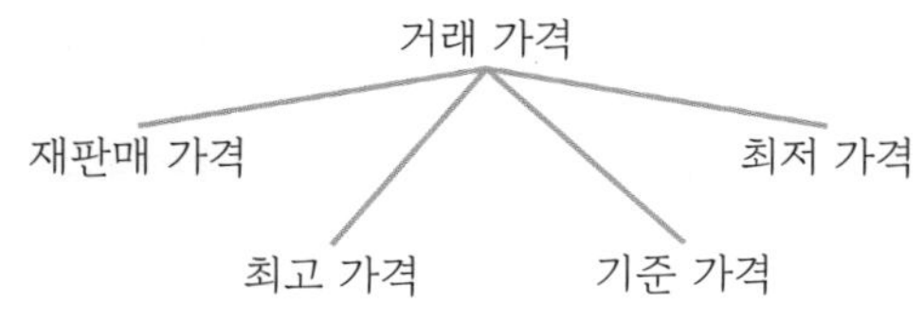

잡소리(예측 실패)

물론 예측은 실패할 수 있다. 중요한 것은 그때 그때 예측을 시도하겠다는 목적의식이다. 그 목적의식 자체가 독해를 한층 능동적으로 만들어주고 독자의 머릿속에 정보를 오래 남긴다. 100% 들어맞는 예측을 하며 글을 읽는 것은 사후적 독해에 불과하다.

잡기술(조건/효과)

 [2-4]는 권장 소비자 가격에 일정한 조건이 있다면, 재판매 가격 유지 행위가 되어 금지된다는 것이다. 이때 독자는 권장 소비자 가격도 어떠한 조건으로 거래 가격이 된다고 이해할 수 있다.

잡소리(권장소비자 가격)

 권장 소비자 가격은 <사업자가 유통업체나 소매점에 '이 가격대로 판매하는 것이 좋겠다'라고 권장하는 소비자 판매 가격>이다. 이는 법적으로 강제력을 갖는 게 아니라 말 그대로 권장하는 것으로 사업자의 의견이나 조언 형식으로 제시되는 가격이다.
 지문에서는 이러한 권장 소비자 가격에 강제성이 있는 경우를 규제하는데, 권장 소비자 가격의 개념에 비춰보면 당연한 일이다.

[3-1] 재판매 가격 유지 행위는 ^{결과1}[사업자의 가격 결정의 자유, 즉 영업의 자유를 제한]하고 ^{결과2}[사업자 간 가격 경쟁을 제한]한다.

[3-2] ^{결과3}[유통 조직의 효율성도 저하]시킨다.

잡기술(일치)

'즉'을 고려하면, <사업자의 가격 결정의 자유>와 <영업의 자유>는 문맥상 동의어이다.

잡기술(나열)

'하고'를 고려하면, <영업의 자유 제한>, <가격 경쟁 제한이 나열>되어 있다.

잡소리(영업의 자유, 가격 경쟁 제한)

재판매 가격 유지 행위가 일어나는 예시를 생각해 보자. 제조 업체가 유통 업체에 어떠한 가격을 강제한다. 이러한 행위는 유통 업체가 스스로 가격을 결정할 권리(영업의 자유)를 훼손한다. 또 가격이 고정되어 있으면, 모든 유통 업체가 동일한 가격으로 상품을 판매해야 한다. 이는 가격 경쟁을 제한한다.

잡기술(보조사)

'도'를 고려하면, 유통 조직의 효율성 저하 역시 [3-1]의 영업의 자유 제한과 가격 경쟁 제한과 동등한 위계로 나열되어 있다. 이때 세 가지 항목 모두 재판매 가격 유지 행위의 효과로 이해할 수 있다.

원인	⇒	결과
재판매 가격 유지 행위	⇒	영업의 자유 제한 가격 경쟁 제한 유통조직 효율성 저하

잡소리(유통 조직의 효율성 저하)

원래 유통 업체는 어떻게 하면 상품을 더 싸게 들여와 싸게 팔지에 관한 유통 비용 절감 문제를 고민한다. 그러나 재판매 가격 유지 행위가 있다면, 이런 비용 절감 시도를 하지 않게 되며, 전체 시장 경제의 효율성이 저하된다.

[3-3] 재판매 가격 유지 행위를 하는 사업자는 ^{효과1}[형사 처벌]은 받지 않지만 ^{효과2-1}[시정명령]이나 ^{효과2-2}[과징금 부과 대상]이 될 수 있다.

[3-4] 다만, ^{예외}['공정거래법'에 따라 공정거래위원회가 고시하는 출판된 저작물]은 금지 대상이 아니다.

잡기술(조건/효과)

<재판매 가격 유지 행위>가 <법률요건>, <형사 처벌>, <시정명령>, <과징금 부과>가 효과이다.

조건	효과
재판매 가격 유지 행위	~형사 처벌 시정명령 or 과징금

이때 [2-2]에서 재판매 가격 유지 행위를 조건과 효과로 분석한 바 있다.

조건		효과
주체	사업자	
상대	¹거래 상대방 사업자 ²그 다음 거래 단계별 사업자	금지
행위	¹Set(거래 가격) ²⁻¹강제 ²⁻²그 밖의 구속조건(~강제)	

이 둘을 결합해 보면, 다음과 같다.

조건		효과 (조건)	효과
주체	사업자		
상대	¹거래 상대방 사업자 ²그 다음 거래 단계별 사업자	금지 + 위배⁷⁾	~형사처벌 시정명령 과징금
행위	¹Set(거래 가격) ²⁻¹강제 ²⁻²그 밖의 구속조건(~강제)		

잡기술(원칙/예외)

[2-1]에서 어렴풋이 생각했던 예외가 여기서 나온다. 이 저작물은 예외적으로 허용된다는 것이다.

잡소리(공정거래위원회가 고시하는 출판된 저작물)

공정거래위원회는 고시를 만들어 재판매 가격 유지 행위가 허용되는 저작물의 범위를 규정하고 있다.

아래는 실제 공정거래위원회의 고시이다. 가볍게 읽어보자.

[공정거래위원회 고시 제2021-21호]

2. 재판매가격유지행위 허용범위
재판매가격유지행위가 허용되는 저작물의 범위는 다음과 같다.
가. 「출판문화산업 진흥법」 적용 대상 간행물
나. 「신문 등의 진흥에 관한 법률」상 일반일간신문 및 특수일간신문

잡소리(고시)

고시는 <글로 써서 널리 알리는 행위>를 의미하며, <주로 행정 기관에서 일반 국민을 대상으로 어떤 내용을 알리는 경우>를 의미한다. 여기에서 행정 기관은 공정거래위원회이다. 이는 21년도 9월 평가원 모의고사에 출제되기도 했다.

[3-1] 행정규칙은 원래 행정부의 직제나 사무 처리 절차에 관한 행정입법으로서 고시(告示), 예규 등이 여기에 속한다.

[21092630]

---

7) 물론 이때 금지된 사항을 위배해야 한다는 조건이 추가적으로 필요하다.

[3-5] 또 ^{예외2}[경쟁 제한의 폐해보다 소비자 후생 증대 효과가
큰 경우 등 ^{조건1}정당한 이유가 있으면 ^{효과}재판매 가격 유지 행위
가 허용되는데, ^{조건2}그 이유는 사업자가 입증해야 한다.]

잡기술(원칙/예외)

이 역시도 예외로 보아 허용될 수 있다.

요건	효과
정당한 이유 사업자 입증	재판매 가격 유지 허용

잡소리(예외 존재 이유)

이러한 재판매 가격 유지 행위 제한의 예외 존재 이유는 그
제도의 목적을 살펴봄으로 이해할 수 있다. 앞서 [1-1]에서 재
판매 가격 유지 행위를 제한하는 이유로 시장 경쟁 촉진이 있
었다.

그렇다면, 만약 재판매 가격 유지 행위가 시장 경쟁 촉진에 도
움이 된다면, 굳이 이를 제한할 필요가 없다. 지문에서 제시된
소비자 후생이 경쟁 제한의 폐해보다 더 큰 경우가 그 예시이
다.

[4-1] '표시광고법'은 소비자를 속이거나 오인하게 할 우려가
있는 부당한 광고를 금지한다.

잡기술(금지/허용)

[2-1]의 공정거래법의 원칙적 금지와 예외적 허용을 고려해
보면, 표시광고법 역시 후반부에 예외적 허용이 나올 수 있다
는 예측을 할 수 있다.

잡소리(속이다와 오인하게 하다의 차이)

'속이다'와 '오인하게 하다'는 본질적으로 둘 다 소비자로 하
여금 다른 인식을 가지도록 만드는 행동을 가리키지만, 사소
한 뉘앙스 차이가 있다.

'속이다'라는 좀 더 직접적이고 의도적인 기망에 가까운 표현
이다. 즉, 사업자가 고의로 거짓 정보를 주어 소비자가 사실과
다른 판단을 명백히 내리도록 조장하는 느낌이 강하다.

'오인하게 하다'는 '속이다'처럼 노골적이든 아니든 결과적으
로 소비자가 오해나 착각을 하도록 만드는 것이다. 즉 광고 표
현이 거짓이 아니더라도, 소비자가 그 표현을 보고 잘못된 결
론에 이르게끔 만드는 분위기, 연출, 생략 등을 의미한다.

폭력적으로 말하면, 전자가 후자보다 더 의도가 짙은 것이
다.

[4-2] 광고는 표현의 자유와 영업의 자유로 보호받는다.

잡기술(나열)

'와'를 고려하면, 표현의 자유와 영업의 자유가 나열되어 있다. 이때 독자는 앞으로 이 자유를 어떻게 보호하는지 설명해 줄 것이라고 예측할 수 있다. (이 예측은 틀렸다)

잡소리(표현의 자유와 영업의 자유)

<표현의 자유>는 <국가나 타인의 간섭 없이 자신의 생각, 의견, 정보 등을 말, 글, 행동으로 자유롭게 표출하고 전파할 수 있는 권리>이다. 대한민국 헌법에서 이를 보장하고 있다.
많이 등장하는 조문이니 소리 내 한 번만 읽어보자.

[대한민국 헌법 제21조]
① 모든 국민은 언론·출판의 자유와 집회·결사의 자유를 가진다.
② 언론·출판에 대한 허가나 검열과 집회·결사에 대한 허가는 인정되지 아니한다.
③ 통신·방송의 시설기준과 신문의 기능을 보장하기 위하여 필요한 사항은 법률로 정한다.
④ 언론·출판은 타인의 명예나 권리 또는 공중도덕이나 사회윤리를 침해하여서는 아니된다. 언론·출판이 타인의 명예나 권리를 침해한 때에는 피해자는 이에 대한 피해의 배상을 청구할 수 있다.

[대한민국 헌법 제22조]
① 모든 국민은 학문과 예술의 자유를 가진다.

영업의 자유는 국가가 과도하게 간섭하거나 제한하지 않는 선에서 자신의 경제적 활동을 자유롭게 영위하고 이윤을 추구할 수 있는 권리이다. 대한민국 헌법에서 이를 보장하고 있다.

[대한민국 헌법 제15조]
모든 국민은 직업선택의 자유를 가진다.

[대한민국 헌법 제119조]
①대한민국의 경제질서는 개인과 기업의 경제상의 자유와 창의를 존중함을 기본으로 한다.
②국가는 균형있는 국민경제의 성장 및 안정과 적정한 소득의 분배를 유지하고, 시장의 지배와 경제력의 남용을 방지하며, 경제주체간의 조화를 통한 경제의 민주화를 위하여 경제에 관한 규제와 조정을 할 수 있다.

[4-3] 하지만 [정의][사실과 다르거나 사실을 지나치게 부풀리는] 거짓. 과장 광고, [정의][사실을 은폐하거나 축소]하는 기만 광고를 금지한다.

잡기술(나열)

'거나'를 고려하면, 사실과 다름, 지나치게 부풀림이 나열되어 있다. 이때, 전자는 거짓 광고를 후자는 과장 광고를 나타냄을 알 수 있다.

사실과 다른 광고	거짓 광고
사실을 지나치게 부풀리는 광고	과장 광고

잡기술(포함)

[4-1]에서 표시광고법이 부당한 광고를 금지한 것을 고려하면, 거짓 광고, 과장 광고, 기만 광고는 부당한 광고의 하위범주임을 알 수 있다.

잡기술(조건/효과)

이 역시도 조건과 효과로 볼 수 있다.

조건	효과
부당한 광고 거짓 광고　과장 광고　기만 광고	금지

[4-4] ^{조건}[이를 위반한 사업자]는 ^{효과1}시정명령이나 ^{효과2}과징금 부과 또는 ^{효과3}형사 처벌 대상이 될 수 있다.

잡기술(조건/효과)

[3-3]처럼 하나의 효과가 다른 조건이 될 수 있다.

조건	효과(조건)	효과
부당한 광고 거짓 광고　과장 광고　기만 광고	금지 +위배	시정명령 과징금 형사처벌

[5-1] ^{원인}[추천·보증과 이용후기를 활용한 인터넷 광고가 늘면서] ^{결과}[부당 광고 심사 기준이 중요]해졌다.

잡기술(인과)

<인터넷 광고가 늘어나는 현실>이 원인이 되고 <부당 광고 심사 기준이 중요해지는 현실>이 결과가 된다.

잡소리(추천·보증과 이용후기를 이용한 인터넷 광고)

추천·보증과 이용후기를 활용한 광고가 증가한 상황에서, 사업자는 자신의 업체에 대해 부당한 방법으로 추천·보증과 이용후기를 사용할 수 있다.

예를 들어, 사교육 강사가 자신의 수업이 좋다는 내용을 인터넷에 이용후기의 형식을 빌려 지속적으로 게시한 것은 부당한 광고에 해당한다. 이러한 문제 때문에 부당 광고 심사 기준이 중요해진 것이다.

[5-2] 공정거래위원회의 '추천·보증 광고 심사 지침', '인터넷 광고 심사 지침'에 따르면 추천·보증은 사업자의 의견이 아니라 제3자의 독자적 의견으로 인식되는 표현으로서, 해당 상품·용역의 장점을 알리거나 구매·사용을 권장하는 것이다.

잡기술(대비)

'이 아니라'를 고려하면, 추천·보증의 주체가 <사업자>가 아닌 <제3자의 의견>임을 알 수 있다. 이때, <사업자의 의견>인 부분이 지문 또는 문제에 등장할 수 있음을 염두하고 읽자.

잡소리(용역과 상품 차이)

용역은 무형의 재화를 의미한다. 즉 형체는 없지만 특정한 편익이나 활동을 제공하는 서비스이다. 반면 상품은 유형의 재화이다. 눈에 보이고 손으로 만질 수 있다.

잡소리(심사 지침)

해당 지문에서의 <심사 지침>은 <공정거래위원회가 부당 광고를 판별하거나 제재할 때 적용하는 실무적 기준을 정리한 문서>이다. 즉, 법률과 시행령 등 상위 규정에서 규정한 사항을 실제 사건에 어떻게 적용할지 구체적으로 안내하는 역할을 한다. 쉽게 말해 가이드라인이다.

[5-3] [조건1][경험적 사실을 근거로 추천·보증을 할 때]는 [조건2][실제 사용해 봐야 하고] [조건3][추천·보증을 하는 내용이 경험한 사실에 부합]해야 [효과][부당한 광고로 제재받지 않는다.]

잡기술(조건/효과)

조건	효과(조건)	효과
[1]경험적 사실 [2]실제 사용 [3]부합	부당한 광고	~제재(~금지)

[5-4] [조건1][전문적 판단을 근거로 추천·보증을 할 때]는 그 [조건2][내용이 해당 분야의 전문적 지식에 부합]해야 한다.

잡기술(조건/효과)

이를 조건과 효과로 보면 다음과 같다. 이때, '해야한다'는 당위의 표현으로 '금지하지 않는다'와 사실상 동의어로 볼 수 있다.

조건	효과(조건)	효과
[1]전문적 판단 [2]부합	부당한 광고	~제재(~금지)

[5-5] 추천·보증이 광고에 활용되면서 추천·보증을 한 사람이 사업자로부터 현금 등의 대가를 지급받는 등 [조건1][경제적 이해관계가 있다]면 [조건2][해당 게시물에 이를 명시]해야 한다.

잡기술(조건/효과)

이를 조건과 효과로 보면 다음과 같다.

조건	효과(조건)	효과
경제적 이해관계 명시	~부당한 광고	~제재(~금지)

잡소리(경제적 이해관계)

경제적 이해관계는 금전적으로 이득과 손해의 관계를 의미한다. 즉, A의 행위·지위로 인해 B가 이득과 손해를 볼 수 있는 경우, A와 B를 경제적 이해관계가 있다고 표현한다.

[6-1] 위의 두 심사 지침에서 말하는 이용후기 광고란 ^{정의}[사업자가 자사 홈페이지 등에 게시된 소비자의 상품 이용후기를 활용해 광고하는 것]이다.

[6-2] 사업자는 자신에게 유리한 이용후기는 광고로 적극 활용한다.

잡기술(포함)

[6-1]에서 '소비자의 상품 이용후기'가 등장하고, [6-2]에서 '유리한 이용후기'가 제시되었다. 이때 전자가 후자를 포함하고 있는 것을 알 수 있다. 또 독자는 '불리한 이용후기'가 등장할 수 있다는 것을 예측할 수 있다. 이러한 포함관계를 통한 예측 하에서 유리한 이용후기의 특징을 <광고로 적극 활용>이라고 볼 수 있다.

[6-3] 반면 ^{조건1}[사업자는 자신에게 불리한 이용후기는 비공개하거나 삭제]하기도 하는데, ^{조건2}[합리적 이유가 없다면] 이는 ^{효과}[부당한 광고가 될 수 있다.]

잡기술(대비)

'반면'을 고려하면 [6-2]와 6-3]은 대비관계이다. 이때 사업자의 입장에서 유불리를 기준으로 나눠 서술하였다.

잡기술(조건/효과)

이 역시도 조건과 효과 관계를 가지는데, 이때 숨겨진 효과를 알 수 있다.

조건	효과(조건)	효과
비공개 · 삭제(불리) ~합리적 이유	부당한 광고	제재(금지)

[6-4] 사업자는 자신에게 불리한 이용후기의 게시자를 인터넷상 명예훼손죄로 고소하기도 한다.

잡기술(보조사)

'도'를 고려하면, 사업자에게 불리한 이용후기를 고소하거나 고소하지 않거나 다른 수단을 사용할 수 있다는 것을 알 수 있다.

[6-5] 이때 ^{조건1}[이용후기가 객관적 내용]으로 ^{조건2}[자신의 사용 경험에 바탕을 두고 다른 이용자에게 도움을 주려는 등 공공의 이익에 관한 것으로 인정]받는다면, ^{조건3}[게시자의 비방할 목적이 부정]되어 ^{효과}[명예훼손죄가 성립하지 않는다.]

잡기술(조건/효과)

조건	효과
¹객관적 내용 ²공공의 이익 ³목적 부정	~명예훼손죄

이때 각 조건들의 관계에 주목하면, 조건1,2가 충족되면 조건3이 자동으로 충족되는 관계임을 알 수 있다.

04. 윗글을 통해 알 수 있는 내용으로 적절하지 <u>않은</u> 것은?

① 부당한 광고 행위에 대해서는 재판매 가격 유지 행위와 달리 형사 처벌이 내려질 수 있다.
② 거래 단계별 사업자에게 거래 가격을 강제하는 것은 유통 조직의 효율성 저하를 초래한다.
③ 재판매 가격 유지 행위의 정당성을 인정받고자 하는 사업자는 그 행위의 정당성을 입증할 책임을 진다.
④ 경험적 사실을 바탕으로 한 추천·보증은 심사 지침에 따라 해당 분야의 전문적 지식에 부합해야 한다.
⑤ 공정거래위원회가 고시하는 출판된 저작물의 사업자는 거래 상대방 사업자에게 기준 가격을 지정할 수 있다.

길라잡이

본인만의 풀이 과정을 적어보세요!

① 부당한 광고 행위에 대해서는 재판매 가격 유지 행위와 달리 형사 처벌이 내려질 수 있다.

② 거래 단계별 사업자에게 거래 가격을 강제하는 것은 유통 조직의 효율성 저하를 초래한다.

③ 재판매 가격 유지 행위의 정당성을 인정받고자 하는 사업자는 그 행위의 정당성을 입증할 책임을 진다.

④ 경험적 사실을 바탕으로 한 추천·보증은 심사 지침에 따라 해당 분야의 전문적 지식에 부합해야 한다.

⑤ 공정거래위원회가 고시하는 출판된 저작물의 사업자는 거래 상대방 사업자에게 기준 가격을 지정할 수 있다.

05. ㉠, ㉡에 대한 이해로 가장 적절한 것은?

① ㉠은 소비자 후생 증대 효과가 시장 경쟁 제한의 폐해보다 작은 경우에 허용된다.

② ㉠을 '공정거래법'에서 금지하는 목적은 사업자의 가격 결정의 자유를 제한하기 위한 것이다.

③ ㉡을 할 때 사업자는 영업의 자유를 보호받지만 표현의 자유는 보호받지 못한다.

④ ㉡은 사업자가 자사의 홈페이지에 직접 작성해서 게시한 이용후기를 광고로 활용하는 것을 포함하지 않는다.

⑤ ㉠은 사업자와 소비자 간에, ㉡은 소비자와 소비자 간에 직접 일어나는 행위이다.

① ㉠은 소비자 후생 증대 효과가 시장 경쟁 제한의 폐해보다 작은 경우에 허용된다.

② ㉠을 '공정거래법'에서 금지하는 목적은 사업자의 가격 결정의 자유를 제한하기 위한 것이다.

③ ㉡을 할 때 사업자는 영업의 자유를 보호받지만 표현의 자유는 보호받지 못한다.

④ ㉡은 사업자가 자사의 홈페이지에 직접 작성해서 게시한 이용후기를 광고로 활용하는 것을 포함하지 않는다.

⑤ ㉠은 사업자와 소비자 간에, ㉡은 소비자와 소비자 간에 직접 일어나는 행위이다.

길라잡이

본인만의 풀이 과정을 적어보세요!

06. 윗글을 바탕으로 <보기>를 이해한 내용으로 적절하지 <u>않</u>은 것은?

<보기>

A 상품 제조 사업자인 갑은 거래 상대방 사업자에게 특정 판매 가격을 지정해 거래했다. 갑의 회사 홈페이지에 A 상품에 대한 이용후기가 다수 게시되었다. 갑은 그중 A 상품의 품질 불량을 문제 삼은 이용후기 200개를 삭제하고, 박○○ 교수 팀이 A 상품을 추천·보증한 광고를 게시했다. 광고 대행사 직원 을은 A 상품의 효능이 뛰어나다는 후기를 갑의 회사 홈페이지에 게시했다. 소비자 병은 A 상품을 사용하며 발견한 하자를 찍은 사진과 품질이 불량하다는 글을 갑의 회사 홈페이지에 게시했다. 갑은 병을 명예훼손죄로 처벌해 달라며 수사 기관에 고소했다.

① 갑이 A상품의 품질 불량을 은폐하기 위해 자신에게 불리한 이용후기를 삭제하는 대신 비공개 처리하는 것도 부당한 광고에 해당하겠군.

② 갑이 박○○ 교수팀이 A상품을 실험·검증하고 우수성을 추천·보증했다고 광고했으나 해당 실험이 진행된 적이 없다면 갑은 부당한 광고 행위로 제재를 받겠군.

③ 갑이 거래 상대방에게 판매 가격을 지정하며 이를 준수하도록 부과한 조건에 대해 정당성을 인정받지 못했더라도 그 가격이 권장 소비자 가격이었다면 갑은 제재를 받지 않겠군.

④ 을이 갑으로부터 금전을 받고 갑의 회사 홈페이지에 A상품의 장점을 알리는 이용후기를 게시했다면 대가성이 있었다는 사실을 명시해야겠군.

⑤ 병이 A상품을 직접 사용해 보고 그 상품의 결점을 제시하면서 다른 소비자들에게 도움을 주려는 취지로 이용후기를 게시한 점이 인정된다면 명예훼손죄가 성립되지 않겠군.

① 갑이 A상품의 품질 불량을 은폐하기 위해 자신에게 불리한 이용후기를 삭제하는 대신 비공개 처리하는 것도 부당한 광고에 해당하겠군.

② 갑이 박○○ 교수팀이 A상품을 실험·검증하고 우수성을 추천·보증했다고 광고했으나 해당 실험이 진행된 적이 없다면 갑은 부당한 광고 행위로 제재를 받겠군.

③ 갑이 거래 상대방에게 판매 가격을 지정하며 이를 준수하도록 부과한 조건에 대해 정당성을 인정받지 못했더라도 그 가격이 권장 소비자 가격이었다면 갑은 제재를 받지 않겠군.

④ 을이 갑으로부터 금전을 받고 갑의 회사 홈페이지에 A상품의 장점을 알리는 이용후기를 게시했다면 대가성이 있었다는 사실을 명시해야겠군.

⑤ 병이 A상품을 직접 사용해 보고 그 상품의 결점을 제시하면서 다른 소비자들에게 도움을 주려는 취지로 이용후기를 게시한 점이 인정된다면 명예훼손죄가 성립되지 않겠군.

길라잡이

본인만의 풀이 과정을 적어보세요!

07. ⓐ와 문맥상 의미가 가장 가까운 것은?

① 그는 내 의견에 본인의 견해를 <u>붙여</u> 발언을 이어 갔다.
② 나는 수영에 재미를 <u>붙여</u> 수영장에 다니기로 결정했다.
③ 그는 따뜻한 바닥에 등을 <u>붙여</u> 잠깐 동안 잠을 청했다.
④ 나는 알림판에 게시물을 <u>붙여</u> 동아리 행사를 홍보했다.
⑤ 그는 숯에 불을 <u>붙여</u> 고기를 배부를 만큼 구워 먹었다.

길라잡이
본인만의 풀이 과정을 적어보세요!

① 그는 내 의견에 본인의 견해를 <u>붙여</u> 발언을 이어 갔다.

② 나는 수영에 재미를 <u>붙여</u> 수영장에 다니기로 결정했다.

③ 그는 따뜻한 바닥에 등을 <u>붙여</u> 잠깐 동안 잠을 청했다.

④ 나는 알림판에 게시물을 <u>붙여</u> 동아리 행사를 홍보했다.

⑤ 그는 숯에 불을 <u>붙여</u> 고기를 배부를 만큼 구워 먹었다.

독서

| Preview |

| 기계 학습과 확산 모델 |

기본 원리와 응용

기본 원리와 응용

기술 지문의 단골 소재로, 초반에 기본 원리를 제시하고 그 응용을 점차 제시하는 것이다. 여기서 눈여겨볼 점은 이러한 응용과정이 2번에 걸쳐서 등장하는 것이다. [1-2]에서 기본 원리가 제시되어 있고, [1-4], [1-5]에서 한 차례 구체화한 버전이, 이후 글이 끝날 때까지 가장 구체화한 버전이 등장한다.

배경지식

지문 중간에 기계 학습에 대해 짧게 언급되어 있는데 2017년도에 출제된 퍼셉트론 지문을 학습한 학생이라면, 쉽게 납득하고 넘어갔을 테지만, 그렇지 않았다면, 조금 낯설 것이다.

도해

기술 지문을 접할 때, 머릿속으로 그 내용을 독자 임의로 '형상화'할 수 있다. 이러한 과정을 '도해'라고 한다. 여기서도 확산 모델이 어떻게 노이즈 이미지에서 원본 이미지와 유사한 이미지를 출력하는 과정에 대해 도해해서 읽는다면 훨씬 부드러운 독해가 될 것이다.

☐ 인공 지능(人工知能)
☐ 컴퓨터로 구현한 지능을 뜻한다.

☐ 인공 지능 생성 모델
☐ 데이터의 분포를 학습하여 실제와 같은 새로운 데이터를 만들어내는 기계 학습 알고리즘을 뜻한다.

☐ 확산 모델
☐ 주로 이미지 생성 및 기타 컴퓨팅 비전 작업에 사용되는 생성형 모델을 뜻한다.

☐ 발상(發想)
☐ 어떤 생각을 해 냄. 또는 그 생각.

☐ 추출(抽出)
☐ 전체 속에서 어떤 물건, 생각, 요소와 같은 특정 대상을 골라 뽑아낸다는 뜻.

길라잡이
모르는 어휘가 있다면 정리하세요!

메모

　문장이나 영상, 음성을 만들어 내는 인공 지능 생성 모델 중 확산 모델은 영상의 복원, 생성 및 변환에 뛰어난 성능을 보인다. 확산 모델의 기본 발상은, 원본 이미지에 노이즈를 점진적으로 추가하였다가 그 노이즈를 다시 제거해 나가면 원본 이미지를 복원할 수 있다는 것이다. 노이즈는 불필요하거나 원하지 않는 값을 의미한다. 원하는 값만 들어 있는 원본 이미지에 노이즈를 단계별로 더하면 노이즈가 포함된 확산 이미지가 되고, 여러 단계를 거치면 결국 원본 이미지가 어떤 이미지였는지 전혀 알아볼 수 없는 노이즈 이미지가 된다. 역으로, 단계별로 더해진 노이즈를 알 수 있다면 노이즈 이미지에서 원본 이미지를 복원할 수 있다. 확산 모델은 노이즈 생성기, 이미지 연산기, 노이즈 예측기로 구성되며, 순확산 과정과 역확산 과정 순으로 작동한다.

　순확산 과정은 이미지에 노이즈를 추가하면서 노이즈 예측기를 학습시키는 과정이다. 첫 단계에서는, 노이즈 생성기에서 노이즈를 만든 후 이미지 연산기가 이 노이즈를 원본 이미지에 더해서 노이즈가 포함된 확산 이미지를 출력한다. 다음 단계부터는 노이즈 생성기에서 만든 노이즈를 이전 단계에서 출력된 확산 이미지에 더한다. 이러한 단계를 충분히 반복하면 최종적으로 노이즈 이미지가 출력된다. 이때 더해지는 노이즈는 크기나 분포 양상 등 그 특성이 단계별로 다르다. 따라서 노이즈 예측기는 단계별로 확산 이미지를 입력받아 이미지에 포함된 노이즈의 특성을 추출하여 수치들로 표현하고, 이 수치들을 바탕으로 노이즈를 예측한다. 노이즈 예측기 내부의 이러한 수치들을 잠재 표현 이라고 한다. 노이즈 예측기는 잠재 표현을 구하고 노이즈를 예측하는 방식을 학습한다.

　노이즈 예측기의 학습 방법은 기계 학습 중에서 지도 학습에 해당한다. 지도 학습은 학습 데이터에 정답이 주어져 출력과 정답의 차이가 작아지도록 모델을 학습시키는 방법이다. 노이즈 예측기를 학습시킬 때는 노이즈 생성기에서 만들어 넣어 준 노이즈가 정답에 해당하며 이 노이즈와 예측된 노이즈 사이의 차이가 작아지도록 학습시킨다.

　역확산 과정은 노이즈 이미지에서 노이즈를 제거하여 원본 이미지를 복원하는 과정이다. 노이즈를 제거하려면 이미지에 단계별로 어떤 특성의 노이즈가 더해졌는지 알아야 하는데 노이즈 예측기가 이 역할을 한다. 노이즈 이미지 또는 중간 단계에서의 확산 이미지를 노이즈 예측기에 입력하면 이미지에 포함된 노이즈의 특성을 추출하여 잠재 표현을 구하고 이를 바탕으로 노이즈를 예측한다. 이미지 연산기는 입력된 확산 이미지로부터 이 노이즈를 빼서 현 단계의 노이즈를 제거한 확산 이미지를 출력한다. 확산 이미지에 이런 단계를 반복하면 결국 노이즈가 대부분 제거되어 원본 이미지에 가까운 이미지만 남게 된다.

　한편, 많은 종류의 이미지를 학습시킨 후 학습된 이미지의 잠재 표현에 고유 번호를 붙이면 역확산 과정에서 이미지를 선택하여 생성할 수 있다. 또한 잠재 표현의 수치들을 조정하면 다른 특성의 노이즈가 생성되어 여러 이미지를 혼합하거나 실재하지 않는 이미지를 만들어 낼 수도 있다.

10. 학생이 윗글을 읽은 방법으로 적절하지 <u>않은</u> 것은?

① 확산 모델이 지도 학습을 사용한다는 점에 주목하고, 지도 학습 방법이 확산 모델에 어떻게 적용되는지 확인하며 읽었다.

② 확산 모델이 두 가지 과정으로 이루어진다는 점에 주목하고, 두 과정 중 어느 과정이 선행되어야 하는지 살피며 읽었다.

③ 확산 모델에서 노이즈의 중요성을 파악하고, 사용되는 노이즈의 종류가 모델의 성능에 미치는 영향을 이해하며 읽었다.

④ 잠재 표현의 개념을 파악하고, 그 개념을 바탕으로 확산 모델이 노이즈를 예측하고 제거하는 원리를 이해하며 읽었다.

⑤ 확산 모델의 구성 요소를 파악하고, 그 구성 요소가 노이즈 처리 과정에서 어떤 기능을 하는지 확인하며 읽었다.

11. 윗글을 이해한 내용으로 가장 적절한 것은?

① 노이즈 생성기는 순확산 과정에서만 작동한다.

② 확산 모델에서의 학습은 역확산 과정에서 이루어진다.

③ 이미지 연산기와 노이즈 예측기는 모두 확산 이미지를 출력한다.

④ 노이즈 예측기를 학습시킬 때는 예측된 노이즈가 정답으로 사용된다.

⑤ 역확산 과정에서 단계가 반복될수록 출력되는 확산 이미지는 원본 이미지와의 유사성이 줄어든다.

12. 잠재 표현 에 대한 설명으로 적절하지 <u>않은</u> 것은?

① 잠재 표현의 수치들을 조정하면 여러 이미지를 혼합할 수 있다.

② 역확산 과정에서 잠재 표현이 다르면 예측되는 노이즈가 다르다.

③ 확산 모델의 학습에는 잠재 표현을 구하는 방식이 포함되어 있다.

④ 잠재 표현은 이미지에 더해진 노이즈의 크기나 분포 양상에 따라 다른 값들이 얻어진다.

⑤ 잠재 표현은 노이즈 예측기가 원본 이미지를 입력받아 노이즈의 특성을 추출한 결과이다.

13. 윗글을 바탕으로 <보기>를 이해한 내용으로 적절하지 <u>않은</u> 것은?

<보기>

A 단계는 확산 모델 과정 중 한 단계이다. ㉠은 원본 이미지 이고, ㉡은 확산 이미지 중의 하나이며, ㉢은 노이즈 이미지이다. (가)는 이미지가 A 단계로 입력되는 부분이고, (나)는 이미지가 A 단계에서 출력되는 부분이다.

(가) ⇨ │ A 단 계 │ ⇨ (나)

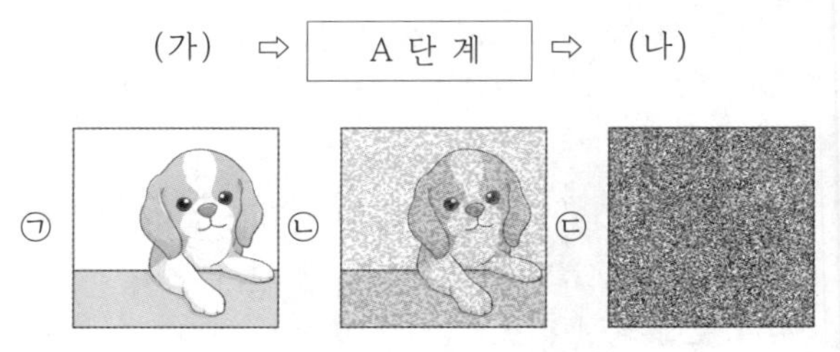

① (가)에 ㉠이 입력된다면, A단계의 이미지 연산기에서는 ㉠에 노이즈를 더하겠군.

② (나)에 ㉢이 출력된다면, A단계의 노이즈 생성기에서 생성된 노이즈가 이미지 연산기에서 확산 이미지에 더해졌겠군.

③ 순확산 과정에서 (가)에 ㉡이 입력된다면, A단계의 노이즈 예측기에서 예측한 노이즈가 이미지 연산기에 입력되겠군.

④ 역확산 과정에서 (가)에 ㉢이 입력된다면, A단계의 이미지 연산기에서는 ㉢에서 노이즈를 빼겠군.

⑤ 역확산 과정에서 (나)에 ㉡이 출력된다면, A단계의 노이즈 예측기에서 예측한 노이즈가 이미지 연산기에 입력되었겠군.

메모

[1-1] ^{기능}[문장이나 영상, 음성을 만들어 내는] ^{전체}[인공 지능 생성 모델] 중 ^{부분}[확산 모델]은 ^{기능}[영상의 복원, 생성 및 변환에 뛰어난 성능]을 보인다.

잡기술(포함)

<인공지능 생성 모델>, >확산 모델>이 전체와 부분의 관계를 가진다. 이때 그 기능 역시도 전체의 부분의 관계임을 포착할 수 있다. 전자의 기능이 <문장, 영상, 음성 제작>이라면, 후자는 그 기능 중에서 <영상> 부분에 초점을 맞춘 것임을 알 수 있다.

잡소리(영상)

영상의 사전적 정의는 빛의 굴절이나 반사 등에 의하여 이루어진 물체의 상 또는 영사막이나 브라운관, 모니터 따위에 비추어진 상을 의미한다. 영상을 보고 동영상을 떠올리는 학생들이 있는데, 일반적으로 영상은 사진도 포함함을 기억하자.

[1-2] 확산 모델의 기본 발상은, ^{확산모델의 기본원리}[원본 이미지에 노이즈를 점진적으로 ^{순서1}추가하였다가 그 노이즈를 ^{순서2}다시 제거해 나가면 원본 이미지를 ^{순서3}복원할 수 있다는 것]이다.

잡기술(기본원리)

흔히 과학 기술 지문에는 기본 원리를 제시하고 이러한 원리를 응용하는 경우가 많다. 여기서 기본 발상이 이에 해당한다. 따라서 독자는 기본 원리가 앞으로 어떻게 응용할지에 초점을 맞춰 독해하면 좋다. 또 이러한 기본발상에 대해 상상하며 글을 독해할 수 있다.

잡소리(굳이..?)

확산모델의 기본 발상은 원본 이미지에 추가했다가 이를 제거해서 다시 원본 이미지를 복원하는 것이다. 이때 '어차피 복원할거 왜 노이즈를 추가하지? 이미 원본 이미지가 있잖아?' 정도의 생각을 할 수 있다.

그러나 이것은 '기본 원리'이다. 이러한 당연해 보이는 기본 원리를 활용해서 기술이 등장한다. 그러니 독자들은 이러한 기본 원리가 응용될 것을 기대하며 글을 읽자.

[1-3] 노이즈는 ^{정의}[불필요하거나 원하지 않는 값]을 의미한다.

[1-4] ^{확산 모델 기본 원리 구체화}[원하는 값만 들어 있는 원본 이미지에 노이즈를 단계별로 더하면 노이즈가 포함된 확산 이미지가 되고, 여러 단계를 거치면 결국 원본 이미지가 어떤 이미지였는지 전혀 알아볼 수 없는 노이즈 이미지가 된다.]

[1-5] 역으로, ^{조건}[단계별로 더해진 노이즈를 알 수 있다]면 ^{효과}[노이즈 이미지에서 원본 이미지를 복원]할 수 있다.

잡기술(구체화)

[1-4]와 [1-5]에는 [1-2]의 기본 원리가 한층 구체화되어 나타난다. 이때 여기서 등장한 순서와 [1-2]의 순서를 비교해 보는 것도 좋다.

잡기술(구체화)

기술 지문을 독해할 때, 순서를 잡아야 하는 경우가 많다. 이때 보통 용언을 기준으로 체크하는데, 'A가 되다', 'A를 출력하다'와 같은 경우는, 용언이 아닌 그 'A'로 잡는 것이다. 예를 들어, [1-4]에서 '^{순서A} 더하면, ^{순서B} 확산 이미지, ^{순서C} 거치면, ^{순서D} 노이즈 이미지'로 잡는 것이다. 실전에서 꽤 유용하다.

잡기술(도해)

기술 지문을 독해할 때, 그 작동 양상을 독자의 머릿속에서 이미지화하는 것이 좋다. 아래 예시를 제시하겠다.

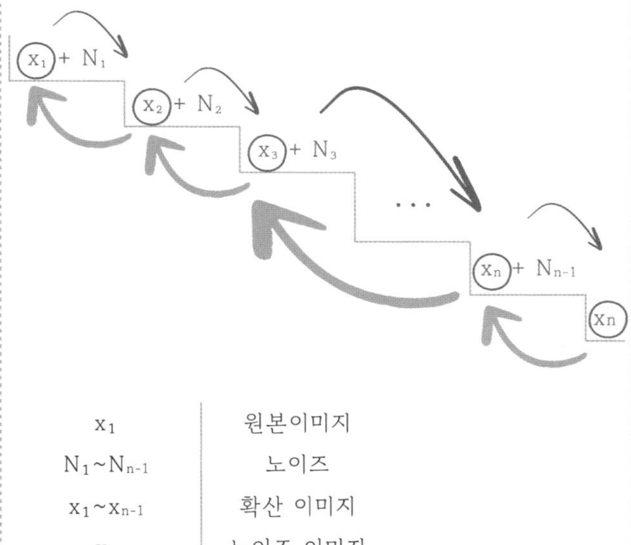

x_1	원본이미지
$N_1 \sim N_{n-1}$	노이즈
$x_1 \sim x_{n-1}$	확산 이미지
x_n	노이즈 이미지

[2-1] 확산 모델은 ^{확산 모델 구성 요소} [노이즈 생성기, 이미지 연산기, 노이즈 예측기]로 구성되며, ^{확산 모델 작동 순서} [순확산 과정과 역확산 과정] 순으로 작동한다.

[2-2] 순확산 과정은 ^{정의} [이미지에 노이즈를 추가하면서 노이즈 예측기를 학습시키는 과정]이다.

잡기술(구성 요소와 작동 순서)

[2-1]은 확산 모델의 구성 요소와 작동 순서이다. 이때, 독자는 기술의 작동 순서대로 글이 전개될 것을 예측할 수 있다. 또 그 과정에서 언급된 구성 요소가 활용될 것도 알 수 있다.

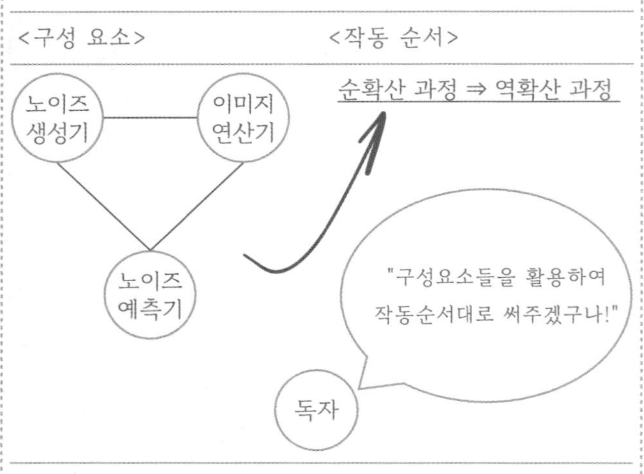

잡기술(예측)

[2-1]에서의 작동 순서를 고려하면, 순확산 과정이 나오고 역확산 과정이 등장할 것을 예측한 것이 맞았다. 이때, '순확산 과정'이 등장했으므로, 뒤에 '역확산 과정'이 나올 수 있다. 실전에서 눈을 돌려서 역확산 과정이 어디에 있는지 찾을 수 있다면, 글의 구조화에 유리하다. (이는 [4-1]에 등장한다)

잡기술(나열)

'면서'를 고려하면, 이미지에 노이즈를 추가하는 것과 노이즈 예측기를 학습시키는 것이 나열되어 있는 것을 알 수 있다. 독자는 필자가 이를 순서대로 설명해 줄 것이라고 예측할 수 있다. (실제로 [2-3]~[2-8]은 '노이즈 추가'를, [3문단]은 '노이즈 예측기 학습'을 자세히 설명하고 있다)

[2-3] 첫 단계에서는, 노이즈 생성기에서 노이즈를 만든 후 이미지 연산기가 이 노이즈를 원본 이미지에 더해서 노이즈가 포함된 확산 이미지를 출력한다.

[2-4] 다음 단계부터는 노이즈 생성기에서 만든 노이즈를 이전 단계에서 출력된 확산 이미지에 더한다.

[2-5] 이러한 단계를 충분히 반복하면 최종적으로 노이즈 이미지가 출력된다.

[2-6] 이때 더해지는 노이즈는 ^{특징}[크기나 분포 양상 등 그 특성이 단계별로 다르다.]

[2-7] 따라서 노이즈 예측기는 단계별로 확산 이미지를 입력받아 이미지에 포함된 노이즈의 특성을 추출하여 수치들로 표현하고, 이 수치들을 바탕으로 노이즈를 예측한다.

[2-8] ^{정의}[노이즈 예측기 내부의 이러한 수치]들을 잠재 표현이라고 한다.

[2-9] 노이즈 예측기는 잠재 표현을 구하고 노이즈를 예측하는 방식을 학습한다.

잡기술(구체화)

이전까지의 구체화 양상을 보자. [1-2]의 기본 원리는 [1-4],[1-5]에 구체화 되었다. 이후 [2-2]부터 지문의 끝까지 다시 한번 구체화된다. 이때 각 구체화 과정에 차이가 있다. 첫 번째는 '기본 원리'에서 확산 이미지와 노이즈 이미지의 개념을 추가하여 설명하고, 두 번째로 확산 모델의 작동 순서(순방향 ⇒ 역방향)와 구성 요소(노이즈 생성기, 노이즈 예측기, 노이즈 이미지 생성기)의 개념을 활용하여 설명한다.

기본 원리 ⇒ 응용¹ ⇒ 응용²

[1-2] : [1-4] [1-5] : [2-2] ~ [끝]

확산 이미지   노이즈 생성기
노이즈 이미지   이미지 예측기
                    노이즈 연산기
                    순방향, 역방향

잡기술(도해)

이전 [1-5]에서 나름 도식을 그려보며 읽었다면, 이를 계속 활용하는 것이 좋다.

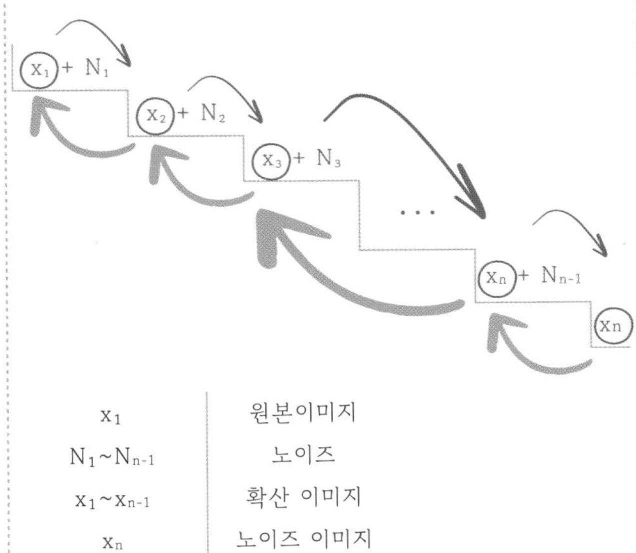

x_1	원본이미지
N_1~N_{n-1}	노이즈
x_1~x_{n-1}	확산 이미지
x_n	노이즈 이미지

[3-1] 노이즈 예측기의 학습 방법은 ^{전체}[기계 학습] 중에서 ^{부분}[지도 학습]에 해당한다.

[3-2] 지도 학습은 ^{정의}[학습 데이터에 정답이 주어져 출력과 정답의 차이가 작아지도록 모델을 학습시키는 방법]이다.

[3-3] 노이즈 예측기를 학습시킬 때는 ^{조건1}[노이즈 생성기에서 만들어 넣어 준 노이즈가 정답에 해당]하며 ^{조건2}[이 노이즈와 예측된 노이즈 사이의 차이가 작아지도록 학습]시킨다.

잡기술(포함)

[3-1]에서 기계 학습과 지도 학습은 전체와 부분 관계에 있음을 알 수 있다.

잡소리(학습)

[3문단]에서 노이즈 예측기의 학습 과정에 대해 설명하고 있다. 그러나 꽤나 압축적이고 불친절하게 설명해주고 있는데, 이는 이전에 기출문제에 출제됐기 때문이다. 잘 이해가 가지않는 학생들은 이때 2017년도 6월 평가원 16~19번 지문 (퍼셉트론 지문)을 학습하는 것을 권장한다.

잡소리(조건)

[3-3]에 노이즈 예측기의 학습에 조건1,2가 등장한다. 이때 독자는 조건들이 만족되지 않았을 때, 올바른 노이즈 예측기 학습이 이뤄지지 않는다는 사실을 생각해 볼 수 있다.

잡소리(학습2)

노이즈 예측기의 학습 방법은 우리가 수학을 공부하는 것에 비유해 볼 수 있다. 수학 문제를 풀고 답을 체크한 뒤 정답과 비교하여 자신의 사고 과정을 교정하는 것이다. 만약 학생이 낸 것이 정답이라면, 다음 학습을 진행하고 오답이라면 자신의 사고 과정을 되돌아보면 된다.

이런 식으로 노이즈 예측기에서 임의의 확산 이미지 (x2)와 그 이전에 더해진 노이즈 (N1)을 준 다음에 이를 학습시키는 것이다. 만약 예측기가 노이즈(N1)을 성공적으로 예측할 경우, 다음 학습을 진행하고 실패할 경우 작동 메카니즘을 수정하는 것이다.

이렇게 되면 학습량이 많아질수록 노이즈 예측기는 정교해진다. 따라서 생판 모르는 노이즈 이미지가 제시되어도 그게 맞는 노이즈들을 예측하여 원본 이미지를 복원할 수 있는 것이다.

[수학 학습]

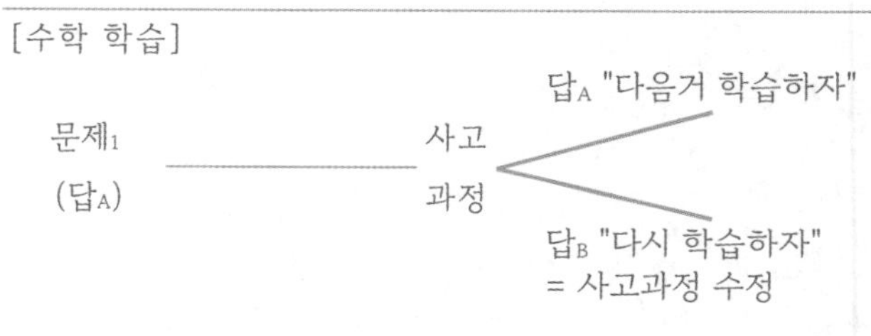

[노이즈 예측기 학습]

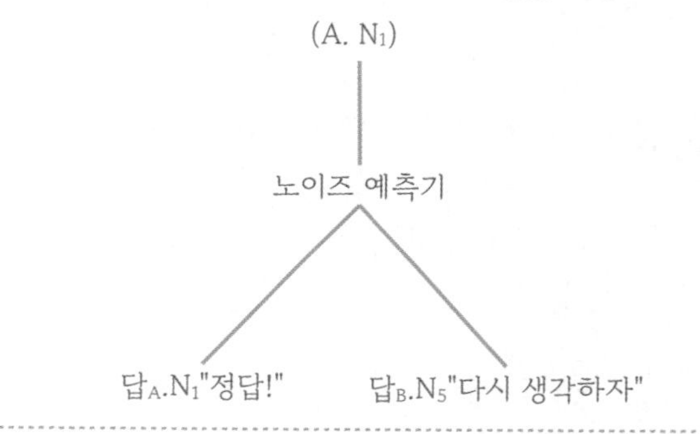

[4-1] 역확산 과정은 [정의][노이즈 이미지에서 노이즈를 제거하여 원본 이미지를 복원하는 과정]이다.

[4-2] [효과][노이즈를 제거]하려면 [조건][이미지에 단계별로 어떤 특성의 노이즈가 더해졌는지 알아야 하는데] 노이즈 예측기가 이 역할을 한다.

[4-3] 노이즈 이미지 또는 중간 단계에서의 확산 이미지를 노이즈 예측기에 입력하면 이미지에 포함된 노이즈의 특성을 추출하여 잠재 표현을 구하고 이를 바탕으로 노이즈를 예측한다.

[4-4] 이미지 연산기는 입력된 확산 이미지로부터 이 노이즈를 빼서 현 단계의 노이즈를 제거한 확산 이미지를 출력한다.

[4-5] 확산 이미지에 이런 단계를 반복하면 결국 노이즈가 대부분 제거되어 원본 이미지에 가까운 이미지만 남게 된다.

잡기술(나열)

'면서'를 고려하면, 이미지에서 노이즈를 제거하는 것과 원본 이미지를 복원하는 것이 나열되어 있는 것을 알 수 있다. 독자는 필자가 이를 순서대로 설명해 줄 것이라고 예측할 수 있다. (아쉽게도 예측이 틀렸다 그냥 한번에 써줬다)

잡기술(조건)

[4-2]에서 노이즈 제거의 조건이 등장한다. 역시 이러한 조건이 충족되지 않으면, 노이즈를 제거할 수 없다는 생각을 할 수 있다.

잡소리(학습3)

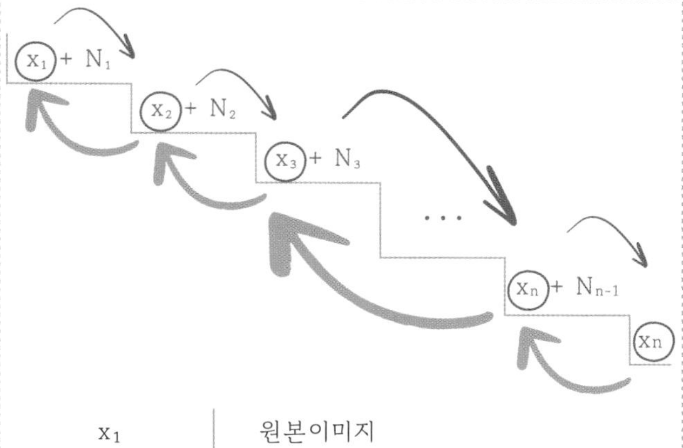

x_1	원본이미지
$N_1 \sim N_{n-1}$	노이즈
$x_1 \sim x_{n-1}$	확산 이미지
x_n	노이즈 이미지

수 많은 학습 끝에 노이즈 예측기는 정교해졌다. 이제 아무 노이즈 이미지만 줘도 각 노이즈들을 예측하고 원본 이미지까지 추출이 가능하다. 앞선 예시에서 수학 공부를 열심히 한 학생이 수능 시험장에서 답지 없이 문제를 푸는 것이라 볼 수 있다.

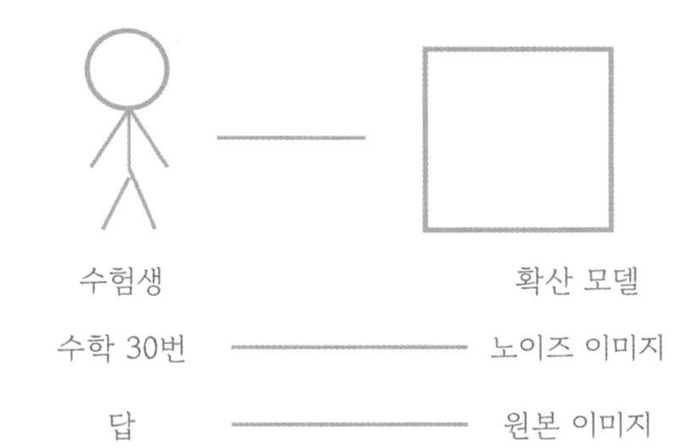

[5-1] 한편, ^{조건1}[많은 종류의 이미지를 학습]시킨 후 ^{조건2}[학습된 이미지의 잠재 표현에 고유 번호를 붙이면] ^{효과}[역확산 과정에서 이미지를 선택하여 생성]할 수 있다.

[5-2] 또한 ^{조건}[잠재 표현의 수치들을 조정]하면 ^{효과}[다른 특성의 노이즈가 생성되어 여러 이미지를 혼합하거나 실재하지 않는 이미지를 만들어 낼 수도 있다].

잡소리(예측)

[1-1]에서 제시된 '복원', '생성', '변환' 중, '생성'과 '변환'을 각각 [5-1], [5-2]에서 서술해 주고 있다.

메모

10. 학생이 윗글을 읽은 방법으로 적절하지 <u>않은</u> 것은?

① 확산 모델이 지도 학습을 사용한다는 점에 주목하고, 지도 학습 방법이 확산 모델에 어떻게 적용되는지 확인하며 읽었다.

② 확산 모델이 두 가지 과정으로 이루어진다는 점에 주목하고, 두 과정 중 어느 과정이 선행되어야 하는지 살피며 읽었다.

③ 확산 모델에서 노이즈의 중요성을 파악하고, 사용되는 노이즈의 종류가 모델의 성능에 미치는 영향을 이해하며 읽었다.

④ 잠재 표현의 개념을 파악하고, 그 개념을 바탕으로 확산 모델이 노이즈를 예측하고 제거하는 원리를 이해하며 읽었다.

⑤ 확산 모델의 구성 요소를 파악하고, 그 구성 요소가 노이즈 처리 과정에서 어떤 기능을 하는지 확인하며 읽었다.

길라잡이

본인만의 풀이 과정을 적어보세요!

① 확산 모델이 지도 학습을 사용한다는 점에 주목하고, 지도 학습 방법이 확산 모델에 어떻게 적용되는지 확인하며 읽었다.

② 확산 모델이 두 가지 과정으로 이루어진다는 점에 주목하고, 두 과정 중 어느 과정이 선행되어야 하는지 살피며 읽었다.

③ 확산 모델에서 노이즈의 중요성을 파악하고, 사용되는 노이즈의 종류가 모델의 성능에 미치는 영향을 이해하며 읽었다.

④ 잠재 표현의 개념을 파악하고, 그 개념을 바탕으로 확산 모델이 노이즈를 예측하고 제거하는 원리를 이해하며 읽었다.

⑤ 확산 모델의 구성 요소를 파악하고, 그 구성 요소가 노이즈 처리 과정에서 어떤 기능을 하는지 확인하며 읽었다.

11. 윗글을 이해한 내용으로 가장 적절한 것은?

① 노이즈 생성기는 순확산 과정에서만 작동한다.
② 확산 모델에서의 학습은 역확산 과정에서 이루어진다.
③ 이미지 연산기와 노이즈 예측기는 모두 확산 이미지를 출력한다.
④ 노이즈 예측기를 학습시킬 때는 예측된 노이즈가 정답으로 사용된다.
⑤ 역확산 과정에서 단계가 반복될수록 출력되는 확산 이미지는 원본 이미지와의 유사성이 줄어든다.

길라잡이

본인만의 풀이 과정을 적어보세요!

① 노이즈 생성기는 순확산 과정에서만 작동한다.

② 확산 모델에서의 학습은 역확산 과정에서 이루어진다.

③ 이미지 연산기와 노이즈 예측기는 모두 확산 이미지를 출력한다.

④ 노이즈 예측기를 학습시킬 때는 예측된 노이즈가 정답으로 사용된다.

⑤ 역확산 과정에서 단계가 반복될수록 출력되는 확산 이미지는 원본 이미지와의 유사성이 줄어든다.

12. 잠재 표현 에 대한 설명으로 적절하지 <u>않은</u> 것은?

① 잠재 표현의 수치들을 조정하면 여러 이미지를 혼합할 수 있다.

② 역확산 과정에서 잠재 표현이 다르면 예측되는 노이즈가 다르다.

③ 확산 모델의 학습에는 잠재 표현을 구하는 방식이 포함되어 있다.

④ 잠재 표현은 이미지에 더해진 노이즈의 크기나 분포 양상에 따라 다른 값들이 얻어진다.

⑤ 잠재 표현은 노이즈 예측기가 원본 이미지를 입력받아 노이즈의 특성을 추출한 결과이다.

길라잡이
본인만의 풀이 과정을 적어보세요!

① 잠재 표현의 수치들을 조정하면 여러 이미지를 혼합할 수 있다.

② 역확산 과정에서 잠재 표현이 다르면 예측되는 노이즈가 다르다.

③ 확산 모델의 학습에는 잠재 표현을 구하는 방식이 포함되어 있다.

④ 잠재 표현은 이미지에 더해진 노이즈의 크기나 분포 양상에 따라 다른 값들이 얻어진다.

⑤ 잠재 표현은 노이즈 예측기가 원본 이미지를 입력받아 노이즈의 특성을 추출한 결과이다.

13. 윗글을 바탕으로 <보기>를 이해한 내용으로 적절하지 <u>않은</u> 것은?

<보기>

A 단계는 확산 모델 과정 중 한 단계이다. ㉠은 원본 이미지 이고, ㉡은 확산 이미지 중의 하나이며, ㉢은 노이즈 이미지이다. (가)는 이미지가 A 단계로 입력되는 부분이고, (나)는 이미지가 A 단계에서 출력되는 부분이다.

(가) ⇨ | A 단 계 | ⇨ (나)

㉠  ㉡ 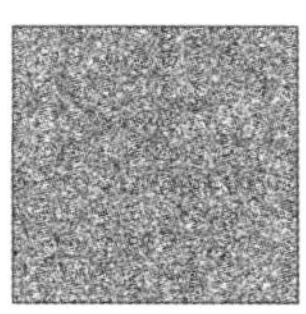 ㉢

① (가)에 ㉠이 입력된다면, A단계의 이미지 연산기에서는 ㉠에 노이즈를 더하겠군.
② (나)에 ㉢이 출력된다면, A단계의 노이즈 생성기에서 생성된 노이즈가 이미지 연산기에서 확산 이미지에 더해졌겠군.
③ 순확산 과정에서 (가)에 ㉡이 입력된다면, A단계의 노이즈 예측기에서 예측한 노이즈가 이미지 연산기에 입력되겠군.
④ 역확산 과정에서 (가)에 ㉢이 입력된다면, A단계의 이미지 연산기에서는 ㉢에서 노이즈를 빼겠군.
⑤ 역확산 과정에서 (나)에 ㉡이 출력된다면, A단계의 노이즈 예측기에서 예측한 노이즈가 이미지 연산기에 입력되었겠군.

① (가)에 ㉠이 입력된다면, A단계의 이미지 연산기에서는 ㉠에 노이즈를 더하겠군.

② (나)에 ㉢이 출력된다면, A단계의 노이즈 생성기에서 생성된 노이즈가 이미지 연산기에서 확산 이미지에 더해졌겠군.

③ 순확산 과정에서 (가)에 ㉡이 입력된다면, A단계의 노이즈 예측기에서 예측한 노이즈가 이미지 연산기에 입력되겠군.

④ 역확산 과정에서 (가)에 ㉢이 입력된다면, A단계의 이미지 연산기에서는 ㉢에서 노이즈를 빼겠군.

⑤ 역확산 과정에서 (나)에 ㉡이 출력된다면, A단계의 노이즈 예측기에서 예측한 노이즈가 이미지 연산기에 입력되었겠군.

독서

| Preview |

기본 원리와 도해

여기서 초반부 블록체인의 기본 원리를 설명할 때 도해 과정이 필요하다. 하나의 문단에서 기본 원리, 구성 요소를 모두 섞어서 제시해 주기 때문에 독자는 이를 자신만의 그림으로 표현해서 이해하지 않으면 후반부 독해가 막힐 수 있다.

Trade off

하나를 가지려면 하나를 포기해야 하는 관계이다. 쉽게 말해 '모든 토끼를 동시에 잡을 수 없다'라는 것이다. 이러한 관계가 지문 후반부에 '보안성', '탈중앙성', '확장성' 사이에 나타난다.

□ 상충 **相沖**
□
□ 맞지 아니하고 서로 어긋나다.

□ 복원 **復原**
□
□ 원래대로 회복함.

□ 용이 **容易**
□
□ 어렵지 아니하고 매우 쉽다.

□ 합의 **合意**
□
□ 서로 의견이 일치함. 또는 그 의견.

길라잡이
모르는 어휘가 있다면 정리하세요!

길라잡이
모르는 어휘가 있다면 정리하세요!

메모

　블록체인 기술은 데이터를 블록이라는 단위로 묶어 체인 형태로 연결한 것을 여러 대의 컴퓨터에 중복 저장하는 기술이다. 체인 형태로 연결된 블록의 집합을 블록체인이라 하고, 블록체인을 저장하는 컴퓨터를 노드라고 한다. 새로 생성된 블록은 노드들에 전파된다. 노드들은 블록에 포함된 내용이 블록체인의 다른 블록에 있는 내용과 상충되지 않는지, 동일한 내용이 블록체인의 다른 블록에 이중으로 포함되어 있지 않은지 검증한다. 검증이 끝난 블록을 블록체인에 연결할지 여부는 모든 노드들이 참여하는 승인 과정을 통해 정해진다. 승인이 완료된 블록은 블록체인에 연결되고, 이 블록체인은 노드들에 저장된다. 승인 과정에는 합의 알고리즘이 사용되고, 합의 알고리즘의 예로 '작업증명'이 있다.

　블록체인 기술의 성능은 블록체인에 데이터가 저장되는 속도로 정의되며, 단위 시간당 블록체인에 저장되는 데이터의 양으로 계산될 수 있다. 블록체인 기술은 공개형과 비공개형으로 구분된다. 비공개형은 공개형과 달리 노드 수에 제한을 두고, 일반적으로 공개형에 비해 합의 알고리즘의 속도가 빠르다. 따라서 비공개형은 승인 과정에 걸리는 시간이 짧기 때문에 성능이 높다.

　데이터가 무단으로 변경되기 어렵다는 성질을 무결성이라 하는데 무결성은 블록체인 기술의 대표적인 장점이다. 특정 노드에 저장되어 있는 일부 데이터가 변경되면 변경된 블록과 그 이후의 블록들은 블록체인과의 연결이 끊어진다. 끊어진 모든 블록을 다시 연결하는 것은 승인 과정을 필요로 하기 때문에 연결을 복구하는 것은 어렵다. 즉 블록과 블록체인의 연결을 유지하면서 블록체인에 포함된 데이터를 변경하는 것이 어려우므로 블록체인 데이터는 무결성이 높다. 무단 변경과 달리, 일부 데이터가 지워져도 승인된 원래의 데이터로 복원할 때는 승인 과정이 필요하지 않다. 따라서 ㉠블록체인에 포함된 데이터는 일부가 지워지더라도 복원이 용이하다.

　블록체인 기술에서 고려해야 할 세 가지 특성이 있다. 보안성은 데이터의 무단 변경이 어려울 뿐 아니라 동일한 내용의 데이터가 블록체인의 서로 다른 블록에 또는 단일 블록에 이중으로 포함되는 것이 어렵다는 성질이다. 승인 과정에 걸리는 시간이 줄거나 노드 수가 감소하면 보안성은 낮아진다. 탈중앙성은 승인 과정에 다수의 노드들이 참여하고, 특정 노드가 승인 과정을 주도하지 않는다는 성질이다. 노드 수가 감소하면 탈중앙성은 낮아진다. 확장성은 블록체인 기술이 목표로 하는 응용 분야에 적용 가능할 만큼 성능이 높고, 노드 수가 증가해도 서비스 유지가 가능하다는 성질이다. 노드 수가 증가하면 성능이 저하되므로, 확장성이 높다는 것은 노드 수가 증가하더라도 성능 저하가 크지 않다는 것을 의미한다. 그

래서 기술 변화 없이 확장성을 높이고자 할 때 노드 수를 제한하는 방법이 사용되기도 한다. 노드 수를 제한하면 성능 저하를 막을 수 있기 때문이다. 아직까지 블록체인 기술은 보안성, 탈중앙성, 확장성을 함께 높일 수 있는 방법이 없어 대규모로 채택되지 못하고 있다.

08. 다음은 윗글을 읽은 학생에게 제공된 학습지의 일부이다. 학생의 '판단 결과'로 적절하지 <u>않은</u> 것은?

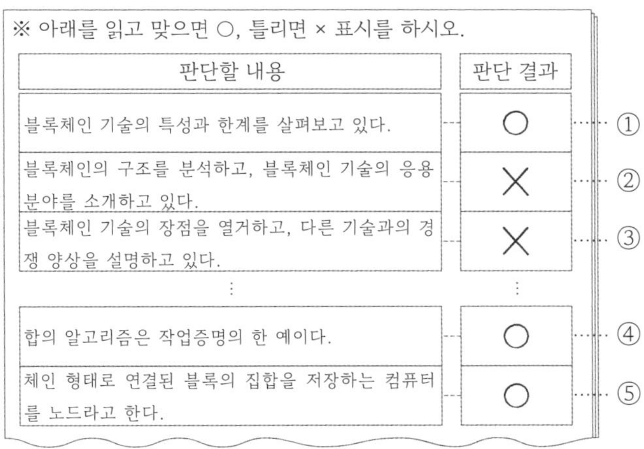

09. 윗글에 대한 이해로 가장 적절한 것은?

① 승인 과정에 참여할 노드를 결정하기 위해 합의 알고리즘이 사용된다.

② 일부 블록체인 데이터가 변경되면 전체 노드의 모든 블록은 승인 과정을 다시 거쳐야 한다.

③ 블록과 블록체인의 연결을 유지하면서 블록체인 데이터를 삭제할 수 있으면 보안성이 높다.

④ 공개형 블록체인 기술은 같은 양의 데이터가 저장되는 데 걸리는 시간이 짧을수록 성능이 낮아진다.

⑤ 블록이 블록체인에 연결되기 위해서는 블록의 데이터가 블록 체인의 다른 데이터와 비교되어야 한다.

10. ㉠의 이유로 가장 적절한 것은?

① 블록체인에 포함된 데이터는 변경이 쉽기 때문이다.
② 블록체인이 여러 노드들에 중복 저장되기 때문이다.
③ 승인 과정에 참여하는 노드 수에 제한이 있기 때문이다.
④ 데이터가 블록체인에 포함되기 위해서는 승인 과정을 필요로 하기 때문이다.
⑤ 동일한 데이터가 블록체인에 연결된 서로 다른 블록에 이중으로 포함되어 있기 때문이다.

11. 윗글을 바탕으로 <보기>를 이해한 내용으로 가장 적절한 것은?

<보기>

노드 수가 10개로 고정된 블록체인 기술을 사용하고 있는 A업체는 이전에 사용하던 작업증명 대신 속도가 더 빠른 합의 알고리즘을 개발해, 유통 분야에서 요구되는 성능을 초과 달성했다. 한편 B업체는 최근 A업체보다 데이터의 위조 불가능성을 향상시킨 블록체인 기술을 개발했다. 이 기술은 노드 수에 제한이 없지만 현재는 200개의 노드가 참여하고 있다. 승인 과정에는 작업증명을 사용한다.

① A업체의 블록체인 기술은 이전보다 확장성과 보안성이 모두 높아졌겠군.
② B업체의 블록체인 기술은 노드 수가 증가할수록 보안성과 확장성이 모두 높아지겠군.
③ B업체의 블록체인 기술은 노드 수가 감소하면 성능은 높아지고 탈중앙성이 낮아지겠군.
④ A업체의 블록체인 기술은 B업체와 달리 공개형이고, B업체 보다 탈중앙성이 낮겠군.
⑤ A업체의 블록체인 기술은 B업체와 승인 과정이 다르고, B업체보다 무결성이 높겠군.

메모

[1-1] 블록체인 기술은 ^{정의}[데이터를 블록이라는 단위로 묶어 체인 형태로 연결한 것을 여러 대의 컴퓨터에 중복 저장하는 기술]이다.

[1-2] ^{정의}[체인 형태로 연결된 블록의 집합]을 블록체인이라 하고, 정의[블록체인을 저장하는 컴퓨터]를 노드라고 한다.

잡기술(정의)

블록체인 기술에 대해 정의해 주고 있다. 앞서 공부한 기술의 '기본 원리'로 이해할 수 있다. 따라서 이 기본 원리가 어떻게 응용될지에 초점을 맞추며 읽으면 좋다.

잡기술(도해)

독자는 낯선 기술이나 원리가 나올 경우 이를 이미지화 해서 상상할 수 있다.

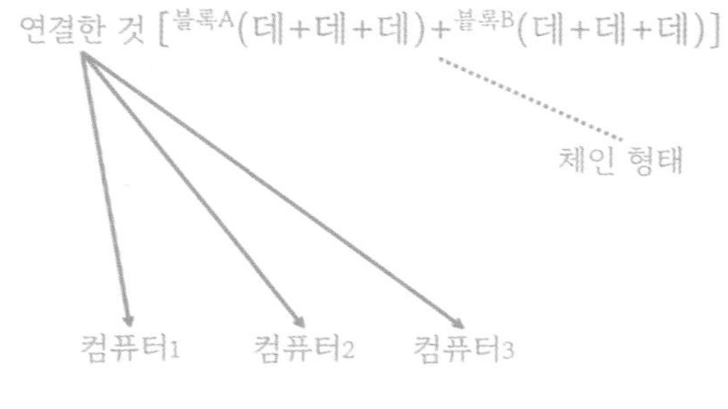

잡기술(포함/도해)

'집합'을 고려하면, 블록체인이 블록을 포함한 상위 범주임을 알 수 있다. 더하여 기술 지문에서 포함관계로 구성요소를 나타낼 때 다음과 같은 이미지로, 머릿속으로 상상할 수 있다.

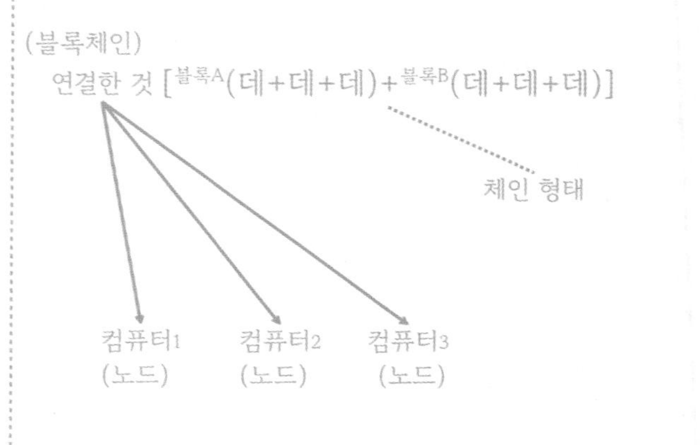

[1-3] 새로 ^{순서1} 생성된 블록은 노드들에 ^{순서2} 전파된다.

[1-4] 노드들은 블록에 포함된 내용이 블록체인의 다른 블록에 있는 내용과 상충되지 않는지, 동일한 내용이 블록체인의 다른 블록에 이중으로 포함되어 있지 않은지 ^{순서3} 검증한다.

[1-5] 검증이 끝난 블록을 블록체인에 연결할지 여부는 모든 노드들이 참여하는 ^{순서4} 승인 과정을 통해 정해진다.

[1-6] 승인이 완료된 블록은 블록체인에 ^{순서5} 연결되고, 이 블록체인은 노드들에 ^{순서6} 저장된다.

잡기술(구체화)

[1-3]~[1-6]은 블록체인 기술의 작동 순서를 제시해 주고 있다. 또 [1-1]~[1-2]에서 블록체인 기술의 구성 요소들을 제시해 준 것을 알 수 있다.

이렇게 노골적으로 기술 지문 초반에 순서를 제시해 주는 경우 이를 확보하는 것이 좋다. 개인적으로는 지문 위에 숫자를 적어두는 것을 추천한다.

또 이런 응용과정 독해 시, 앞서 도해한 것을 활용하자!

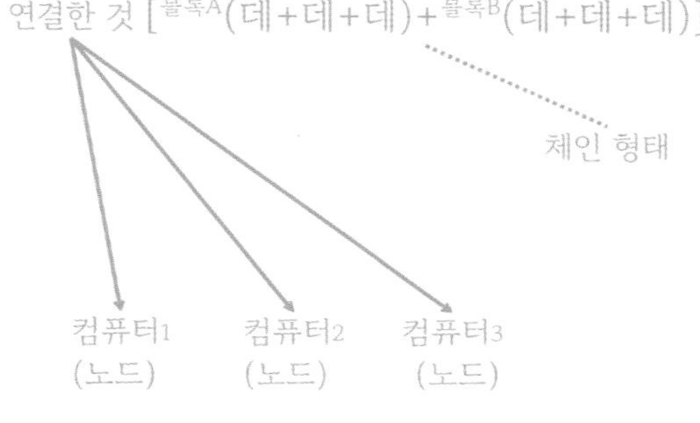

[1-7] 승인 과정에는 전체[합의 알고리즘]이 사용되고, 합의 알고리즘의 예로 부분['작업증명']이 있다.

잡기술(예시)

'예'를 고려하면, 합의 알고리즘과 작업증명은 부분과 전체 관계이다.

잡기술(포함)

합의 알고리즘이 전체, 작업증명이 부분임을 알 수 있다.

잡기술(포함)

앞서 잡은 순서를 바탕으로 독자는 글이 어떻게 진행될 것인지 대강 예측할 수 있다. 작업 증명에 대해 깊게 설명해 줄 것이다. (개연성 있는 예측이었으나 틀린 듯하다. 작업증명에 대해 자세히 설명해 주지 않는다)

[2-1] 블록체인 기술의 성능은 정의[블록체인에 데이터가 저장되는 속도]로 정의되며, 공식[단위 시간당 블록체인에 저장되는 데이터의 양]으로 계산될 수 있다.

잡소리(정의와 공식)

'정의'는 말 그대로 하나의 설명 방식이다. 즉 블록체인 기술에서 '무엇을 성능으로 볼 것인가'라는 개념적 기준을 명시한 것이다. '계산'은 '그 개념을 어떤 식으로 수치화하여 비교나 측정을 할 것인가'라는 측정 방법을 구체화한 것이다.
쉽게 말해서, '추상적인 개념'이 '정의'이고 이것에 대한 '계량적 수치'가 '계산'이라고 이해하면 좋다.

[2-2] 블록체인 기술은 분류[공개형과 비공개형]으로 구분된다.

[2-3] 비공개형은 공개형과 달리 비공개1[노드 수에 제한]을 두고, 일반적으로 공개형에 비해 비공개2[합의 알고리즘의 속도가 빠르다.]

[2-4] 따라서 비공개형은 비공개3[승인 과정에 걸리는 시간이 짧기 때문에 성능이 높다.]

잡기술(포함)

'구분된다'를 고려하면, 블록체인 기술의 하위 범주에 공개형, 비공개형이 있는 것을 알 수 있다. 이때 독자는 공개형과 비공개형이 대비되는 지점을 포착할 수 있다.

잡기술(대비)

비공개형과 공개형의 특성을 대비해 주고 있다. 이때 '무엇이 비공개에 들어가는지, 공개에 들어가는지' 확보하면 충분하다.

비공개	공개
제한(노드 수)	~제한(노드 수)
속도(합의)↑	속도(합의)↓
성능↑	성능↓

[3-1] ^{정의} [데이터가 무단으로 변경되기 어렵다는 성질]을 무결성이라 하는데 무결성은 블록체인 기술의 대표적인 장점이다.

[3-2] 특정 노드에 저장되어 있는 일부 데이터가 변경되면 변경된 블록과 그 이후의 블록들은 블록체인과의 연결이 끊어진다.

[3-3] 끊어진 모든 블록을 다시 연결하는 것은 승인 과정을 필요로 하기 때문에 연결을 복구하는 것은 어렵다.

[3-4] 즉 블록과 블록체인의 연결을 유지하면서 블록체인에 포함된 데이터를 변경하는 것이 어려우므로 블록체인 데이터는 무결성이 높다.

[3-5] 무단 변경과 달리, 일부 데이터가 지워져도 승인된 원래의 데이터로 복원할 때는 승인 과정이 필요하지 않다.

[3-6] 따라서 블록체인에 포함된 데이터는 일부가 지워지더라도 복원이 용이하다.

[4-1] 블록체인 기술에서 고려해야 할 세 가지 특성이 있다.

잡기술(나열)

필자는 블록체인 기술의 3가지 특성을 언급했다. 따라서 이 것들이 한 번에 제시될지, 아니면 하나에 대해 설명을 마친 후 다음 것들을 제시할지 눈을 아래로 돌려서 서술 양상을 파악할 수 있다. [4문단]을 눈으로 스쳐보면, 보안성, 탈중앙성, 확장성을 하나씩 설명해 주고 있다.

[4-2] 보안성은 ^{정의}[데이터의 무단 변경이 어려울 뿐 아니라 동일한 내용의 데이터가 블록체인의 서로 다른 블록에 또는 단일 블록에 이중으로 포함되는 것이 어렵다는 성질]이다.

잡기술(정의)

보안성에 대한 정의가 길게 나열되어 있다. 이럴 때, 정의 부분을 독자의 편의대로 끊어도 좋다.

1	데이터의 무단 변경이 어려운 것
2	동일한 내용의 데이터가 블록체인의 서로 다른 블록에 이중으로 포함되는 것이 어려움
3	동일한 내용의 데이터가 블록체인의 단일 블록에 이중으로 포함되는 것이 어려움

잡기술(도해)

정의를 이해하는 과정에서도 앞에서 정리한 도식을 사용하는 것이 좋다. '동일한 내용의 데이터가 정확히 블록체인의 어디에 포함되는지' 구별할 줄 알아야 하기 때문이다. 도식을 사용하면, 그 저장되는 장소를 공간적으로 볼 수 있다.

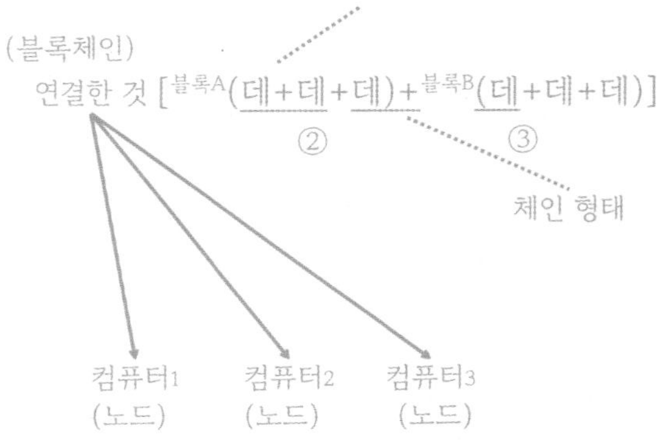

잡소리(보안성)

보안성은 앞에 설명한 무결성을 포함한다. 이때 데이터의 무단 변경이 어려운 것이 보안성과 연결된다는 사실은 직관적으로 이해하기 쉽다. 그러나 그 중복 저장되지 못하게 하는 부분이 보안성과 그닥 관련 없어 보인다.

만약에 데이터가 블록체인의 서로 다른 블록에 이중으로 포함된다면, 누군가 1만 원짜리 쿠폰을 가지고 온라인 쇼핑몰 A와 B에서 동시에 사용하는 결과를 가질 수 있다. 이렇게 블록체인에서 같은 데이터를 여러 블록에 중복기록 하면 이중 지불의 부작용을 낳게 되어 화폐로서의 가치가 사라진다.

[4-3] ^{비례}[승인 과정에 걸리는 시간이 줄거나 노드 수가 감소하면 보안성은 낮아진다.]

잡기술(비례)		
시간(승인 과정)↓ 수(노드) ↓	⇒	보안성 ↓

잡소리(승인과정에 걸리는 시간과 노드 수)
우선 승인 과정에 시간이 줄어들면, 검증이 충분히 이뤄지지 않을 가능성이 높아진다. 수능 시험장에서 답안지에 마킹을 30초만에 해야 한다면, 실수가 생길 가능성이 높아지는 것과 유사하다. 노드 수가 감소하면, 감시와 교차 검증이 약화한다. 블록체인의 안정성은 다수 노드가 동시에 데이터를 저장·검증·상호 감시하는데 나오기 때문이다. 또 노드 수가 줄어들면, 특정 노드가 네트워크를 장악하거나 결정권을 행사하기 쉬워진다. 100명이 지키는 곳에 침투하는 것보다 10명이 지키는 곳에 침투하기 쉬운 상황과 유사하다.

[4-4] 탈중앙성은 ^{정의}[승인 과정에 다수의 노드들이 참여하고, 특정 노드가 승인 과정을 주도하지 않는다는 성질]이다.

[4-5] ^{비례}[노드 수가 감소하면 탈중앙성은 낮아진다.]

잡기술(비례)		
수(노드) ↓	⇒	탈중앙성 ↓

[4-6] 확장성은 ^{정의}[블록체인 기술이 목표로 하는 응용 분야에 적용 가능할 만큼 성능이 높고, 노드 수가 증가해도 서비스 유지가 가능하다는 성질]이다.

[4-7] ^{비례}[노드 수가 증가하면 성능이 저하]되므로, 확장성이 높다는 것은 노드 수가 증가하더라도 성능 저하가 크지 않다는 것을 의미한다.

[4-8] 그래서 ^{결론}[목적기술 변화 없이 확장성을 높이고자 할 때 수단노드 수를 제한하는 방법이 사용되기도 한다.]

[4-9] ^{전제}[노드 수를 제한하면 성능 저하를 막을 수 있기 때문이다.]

잡소리(확장성)

확장성은 쉽게 말하면 블록체인 네트워크가 규모가 커져도 (노드가 늘어나도) 성능이 크게 떨어지지 않고 잘 돌아갈 수 있는 능력이다.

예를 들어보면, 음식점에 손님이 5명 오면 사장 혼자 금방 요리하고 서빙할 수 있다. 그런데 손님이 100배로 늘어나면, 기존과 똑같은 방식으로 음식이 제때 나오기 어려울 것이다. 이는 블록체인 기술의 성능저하이다. 만약 주방과 서빙 인력을 더 많이 채용하거나 조리 공정을 효율적으로 바꾸면 손님이 늘어 나도 빠르게 음식을 낼 수 있다.

이렇게 손님이 많아져도 식당이 원활하게 운영될 수 있는 능력이 확장성이다.

잡소리('그래서'가 들어가는 이유)

[4-7]에 따르면, 확장성을 다음과 같이 수식화 해볼 수 있다.

$$확장성 \quad = \quad \frac{\triangle\ 성능}{\triangle\ 수(노드)}$$

(꼭 이렇다는 것이 아니라 실전에서 그렇게 생각할 수 있다는 것이다)

기출 분석을 해왔다면, 일반적인 기술 지문에서 이런 공식이 등장한 경우, 다음에 세부적인 응용 과정이 등장하는 것이 일반적이지만, [4-8]의 내용은 무언가 끊어지는 느낌이 든다.

그도 그럴 것이, 문장의 구조를 검토해 보면, [4-8]은 결론, [4-9]는 전제가 됨을 알 수 있다.

결론	기술 변화 없이 확장성을 높이고자 할 때 노드 수를 제한하는 방법이 사용되기도 한다
전제	노드 수를 제한하면 성능 저하를 막을 수 있기 때문이다.

따라서 독자들은 확장성에 대한 내용으로, [4-6], [4-7]은 정의를, [4-8]. [4-9]는 이에 대한 실무적인 적용이 등장하는 것이라 이해하면 된다.

잡소리(TradeOff)

하나를 얻으면 다른 하나를 어느 정도 포기해야 하는 상충관계를 말한다. 예를 들어 어떤 시스템이나 상황에서 둘 이상의 요소가 동시에 최대로 달성되기 어렵고, 한쪽을 높이려면 다른 쪽을 포기해야 하는 관계가 형성되는 것이다.

지문에서 보안성, 탈중앙성, 확장성은 Tradeoff 관계라고 볼 수 있는데 이를 수식으로 다음과 같이 표현할 수 있다.

$$확장성 \quad \times \quad 탈중앙성 \quad \times \quad 확장성 \quad \leq \quad 한계지점(L)$$

메모

08. 다음은 윗글을 읽은 학생에게 제공된 학습지의 일부이다. 학생의 '판단 결과'로 적절하지 않은 것은?

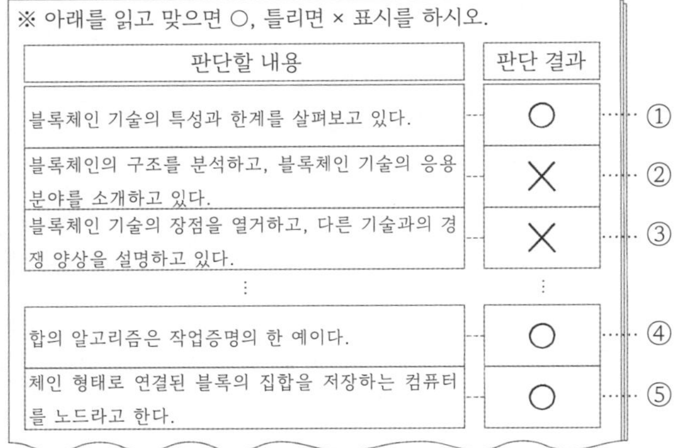

※ 아래를 읽고 맞으면 ○, 틀리면 × 표시를 하시오.

판단할 내용	판단 결과	
블록체인 기술의 특성과 한계를 살펴보고 있다.	○	①
블록체인의 구조를 분석하고, 블록체인 기술의 응용 분야를 소개하고 있다.	×	②
블록체인 기술의 장점을 열거하고, 다른 기술과의 경쟁 양상을 설명하고 있다.	×	③
합의 알고리즘은 작업증명의 한 예이다.	○	④
체인 형태로 연결된 블록의 집합을 저장하는 컴퓨터를 노드라고 한다.	○	⑤

① 블록체인 기술의 특성과 한계를 살펴보고 있다.

② 블록체인의 구조를 분석하고, 블록체인 기술의 응용 분야를 소개하고 있다.

③ 블록체인 기술의 장점을 열거하고, 다른 기술과의 경쟁 양상을 설명하고 있다.

④ 합의 알고리즘은 작업증명의 한 예이다.

⑤ 체인 형태로 연결된 블록의 집합을 저장하는 컴퓨터를 노드라고 한다.

길라잡이

본인만의 풀이 과정을 적어보세요!

09. 윗글에 대한 이해로 가장 적절한 것은?

① 승인 과정에 참여할 노드를 결정하기 위해 합의 알고리즘이 사용된다.
② 일부 블록체인 데이터가 변경되면 전체 노드의 모든 블록은 승인 과정을 다시 거쳐야 한다.
③ 블록과 블록체인의 연결을 유지하면서 블록체인 데이터를 삭제할 수 있으면 보안성이 높다.
④ 공개형 블록체인 기술은 같은 양의 데이터가 저장되는 데 걸리는 시간이 짧을수록 성능이 낮아진다.
⑤ 블록이 블록체인에 연결되기 위해서는 블록의 데이터가 블록 체인의 다른 데이터와 비교되어야 한다.

길라잡이

본인만의 풀이 과정을 적어보세요!

① 승인 과정에 참여할 노드를 결정하기 위해 합의 알고리즘이 사용된다.

② 일부 블록체인 데이터가 변경되면 전체 노드의 모든 블록은 승인 과정을 다시 거쳐야 한다.

③ 블록과 블록체인의 연결을 유지하면서 블록체인 데이터를 삭제할 수 있으면 보안성이 높다.

④ 공개형 블록체인 기술은 같은 양의 데이터가 저장되는 데 걸리는 시간이 짧을수록 성능이 낮아진다.

⑤ 블록이 블록체인에 연결되기 위해서는 블록의 데이터가 블록 체인의 다른 데이터와 비교되어야 한다.

10. ㉠의 이유로 가장 적절한 것은?

① 블록체인에 포함된 데이터는 변경이 쉽기 때문이다.
② 블록체인이 여러 노드들에 중복 저장되기 때문이다.
③ 승인 과정에 참여하는 노드 수에 제한이 있기 때문이다.
④ 데이터가 블록체인에 포함되기 위해서는 승인 과정을 필요로 하기 때문이다.
⑤ 동일한 데이터가 블록체인에 연결된 서로 다른 블록에 이중으로 포함되어 있기 때문이다.

길라잡이
본인만의 풀이 과정을 적어보세요!

① 블록체인에 포함된 데이터는 변경이 쉽기 때문이다.

② 블록체인이 여러 노드들에 중복 저장되기 때문이다.

③ 승인 과정에 참여하는 노드 수에 제한이 있기 때문이다.

④ 데이터가 블록체인에 포함되기 위해서는 승인 과정을 필요로 하기 때문이다.

⑤ 동일한 데이터가 블록체인에 연결된 서로 다른 블록에 이중으로 포함되어 있기 때문이다.

11. 윗글을 바탕으로 <보기>를 이해한 내용으로 가장 적절
한 것은?

<보기>

　노드 수가 10개로 고정된 블록체인 기술을 사용하고 있
는 A업체는 이전에 사용하던 작업증명 대신 속도가 더 빠
른 합의 알고리즘을 개발해, 유통 분야에서 요구되는 성
능을 초과 달성했다. 한편 B업체는 최근 A업체보다 데이
터의 위조 불가능성을 향상시킨 블록체인 기술을 개발했
다. 이 기술은 노드 수에 제한이 없지만 현재는 200개의
노드가 참여하고 있다. 승인 과정에는 작업증명을 사용한
다.

---

① 　A업체의 블록체인 기술은 이전보다 확장성과 보안성이
　모두 높아졌겠군.
② 　B업체의 블록체인 기술은 노드 수가 증가할수록 보안성
　과 확장성이 모두 높아지겠군.
③ 　B업체의 블록체인 기술은 노드 수가 감소하면 성능은 높
　아지고 탈중앙성이 낮아지겠군.
④ 　A업체의 블록체인 기술은 B업체와 달리 공개형이고, B
　업체 보다 탈중앙성이 낮겠군.
⑤ 　A업체의 블록체인 기술은 B업체와 승인 과정이 다르
　고, B업체보다 무결성이 높겠군.

길라잡이

본인만의 풀이 과정을 적어보세요!

---

① 　A업체의 블록체인 기술은 이전보다 확장성과 보안성이
　모두 높아졌겠군.

② 　B업체의 블록체인 기술은 노드 수가 증가할수록 보안성
　과 확장성이 모두 높아지겠군.

③ 　B업체의 블록체인 기술은 노드 수가 감소하면 성능은 높
　아지고 탈중앙성이 낮아지겠군.

④ 　A업체의 블록체인 기술은 B업체와 달리 공개형이고, B업
　체 보다 탈중앙성이 낮겠군.

⑤ 　A업체의 블록체인 기술은 B업체와 승인 과정이 다르
　고, B업체보다 무결성이 높겠군.

독서

| Preview |

지문 내에서 하나의 시간순으로 전개되어 있다. 만약 역사 지문이 고난도 단일 지문이라면, 시간 순을 뒤바꾸며 서술해줄 수도 있지만, 결합 지문인 점을 고려하면, 웬만하면 단일한 시간선을 기준으로 출제된다.

임오군란, 청일전쟁, 아편전쟁 등은 한국사 교과서에 있는 기초적인 배경지식이다. 만약 이러한 최소한도의 배경지식이 없다면 이해하는 것조차 힘들었을 것이니, 본인이 이에 대해 잘 모른다면 꼭 찾아보길 바란다. 어떤 독해 기술들을 소개하는 것보다 배경지식이 중요한 지문이라 잡소리도 많이 실어놨다.

[4-1]에서 이전까지의 개화 논의가 문명에 대한 논의로 움직인다. 이 역시 주제 이동으로 볼 수 있다.

법학 지문에서 볼 수 있듯이, 논증을 분석할 때는 '누가 어떤 주장을 하고, 그 주장을 뒷받침하는 근거는 무엇인가'를 명확히 파악해야 한다. 하지만 실제 글을 읽다 보면, 이 구분이 모호하거나 주장만 제시되고 근거가 충분히 드러나지 않는 경우도 흔하다. 그럴 때는 우선, 글에 등장하는 사람들이 어떤 내용을 언급했는지를 정리해 두는 것이 좋다. 더 자세한 논증 분석 방법은 문장 단위의 분석 자료를 참고하길 바란다."

□ 천주교(天主教)
□ 가톨릭교를 그리스 정교회와 구별하여 이르는 말.
□

□ 자강 정책
□ 기본 뜻: 가톨릭교를 그리스 정교회와 구별하여 이르는 말.
□

□ 척사파(斥邪派)
□ 외세·외래 문물을 배격하려는 입장을 지닌 사람들의 부류.
□

□ 자강
□ 스스로 힘써 몸과 마음을 가다듬음.
□

□ 개화(開化)
□ 조선 시대에, 갑오개혁으로 정치 제도를 근대적으로 개혁한 일.
□

□ 한성순보(漢城旬報)
□ 조선 고종 20년(1883)에 우리나라에서 처음 펴낸 근대 신문.
□

□ 개물성무(開物成務)
□ 만물의 뜻을 깨달아 모든 일을 이룸.
□

□ 인지(認知)
□ 어떤 사실을 인정하여 앎.
□

□ 화민성속(化民成俗)
□ 백성을 교화하여 아름다운 풍속을 만듦.
□

□ 풍속(風俗)
□ 옛날부터 그 사회에 전해 오는 생활 전반에 걸친 습관 따위를 이르는 말.
□

□ 교화(敎化)
□ 가르치고 이끌어서 좋은 방향으로 나아가게 함.
□

□ 진보(進步)
□ 역사 발전의 합법칙성에 따라 사회의 변화나 발전을 추구함.
□

□ 임오군란(壬午軍亂)
□ 1882년에 구식 군인들이 신식 군인과의 차별 대우와 밀린 급료에 불만을 품고 군제 개혁에 반대하며 일으킨 난리.
□

□ 인민(人民)
□ 국가나 사회를 구성하고 있는 사람들. 대체로 지배자에 대한 피지배자를 이른다.
□

□ 고종(高宗)
□ 조선의 제26대 왕(1852~1919).
□

□ 주권(主權)
□ 가장 주요한 권리.
□

☐ 내포(內包)
☐ 어떤 성질이나 뜻 따위를 속에 품음.

☐ 개화당(開化黨)
☐ 구한말에, 정치 제도를 혁신하고 사상과 풍속을 개화시켜 자주 독립
☐ 국가를 세우려 하였던 당파.

☐ 성문화(成文化)
☐ 글이나 문서로 나타냄.

☐ 대민(對民)
☐ 민간인을 상대함.

☐ 주체(主體)
☐ 사물의 작용이나 어떤 행동의 주가 되는 것.

☐ 갑신정변(甲申政變)
☐ 1884년에 개화당이 민씨 일파를 몰아내고 혁신적인 정부를 세우기 위
☐ 하여 일으킨 정변. 반격을 받아 이틀만에 수포로 돌아갔다.

☐ 표상(表象)
☐ 추상적이거나 드러나지 아니한 것을 구체적인 형상으로 드러내어 나
☐ 타냄.

☐ 서유견문(西遊見聞)
☐ 1895년에 유길준이 미국과 유럽을 여행하면서 보고 느낀 바를 적은
☐ 책.

☐ 저술(著述)
☐ 글이나 책 따위를 씀. 또는 그 글이나 책.

☐ 간행(刊行)
☐ 책 따위를 인쇄하여 발행함.

☐ 대한매일신보(大韓每日申報)
☐ 대한 제국 광무 8년(1904) 7월 18일에 양기탁이 영국인 베델과 함께
☐ 한글과 영문으로 발간한 항일 신문. 1910년 국권 강탈과 더불어 일본
통감부에 넘어가 ≪매일신보≫로 이름이 바뀌고 총독부의 기관지가
되었다.

☐ 을사늑약(乙巳勒約)
☐ 대한 제국 광무 9년(1905)에 일본이 한국의 외교권을 빼앗기 위하여
☐ 강제적으로 맺은 조약. 고종 황제가 끝까지 재가하지 않았기 때문에
원인 무효의 조약이다.

☐ 대한 자강회(大韓自強會)
☐ 1906년에 윤치호, 장지연 등이 조직한 민중 계몽 단체. 교육과 계몽
☐ 을 통하여 민족적 주체 의식을 고취하고 자주독립의 기반을 마련하고
자 하였다. 친일 내각에 도전하다가 1907년에 정부 명령으로 해산되
었으며, 뒤에 '대한 협회'로 고쳤다.

☐ 준거(準據)
☐ 사물의 정도나 성격 따위를 알기 위한 근거나 기준

☐ 민족 주체성(民族主體性)
☐ 민족으로서의 자각과 사명을 갖는 성질이나 특성.

☐ 유학(儒學)
☐ 중국의 공자를 시조(始祖)로 하는 전통적인 학문.

☐ 혁신(革新)
☐ 묵은 풍속, 관습, 조직, 방법 따위를 완전히 바꾸어서 새롭게 함.

☐ 이식(移植)
☐ 살아 있는 조직이나 장기를 생체로부터 떼어 내어, 같은 개체의 다른 부분 또는 다른 개체에 옮겨 붙이는 일.

☐ 정립(定立)
☐ 일의 추진 방향 정립.

☐ 부각(浮刻)
☐ 어떤 사물을 특징지어 두드러지게 함.

☐ 전면적(全面的)
☐ 일정한 범위 전체에 걸치는 것.

☐ 자질(資質)??
☐ 타고난 성품이나 소질.

☐ 아편전쟁(阿片戰爭)
☐ 1840년 아편 문제를 둘러싸고 청나라와 영국 사이에 일어난 전쟁. 1842년에 청나라가 패하여 난징 조약을 맺음으로써 끝이 났다.

☐ 사유(思惟)
☐ 대상을 두루 생각하는 일.

☐ 반세기(半世紀)
☐ 한 세기의 절반. 50년을 이른다.

☐ 변혁(變革)
☐ 급격하게 바꾸어 아주 달라지게 함.

☐ 근대화(近代化)
☐ 근대적인 상태가 됨. 또는 그렇게 함.

☐ 인과(因果)
☐ 원인과 결과를 아울러 이르는 말.

☐ 추진(推進)
☐ 목표를 향하여 밀고 나아감.

☐ 실증(實證)
☐ 실제로 증명함. 또는 그런 사실.

☐ 청일 전쟁(淸日戰爭)
☐ 1894년에 조선의 동학 농민 운동에 출병하는 문제로 일어난 청나라와 일본 사이의 전쟁. 일본군은 평양·황해·웨이하이웨이(威海衛) 등지에서 승리하고 1895년에 시모노세키 조약을 맺었다.

☐ 폐단(弊端)
☐ 어떤 일이나 행동에서 나타나는 옳지 못한 경향이나 해로운 현상.

□ 신문화 운동(新文化運動)
□ 중국에서, 1917~1921년에 걸쳐 유교적이고 봉건적인 제도와 문화에
□ 반대하여 일어난 계몽 운동.

□ 민주 정치(民主政治)
□ 민주주의에 의거한 정치. 국가의 주권이 국민에게 있고 국민의 의사에
□ 따라 정치를 운용한다.

□ 공상(空想)
□ 현실적이지 못하거나 실현될 가망이 없는 것을 막연히 그리어 봄. 또
□ 는 그런 생각.

□ 죄악(罪惡)
□ 죄가 될 만한 나쁜 짓.
□

□ 시찰(視察)
□ 두루 돌아다니며 실지(實地)의 사정을 살핌.
□

□ 실지(實地)
□ 실제의 처지나 경우.
□

□ 목도(目睹)
□ 눈으로 직접 보다.
□

□ 인생관(人生觀)
□ 인생의 의의, 가치, 목적 따위에 대한 관점이나 견해.
□

□ 과학만능주의(科學萬能主義)
□ 과학에 의해서만 모든 문제가 해결될 수 있다고 생각하는 태도.
□

□ 수호(守護)
□ 지키고 보호함.
□

길라잡이
모르는 어휘가 있다면 정리하세요!

(가)

서양의 과학과 기술, 천주교의 수용을 반대했던 이항로를 비롯한 척사파의 주장은 개항 이후에도 지속되었지만, 개화 는 거스를 수 없는 대세로 자리 잡았다. 개물성무(開物成務) 와 화민성속(化民成俗)의 앞 글자를 딴 개화는 개항 이전에는 통치자의 통치 행위로서 변화하는 세상에 대한 지식 확장과 피통치자에 대한 교화를 의미했다.

개항 이후 서양 문명에 대한 긍정적 인식이 확산되면서 서양 문명의 수용을 뜻하는 개화 개념이 자리 잡았다. 임오군란 이후, 고종은 자강 정책을 추진하면서 반(反)서양 정서의 교정을 위해 『한성순보』를 발간했다. 이 신문의 개화 개념은 서양 기술과 제도의 도입을 통한 인지의 발달과 풍속의 진보를 뜻했다. 이 개념에는 인민이 국가의 독립 주권의 소중함을 깨닫는 의식의 변화가 내포되었고, 통치자의 입장에서 수용 가능한 문명의 장점을 받아들여 국가의 진보를 달성한다는 의미도 담겼다.

개화당의 한 인사가 제시한 개화 개념은 성문화된 규정에 따른 대민 정치에서의 법적 처리 절차 실현 등 서양 근대 국가의 통치 방식으로의 변화를 내포하는 것이었다. 그는 개화 실행 주체를 여전히 왕으로 생각했고, 개화 실행 주체로서 왕의 역할이 사라진 것은 갑신정변에서였다. 풍속의 진보와 통치 방식 변화라는 의미를 내포한 갑신정변의 개화 개념은 통치권에 대한 도전으로뿐 아니라 개인의 사욕을 위한 것으로 표상되었다. 이후 개화 개념은 국가 구성원을 조직하고 동원하기 위해 부정적 이미지에서 벗어나야 했고, 유길준은 『서유견문』을 저술하며 개화 개념에 덧씌워진 부정적 이미지를 떼어 내고자 했다. 이후 간행된 『대한매일신보』 등의 개화 개념은 국가 구성원 전체를 실행 주체로 하여 근대 국가 주권을 향해 그들을 조직하고 동원하는 것을 의미했다.

을사늑약 이후, 개화 논의는 문명에 대한 본격적인 논의로 이어졌다. 대한 자강회의 주요 인사들은 서양 근대 문명을 수용하여 근대 국가를 건설하고자 앞서 문명화를 이룬 일본의 지도를 받아야 한다고 보았다. 이들은 서양 근대 문명의 주체를 주체 인식의 준거로 삼았기 때문에 민족 주체성을 간과했다. 이러한 상황에서 박은식은 ㉠근대 국가 건설과 새로운 주체의 형성에 주목하여 문명에 대한 견해를 제시했다. 그의 기본 전략은 문명의 물질적 측면인 과학은 서양으로부터 수용하되, 문명의 정신적 측면인 철학은 유학을 혁신하여 재구성하는 것이었다. 그는 생존과 편리 증진을 위해 과학 연구가 시급하지만, 가치관 정립과 인격 수양을 위해 철학 또한 필수적이라고 보았다. 자국 철학 전통의 정립이라는 당시 동아시아의 사상적 흐름 속에서 그가 제시한 근대 주체는 과학적·

철학적 인식의 주체이자 실천적 도덕 수양의 주체로서의 성격을 띠는 것이었다.

(나)

중국이 서양의 과학과 기술에 전면적인 관심을 기울인 때는 아편 전쟁 이후였다. 전쟁 패배에 따른 위기감은 반세기에 걸쳐 근대화의 추진과 함께 의욕적인 기술 수용으로 이어졌지만, 청일 전쟁의 패배는 기술 수용만으로는 부족하다는 인식을 낳았다. 이에 따라 20세기 초반 진정한 근대를 이루기 위해 기술 배후에서 작용하는 과학 정신을 사회 전체에 이식하려는 시도가 구체화되었다.

옌푸는 국가 간에 벌어지는 약육강식의 경쟁을 부각하고, 경쟁에서 승리하려면 기술뿐 아니라 국민의 정신적 자질이 뒷받침되어야 한다고 보았다. 정신적 자질 중 과학적 사유 능력이 가장 중요하다고 파악한 그에게 과학 정신이 전제되지 않은 정치적 변혁은 뿌리내릴 수 없는 것이었다. 그는 인과 실증의 방법에 근거한 근대 학문 전체를 과학이라 파악하고, 과학을 습득하여 전통 학문의 폐단에서 벗어나야 한다고 주장했다. 그의 입장은 1910년대 후반 신문화 운동을 주도한 천두슈에게 이어졌다.

천두슈를 비롯한 신문화 운동의 지식인들은 ㉡과학의 근거 위에서만 민주 정치의 실현이 가능하다고 주장했다. 중국이 달성해야 할 신문화는 과학 및 과학의 방법에 근거한 문화라 보고, 신문화를 이루기 위해 전통문화 전반에 대해 철저한 부정과 비판을 시도했다. 사상이나 철학이 과학의 방법을 이용하지 않으면 공상(空想)에 ⓐ그칠 뿐이라고 주장한 천두슈는 사회와 인간의 삶에 대한 연구도 과학의 연구 방법을 이용해야 한다고 보았다. 그는 제1차 세계 대전의 비극은 과학을 이용해 저지른 죄악의 결과일 뿐 과학 자체의 죄악이 아니라고 주장하며 과학에 대한 자신의 생각을 지속했다.

한편, 제1차 세계 대전 이후 유럽을 시찰했던 장쥔마이는 통제되지 않은 과학이 불러온 역작용을 목도한 후, 과학이 어떻게 발달하든 그것이 인생관의 문제를 해결할 수는 없다며 서양 근대 문명을 비판했다. 근대 과학 문명에서 초래된 사상적 위기가 주체의 책임 부재에서 비롯된 것이라는 주장에 동의했던 그는 과학적 방법을 부정하지 않았지만, 인생관의 문제에는 과학적 방법이 적용될 수 없다고 지적했다. 그는 인생관을 과학과 별개로 파악했고, 과학만능주의에 기초한 신문화 운동에 의해 부정된 중국 전통 가치관의 수호를 내세웠다.

04. 윗글에 대한 이해로 적절하지 <u>않은</u> 것은?

① (가) : 서양 과학과 기술의 국내 유입을 반대하는 주장이
개항 이후에도 이어졌다.

② (가) : 유학을 혁신하여 철학으로 재구성하는 것이 필요하
다는 견해가 을사늑약 이후에 제기되었다.

③ (나) : 진정한 근대를 이루려면 기술 수용의 차원을 넘어서
야 한다는 인식이 등장하였다.

④ (나) : 과학 정신이 사회에 자리 잡으려면 정치적 변혁이 선
행되어야 한다는 주장이 제기되었다.

⑤ (나) : 근대 과학 문명에 대한 비판적 인식을 바탕으로 전
통 가치관에 주목하는 견해가 제시되었다.

05. 개화 에 대한 이해로 적절하지 <u>않은</u> 것은?

① 개항 이전의 개화 개념은 백성을 다스리는 통치자로서의
역할과 관련 있었다.

② 『한성순보』의 개화 개념은 서양 기술과 제도의 선별적 수
용을 통한 국가 진보의 의미를 포함하였다.

③ 『한성순보』와 개화당의 한 인사의 개화 개념은 통치권자
인 왕을 개화의 실행 주체로 상정하였다.

④ 개화의 실행 주체로 왕에게 역할을 부여하지 않은 갑신정
변의 개화 개념은 통치권에 대한 도전으로 이해되었다.

⑤ 『대한매일신보』의 발간에 이르러서야 국가의 주권과 결부
한 개화 개념이 제기되었다.

06. (나)의 '천두슈'와 '장쥔마이'가 모두 동의할 수 있는 진술로 가장 적절한 것은?

① 전통 사상은 과학 및 과학 정신과 양립할 수 없는 관계에 놓여있다.

② 전통 사상의 폐단은 과학 정신이 뿌리내리지 못한 사회 체질에서 비롯된 것이다.

③ 과학을 이용하는 과정에서 문제가 발생했다고 해도 과학적 방법을 부정할 수 없다.

④ 서양의 과학 정신을 전면적으로 도입하면 당면한 국가의 위기를 충분히 극복할 수 있다.

⑤ 국가의 위기는 과학적 방법으로 사상을 재구성할 필요가 있다는 인식이 부재한 데에서 비롯된 것이다.

07. ㉠과 ㉡에 대한 이해로 가장 적절한 것은?

① ㉠은 인격의 수양을 동반하는 근대 주체의 정립에, ㉡은 전통적 사유 방식에 기반을 둔 신문화의 달성에 동의하는 입장이다.

② ㉠은 주체 인식의 준거가 서양 근대 문명의 주체라는 인식에, ㉡은 철학이 과학의 방법에 근거할 수 없다는 생각에 반대하는 입장이다.

③ ㉠은 생존과 편리 증진을 위한 과학 연구의 시급성을, ㉡은 과학의 방법에 영향 받지 않는 사상이나 철학을 부인하는 입장이다.

④ ㉠은 앞서 근대 문명을 이룬 국가를 추종하는 태도를, ㉡은 전쟁의 폐해가 과학을 오용한 자들의 탓이라는 주장을 비판하는 입장이다.

⑤ ㉠은 과학과 철학이 문명의 두 축을 이루는 학문이라는 견해에, ㉡은 철학보다 과학이 우위임을 인정할 수 없다는 견해에 동의하는 입장이다.

08. (가), (나)를 이해한 학생이 <보기>에 대해 보인 반응으로 적절하지 <u>않은</u> 것은?

<보 기>

 A 마을은 가난했지만 전통문화와 공동체적 삶을 중시하며 이웃 마을들과 조화롭게 살아왔다. 오래전, 정부는 마을의 경제 발전을 목표로 서양의 생산 기술을 도입하는 정책을 시행했다. 마을 사람들은 정책의 필요성에 공감하면서도 자신들이 발전을 이뤄 낼 수 있다는 확신이 부족했다. 이에 정부는 마을 사람들을 독려하기 위해 마을의 역량으로 달성할 수 있는 미래상을 지속해서 홍보했다. 이후 마을은 물질적 풍요를 누리게 되었지만 경제적 이권을 두고 이웃 마을들과 경쟁하며 갈등하게 되었다. 격화된 경쟁에서 A 마을은 새로운 기술의 수용만을 우선시했고, 과거에 중시되었던 협력과 나눔의 인생관은 낡은 관념이 되었다. 젊은이들에게 전통 문화는 서양 문화에 비해 열등한 것으로 여겨졌다.

---

① (가)에서 한성순보를 간행한 취지는 서양에 대한 반감을 줄이는 데에 있다는 점에서, <보기>에서 정부가 서양의 생산 기술 도입으로 변화하게 될 마을을 홍보한 취지와 부합하겠군.

② (가)에서 개화당의 한 인사의 개화 개념에 내포된 개화의지 향점은 통치 방식의 변화와 관련 있다는 점에서, <보기>에서 정부가 서양의 생산 기술을 도입하며 내세운 목표와 다르겠군.

③ (가)에서 박은식은 과학과 구별되는 철학의 중요성을 강조 했으므로, <보기>에서 젊은이들의 자문화에 대한 인식 변화는 가치관 정립을 위한 철학이 부재했기 때문이라고 보겠군.

④ (나)에서 옌푸는 경쟁에서 승리하기 위한 조건으로 기술과 정신적 자질을 강조했으므로, <보기>에서 마을이 기술의 수용만을 중시하면 마을 간 경쟁에서 승리할 수 없다고 보겠군.

⑤ (나)에서 장쥔마이는 과학적 방법의 한계를 지적했으므로, <보기>에서 마을이 과거에 중시했던 인생관이 더 이상 유효하지 않게 된 문제는 과학적 방법으로 해결할 수 없다고 보겠군.

09. ⓐ와 문맥상 의미가 가장 가까운 것은?

① 다행히 비는 그사이에 <u>그쳐</u> 있었다.
② 우리 학교는 이번에 16강에 <u>그쳤다</u>.
③ 아이 울음이 좀처럼 <u>그치지</u> 않았다.
④ 그는 만류에도 말을 <u>그치지</u> 않았다.
⑤ 저 사람들은 불평이 <u>그칠</u> 날이 없다.

[1-1] ^{개화의 연혁}[서양의 과학과 기술, 천주교의 수용을 반대했던 이항로를 비롯한 척사파의 주장은 개항 이후에도 지속되었지만, 개화는 거스를 수 없는 대세로 자리 잡았다.]

잡기술(보조사 '-도')

'도'를 고려하면, 척사파의 주장이 개항 이전에도 있었음을 알 수 있다.

잡기술(대비)

'반대', '지만'을 고려하면, 서양의 과학과 기술, 천주교는 개화와 문맥상의 동의어임을 알 수 있다.

[1-2] ^{개화의 어원}[개물성무(**開物成務**)와 화민성속(**化民成俗**)의 앞 글자를 딴] 개화는 개항 이전에는 ^{개항 이전 개화 개념}[통치자의 통치 행위로서 변화하는 세상에 대한 지식 확장과 피통치자에 대한 교화]를 의미했다.

잡기술(나열)

'과'를 고려하면, 지식 확장과 피통치자 교화가 나열되어 있다. 이때, 전자는 지식적 진보의 측면에서, 후자는 도덕적·윤리적 진보의 측면에서 서술해 준 것이다.

[2-1] 개항 이후 서양 문명에 대한 긍정적 인식이 확산되면서 ^{개항 이후 개화 개념}[서양 문명의 수용]을 뜻하는 개화 개념이 자리 잡았다.

잡기술(인과)

'면서'를 고려하면, < 긍정적 인식이 확산되는 것>이 원인이고 <서양 문명의 수용을 뜻하는 개화 개념이 자리잡은 것>이 결과로 볼 수 있다.

[2-2] 임오군란 이후, 고종은 ^{목적(수단)}[자강 정책을 추진]하면서 ^{목적}[반(反)서양 정서의 교정]을 위해 ^{수단}[『한성순보』를 발간]했다.

잡기술(수단/목적)

[2-2]에서 『한성순보』의 발간은 반서양 정서 교정의 수단으로 볼 수 있다. 이때, 반서양 정서 교정은 자강 정책 추진의 수단이 될 수 있다. 이렇게 어떠한 목적(반 서양 정서 교정)이 다른 목적(자강 정책 추진)의 수단이 될 수 있다.

잡소리(자강 정책)

자강정책은 조선 후기 고종 시대에 외세의 침략과 내부의 혼란을 극복하고 국가의 자주성을 회복하기 위해 추진된 일련의 개혁 정책이다.

이때 서구 문물과 제도를 도입해 조선의 국력을 강화하려는 시도였기 때문에, 국민들이 반서양 정서를 가지고 있다면 정책을 제대로 추진할 수 없다. 그렇기 때문에 고종은 『한성순보』를 발간한 것이다.

[2-3] 이 신문의 개화 개념은 ^{한성순보의 개화 개념}[서양 기술과 제도의 도입을 통한 인지의 발달과 풍속의 진보]를 뜻했다.

잡기술(나열)

'과'를 통해, 인지의 발달, 풍속의 진보가 나열되어 있다.

[2-4] 이 개념에는 ^{인지의 발달}[인민이 국가의 독립 주권의 소중함을 깨닫는 의식의 변화]가 내포되었고, ^{풍속의 진보}[통치자의 입장에서 수용 가능한 문명의 장점을 받아들여 국가의 진보를 달성]한다는 의미도 담겼다.

잡기술(나열)

[2-3]에서 나열된 인지의 발달과 풍속의 진보가 각각 재진술되어 있다.

잡소리(인민)

'인민'은 공산국가에서 많이 사용하는 단어이다. 그러나 조선 시대에 널리 사용되던 인민은 특정한 범주나 공동체에 속한 일반인이나 평민들을 가리키기도 하지만 대체로 만인과 더불어 '피치자 일반'을 뜻하는 말로 19세기 후반까지 혼용되었다.[1]

이때 함경도 가달산에 한 도적이 있어 재물을 노략하며 인민을 살해하매 본읍 원이 관군을 발하여 잡으려 하되능히 잡지 못하고 나라에 장계(狀啓)하니..

[16063840B,전우치전]

---

1) 박명규, 국민·인민·시민·소화, 2009, 124-130면

[3-1] 개화당의 한 인사가 제시한 개화 개념은 ^{개화당의 개화 개념}[^분성문화된 규정에 따른 대민 정치에서의 법적 처리 절차 실현^부 등 ^{전체}서양 근대 국가의 통치 방식으로의 변화]를 내포하는 것이었다.

잡기술(포함)

'등'을 고려하면, <대민 정치에서의 법적 처리 절차 실현>이 <서양 근대 국가의 통치 방식>에 포함되어 있는 것을 알 수 있다.

잡소리(성문화된 규정)

사실 조선시대에는 성문화된 규정이 존재했다. '경국대전', '속대전' 등 국가 운영에 필요한 여러 규범과 제도를 글로 정리해둔 것이 그 예시이다. 그러나 이들을 성문화된 규정에 따른 대민정치에서의 법적 처리 절차 실현으로 볼 수 없는데, 통치권자의 재량권이 매우 강하기 때문이다.

쉽게 말해서 성문화된 법전이 있긴 했지만, 문헌에 충실하게 해석하지 않고, 법관의 자의적인 판단이 과다하기 때문에 진정한 성문화된 규정에 따른 대민정치라고 볼 수 없는 것이다.

잡소리(내포)

내포(Intension)는 해당 개념이 가지고 있는 핵심 의미나 속성을 의미한다. 이는 외연(Extension) 개념과 비교하여 이해하면 좋다. 예를 들어보자. 사과라는 개념의 내포는 (1) 나무에서 열리는 둥근 과일, (2) 껍질이 붉은 색 또는 초록색, (3) 사람이 먹을 수 있음. 반면 외연은 그 개념이 실제로 가리키는 모든 구체적 대상을 의미한다. 사과라는 개념의 외연은 세상에 존재하는 모든 사과들을 의미하는 것이다. 만약 사람의 내포를 생각해보자. (1) 이성적 사고를 할 수 있음, (2) 언어를 사용, (3) 사회를 이루어 사는 동물 등 사람이 가지고 있는 본질적인 속성[2]이다.

반면, 외연은 전 세계에 살고 있는 80억 명 이상의 모든 인간 객체 하나하나를 의미하는 것이다. 따라서 이 지문에서 개화당의 개화 개념에 '서양 근대 국가의 통치 방식으로의 변화'라는 속성이 포함되어 있다고 이해할 수 있다.

[3-2] 그는 ^{개화당의 개화 특징1}[개화 실행 주체를 여전히 왕으로 생각]했고, ^{갑신정변 개화 특징1}[개화 실행 주체로서 왕의 역할이 사라진 것]은 갑신정변에서였다.

잡기술(시간의 흐름)

'여전히', '갑신정변에서'를 고려하면, [3-1]의 개화당의 한 인사의 주장과 갑신정변의 사이에는 시간적 흐름이 존재함을 알 수 있다. 즉 전자가 후자보다 일찍 일어났다고 볼 수 있다.

잡기술(대비)

명확한 표지가 없지만, 개화당의 개화와 갑신정변의 개화는 왕의 역할을 기준으로 대비되는 것을 알 수 있다.

---

2) 물론 '언어를 사용하지 못하는 갓난 아이는 사람이 될 수 있을지'와 같은 인간의 본질성 문제에서 자유로울 수 없다. 그러나 이는 내포를 설명하기 위한 가벼운 예시이니 철학적 문제는 잠시 접어두기로 하자.

[3-3] ^{갑신정변 개화 개념}[풍속의 진보와 통치 방식 변화라는 의미를 내포]한 갑신정변의 개화 개념은 통치권에 대한 도전으로뿐 아니라 개인의 사욕을 위한 것으로 표상되었다.

잡기술(나열)

‘와’를 통해, 풍속의 진보, 통치 방식 변화를 나열하고 있다. 이때, [2-3]과 비교하면, 통치 방식 변화가 새롭게 추가된 것을 알 수 있고 독자는 이 부분에 더 주목해서 독해할 수 있다.

잡소리(갑신정변과 개인의 사욕)

갑신정변이 개인의 사욕을 위한 것으로 표상되었다는 것은 사람들이 갑신정변을 보고 개인의 사욕을 위한 것이라 인식했다고 볼 수 있다. 갑신정변은 합법적인 제도 개혁이 아닌 단기간 내에 기존 정권을 무력으로 전복하려 했던 쿠데타이다. 이는 조정과 민중에게 ‘왕권에 대한 도전’으로 보이면서, 개화 자체가 폭력적이고 급진적인 이미지를 얻는 계기가 됐다. 또 갑신정변을 주도한 일부 개화파 인사들이 일본 세력과 긴밀하게 협력하여 자신의 정치적 입지를 강화하려 했다는 의혹이 제기되어 그들의 진정성에 대한 의심이 생겼다.

마지막으로 정변의 실패 이후 재집권한 세력(민 씨 정권 등)은 개화파를 역적으로 규정하여 그들의 시도를 폄훼했다. 이는 기존 통치 집단에서 자신들의 전통성을 흔드는 시도가 단순한 개혁 열망이 아닌 사익을 위해 국가 권력을 찬탈하려 했다고 선전하여 개화파의 명분을 무너뜨린 것이다. 쉽게 말하자면, 급진적이고 폭력적인 방식, 외세 협력, 결과적 실패로 인하여 대중들은 개화 개념에 대해 부정적으로 보게 된 것이다.

[3-4] 이후 개화 개념은 ^{효과}[국가 구성원을 조직하고 동원]하기 위해 ^{조건}[부정적 이미지에서 벗어나야 했고], 유길준은 ^{수단}[『서유견문』을 저술]하며 ^{목적}[개화 개념에 덧씌워진 부정적 이미지를 떼어 내고자] 했다.

잡기술(시간의 흐름)

‘이후’라는 시간 표지로 시간 순서대로 글이 진행되는 것을 알 수 있다. 이는 [3-5]에서도 같은 양상을 보인다.

잡소리(국가 조직원을 조직하고 동원하다)

국가 조직원은 곧 국가를 구성하는 모든 백성, 관료, 지식인 등을 포함한 사회 전체의 구성원이다. 조직하고 동원한다는 것은 그들을 체계적으로 묶어내고 결집한다는 것이다. 쉽게 말하자면, 국가 내 모든 이들을 체계적으로 묶어내고 결집하는 것이다. 이는 근대화를 위함이다.

국가 및 통치자가 어떤 정책을 실행할 때는 대다수 국민의 참여가 필요하다. 통치자 입장에선 근대화를 진행하고 싶은데, 앞서 갑신정변 때문에 개화에 대한 구성원들의 인식이 좋지 못하다. 그렇기에 개화에 대한 부정적 이미지에서 벗어나려고 한 것이다. 따라서 근대식 학교 교육을 통해 백성들에게 새로운 기술을 가르치고, 신문이나 출판물(한성순보, 대한매일신보 등)을 이용해 근대 국가의 필요성과 독립 주권 의식을 확산시켰다. 자연스레 조직원들은 개화에 대한 친근한 입장을 가지게 되고, 통치자는 근대화를 실현할 수 있게 된 것이다.

잡소리(개화에 부정적 이미지가 씌인 이유)

앞서 [3-3]의 잡소리에서 언급한 부분을 참고하면 알 수 있다. 국민들은 갑신정변을 통해 자연스레 외세에 대해 거부감을 가지게 되었고, 이는 개화의 부정적 이미지로 이어졌다.

[3-5] 이후 간행된 『대한매일신보』 등의 개화 개념은 ^{대한 매일 신}보 개화 개념[국가 구성원 전체를 실행 주체로 하여 근대 국가 주권을 향해 그들을 조직하고 동원하는 것]을 의미했다.

[4-1] ^{개화 개념의 확장}[을사늑약 이후, 개화 논의는 문명에 대한 본격적인 논의로 이어졌다.]

잡기술(주제 이동)

'A논의는 B논의로 이어졌다'는 필자가 자연스레 주제를 옮긴 것으로 봐야 한다. 따라서 독자는 이전까지 A에 대해 집중해서 읽었다면, 이제는 B에 대해서 집중해야 한다. 이렇게 논의를 자연스레 이동시키는 것은 종종 출제되는 양상이니 알아두자.

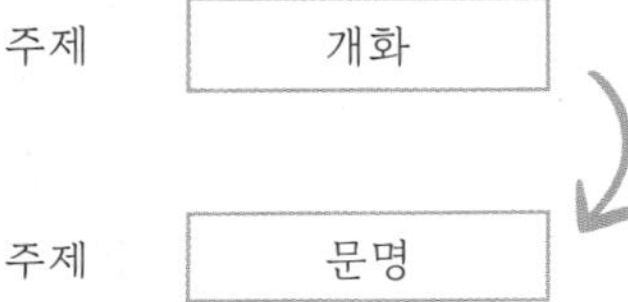

잡소리(개화 논의가 문명에 대한 논의로 이어진 이유)

1905년의 을사늑약으로 대한제국은 외교권을 빼앗기며 일본의 보호국 상태에 놓였다. 이 사건은 기존 개화(근대화) 정책들이 부분적·피상적으로 이루어져 결과적으로 나라를 지킬 힘을 충분히 확보하지 못했다는 인식의 계기가 되었다. 즉, 을사늑약 이전의 개화론은 주로 서양의 과학·기술을 받아들이는 데 집중되었지만, 외교권을 강탈당하는 상황까지 치닫자, 단순히 서양 기술을 도입하고 제도를 일부 바꾸는 것으로 부족하다는 인식이 생긴 것이다.

참고로 (나) 지문 1문단의 내용과 굉장히 유사하다. 중국이 아편전쟁에서 패배하고 양무운동을 벌여서 일부 개혁을 시도했다가 청일전쟁에서 패한 뒤 기술 수용 외에도 정신까지 이식하려는 시도를 한 것과 굉장히 유사하다. 즉, (가) 지문과 (나) 지문의 연결 고리 중 하나이다.

[4-2] 대한 자강회의 주요 인사들은 ^{대한 자강회 문명 논의}[^{수단}서양 근대 문명을 수용하여 ^{목적}근대 국가를 건설하고자, ^{수단}앞서 문명화를 이룬 일본의 지도를 받아야 한다]고 보았다.

잡기술(수단/목적)

<일본의 지도를 받는 것>은 <근대 국가를 건설>하려는 목적의 수단으로 볼 수 있다. 이때, <서양 근대 문명을 수용하는 것> 역시 근대 국가를 위한 수단으로 볼 수 있다.

이렇게 두 가지 수단이 공존하는 경우에 독자는 수단 사이의 관계에 초점을 맞출 수 있다. 여기서는 일본의 지도와 서양 근대 문명 수용 두 수단이 출제되는데, 전자가 후자보다 시간적으로 선행된다고 이해할 수 있다.

[4-3] 이들은 ^{대한 자강회 문명 논의 한계} [서양 근대 문명의 주체를
주체 인식의 준거로 삼았기 때문에 민족 주체성을 간과]했다.

잡소리(주체 인식의 준거)

주체 인식의 준거는 '내가 누구인지, 우리가 어떤 존재인지 판
단하거나 인식할 때, 기준으로 삼는 시각 또는 틀'로 볼 수 있
다. 예를 들어, 어떤 개인이 자신의 정체성을 형성할 때, 가족,
학교, 친구들, 사회적 규범 등 다양한 준거를 통해 '나는 어떤
사람인가'에 대한 답을 구한다. 국가나 민족도 마찬가지로 자
신의 근대적 정체성을 확립할 때, 어떤 모델을 바라보고 거기
에 맞춰 나간다 이것을 주체 인식의 준거라고 부를 수 있
다. 따라서 이 문장은 쉽게 "이들은 서양(서양 근대 문명의 주
체)을 롤모델(주체 인식의 준거)로 삼았기 때문에 민족 주체
성을 간과했다."로 이해할 수 있다.

잡소리(대한 자강회의 의견)

당시 19세기 말~20세기 초, 서양 열강들은 이미 강력한 근대
국가 체제를 구축해 식민지 쟁탈전을 벌이고 있었다. 이때 대
한 자강회 인사들은 그들을 명백한 강대국으로 인식하고, 뒤
처진 조선(대한제국)이 어떻게 짧은 시간에 그와 같은 근대화
를 이룰지에 대해 고민했다. 또 옆 나라 일본이 메이지유신(18
68)으로 근대화를 진행하여 강대국의 반열에 오르는 모습도
상당히 충격적이었다. 따라서 그들이 선택한 방법은 서양 문명
을 성공 사례로 간주하고, 그것을 성공적으로 이식한 일본의
지도를 받아 나라를 근대화시키는 것이다.
그러나 이러한 사고방식에는 간과할 수 없는 문제점이 있다.
바로 본국의 주체성을 포기한 것이다. 원래 국가의 주체는 자기
자신이 되어야 한다. 즉 자신이 능동적으로 문명을 만들고 주도해
가는 입장이어야 한다. 그러나 대한 자강회의 일부 인사들의 생각은
서양을, 문명을 창출하고 주도하는 주체로 생각하고, 스스로는 그
주체(서양)에게 배우고, 서양을 추종해야 한다는 의견에 가까웠다
이는 훗날 박은식이나 다른 지식인들이 "과학은 서양에서 받아들
이되, 정신적 측면은 우리의 전통을 혁신해서 새롭게 정립하자"라는
주장을 하게 된 배경이다.

[4-4] 이러한 상황에서 박은식은 ^{박은식의 문명 논의} [근대 국가 건
설과 새로운 주체의 형성에 주목하여 문명에 대한 견해]를 제시
했다.

잡기술(나열)

'과'를 고려하면, 근대 국가 건설, 새로운 주체 형성이 나열되
어 있다. 이때 전자는 앞서 대한 자강회의 견해에서 제시됐기
때문에 후자에 더 초점을 맞춰 독해할 수 있다.

[4-5] 그의 기본 전략은 ^{박은식 특징1} [문명의 물질적 측면인 과학
은 서양으로부터 수용]하되, ^{특징2} [문명의 정신적 측면인 철학은
유학을 혁신하여 재구성하는 것]이었다.

잡기술(나열)

문명의 물질적 측면(과학)과 문명의 정신적 측면(철학)을 나
열하고 있다.

[4-6] 그는 ^{특징1}[^{목적}생존과 편리 증진을 위해 ^{수단}과학 연구가 시급]하지만, ^{특징2}[^{목적}가치관 정립과 인격 수양을 위해 ^{수단}철학 또한 필수적]이라고 보았다.

잡기술(나열)

[4-5]에서 나열한 과학과 철학이 여기서도 순서대로 구현되고 있다. 이때 '지만'을 통해 그 둘의 차이점을 보여준다.

잡소리(생존과 편의증진)

생존은 기본적이고 필수적인 차원으로 궁극적으로 목숨을 부지하고 생명을 위협하는 요소를 줄이는 것이다. 그러나 편의 증진은 생존보다 한 단계 더 나아간 복지의 개념으로 생존이 어느 정도 보장된 후 좀 더 편리하고 쾌적한 생활을 추구하는 것이다. 쉽게 말해, 생존의 다음 단계로 볼 수 있다.

잡소리(가치관 정립과 인격 수양)

<가치관 정립>은 '무엇을 옳고 그른 것으로 삼을지' 또는 '어떤 방향을 지향할 것인지' 등에 대한 세계관을 정리하고 확립하는 과정이다. 쉽게 말해 어떠한 기준을 세운다고 보면 된다. 반면 <인격 수양>은 이미 세워진 가치관을 토대로 자신의 내면을 단련하고 실천함으로써 개인적 품성을 더욱 고양하는 과정을 가리킨다. 일반적인 사용례를 고려하면 가치관 정립이 선행되어야 하고 인격수양이 후행되어야 한다.

잡소리(박은식과 대한 자강회)

박은식과 대한 자강회의 입장 차이는 문명 수용 방식과 민족 주체성에 대한 태도에서 두드러지게 나타난다. 그들은 모두 서양 문명의 수용 여부에서 긍정적이지만, 대한 자강회는 우선 문명화에 성공한 일본과 서양을 따라가야 하고, 그 과정에서 민족 고유의 철학적 토대나 주체성에 대한 고려가 부족했다.
이에 반해 박은식은 서양 과학은 받아들이되, 정신 및 도덕의 기반은 우리의 유학 전통을 근대적으로 재구성하여 주체적으로 확립했다고 주장하는 것이다.

[4-7] 자국 철학 전통의 정립이라는 당시 동아시아의 사상적 흐름 속에서 그가 제시한 근대 주체는 ^{박은식 의의}[과학적·철학적 인식의 주체이자 실천적 도덕 수양의 주체로서의 성격을 띠는 것]이었다.

잡기술(나열)

'이자'를 고려하면, 과학적 철학적 인식의 주체, 실천적 도덕 수양의 주체는 나열되어 있다. 이때 전자는 지식적(인식적)측면, 후자는 실천적 측면에서 서술해준 것을 알 수 있다.

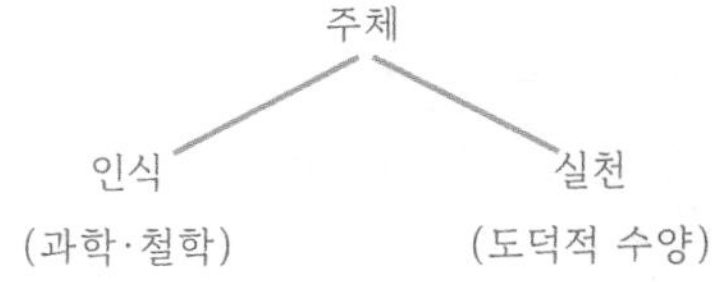

잡소리(동아시아의 사상적 흐름)

자국 철학 전통의 정립은 19세기 말 20세기 초 동아시아 각국이 서양 근대 문명의 영향력을 빠르게 체감하면서도 그에 맹목적으로 동화되기보다는 자국 고유의 사상 전통을 새롭게 해석하고 재구성하여 근대화와 민족적 정체성을 동시에 추구하려 했던 사상운동 전반을 말한다. (나) 지문의 장쥔마이의 사상과 연결되는 부분이다. 원래 국가의 주체는 자기 자신이 되어야 한다. 즉 자신이 능동적으로 문명을 만들고 주도해 가는 입장이어야 한다.

[1-1] ^{결과}[중국이 서양의 과학과 기술에 전면적인 관심을 기울]인 때는 ^{원인}[아편 전쟁] 이후였다.

잡기술(시간 표지)

'이후'를 고려하면, 아편 전쟁 이전에는 중국이 서양의 과학 기술에 <전면적인 관심>을 기울이지 않았다는 것을 알 수 있다.

잡소리(아편 전쟁)

아편 전쟁은 영국과 청나라의 무역 분쟁으로 인한 전쟁이다. 약 2번에 걸쳐 전개됐으며, 2번 모두 청나라의 패배로 귀결되었다.

[1-2] ^{원인}[전쟁 패배에 따른 위기감]은 ^{결과}[반세기에 걸쳐 근대화의 추진과 함께 의욕적인 기술 수용]으로 이어졌지만, ^{원인}[청일 전쟁의 패배]는 ^{결과}[기술 수용만으로는 부족하다는 인식]을 낳았다.

잡기술(불충분)

'만으로 부족'을 고려하면, 기술 수용은 청일 전쟁 승리에 대한 불충분조건이다. 따라서 이에 대한 새로운 조건이 등장할 것을 염두하며 글을 읽을 수 있다.

잡기술(시간 흐름)

위기감 ⇒ 기술수용, 청일 전쟁 패배 ⇒ 인식의 인과관계들은 하나의 시간적 흐름을 이루고 있음을 느낄 수 있다.

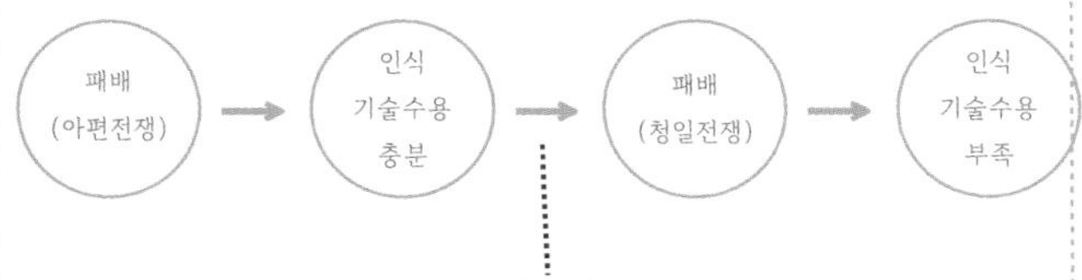

엄밀히 이 부분은 인과관계로 보기 힘들다.

[1-3] 이에 따라 20세기 초반 ^{목적}[진정한 근대를 이루기] 위해 ^{수단}[기술 배후에서 작용하는 과학 정신을 사회 전체에 이식하려는 시도]가 구체화되었다.

잡기술(구체화)

 글의 서두 부분에서 어떤 논의(쟁점)가 구체화된다고 언급해 주는 경우, 독자는 그 구체화 양상을 확보하며 읽는 것이 좋다. 즉 독자가 '과학 정신을 사회 전체에 이식하려는 시도가 어떻게 구체화되지?'라는 의문을 던지며 읽는 것이다. 따라서, 뒤에 제시될 내용들이 '과학 정신을 이식하려는 시도'와 긴밀한 연관이 있음을 짐작하고 독해할 수 있다.

잡소리(과학 정신 이식)

 과학 정신을 사회 전체에 이식한다는 것은 단순히 서양의 과학 기술을 가져와 사용하는 차원을 넘어 과학적 사고방식(이성적, 합리적, 실증적 태도)을 국가 운영부터 일상생활, 대중의 의식에 이르기까지 전면적으로 확산시키겠다는 것이다.
 예를 들어, 어떤 판단 과정에서 자명한 유가 사상가의 견해를 따르기보다 논리적 근거와 실증적 검증을 통해 사물과 현상을 이해하고 판단하려는 태도가 그 예시이다. 그뿐만 아니라 무기나 공장 설비 같은 외형적 기술만 들여오는 것이 아니라 이를 잘 활용할 수 있는 제도(법, 행정)들을 정비하는 것을 의미한다. 예를 들어, 서양 근대 군대 기술을 이식한다고 가정하자. 이때, 기술만 수용하는 것은 서양의 무기들만 받아오는 것이다. 반면 정신까지 이식한다는 것은, 기술뿐 아니라 군대의 편제, 부대 구성, 명령 및 보고 체계, 계급 등을 모두 서양식으로 수용하는 것이다.

[2-1] 옌푸는 ^{옌푸1}[국가 간에 벌어지는 약육강식의 경쟁을 부각]하고, ^{옌푸2}[경쟁에서 승리하려면 기술뿐 아니라 국민의 정신적 자질이 뒷받침되어야 한다]고 보았다.

잡기술(구체화)

 [1-3]의 구체화를 고려하면, 옌푸2의 '경쟁 승리'와 [1-3]의 '진정한 근대'는 문맥상 동의어로 볼 수 있다. 또 [1-3]의 '과학 정신'과 '국민의 정신적 자질' 역시 마찬가지다.

잡소리(당시 시대상)

 옌푸가 활동할 당시에는 서부 열강들의 식민지 쟁탈과 제국주의 이념으로 인하여 국가 간 경쟁이 심하던 시기이다. 서로 많은 식민지를 얻기 위하여 전쟁이 빈번했으며, 약소국들은 이러한 분위기 하에 착취당하고 있었다.
 청도 예외는 아니었는데, 아편전쟁과 청일전쟁의 패배로 청의 이미지는 몸집만 큰 먹잇감으로 전락했다. 이러한 문제에 대해 옌푸는 청이 '진정한 근대'를 성취하여 외국과의 전쟁에서 승리하겠다는 입장을 보인 것이다.

[2-2] 옌푸3[전체정신적 자질 중 부분과학적 사유 능력이 가장 중요하다고 파악]한 그에게 옌푸4[과학 정신이 전제되지 않은 정치적 변혁은 뿌리내릴 수 없는 것]이었다.

잡기술(포함)

'중'을 고려하면, 과학적 사유 능력이 정신적 자질을 포함하고 있음을 알 수 있다.

잡기술(문맥상 연결)

[1-3]의 구체화를 고려하면, 옌푸4의 '정치적 변혁'과 [1-3]의 '진정한 근대'는 문맥상 동의어로 볼 수 있다.

잡기술(포함)

부분과 전체 관계는 수능 국어에서 굉장히 많이 사용된다. 그러나 이러한 구별이 꼭 포함관계로만 사용되는 것은 아니다. 여기서도 '중'을 고려하면, 정신적 자질이 전체가 되고 과학적 사유 능력이 부분이 된다. 그러나 이후 필자의 글 전개 양상을 보면, 양자를 사실상 동일하게 가정하고 글을 쓴 것을 볼 수 있다. 만약 엄밀하게 포함관계를 나눠서 글을 읽으려 들면, 헷갈릴 수 있다. 따라서 독자들은 일부 인문지문에서 부분과 전체가 나올 경우, 동의어 취급을 하고 이해할 수 있다는 것을 알아두자.

잡소리(과학 정신이 전제되지 않은 정치적 변혁)

과학 정신이 전제되지 않은 정치적 변혁의 예시는 태평천국 운동이 가장 적합하다. 태평천국 운동은 청 말기에 홍수전이 서양 선교 서적의 영향을 받은 뒤 스스로를 예수의 아우라 칭하며 일으킨 대규모 농민반란이다. 여기서 기독교적 색채와 봉건 타파의 이념을 내세웠으나, 지도부가 지닌 종교적 신비주의와 구체적 정책 혼란으로 내부 분열이 심했다.
옌푸의 시각에서 이 운동은 말 그대로 봉건제 타파라는 정치적 변혁을 시도했으나 그 근본이념이 신비주의적 종교였기 때문에 실패한 변혁이라 할 수 있다.

[2-3] 그는 옌푸5[인과 실증의 방법에 근거한 근대 학문 전체를 과학이라 파악]하고, 옌푸6[수단과학을 습득하여 목적전통 학문의 폐단에서 벗어나야 한다]고 주장했다.

잡기술(문맥상 연결)

[1-3]의 구체화를 고려하면, 옌푸의 전통 학문의 폐단에서 벗어나는 것은 진정한 근대와 문맥상 동의어로 볼 수 있다.

잡소리(인과 실증의 방법에 근거한 근대 학문의 예시)

인과 실증의 방법은 원인과 결과가 존재하고, 이를 경험적이고 실증적인 방식으로 연구해야 한다는 근대적 연구 태도와 방법론을 지칭한다. 그 예시로 옌푸의 토마스 헉슬리의「진화와 윤리」번역한 천연론(**天演論**)이 있다. 여기서 옌푸는 종교적·형이상학적 설명이 아닌 관찰과 인과 법칙으로 생물 진화를 해설했다.

잡소리(전통 학문의 폐단)

옌푸가 지적한 전통 학문의 폐단은 당시 중국 사회를 지배하던 유학(성리학) 중심의 구학문이 여러 가지 문제를 일으켰다는 인식에서 비롯된다. 우선 성리학을 비롯한 전통 학문은 주로 성현의 가르침을 문자 그대로 외우고 해석하는데 치중하여 논리적 비판이나 실증적 검증 없이 고전의 권위를 절대화 하는 경향을 가진다. 이러한 문제는 현실 문제 해결 능력이 결여되었다. 국가의 인재를 선발하는 시험에서 옛 경전과 주석을 반복 학습하는 체계로 뽑힌 인재들은 서구 열강의 무력 침략과 사회 혼란이 심화되는 현실에 올바른 대처를 하지 못했기 때문이다.

[2-4] 그의 입장은 1910년대 후반 신문화 운동을 주도한 천두슈에게 이어졌다.

잡기술(사상 계승)

평가원 지문에서 사상가 A의 입장이 사상가 B의 입장으로 이어지는 경우가 많다. 이때 B는 A의 대부분의 관점을 흡수하고 몇 가지 다른 부분이 있다. 만약 B가 A와 거의 동일한 견해를 제시하면, 필자로서 이를 구별해줄 필요가 없기 때문이다. 따라서 이런 상황에서 B가 A와 무엇이 같고 무엇이 다른지 초점을 맞추며 독해하자.

[3-1] 천두슈를 비롯한 신문화 운동의 지식인들은 천두슈1[조건 과학의 근거 위에서만 효과민주 정치의 실현이 가능]하다고 주장했다.

잡기술(문맥상 연결)

천두슈1 ≒ 옌푸4

잡소리(옌푸의 정치적 변혁과 신문화 운동의 민주정치)

옌푸가 주장한 정치적 변혁과 신문화 운동의 민주정치는 밀접한 관련이 있다. 실제로 옌푸는 국가 간 경쟁에서 살아남기 위해 단지 제도나 체제만 바꾸는 것이 아닌 국민 전체가 과학적 사고방식을 갖춰야 한다고 보았다. 이때 그가 말하는 정치적 변혁은 정권 교체 및 형식적 개혁만을 뜻하기보다, 국가 및 사회 시스템에 실증적·합리적 사고를 받아들이는 근본적 전환을 가리킨다. 이때 옌푸는 정치형태(왕정·입헌군주제·공화정 등)에 대한 구체적 지향은 상대적으로 덜 명시했다.
 옌푸를 계승한 천두슈와 신문화 운동의 사상가들은 옌푸의 이론을 계승하여 정치 형태 중 민주정을 제시했다. 즉, 옌푸는 변화만을 주장했다면, 신문화 운동의 사상가들은 변화에 더하여 민주정이라는 구체적 방향성까지 제시했다. 만약 옌푸와 천두슈의 구체적인 차이에 주목하는 지문이었다면, 이러한 부분까지 예리하게 체크하고 넘어가도 좋지만, 지문의 분량을 고려하면, 실전적 독해에서 사실상 일치한다고 보고 넘어가도 좋다.

[3-2] ^{천두슈2}[중국이 달성해야 할 신문화는 ^{정의}과학 및 과학의 방법에 근거한 문화]라 보고, ^{천두슈3}[신문화를 이루기 위해 전통문화 전반에 대해 철저한 부정과 비판]을 시도했다.

잡기술(문맥상 연결)

천두슈3 ≒ 옌푸6

잡소리(옌푸의 전통 학문과 천두슈의 전통 문화)

옌푸는 전통 학문의 폐단을 지적하고 천두슈는 전통문화의 폐단을 지적했다. 이러한 두 주장은 맥이 같은 주장으로 실전 독해할 때는 사실상 일치한다고 봐야 하지만, 뉘앙스 차이는 존재한다.

옌푸는 과거 시험 체제에 맞춰 발전해 온 유교 경전 중심의 공부를 현실 문제 해결 능력이 부족한 구학문 체계로 비판하였다. 반면 천두슈는 유교 사상뿐 아니라 가부장적 윤리, 봉건적 가족 제도, 봉건적 예법 등 문화 전반에 대한 봉건적 가치 및 제도를 비판했다.

두 사람 모두 전통에 대한 부정과 비판이 있지만, 천두슈가 훨씬 광범위한 문화 전반을 공격 대상으로 삼았다는 차이가 있다.

[3-3] ^{천두슈4}[^{조건}사상이나 철학이 과학의 방법을 이용하지 않으면 ^{효과}공상(空想)에 그칠 뿐이라고 주장]한 천두슈는 ^{천두슈5}[^{사상}사회와 ^{철학}인간의 삶에 대한 연구도 과학의 연구 방법을 이용해야 한다]고 보았다.

잡기술(조건 재해석)

'않으면'을 고려하면, 과학적 방법을 조건으로 볼 수 있다. 이때, 과학적 방법이 사용되지 않으면, 공상에 그칠 뿐이기 때문에, 과학적 방법이 사용되면, 건강한 사상과 철학이 됨(↔공상에 그침)으로 볼 수 있다.

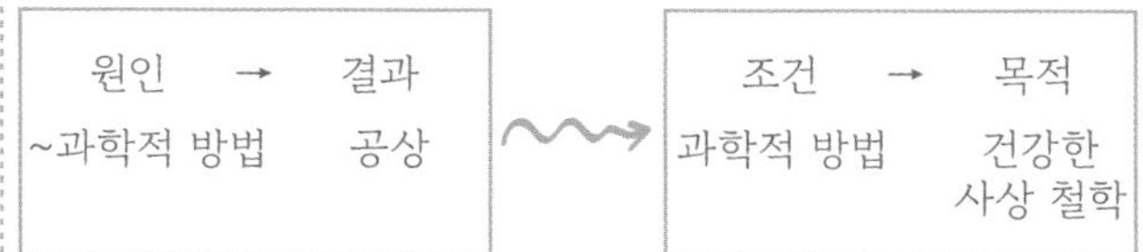

잡기술(구체화)

천두슈5는 천두슈4의 내용을 구체화해 준 부분이지만, 실전에서 이해할 때는 사실상 동의어로 봐도 무방하다. 천두슈4는 '과학적 방법을 이용하지 않으면 안 된다.'라는 것이고, 천두슈5는 '과학의 연구 방법을 이용해야 한다.'라는 것이기 때문이다.

잡소리(사상과 사회, 철학과 인간의 삶)

[3-3]의 이름붙이기에는 함정이 있다. 사상과 사회, 철학과 인간의 삶은 실제로 1대1 대응되는 개념은 아니다.[3] 오히려, 사상이나 철학 부분이 인문학적인 부분, 사회와 인간의 삶 부분이 현실 세계 전반적인 부분으로 나눠 이해하는 것이 적절하다.

---

3) 실전에서 이렇게 읽는다고 문제가 되진 않지만, 해설지를 쓰는 입장에서 이런 해설은 굉장히 위험하다.

[3-4] 천두슈6 [그는 제1차 세계 대전의 비극은 과학을 이용해 저지른 죄악의 결과일 뿐 과학 자체의 죄악이 아니라고 주장]하며 과학에 대한 자신의 생각을 지속했다.

잡기술(뿐 아니라)

천두슈는 <과학을 이용해 저지른 죄악의 결과임>을 긍정하지만, <과학 자체의 죄악인 것>은 부정한다. 이때, 천두슈가 부정한 부분이 글의 다음 내용에 출제될 수 있다고 생각하는 것이 좋다. 만약 필자가 이 내용을 사용하지 않을 것이라면, '뿐 아니라' 같은 어구를 이용하지 않을 것이기 때문이다.

잡소리(이용해 저지른 VS 자체)

'일 뿐'을 통해, 과학을 이용해 저지른 죄악과 과학 자체의 죄악이 나열되고 있다. 이때 그 뉘앙스 차이를 알아보자. 전자는 과학은 중립적 도구지만, 사용자의 의도가 악하면 그 결과가 비극이 된다는 것이다. 예를 들어 자동차를 이용해 사람을 친 경우, 문제는 자동차 자체가 아닌 운전자의 고의 또는 과실에 있다는 것이다.

반면 후자는 과학 그 자체를 악으로 간주하는 것이다. 사용자가 착하든 나쁘든 상관없다는 입장이다. 아까 든 자동차의 예시에서, 자동차가 나쁜 것이므로 부숴버려야 한다는 입장과 동일하다.

잡소리(1차 세계대전)(WW1)

19세기 말~20세기 초 유럽 열강들은 식민지 쟁탈전과 세력 균형 경쟁으로 복잡한 동맹 체계를 형성하고 있었다. 이때 1914년 6월 오스트리아-헝가리 제국의 황태자 프란츠 페르디난트가 세르비아 청년에게 암살당한 사라예보 사건이 도화선이 되어 전쟁이 발발했고, 이에 동맹국들이 연쇄적으로 가담하면서 유럽 전역이 전쟁상태가 되었다. 결국 연합국(미,영,프)가 승리하고, 독일, 오스트리아-헝가리는 패배했다.

전쟁의 양상과 별개로 이 전쟁은 과학사, 철학사에서 주목할 만하다. 우선 과학계에서는 이 전쟁에 대해 막연한 과학기술의 진보가 어떠한 결과를 가져올지 모른다는 반성을 낳게 되었다.

장쥔마이가 유럽을 시찰하고 느낀 점도 그런 반성 중 하나이다. 철학계에서는 그전까지 근대 유럽을 지배하던 이성에 대한 의심이 피어올랐다. 철저하고 매혹적이던 이성이 전쟁의 참혹한 결과로 그 위상이 하락하였고, 유럽에서는 이성 자체에 대한 광범위한 회의와 다양한 사상운동이 전개되었다.

[4-1] 한편, 제1차 세계 대전 이후 유럽을 시찰했던 장쥔마이는 통제되지 않은 과학이 불러온 역작용을 목도한 후, 장쥔마이1[과학이 어떻게 발달하든 그것이 인생관의 문제를 해결할 수는 없다]며 서양 근대 문명을 비판했다.

잡소리(역작용과 순작용)

장쥔마이가 지적한 과학 기술의 역작용은 부작용 정도로 이해하면 좋다. 제1차 세계대전으로 인하여 과학이 통제 없이 남용되어 대규모 살상 무기, 윤리·도덕 붕괴 등 여러 가지 결과를 초래하자 장쥔마이는 과학 진보의 부작용을 제시한 것이다. 예를 들어, 프란츠 하버는 공기 중의 질소로 암모니아를 합성하는 방법을 발견하였다. 이는 화학 비료의 원료로 사용할 수 있었는데, 인류의 식량 위기 극복에 크게 기여했다. 그러나 제1차 세계대전 동안에 이 기술은 폭탄의 제작 과정에 사용되었고, 각국은 이를 통해 무기를 대량 생산할 수 있었다. 프란츠 하버의 사례는 과학의 역작용 예시이다.

[4-2] 장쥔마이2[근대 과학 문명에서 초래된 사상적 위기가 주체의 책임 부재에서 비롯된 것]이라는 주장에 동의했던 장쥔마이3[그는 과학적 방법을 부정하지 않았지만], 장쥔마이4[인생관의 문제에는 과학적 방법이 적용될 수 없다]고 지적했다.

잡기술(문맥상 연결)

장쥔마이2 ≒ 천두슈6
장쥔마이4,5 ↔ 천두슈4

잡기술(구체화)

장쥔마이 역시 천두슈처럼 유사한 주장들이 있다. 장쥔마이4는 '인생관의 문제에는 과학적 방법이 적용될 수 없음'을, 장쥔마이5는 '인생관을 과학과 별개로 파악함'이기 때문이다.

잡소리(주체의 책임 부재)

천두슈와 장쥔마이 모두 과학은 본질적으로 가치 중립적이고 문제는 그것을 활용하는 주체에 있다는 것에 동의한다. 이처럼 서로 대비되는 사상가 모두가 동의하는 부분이 있다는 것은 문제화되기 쉽기에 특히 주목하는 것이 좋다.

[4-3] 그는 장쥔마이5[인생관을 과학과 별개로 파악]했고, 장쥔마이6[과학만능주의에 기초한 신문화 운동에 의해 부정된 중국 전통 가치관의 수호]를 내세웠다.

잡기술(문맥상 연결)

장쥔마이6 ↔ 천두슈3
장쥔마이4,5 ↔ 천두슈4,5

04. 윗글에 대한 이해로 적절하지 <u>않은</u> 것은?

① (가) : 서양 과학과 기술의 국내 유입을 반대하는 주장이 개항 이후에도 이어졌다.

② (가) : 유학을 혁신하여 철학으로 재구성하는 것이 필요하다는 견해가 을사늑약 이후에 제기되었다.

③ (나) : 진정한 근대를 이루려면 기술 수용의 차원을 넘어서야 한다는 인식이 등장하였다.

④ (나) : 과학 정신이 사회에 자리 잡으려면 정치적 변혁이 선행되어야 한다는 주장이 제기되었다.

⑤ (나) : 근대 과학 문명에 대한 비판적 인식을 바탕으로 전통 가치관에 주목하는 견해가 제시되었다.

<table>
<tr><td>길라잡이</td></tr>
<tr><td>본인만의 풀이 과정을 적어보세요!</td></tr>
</table>

① (가) : 서양 과학과 기술의 국내 유입을 반대하는 주장이 개항 이후에도 이어졌다.

② (가) : 유학을 혁신하여 철학으로 재구성하는 것이 필요하다는 견해가 을사늑약 이후에 제기되었다.

③ (나) : 진정한 근대를 이루려면 기술 수용의 차원을 넘어서야 한다는 인식이 등장하였다.

④ (나) : 과학 정신이 사회에 자리 잡으려면 정치적 변혁이 선행되어야 한다는 주장이 제기되었다.

⑤ (나) : 근대 과학 문명에 대한 비판적 인식을 바탕으로 전통 가치관에 주목하는 견해가 제시되었다.

05. 개화 에 대한 이해로 적절하지 <u>않은</u> 것은?

① 개항 이전의 개화 개념은 백성을 다스리는 통치자로서의 역할과 관련 있었다.

② 『한성순보』의 개화 개념은 서양 기술과 제도의 선별적 수용을 통한 국가 진보의 의미를 포함하였다.

③ 『한성순보』와 개화당의 한 인사의 개화 개념은 통치권자인 왕을 개화의 실행 주체로 상정하였다.

④ 개화의 실행 주체로 왕에게 역할을 부여하지 않은 갑신정변의 개화 개념은 통치권에 대한 도전으로 이해되었다.

⑤ 『대한매일신보』의 발간에 이르러서야 국가의 주권과 결부한 개화 개념이 제기되었다.

길라잡이
본인만의 풀이 과정을 적어보세요!

① 개항 이전의 개화 개념은 백성을 다스리는 통치자로서의 역할과 관련 있었다.

② 『한성순보』의 개화 개념은 서양 기술과 제도의 선별적 수용을 통한 국가 진보의 의미를 포함하였다.

③ 『한성순보』와 개화당의 한 인사의 개화 개념은 통치권자인 왕을 개화의 실행 주체로 상정하였다.

④ 개화의 실행 주체로 왕에게 역할을 부여하지 않은 갑신정변의 개화 개념은 통치권에 대한 도전으로 이해되었다.

⑤ 『대한매일신보』의 발간에 이르러서야 국가의 주권과 결부한 개화 개념이 제기되었다.

06. (나)의 '천두슈'와 '장쥔마이'가 모두 동의할 수 있는 진술로 가장 적절한 것은?

① 전통 사상은 과학 및 과학 정신과 양립할 수 없는 관계에 놓여있다.

② 전통 사상의 폐단은 과학 정신이 뿌리내리지 못한 사회 체질에서 비롯된 것이다.

③ 과학을 이용하는 과정에서 문제가 발생했다고 해도 과학적 방법을 부정할 수 없다.

④ 서양의 과학 정신을 전면적으로 도입하면 당면한 국가의 위기를 충분히 극복할 수 있다.

⑤ 국가의 위기는 과학적 방법으로 사상을 재구성할 필요가 있다는 인식이 부재한 데에서 비롯된 것이다.

길라잡이

본인만의 풀이 과정을 적어보세요!

① 전통 사상은 과학 및 과학 정신과 양립할 수 없는 관계에 놓여있다.

② 전통 사상의 폐단은 과학 정신이 뿌리내리지 못한 사회 체질에서 비롯된 것이다.

③ 과학을 이용하는 과정에서 문제가 발생했다고 해도 과학적 방법을 부정할 수 없다.

④ 서양의 과학 정신을 전면적으로 도입하면 당면한 국가의 위기를 충분히 극복할 수 있다.

⑤ 국가의 위기는 과학적 방법으로 사상을 재구성할 필요가 있다는 인식이 부재한 데에서 비롯된 것이다.

07. ㉠과 ㉡에 대한 이해로 가장 적절한 것은?

① ㉠은 인격의 수양을 동반하는 근대 주체의 정립에, ㉡은 전통적 사유 방식에 기반을 둔 신문화의 달성에 동의하는 입장이다.

② ㉠은 주체 인식의 준거가 서양 근대 문명의 주체라는 인식에, ㉡은 철학이 과학의 방법에 근거할 수 없다는 생각에 반대하는 입장이다.

③ ㉠은 생존과 편리 증진을 위한 과학 연구의 시급성을, ㉡은 과학의 방법에 영향 받지 않는 사상이나 철학을 부인하는 입장이다.

④ ㉠은 앞서 근대 문명을 이룬 국가를 추종하는 태도를, ㉡은 전쟁의 폐해가 과학을 오용한 자들의 탓이라는 주장을 비판하는 입장이다.

⑤ ㉠은 과학과 철학이 문명의 두 축을 이루는 학문이라는 견해에, ㉡은 철학보다 과학이 우위임을 인정할 수 없다는 견해에 동의하는 입장이다.

① ㉠은 인격의 수양을 동반하는 근대 주체의 정립에, ㉡은 전통적 사유 방식에 기반을 둔 신문화의 달성에 동의하는 입장이다.

② ㉠은 주체 인식의 준거가 서양 근대 문명의 주체라는 인식에, ㉡은 철학이 과학의 방법에 근거할 수 없다는 생각에 반대하는 입장이다.

③ ㉠은 생존과 편리 증진을 위한 과학 연구의 시급성을, ㉡은 과학의 방법에 영향 받지 않는 사상이나 철학을 부인하는 입장이다.

④ ㉠은 앞서 근대 문명을 이룬 국가를 추종하는 태도를, ㉡은 전쟁의 폐해가 과학을 오용한 자들의 탓이라는 주장을 비판하는 입장이다.

⑤ ㉠은 과학과 철학이 문명의 두 축을 이루는 학문이라는 견해에, ㉡은 철학보다 과학이 우위임을 인정할 수 없다는 견해에 동의하는 입장이다.

08. (가), (나)를 이해한 학생이 <보기>에 대해 보인 반응으로 적절하지 <u>않은</u> 것은?

---<보 기>---

　A 마을은 가난했지만 전통문화와 공동체적 삶을 중시하며 이웃 마을들과 조화롭게 살아왔다. 오래전, 정부는 마을의 경제 발전을 목표로 서양의 생산 기술을 도입하는 정책을 시행했다. 마을 사람들은 정책의 필요성에 공감하면서도 자신들이 발전을 이뤄 낼 수 있다는 확신이 부족했다. 이에 정부는 마을 사람들을 독려하기 위해 마을의 역량으로 달성할 수 있는 미래상을 지속해서 홍보했다. 이후 마을은 물질적 풍요를 누리게 되었지만 경제적 이권을 두고 이웃 마을들과 경쟁하며 갈등하게 되었다. 격화된 경쟁에서 A 마을은 새로운 기술의 수용만을 우선시했고, 과거에 중시되었던 협력과 나눔의 인생관은 낡은 관념이 되었다. 젊은이들에게 전통 문화는 서양 문화에 비해 열등한 것으로 여겨졌다.

① (가)에서 한성순보를 간행한 취지는 서양에 대한 반감을 줄이는 데에 있다는 점에서, <보기>에서 정부가 서양의 생산 기술 도입으로 변화하게 될 마을을 홍보한 취지와 부합하겠군.

② (가)에서 개화당의 한 인사의 개화 개념에 내포된 개화의지 향점은 통치 방식의 변화와 관련 있다는 점에서, <보기>에서 정부가 서양의 생산 기술을 도입하며 내세운 목표와 다르겠군.

③ (가)에서 박은식은 과학과 구별되는 철학의 중요성을 강조 했으므로, <보기>에서 젊은이들의 자문화에 대한 인식 변화는 가치관 정립을 위한 철학이 부재했기 때문이라고 보겠군.

④ (나)에서 옌푸는 경쟁에서 승리하기 위한 조건으로 기술과 정신적 자질을 강조했으므로, <보기>에서 마을이 기술의 수용만을 중시하면 마을 간 경쟁에서 승리할 수 없다고 보겠군.

⑤ (나)에서 장쥔마이는 과학적 방법의 한계를 지적했으므로, <보기>에서 마을이 과거에 중시했던 인생관이 더 이상 유효하지 않게 된 문제는 과학적 방법으로 해결할 수 없다고 보겠군.

① (가)에서 한성순보를 간행한 취지는 서양에 대한 반감을 줄이는 데에 있다는 점에서, <보기>에서 정부가 서양의 생산 기술 도입으로 변화하게 될 마을을 홍보한 취지와 부합하겠군.

② (가)에서 개화당의 한 인사의 개화 개념에 내포된 개화의 지향점은 통치 방식의 변화와 관련 있다는 점에서, <보기>에서 정부가 서양의 생산 기술을 도입하며 내세운 목표와 다르겠군.

③ (가)에서 박은식은 과학과 구별되는 철학의 중요성을 강조 했으므로, <보기>에서 젊은이들의 자문화에 대한 인식 변화는 가치관 정립을 위한 철학이 부재했기 때문이라고 보겠군.

④ (나)에서 옌푸는 경쟁에서 승리하기 위한 조건으로 기술과 정신적 자질을 강조했으므로, <보기>에서 마을이 기술의 수용만을 중시하면 마을 간 경쟁에서 승리할 수 없다고 보겠군.

⑤ (나)에서 장쥔마이는 과학적 방법의 한계를 지적했으므로, <보기>에서 마을이 과거에 중시했던 인생관이 더 이상 유효하지 않게 된 문제는 과학적 방법으로 해결할 수 없다고 보겠군.

길라잡이

본인만의 풀이 과정을 적어보세요!

09. ⓐ와 문맥상 의미가 가장 가까운 것은?

① 다행히 비는 그사이에 <u>그쳐</u> 있었다.
② 우리 학교는 이번에 16강에 <u>그쳤다</u>.
③ 아이 울음이 좀처럼 <u>그치지</u> 않았다.
④ 그는 만류에도 말을 <u>그치지</u> 않았다.
⑤ 저 사람들은 불평이 <u>그칠</u> 날이 없다.

길라잡이
본인만의 풀이 과정을 적어보세요!

① 다행히 비는 그사이에 <u>그쳐</u> 있었다.

② 우리 학교는 이번에 16강에 <u>그쳤다</u>.

③ 아이 울음이 좀처럼 <u>그치지</u> 않았다.

④ 그는 만류에도 말을 <u>그치지</u> 않았다.

⑤ 저 사람들은 불평이 <u>그칠</u> 날이 없다.

| Preview |

| 플라스틱의 분자 구조와 형성 원리 |

이 글은 먼저 기본 개념을 제시하고, 그것으로부터 특정 원리를 설명하는 기술 지문과 유사하다. '기본 개념을 제시한 뒤, 해당 원리를 설명한다'라고 표현하는 편이 좀 더 정확할 수 있지만, 독자가 받아들이기에는 '미리 깔아준 개념을 활용해 구체적으로 설명하는 구조'라는 점에서 크게 다르지 않다.

여기서는 공유 결합, 단일 결합, 이중 결합 등 핵심 과학 개념이 등장하고, 이를 토대로 에틸렌의 중합 과정을 설명한다.

원소, 원자, 분자, 공유 결합 같은 기초 화학 개념에 익숙하지 않은 인문계 학생들이 있을 수 있어, 가급적 쉽게 풀어서 설명했다. 만약 이 분야가 낯설다면 반드시 관련 개념을 직접 찾아보고 공부하길 권한다.

□ 배열(**配列**)
□ 일정한 차례나 간격에 따라 벌여 놓음.
□

□ 물성(**物性**)
□ 물질이 가지고 있는 성질.
□

□ 유연성(**柔軟性**)
□ 딱딱하지 아니하고 부드러운 성질. 또는 그런 정도.
□

□ 가공성(**加工性**)
□ 가공(**加工**)이 잘 되는 속성의 정도.
□

□ 밀도(**密度**)
□ 빽빽이 들어선 정도.
□

메모

식품 포장재, 세제 용기 등으로 사용되는 플라스틱은 생활에서 흔히 ⓐ접할 수 있다. 플라스틱은 '성형할 수 있는, 거푸집으로 조형이 가능한'이라는 의미의 '플라스티코스'라는 그리스어에서 온 말로, 열과 압력으로 성형할 수 있는 고분자 화합물을 이른다.

플라스틱은 단위체인 작은 분자가 수없이 반복 연결되는 중합을 통해 만들어진 거대 분자로 이루어져 있다. 단위체들은 공유 결합으로 연결되는데, 분자를 구성하는 원자들이 서로 전자를 공유하여 안정한 상태가 되는 결합을 공유 결합이라 한다. 두 원자가 각각 전자를 하나씩 내어놓아 그 두 개의 전자를 한 쌍으로 공유하면 단일 결합이라 하고, 두 쌍을 공유하면 이중결합이라 한다. 공유 전자쌍이 많을수록 원자 간의 결합력은 강하다. 대부분의 원자는 가장 바깥 전자 껍질의 전자 수가 8개가 될 때안정해진다. 탄소 원자는 가장 바깥 전자 껍질에 4개의 전자를 갖고 있어, 다른 원자들과 전자를 공유하여 안정해질 수 있으며 다양한 형태의 공유 결합이 가능하여 거대한 분자의 골격을 이룰 수 있다.

플라스틱의 한 종류인 폴리에틸렌은 에틸렌 분자들이 서로 연결되는 중합 과정을 거쳐 만들어진다. 에틸렌은 두 개의 탄소 원자와 네 개의 수소 원자로 이루어지는데, 두 개의 탄소 원자가 서로 이중 결합을 하고 각각의 탄소 원자는 두 개의 수소 원자와 단일 결합을 한다. 탄소 원자 간의 이중 결합에서는 한 결합이 다른 하나보다 끊어지기 쉽다.

에틸렌의 중합에는 여러 가지 방법이 있는데 그중에 하나는 과산화물 개시제를 사용하는 것이다. 열을 흡수한 과산화물 개시제는 가장 바깥 껍질에 7개의 전자가 있는 불안정한 상태의 원자를 가진 분자로 분해된다. 이 불안정한 원자는 안정해지기 위해 에틸렌이 가진 탄소의 이중 결합 중 더 약한 결합을 끊어 버리면서 에틸렌의 한쪽 탄소 원자와 전자를 공유하며 단일 결합한다. 그러면 다른 쪽 탄소 원자는 공유되지 못한, 홀로 남은 전자를 갖게 된다. 이 불안정한 탄소 원자는 같은 방식으로 다른 에틸렌 분자와 반응을 하게 되고, 이와 같은 반응이 이어지며 불안정해지는 탄소 원자가 계속 생성된다. 에틸렌 분자들이 결합하여 더해지면 이것들은 사슬 형태를 이루며, 이 사슬은 지속적으로 성장하고 사슬 끝에는 불안정한 탄소 원자가 존재하게 된다. 성장하는 두 사슬의 끝이 서로 만나 결합하여 안정한 상태가 되면 반복적인 반응이 멈추게 된다. ㉠의 중합 과정을 거쳐 에틸렌 분자들은 폴리에틸렌이라는 고분자 화합물이 된다.

플라스틱을 이루는 거대한 분자들은 길이가 길다. 그래서 사슬들이 일정한 방향으로 나란히 배열되어 있는 결정 영역은, 분자들 전체에서 기대할 수는 없지만 부분적으로 있을 수

는 있다. 플라스틱에서 결정 영역이 차지하는 부분의 비율은 여러 조건에 따라 조절이 가능하고 물성에 영향을 미친다. 결정 영역이 많아질수록 플라스틱은 유연성이 낮아 충격에 약하고 가공성이 떨어지며 점점 불투명해지지만, 밀도가 높아져 단단해지고 화학 물질에 대한 민감성이 감소하며 열에 의해 잘 변형되지 않는다. 이런 성질을 활용하여 필요에 따라 다양한 종류의 플라스틱을 만들 수 있다.

08. 윗글에서 알 수 있는 내용으로 적절하지 <u>않은</u> 것은?

① 단위체들은 중합을 거쳐 거대 분자를 이룰 수 있다.

② 에틸렌 분자에는 단일 결합과 이중 결합이 모두 존재한다.

③ 플라스틱이라는 명칭의 유래는 열과 압력으로 성형이 되는 성질과 관련이 있다.

④ 불안정한 원자를 가진 에틸렌은 과산화물을 개시제로 쓰면 분해되면서 안정해진다.

⑤ 탄소와 탄소 사이의 이중 결합 중 하나의 결합 세기는 나머지 하나의 결합 세기보다 크다.

09. ㉠에 대한 이해로 적절하지 <u>않은</u> 것은?

① 성장 중의 사슬은 그 양쪽 끝부분에서 불안정한 탄소 원자가 생성된다.

② 사슬의 중간에 두 탄소 원자가 서로 전자를 하나씩 내어놓아 공유하는 결합이 존재한다.

③ 상태가 불안정한 원자를 지닌 분자의 생성이 연속적인 사슬 성장 반응이 일어나는 계기가 된다.

④ 공유되지 못하고 홀로 남은 전자를 가진 탄소 원자는 사슬의 성장 과정이 종결되기 전까지 계속 발생한다.

⑤ 에틸렌 분자를 구성하는 탄소 원자들 사이의 이중 결합이 단일 결합으로 되면서 사슬의 성장 과정을 이어 간다.

10. 윗글을 바탕으로 <보기>의 ㉮와 ㉯를 이해한 내용으로 가장 적절한 것은?

<보기>

　폴리에틸렌은 높은 압력과 온도에서 중합되어 사슬이 여기저기 가지를 친 구조로 만들어지기도 한다. ㉮ 가지를 친 구조의 사슬들은 조밀하게 배열되기 힘들다. 한편 특수한 촉매를 사용하여 저온에서 중합되면 탄소 원자들이 이루는 사슬이 한 줄로 쭉 이어진 직선형 구조로 만들어지기도 한다. 이 ㉯ 직선형 구조의 사슬들은 한 방향으로 서로 나란히 조밀하게 배열될 수 있다.

---

① 충격에 잘 깨지지 않도록 유연하게 하려면 ㉮보다 ㉯로 이루어진 소재가 적합하겠군.

② 포장된 물품이 잘 보이게 하려면 포장재로는 ㉮보다 ㉯로 이루어진 소재가 적합하겠군.

③ 보관 용기에서 화학 물질이 닿는 부분에는 ㉮보다 ㉯로 이루어진 소재를 쓰는 것이 좋겠군.

④ ㉯보다 ㉮로 이루어진 소재의 밀도가 더 높겠군.

⑤ 열에 잘 견디게 하려면 ㉯보다 ㉮로 이루어진 소재가 적합하겠군.

11. ⓐ와 문맥상 의미가 가장 가까운 것은?

① 요즘 신도시는 아파트가 대규모로 서로 <u>접해</u> 있다.

② 그는 자신의 수상 소식을 오늘에야 <u>접하게</u> 되었다.

③ 나는 교과서에서 <u>접한</u> 시를 모두 외웠다.

④ 우리나라는 삼면이 바다에 <u>접해</u> 있다.

⑤ 우리 집은 공원을 <u>접하고</u> 있다.

메모

[1-1] ^{예시} [식품 포장재, 세제 용기 등]으로 사용되는 플라스틱은 생활에서 흔히 접할 수 있다.

[1-2] 플라스틱은 ^{정의} ['성형할 수 있는, 거푸집으로 조형이 가능한']이라는 의미의 ^{어원} ['플라스티코스'라는 그리스어에서 온 말]로, ^{정의} [열과 압력으로 성형할 수 있는 고분자 화합물]을 이른다.

잡소리(고분자화합물)

고분자화합물은 <분자량이 1만 이상으로 매우 큰 화합물>이다. 이때 화합물은 <두 종류 이상의 물질들이 화학적으로 결합하여 만들어진 새로운 물질>이다. 예를 들어 물(H_2O)은 수소(H)와 탄소(O)가 일정량 비율로 결합한 화합물이다. 이때 서로 다른 원소들이 결합하여 이전에 없었던 새로운 물리적·화학적 성질을 갖게 된다.

[2-1] 플라스틱은 ^{정의} [단위체인 작은 분자가 수없이 반복 연결되는] 중합을 통해 만들어진 ^{구성요소} [거대 분자]로 이루어져 있다.

잡기술(도해)

[2-1]의 내용을 머릿속으로 그려보면 다음과 같다.

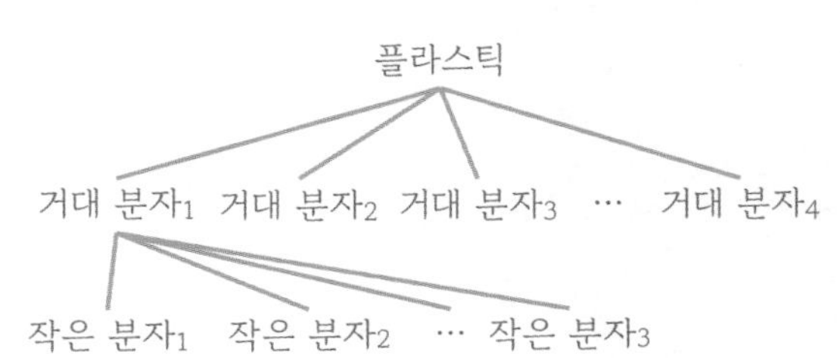

[2-2] 단위체들은 공유 결합으로 연결되는데, ^{정의} [분자를 구성하는 원자들이 서로 전자를 공유하여 안정한 상태가 되는 결합]을 공유 결합이라 한다.

잡소리(원자와 분자)(for 문돌이)

원자, 분자, 전자와 같은 기초적인 용어를 모른다면, 이 지문을 제대로 독해할 수 없다. 따라서 일부 학생들을 위해 실어뒀으니 가볍게 읽어보길 바란다.

우주 어딘가에 수많은 외계인이 있다고 상상해 보자. 이 외계인들은 뿔의 개수에 따라 종족을 구별하는 관습을 가지고 있다. 뿔이 1개인 외계인은 '수소 종족(H)', 뿔이 2개인 외계인은 '헬륨 종족(He)', 뿔이 8개인 외계인은 '산소 종족(O)'이다.

이때, 개별 외계인 한 명은 원자(atom)를 의미하고, 그 외계인들의 종족은 원소(element)를 의미한다. 또 뿔의 개수는 양성자(Proton)의 수를 의미한다. 따라서 서로 다른 외계인 A와 B가 종족이 같을 경우, A와 B의 뿔의 개수(양성자의 수)가 같다는 것이다. 이러한 외계인(원자)들이 둘 이상 모여서, 손을 맞잡는(화학 결합) 방식으로 독립적으로 존재할 수 있는 작은 그룹을 만들었다고 하자. 이 작은 그룹(팀) 하나가 바로 분자(molecule)이다. 예를 들어보면, 산소 분자(O_2)는 뿔 8개인 외계인 2명이 손을 잡은 팀으로, 물(H_2O)은 뿔 1개 외계인 2명 + 뿔 8개 외계인 한 명이 함께 손을 잡은 팀으로 이해할 수 있다. 이제 이렇게 한 명이든, 여러 명이든 외계인(원자)들이 모여서 만들 수 있는 모든 실체를 가진 것이 물질이다.

즉 공간을 차지하고 질량이 있는 것은 전부 물질(matter)이라 보면 되는데, 혼자(원자 상태) 있든, 분자처럼 작은 팀을 이루고 있든, 더 복잡한 구조를 만들든, 전부 물질이라고 부를 수 있다.

이제 외계인에 대해 세부적으로 접근해 보자. 외계인의 외형은 몸통과 그 주변을 아주 빠른 속도로 회전하는 드론으로 구성되어 있다.

이때의 몸통에는 외계인의 뿔과 장식품이 붙어 있다. 여기서 장식품은 중성자(Neutron), 드론은 전자(electron), 몸통은 원자핵(Atomic Nucleus)을 의미한다.

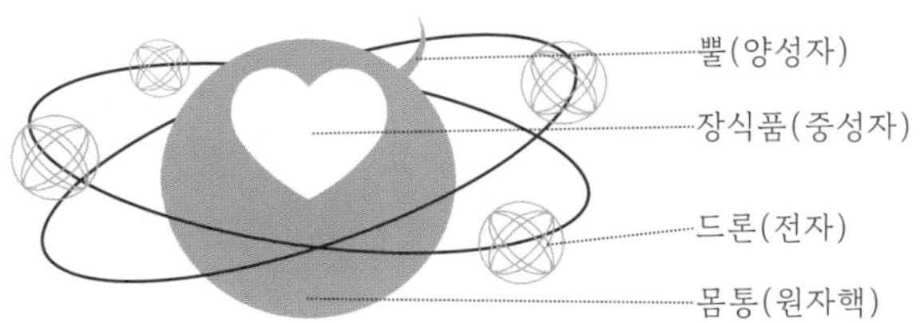

상상해 보면 다음과 같은 모습이다. 이때 몸통(원자핵)은 외계인의 중심이 된다. 이 안에는 크게 뿔(양성자)과 장식품(중성자)이 붙어 있다.

양성자

앞서 언급했듯, 뿔(양성자)은 그 개수에 따라 종족(원소)이 결정된다. 그리고 이 뿔 자체에 양전하(+)를 지니고 있다. 전하는 전기적 성질로 이해하면 된다. 뿔 1개마다 +1, 2개면 +2, 8개면 +8 같은 식으로 외계인의 몸통이 띠는 전하를 결정한다.

중성자

장식품(중성자)은 전하가 전혀 없다. 이를 중성 상태라고 한다. 또 중성자는 매우 무거워서 외계인의 몸무게(원자량)에 영향을 준다. 장식품이 붙어 있으면, 몸통(원자핵)이 무거워지고, 안 붙어 있으면 상대적으로 가벼워진다.[1]

전자

드론(전자)은 몸통(원자핵) 가까이 궤도를 그리며 빠르게 움직인다. 이때 드론은 전기적으로 음전하(-)를 띠고 있어, 몸통의 양전하(+)와 서로 끌어당기는 힘이 작용한다. 뿔처럼 드론 하나당 -1의 전하를 가진다고 생각하면 된다.

전하(Charge)

이렇게 드론과 뿔은 서로 다른 전하를 가진다. 만약에 외계인은 드론이 뿔보다 많은 경우(드론이 많은 경우) 양전하(+)를 가지고 적은 경우 음전하(-)를 가진다. 또 이 둘이 같은 경우, 균형이 맞아 중성이 된다.

원자량

이는 외계인의 몸무게이다. 몸무게(원자량)를 구할 때는 뿔(양성자)과 장식품(중성자)을 더하면 된다. 드론(전자)의 무게는 너무 가벼워서 무시해도 된다.

---

1) 동위원소 개념도 여기서 유래하는데, 장식품(중성자) 수에 따라 몸무게가 달라지지만, 뿔(양성자) 수가 바뀌지 않으면 같은 종족(원소)로 분류한다.

[2-3] ^{정의} [두 원자가 각각 전자를 하나씩 내어놓아 그 두 개의 전자를 한 쌍으로 공유]하면 단일 결합이라 하고, ^{정의} [두 쌍을 공유]하면 이중 결합이라 한다.

잡기술(포함, 나열)

공유 결합안에 단일 결합과 이중 결합이 존재한다. 이때 전자가 완전체, 후자가 부분의 관계를 가진다.

잡기술(도해)

단일 결합과 이중 결합의 예시를 다음과 같이 나타낼 수 있다.

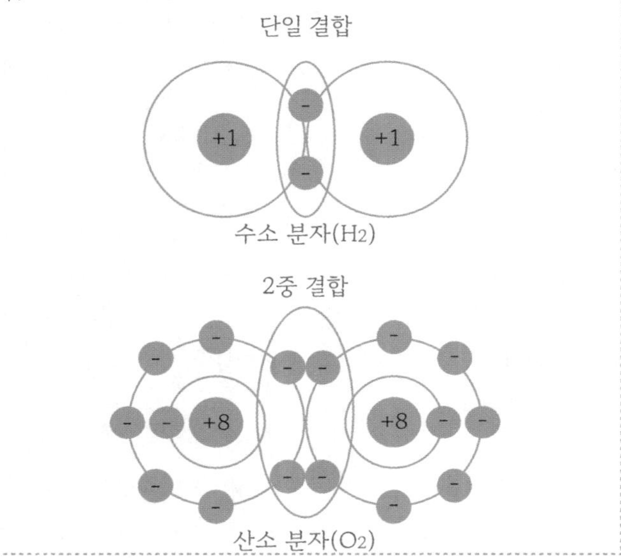

[2-4] ^{비례} [공유 전자쌍이 많을수록 원자 간의 결합력은 강하다.]

잡기술(비례)

수(공유 전자쌍) ↑ ⇒ 결합력(원자,원자)

[2-5] ^{조건} [대부분의 원자는 가장 바깥 전자 껍질의 전자 수가 8개가 될 때] ^{효과} [안정해진다.]

잡기술(조건과 효과)

원자의 바깥 전자 껍질의 전자 수가 8개가 되지 않으면, 불안정한 경우를 생각해볼 수 있다.

잡소리(원자의 안정)

대부분의 원자는 바깥 전자껍질을 8개로 채웠을 때, 가장 안정한 상태가 된다. 이를 옥텟규칙이라고 한다. 이 규칙에 따라 원자들은 전자를 잃거나 얻거나[2] 공유함[3]으로써 바깥 전자껍질을 8개로 만들려고 한다.

---

3) 이온 결합

4) 공유 결합

[2-6] 탄소 원자는 ^{탄소원자1}[가장 바깥 전자 껍질에 4개의 전자를 갖고 있어], ^{탄소원자2}[다른 원자들과 전자를 공유하여 안정해질 수 있으며 다양한 형태의 공유 결합이 가능]하여 ^{탄소원자3}[거대한 분자의 골격을 이룰 수 있다.]

잡기술(도해)

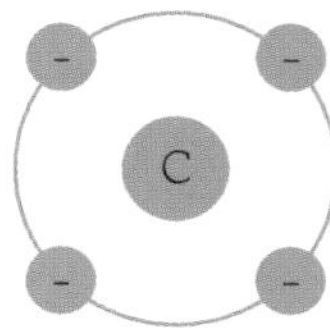

[3-1] ^{전체}[플라스틱]의 한 종류인 ^{부분}[폴리에틸렌]은 에틸렌 분자들이 서로 연결되는 중합 과정을 거쳐 만들어진다.

잡기술(포함)

플라스틱은 전체, 폴리에텔린은 부분임을 알 수 있다. 따라서 앞서 [1문단]에서 제시한 플라스틱의 성질 역시 폴리에텔린이 가지는 것을 추론할 수 있다.

플라스틱
|
폴리에텔린(거대 분자)
|
에틸렌(단위체)(작은 분자)

[3-2] 에틸렌은 ^{구성}[두 개의 탄소 원자와 네 개의 수소 원자]로 이루어지는데, 두 개의 탄소 원자가 서로 이중 결합을 하고 각각의 탄소 원자는 두 개의 수소 원자와 단일 결합을 한다.

잡기술(도해)

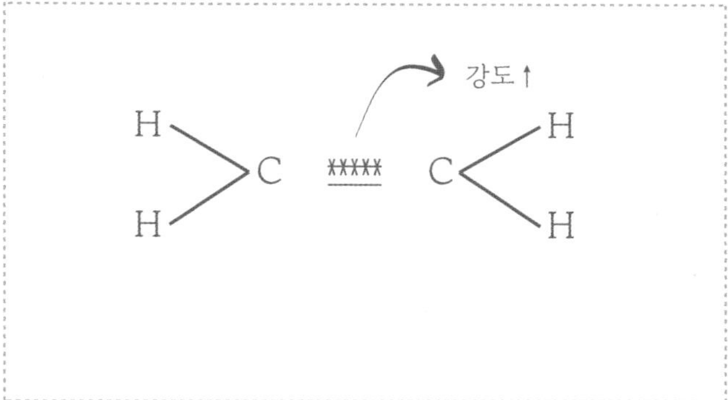

[3-3] 탄소 원자 간의 이중 결합에서는 한 결합이 다른 하나보다 끊어지기 쉽다.

잡기술(도해)

[4-1] [전체][에틸렌의 중합에는 여러 가지 방법]이 있는데 그중에 하나는 [부분][과산화물 개시제를 사용하는 것]이다.

잡기술(포함)

여러 가지 방법이 전체, 과산화물 개시제를 활용하는 것이 부분을 나타낸다. 이때 독자는 필자가 과산화물 개시제를 활용하는 것을 깊게 설명해 줄지 또는 간략하게 설명하고 다른 방법들을 설명할지 예측할 수 있다.

[4-2] 열을 [순서1]흡수한 과산화물 개시제는 가장 바깥 껍질에 7개의 전자가 있는 불안정한 상태의 원자를 가진 분자로 [순서2]분해된다.

[4-3] 이 불안정한 원자는 [순서5]안정해지기 위해 에틸렌이 가진 탄소의 이중 결합 중 더 약한 결합을 [순서3]끊어 버리면서 에틸렌의 한쪽 탄소 원자와 전자를 공유하며 [순서4]단일 결합한다.

[4-4] 그러면 다른 쪽 탄소 원자는 공유되지 못한, 홀로 남은 전자를 [순서6]갖게 된다.

[4-5] 이 불안정한 탄소 원자는 같은 방식으로 다른 에틸렌 분자와 [순서7]반응을 하게 되고, 이와 같은 반응이 [순서8]이어지며 불안정해지는 탄소 원자가 [순서9]계속 생성된다.

[4-6] 에틸렌 분자들이 [순서10]결합하여 더해지면 이것들은 사슬 형태를 [순서11]이루며, 이 사슬은 지속적으로 [순서12]성장하고 사슬 끝에는 불안정한 탄소 원자가 [순서13]존재하게 된다.

[4-7] 성장하는 두 사슬의 끝이 서로 만나 [순서14]결합하여 안정한 상태가 되면 반복적인 반응이 [순서15]멈추게 된다.

[4-8] 이 중합 과정을 거쳐 에틸렌 분자들은 폴리에틸렌이라는 고분자 화합물이 [순서16]된다.

잡기술(도해)

[4-2]~[4-7]까지는 에틸렌의 중합 과정이 제시되어 있다. 이때 독자는 그 과정을 상상하며 독해할 수 있다. 이러한 중합 과정은 순서로 제시되어 있는데, 앞서 기술 지문에서 학습한대로 용언 위주로 체크해가면 좋다.

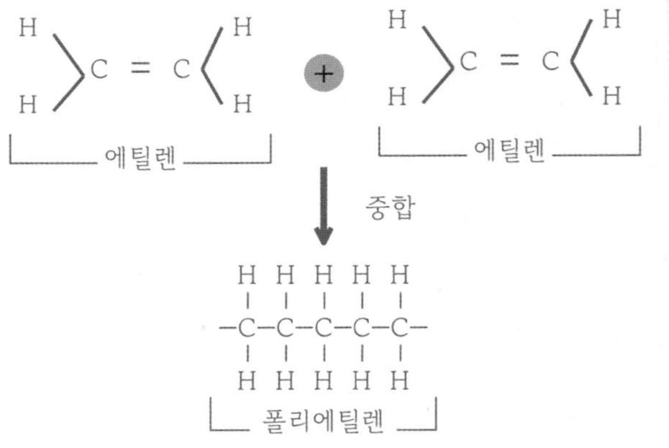

[5-1] 플라스틱을 이루는 거대한 분자들은 길이가 길다.

[5-2] 그래서 [정의] [사슬들이 일정한 방향으로 나란히 배열되어 있는] 결정 영역은, 분자들 전체에서 기대할 수는 없지만 부분적으로 있을 수는 있다.

잡기술(도해)

사슬들이 일정한 방향으로 나란히 배열되어 있는 것은 정확히 알 수 없어도 머릿속으로 그 이미지를 상상해 보는 것은 가능하다.

| 사슬 | 사슬 | 사슬 | 사슬 | 사슬 |

[5-3] [원인(결과)] 플라스틱에서 결정 영역이 차지하는 부분의 비율]은 [원인] [여러 조건]에 따라 조절이 가능하고 [결과] [물성에 영향을 미친다.]

잡기술(인과)

플라스틱에서 결정 영역의 비율에게 영향을 주는 원인은 '여러 조건'이고, 이 비율이 영향을 주는 대상은 '물성'이다. 즉 결정 영역의 비율은 원인이면서 결과임을 알 수 있다.

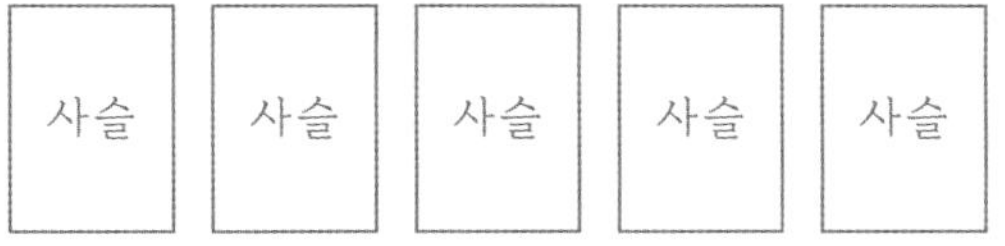

[5-4] [비례] [결정 영역이 많아질수록 플라스틱은 유연성이 낮아 충격에 약하고 가공성이 떨어지며 점점 불투명해지지만, 밀도가 높아져 단단해지고 화학 물질에 대한 민감성이 감소하며 열에 의해 잘 변형되지 않는다.]

잡기술(비례)

글의 후반부인데 비례식이 나온 것을 고려하면, 가볍게 독해하고 문제를 풀어도 지장이 없다.

결정 영역	유연성 밀도 ↑	충격 방어 ↓ 가공성 ↓ 민감성 ↓ 열 방어 ↑

[5-5] 이런 성질을 활용하여 필요에 따라 다양한 종류의 플라스틱을 만들 수 있다.

잡기술(활용)

어떤 원리의 활용까지 나아가는 기술 지문과 다르게 과학 지문은 순수 과학적 원리만을 제시하는 경우가 많다. 이러한 경우 문제로 나올 확률이 높다. 또 그런 문제들은 앞서 원리를 독해하며 잡아갔던 비례, 포함 등을 활용하면 쉽게 해결할 수 있다.

08. 윗글에서 알 수 있는 내용으로 적절하지 <u>않은</u> 것은?

① 단위체들은 중합을 거쳐 거대 분자를 이룰 수 있다.

② 에틸렌 분자에는 단일 결합과 이중 결합이 모두 존재한다.

③ 플라스틱이라는 명칭의 유래는 열과 압력으로 성형이 되는 성질과 관련이 있다.

④ 불안정한 원자를 가진 에틸렌은 과산화물을 개시제로 쓰면 분해되면서 안정해진다.

⑤ 탄소와 탄소 사이의 이중 결합 중 하나의 결합 세기는 나머지 하나의 결합 세기보다 크다.

길라잡이
본인만의 풀이 과정을 적어보세요!

① 단위체들은 중합을 거쳐 거대 분자를 이룰 수 있다.

② 에틸렌 분자에는 단일 결합과 이중 결합이 모두 존재한다.

③ 플라스틱이라는 명칭의 유래는 열과 압력으로 성형이 되는 성질과 관련이 있다.

④ 불안정한 원자를 가진 에틸렌은 과산화물을 개시제로 쓰면 분해되면서 안정해진다.

⑤ 탄소와 탄소 사이의 이중 결합 중 하나의 결합 세기는 나머지 하나의 결합 세기보다 크다.

09. ㉠에 대한 이해로 적절하지 <u>않은</u> 것은?

① 성장 중의 사슬은 그 양쪽 끝부분에서 불안정한 탄소 원
  자가 생성된다.
② 사슬의 중간에 두 탄소 원자가 서로 전자를 하나씩 내어놓
  아 공유하는 결합이 존재한다.
③ 상태가 불안정한 원자를 지닌 분자의 생성이 연속적인 사
  슬 성장 반응이 일어나는 계기가 된다.
④ 공유되지 못하고 홀로 남은 전자를 가진 탄소 원자는 사
  슬의 성장 과정이 종결되기 전까지 계속 발생한다.
⑤ 에틸렌 분자를 구성하는 탄소 원자들 사이의 이중 결합이
  단일 결합으로 되면서 사슬의 성장 과정을 이어 간다.

<table>
<tr><td>길라잡이</td></tr>
<tr><td>본인만의 풀이 과정을 적어보세요!</td></tr>
</table>

① 성장 중의 사슬은 그 양쪽 끝부분에서 불안정한 탄소 원
  자가 생성된다.

② 사슬의 중간에 두 탄소 원자가 서로 전자를 하나씩 내어놓
  아 공유하는 결합이 존재한다.

③ 상태가 불안정한 원자를 지닌 분자의 생성이 연속적인 사
  슬 성장 반응이 일어나는 계기가 된다.

④ 공유되지 못하고 홀로 남은 전자를 가진 탄소 원자는 사
  슬의 성장 과정이 종결되기 전까지 계속 발생한다.

⑤ 에틸렌 분자를 구성하는 탄소 원자들 사이의 이중 결합이
  단일 결합으로 되면서 사슬의 성장 과정을 이어 간다.

10. 윗글을 바탕으로 <보기>의 ㉮와 ㉯를 이해한 내용으로 가장 적절한 것은?

> ────── <보기> ──────
>
> 폴리에틸렌은 높은 압력과 온도에서 중합되어 사슬이 여기저기 가지를 친 구조로 만들어지기도 한다. ㉮ 가지를 친 구조의 사슬들은 조밀하게 배열되기 힘들다. 한편 특수한 촉매를 사용하여 저온에서 중합되면 탄소 원자들이 이루는 사슬이 한 줄로 쭉 이어진 직선형 구조로 만들어지기도 한다. 이 ㉯ 직선형 구조의 사슬들은 한 방향으로 서로 나란히 조밀하게 배열될 수 있다.

① 충격에 잘 깨지지 않도록 유연하게 하려면 ㉮보다 ㉯로 이루어진 소재가 적합하겠군.

② 포장된 물품이 잘 보이게 하려면 포장재로는 ㉮보다 ㉯로 이루어진 소재가 적합하겠군.

③ 보관 용기에서 화학 물질이 닿는 부분에는 ㉮보다 ㉯로 이루어진 소재를 쓰는 것이 좋겠군.

④ ㉯보다 ㉮로 이루어진 소재의 밀도가 더 높겠군.

⑤ 열에 잘 견디게 하려면 ㉯보다 ㉮로 이루어진 소재가 적합하겠군.

① 충격에 잘 깨지지 않도록 유연하게 하려면 ㉮보다 ㉯로 이루어진 소재가 적합하겠군.

② 포장된 물품이 잘 보이게 하려면 포장재로는 ㉮보다 ㉯로 이루어진 소재가 적합하겠군.

③ 보관 용기에서 화학 물질이 닿는 부분에는 ㉮보다 ㉯로 이루어진 소재를 쓰는 것이 좋겠군.

④ ㉯보다 ㉮로 이루어진 소재의 밀도가 더 높겠군.

⑤ 열에 잘 견디게 하려면 ㉯보다 ㉮로 이루어진 소재가 적합하겠군.

길라잡이

본인만의 풀이 과정을 적어보세요!

11. ⓐ와 문맥상 의미가 가장 가까운 것은?

① 요즘 신도시는 아파트가 대규모로 서로 <u>접해</u> 있다.

② 그는 자신의 수상 소식을 오늘에야 <u>접하게</u> 되었다.

③ 나는 교과서에서 <u>접한</u> 시를 모두 외웠다.

④ 우리나라는 삼면이 바다에 <u>접해</u> 있다.

⑤ 우리 집은 공원을 <u>접하고</u> 있다.

<table>
<tr><td>길라잡이</td></tr>
<tr><td>본인만의 풀이 과정을 적어보세요!</td></tr>
</table>

① 요즘 신도시는 아파트가 대규모로 서로 <u>접해</u> 있다.

② 그는 자신의 수상 소식을 오늘에야 <u>접하게</u> 되었다.

③ 나는 교과서에서 <u>접한</u> 시를 모두 외웠다.

④ 우리나라는 삼면이 바다에 <u>접해</u> 있다.

⑤ 우리 집은 공원을 <u>접하고</u> 있다.

| Preview |

| (가) 도덕 문장의 진리 적합성에 대한 에이어의 견해
/ (나) 도덕 문장의 타당성에 대한 행크스의 관점 |

다채로운 해설 중 논증에 초점을 맞춘 이유는, (가), (나) 지문 모두 논증 구조를 내포하고 있기 때문이다. 독자들은 이 지문들을 읽을 때, 그 안에 담긴 전제와 결론을 명확히 구별하고 연결하는 연습을 해야 수능 성적에 직접적인 도움을 받을 수 있다. 따라서 기타 배경지식이나 기술적 설명은 최대한 생략하고, 논증을 파악하는 데 집중해 해설을 구성했다.

☐ 윤리학(倫理學)
☐ 인간 행위의 규범에 관하여 연구하는 학문. 도덕의 본질·기원·발달, 선악의 기준 및 인간 생활과의 관계 따위를 다룬다.

☐ 판정(判定)
☐ 판별하여 결정함.

☐ 논의(論議)
☐ 어떤 문제에 대하여 서로 의견을 내어 토의함. 또는 그런 토의.

☐ 직관적(直觀的)
☐ 단이나 추리 따위의 사유 작용을 거치지 아니하고 대상을 직접적으로 파악하는 것.

☐ 타당(妥當)
☐ 일의 이치로 보아 옳다.

☐ 고수(固守)
☐ 차지한 물건이나 형세 따위를 굳게 지키다.

길라잡이
모르는 어휘가 있다면 정리하세요!

메모

(가)

 전통적인 윤리학의 주요 주제는 '선', '올바름'과 같은 도덕 용어에 대한 해명을 바탕으로 무엇이 옳고 그른지를 판정하는 객관적 근거를 ⓐ찾는 것이다. 그러나 윤리학은 오랫동안 그에 대한 만족스러운 답을 ⓑ내놓지 못했다. 이러한 상황에서 에이어 는 도덕적으로 옳고 그름에 관한 문장인 도덕 문장이 진리 적합성, 즉 참 또는 거짓일 수 있다는 성질을 갖지 않는다는 주장을 ⓒ펼쳤다.

 에이어는 진리 적합성을 갖는 모든 문장은 그 문장에 사용된 단어의 정의를 통해 검증되는 분석적 문장이거나 경험적 관찰에 의해 검증되는 종합적 문장이라는 원리를 바탕으로 도덕 문장은 진리 적합성이 없다고 주장했다. 우선 그는 도덕 문장은 분석적이지 않다는 기존의 논의를 수용했다. '선은 A이다.'라는 도덕 문장이 분석적이려면, 술어인 'A'가 주어인 '선'이라는 개념 속에 내포되어 있어야 한다. 하지만 '선'은 속성이나 내용을 더 이상 분석할 수 없는 단순 개념이므로 해당 문장은 분석적이지 않다. 그렇다고 해서 '선은 A이다.'라는 도덕 문장이 경험적 관찰로 검증될 수 있는 것도 아니다. '선' 그 자체는 우리의 감각으로 검증할 수 없기 때문이다.

 도덕 문장은 다양한 감정이나 태도를 표현하고 타인의 감정을 ⓓ불러일으키는 정서적 의미를 갖는다고 에이어는 주장했다. 그는 많은 사람들이 도덕 문장이 진리 적합성을 갖는다고 오해하는 것은 도덕 용어의 두 가지 용법을 구분하지 못해서라고 주장한다. 그에 따르면 도덕 용어는 감정을 표현하는 표현적 용법으로도, 세계에 관한 어떤 사실을 기술하는 기술적 용법으로도 사용될 수 있다. 만약 '도둑질은 나쁘다.'가 도둑질이 사회적으로 배척된다는 사실을 기술하는 문장이라면, 이 문장은 도덕적으로 옳고 그름에 관한 것이 아니다. 따라서 이 문장은 도덕 문장이 아니고, 경험적으로 검증이 가능하다. 반대로 그 문장이 도둑질에 대한 화자의 감정을 표현한 문장이라면 이는 도덕 문장이며 어떤 사실을 기술한 것이 아니다. 에이어에게는 '도둑질은 나쁘다.'와 같은 도덕 문장을 진술하는 것은 감정을 담은 어조로 '네가 도둑질을 하다니!'라고 말하는 것과 다름없기 때문이다. 그의 주장대로라면 도덕 문장은 감정을 표현하는 도덕 주체로부터 독립적으로 존재하는 무언가를 기술할 수 없다. 이는 전통적 윤리학자들의 기본 가정을 부정하는 급진적 주장이지만 윤리학에 새로운 사고를 ⓔ열어 준 선구적인 면도 있다.

(나)

 논리학에서 제기된 의문이 윤리학의 특정 견해에 대한 비판이 되기도 한다. 다음 논의는 이를 보여 준다. 'P이면 Q이

다. P이다. 따라서 Q이다.'인 논증을 전건 긍정식이라 한다. 전건 긍정식은 'P이면 Q이다.'와 'P이다.'라는 두 전제가 참이면 결론 'Q이다.'는 반드시 참이라는 뜻에서 타당하다. 그런데 어떤 문장이 단독으로 진술되는 경우에는 감정이나 태도를 표현할 수 있지만 그 문장이 조건문인 'P이면 Q이다.'의 부분으로 포함되는 경우에는 그렇지 않다. '귤은 맛있다.'는 화자의 선호라는 감정을 표현한다. 하지만 그 문장이 '귤은 맛있다면 귤은 비싸다.'처럼 조건문의 일부가 되면 귤에 관한 화자의 선호를 표현하지 않는다. 이에 전건 긍정식의 P가 감정이나 태도를 표현하는 문장일 때 'P이면 Q이다.'의 P와 'P이다.'의 P 사이에 내용의 차이가 생기므로, 전건 긍정식임에도 두 전제의 참이 결론 'Q이다.'의 참을 보장하지 않는다는 것이 ㉠몇몇 논리학자들이 제기한 문제였다. 전건 긍정식인 '표절은 나쁘다면 표절을 돕는 것은 나쁘다. 표절은 나쁘다. 따라서 표절을 돕는 것은 나쁘다.'라는 논증은 직관적으로 타당해 보인다. 하지만 '표절은 나쁘다.'가 감정을 표현했다면, 위 논증은 타당하지 않다고 해야 한다. 그러므로 에이어의 윤리학 견해를 고수하려면, 도덕 문장을 포함하는 전건 긍정식의 타당성을 부정하거나, 전건 긍정식은 도덕 문장을 포함할 수 없다고 해야 한다. 이 쟁점에 대해 행크스는 다음과 같이 논의를 전개하였다.

[A]
 '표절은 나쁘다.'라는 문장은 표절이라는 대상에 나쁨이라는 속성을 부여하는 내용을 가진다. 그리고 화자의 문장 진술은 그 내용과 완전히 무관할 수는 없기 때문에 그런 문장은 단독으로 진술되든 그렇지 않든 판단적이다. 문장이 판단적이라는 것은, 대상에 속성을 부여하는 내용을 지니는 것이 그 문장의 본질이라는 것을 뜻한다. 도덕 문장을 비롯한 모든 판단적 문장은 참 또는 거짓일 수 있다. 조건문에 포함된 문장도 판단적이라는 점에서 단독으로 진술될 때와 내용의 차이가 없다. 그러므로 도덕 문장을 포함하는 전건 긍정식은 타당해 보일 뿐 아니라 실제로도 타당하다. 그렇다면 'P이면 Q이다.'에 포함된 'P이다.'가 단독으로 진술된 경우와 다른 점은 무엇인가? 가령 '귤은 맛있다.'는, '귤은 맛있다면 귤은 비싸다.'라는 조건문에 포함되는 경우 화자가 대상에 속성을 부여하는 행위를 하는 것은 아니기에 그것의 판단적 본질을 발현하지 못한다. 그러나 이 맥락에서도 조건문에 포함된 '귤은 맛있다.'는 판단적 본질을 여전히 잃지 않는다. 다시 말해, 그 문장 자체는 대상에 속성을 부여하는 내용을 지닌다.

12. (가)에 나타난 에이어 의 입장으로 적절하지 <u>않은</u> 것은?

① 도덕 용어를 기술적 용법으로 사용한 문장은 검증이 가능하다.

② 표현적 용법을 활용한 도덕 문장은 자신의 감정을 표현하는 문장과 동일한 의미를 표현한다.

③ 주어와 술어의 의미 관계를 통해 어떤 문장을 검증할 수 있다면 그 문장은 분석적 문장이다.

④ 도덕 용어의 용법은 도덕 용어가 기술하는 사실의 종류에 따라 기술적 용법과 표현적 용법으로 구분할 수 있다.

⑤ 도덕 문장에 진리 적합성이 있다는 오해는 도덕 문장을 세계에 대한 어떠한 사실을 기술한 것으로 해석한 데에 기인한다.

13. [A]로부터 추론한 내용으로 가장 적절한 것은?

① '귤은 맛있다면 귤은 비싸다.'에 포함된 '귤은 맛있다.'는 판단적이지 않다.

② '표절은 나쁘다.'는 단독으로 진술되었을 때에만 참 또는거짓일 수 있다.

③ '귤은 맛있다.'는 조건문의 일부로 진술될 때는 대상에 속성을 부여하는 내용을 지니지 않는다.

④ 화자는 귤이 맛있음의 속성을 가진다는 내용과 완전히 무관한채로 '귤은 맛있다.'를 진술할 수 있다.

⑤ '표절은 나쁘다.'는 화자가 표절에 나쁨을 부여하지 않는 맥락에서도 그것의 판단적 본질을 유지할 수 있다.

14. 다음은 윗글을 읽고 학생이 작성한 학습 활동지이다. 윗글을 바탕으로 할 때, 적절하지 <u>않은</u> 것은?

□ 다음의 진술에 대해 윗글에 제시된 학자들이 보일 수 있는 견해를 작성해 봅시다.

[진술 1] 객관적으로 존재하는 도덕적 사실이 있다..

· 전통적인 윤리학자: 옳다. 도덕적 판단의 근거는 도덕 주체로 부터 독립적으로 존재하기 때문이다. ················①

· 에이어 : 옳지 않다. 도덕 문장은 도덕 주체로부터 독립적일 수 없기때문이다. ························②

[진술2] 도덕 문장은 참 또는 거짓이라는 속성을 갖는다.

· 에이어 : 옳지 않다..도덕 문장은 분석적이지도 종합적이지도 않기 때문이다. ·····················③

· 행크스 : 옳다. 도덕 문장은 도덕 용어가 나타내는 속성에 비추어 참 또는 거짓이 정해지기 때문이다.

[진술 3] 전건 긍정식의 두 전제에 공통으로 포함된 도덕 문장은 내용이 다르다.

· 에이어 : 옳다. 도덕 문장은 전건 긍정식의 전제로 사용되면 진리적 합성을 갖기 때문이다. ···············④

· 행크스 : 옳지 않다. 단독으로 진술된 문장은 조건문의 일부로 사용된 때와 내용 차이가 없기 때문이다. ··········⑤

---

15. 윗글을 바탕으로 ㉠을 이해한 내용으로 적절하지 <u>않은</u> 것은?

① 에이어의 윤리학 견해가 옳다면 전건 긍정식이 직관적으로 타당해 보이게 된다는 점에서, ㉠은 에이어에 대한 비판이 된다.

② ㉠에 따르면, 도덕 문장을 포함하는 전건 긍정식이 타당하다면 도덕 문장이 감정을 표현한다는 견해는 수용될 수 없다.

③ ㉠은 전건 긍정식이 타당하려면 두 전제 모두에 나타난 문장의 내용이 일치해야 함에 기초한다.

④ ㉠은 도덕 문장뿐 아니라 개인적 선호를 나타내는 문장에 대해서도 제기될 수 있다.

⑤ 도덕 문장을 판단적이라고 보는 이론에 따르면 ㉠은 애당초 발생하지 않는다.

16. 윗글과 <보기>를 비교하여 이해한 내용으로 적절하지 <u>않</u>은 것은?

> ───── <보기> ─────
> '자선은 옳다.'는 자선에 대한 찬성, '폭력은 나쁘다.'는 폭력에 대한 반대라는 태도를 표현한다. 도덕 문장을 포함하는 '자선은 옳다면 봉사는 옳다.'라는 조건문은 '태도에 대한 태도'를 표현한다. 위와 같은 주관적 태도들에는 참, 거짓이 없다. '자선은 옳다면 봉사는 옳다.'와 '자선은 옳다.'가 나타내는 태도를 지니면서, '봉사는 옳다.'에 반대하는 것은 비일관적이다. '자선은 옳다면 봉사는 옳다. 자선은 옳다. 따라서 봉사는 옳다.'가 타당하다는 것은 이런 뜻이다.

① 도덕 문장이 태도나 감정을 표현한다는 주장은, 도덕 문장을 포함하는 조건문이 '태도에 대한 태도'를 표현한다는 <보기>의 주장과 상충하는군.

② 논증의 타당성이 전제와 결론의 참에 의해 규정된다는 주장은, 타당성을 논증에 나타난 태도 사이의 관계에 의해 규정할 수 있다는 <보기>의 주장과 상충하는군.

③ 무엇이 윤리적으로 옳고 그른지에 대한 객관적 기준을 세워야 한다는 주장은, 도덕 문장은 찬성과 반대라는 주관적 태도를 나타낸다는 <보기>의 주장과 상충하는군.

④ '귤은 맛있다.'가 귤에 대한 화자의 선호를 표현한다는 주장은, '자선은 옳다.'가 자선에 대한 화자의 찬성을 표현한다는 <보기>의 주장과 상충하지 않는군.

⑤ '도둑질은 나쁘다.'가 화자의 정서를 표출하므로 진리 적합성이 없다는 주장은, 폭력에 대한 화자의 태도를 표현하는 문장이 참, 거짓일 수 없다는 <보기>의 주장과 상충하지 않는군.

17. 문맥상 ⓐ~ⓔ와 바꿔 쓰기에 가장 적절한 것은?

① ⓐ: 수색하는
② ⓑ: 제시하지
③ ⓒ: 전파했다
④ ⓓ: 발산하는
⑤ ⓔ: 공개하여

[1-1] 전통적인 윤리학의 주요 주제는 [부분] ['선', '올바름']과 같은 [전체] [도덕 용어]에 대한 해명을 바탕으로 [정의] [무엇이 옳고 그른지를 판정하는] 객관적 근거를 찾는 것이다.

[1-2] 그러나 [한계] [윤리학은 오랫동안 그에 대한 만족스러운 답을 내놓지 못했다.]

[1-3] 이러한 상황에서 에이어는 [정의] [도덕적으로 옳고 그름에 관한 문장]인 도덕 문장이 진리 적합성, 즉 [정의] [참 또는 거짓일 수 있다는 성질]을 갖지 않는다는 주장을 펼쳤다.

잡기술(포함)

'같은'을 고려하면, [1-1]의 '선', '올바름'은 부분, '도덕 용어'는 전체임을 알 수 있다.

잡기술(정의)

[1-3]에서 '도덕 문장'과 '진리 정합성'의 정의가 제시되어 있다. 이때, 독자들에게 생소한 단어이기 때문에 두어 번 읽는 것을 권장한다.

잡기술(PS)

[1-2]의 윤리학의 한계를 고려하면, [1-3]의 에이어의 주장은 이에 대한 해결책이 됨을 알 수 있다. 이로 인해 에이어는 애초에 도덕문장이 진리 적합성을 갖지 않아, 그에 대한 참 거짓을 판단하려는 전통 윤리학의 시도가 무의미 하다고 주장하는 것을 알 수 있다.

잡소리(PS구조의 활용)

PS구조는 일반적으로 문제와 해결 코드로 많이 알려진 기술이다. [1-1]에서 전통적인 윤리학의 주요 주제를 제시하고, [1-2]에서 그 것에 대한 답을 찾지 못하는 한계를 제시했다. 이때 [1-3]에서 에이어의 주장이 갑자기 등장했을 때, 독자는 '에이어의 주장이 앞선 전통적인 윤리학의 문제를 해결하나?'와 같은 의문을 가져야 한다. 그런 생각을 지니고, [1-1]을 다시 보면, 에이어가 전통 윤리학자들의 시도가 무의미하다고 주장하는 것을 알 수 있다.

추측컨대, 강사들이 이런 구조를 학생들에게 알려주는 것은 단순히 지문을 읽다가 '이건 문제네! 이건 해결방안이네!' 정도만 할 것이 아니라, 이런 능동적인 독해를 촉발시키기 위한 것 같다.

[2-1] 에이어는 ^{전제(에이어1)}[진리 적합성을 갖는 모든 문장은 ^{정의}[그 문장에 사용된 단어의 정의를 통해 검증]되는 분석적 문장이거나 ^{정의}[경험적 관찰에 의해 검증]되는 종합적 문장이라는 원리]를 바탕으로 ^{결론(에이어2)}[도덕 문장은 진리 적합성이 없다고 주장했다.]

[2-2] 우선 그는 ^{에이어3}[도덕 문장은 분석적이지 않다는 기존의 논의를 수용]했다.

[2-3] ^{효과}['선은 A이다.'라는 도덕 문장이 분석적이려면], ^{조건}[술어인 'A'가 주어인 '선'이라는 개념 속에 내포되어 있어야 한다.]

[2-4] 하지만 ^{에이어4}['선'은 속성이나 내용을 더 이상 분석할 수 없는 단순 개념이므로 해당 문장은 분석적이지 않다.]

[2-5] 그렇다고 해서 ^{에이어5}['선은 A이다.'라는 도덕 문장이 경험적 관찰로 검증될 수 있는 것도 아니다.]

[2-6] '선' 그 자체는 우리의 감각으로 검증할 수 없기 때문이다.

잡기술(논증)

[2문단] 전체는 하나의 논증으로 볼 수 있다. 다음과 같은 도식을 보자.

결론	[2-1]도덕 문장은 진리적합성이 없다.
전제1	[2-1]진리 적합성을 가진 모든 문장은 분석적 문장이거나 종합적 문장이다.
전제2	[2-2]~[2-4]도덕 문장은 분석적이지 않다.
전제3	[2-5]~[2-6]도덕 문장은 종합적이지 않다.

일견 지리멸렬한 말들이 나열되어 있는 경우, 독자들은 어떻게 읽어야 할지 혼란스럽다. 이때 전제와 결론으로 구성된 논증의 틀을 사용하면, 훨씬 쉽게 내용을 붙잡아둘 수 있다.

잡소리(분석적 문장과 종합적 문장)

분석적 문장과 종합적 문장은 기출에 몇 번 출제된 바 있는 소재이다. 이는 흔히 검증 방법에 의해서 차이를 보이는데, 종합적 문장은 경험적 관찰에 의해, 분석적 문장은 문장에 사용된 단어의 정의에 의해 검증되는 문장이다.

폭력적으로 설명해 보자. 예를 들어 A가 B에게 "현관문 앞에 검은 햄스터가 있다"라고 말한 경우에, 그 문장의 참 거짓을 판단해 보자. 이를 판단하기 위해서는 B는 실제로 현관문 앞을 확인해봐야 한다. 즉, 직접 관찰이 필요하다는 것이다. 반면 '총각은 총각이다.'의 참 거짓을 판단하기 위해서는 굳이 현실 세계로 눈을 돌릴 필요가 없다. 그저 문장 자체로 판단이 가능하다. 이때 문장 자체로 판단이 가능하다는 것은 주어 속에 술어 내용이 이미 포함되어 있어 개념 분석만으로 참 거짓을 판단할 수 있다는 것이다. 즉 문장 규칙만으로 참 거짓이 판단된다. 따라서 주어에 '총각'이 있고, 술어에 '총각'이 같은 개념이기 때문에 참이 된다.

[3-1] ^{에이어6} [도덕 문장은 다양한 감정이나 태도를 표현하고 타인의 감정을 불러일으키는 정서적 의미를 갖는다]고 에이어는 주장했다.

[3-2] ^{에이어7}[그는 많은 사람들이 도덕 문장이 진리 적합성을 갖는다고 오해하는 것은 도덕 용어의 두 가지 용법을 구분하지 못해서라고 주장]한다.

[3-3] 그에 따르면 ^{에이어8}[도덕 용어는 감정을 표현하는 표현적 용법으로도, 세계에 관한 어떤 사실을 기술하는 기술적 용법으로도 사용될 수 있다.]

[3-4] ^{에이어9}[만약 ‘도둑질은 나쁘다.’가 도둑질이 사회적으로 배척된다는 사실을 기술하는 문장이라면, 이 문장은 도덕적으로 옳고 그름에 관한 것이 아니다.]

[3-5] ^{에이어10}[따라서 이 문장은 도덕 문장이 아니고, 경험적으로 검증이 가능하다.]

[3-6] ^{에이어11}[반대로 그 문장이 도둑질에 대한 화자의 감정을 표현한 문장이라면 이는 도덕 문장이며 어떤 사실을 기술한 것이 아니다.]

[3-7] ^{에이어12}[에이어에게는 ‘도둑질은 나쁘다.’와 같은 도덕 문장을 진술하는 것은 감정을 담은 어조로 ‘네가 도둑질을 하다니!’라고 말하는 것과 다름없기 때문이다.]

[3-8] ^{에이어13}[그의 주장대로라면 도덕 문장은 감정을 표현하는 도덕 주체로부터 독립적으로 존재하는 무언가를 기술할 수 없다.]

[3-9] ^{의의}[이는 전통적인 윤리학자들의 기본 가정을 부정하는 급진적 주장이지만 윤리학에 새로운 사고를 열어준 선구적인 면도 있다.]

잡기술(논증)

[3문단] 역시 논증으로 이루어졌지만, [2문단]보다 조금 더 복잡하다. 그래도 논증의 주요한 부분을 정리해 보면 다음과 같다.

결론	도덕 문장은 결국 감정 표현(정서적 의미)에 불과하고, 객관적 사실을 기술하지 않으므로 진리값(참·거짓)을 가질 수 없다.
전제1	도덕 용어에는 표현적 용법과 기술적 용법이 있다.
전제2	기술적 용법으로 쓰인 문장은 (경험적으로 검증 가능하나) 도덕적 옳고 그름을 말하는 '도덕 문장'이 아님
전제3	표현적 용법으로 쓰인 문장이 '도덕 문장'이지만, 이것은 화자의 감정 표현이어서 사실 기술을 하지 않으므로 진리 적합성이 없음
전제4	많은 이들이 "도덕 문장도 진리 적합성이 있다"고 착각하는 이유는 위 두 용법을 구분하지 못했기 때문

[1-1] 논리학에서 제기된 의문이 윤리학의 특정 견해에 대한 비판이 되기도 한다.

잡소리(철학의 분과)

논리학은 추론의 형식과 규칙을 다루며 어떤 추론이 타당한지 분석하는 학문인 반면, 윤리학은 행위의 옳고 그름, 선과 악, 가치판단을 다루며, 어떻게 살아야 하는지에 대한 규범이나 도덕적 원리를 탐구하는 학문이다. 폭력적으로 말하자면, 논리학은 형식적 차원에서 탐구하는 학문이고 윤리학은 실천적 탐구라고 생각하면 된다.
둘 다 철학의 분과인데, 이 지문은 철학의 하위 분과들 중에서, 논리학이 윤리학에 영향을 미치는 양상을 보여주고 있다.

[1-2] 다음 논의는 이를 보여 준다.

[1-3] ^{정의}['P이면 Q이다. P이다. 따라서 Q이다.'인 논증]을 전건 긍정식이라 한다.

[1-4] 전건 긍정식은 'P이면 Q이다.'와 'P이다.'라는 두 전제가 참이면 결론 'Q이다.'는 반드시 참이라는 뜻에서 타당하다.

[1-5] 그런데 ^{문제 제기}[어떤 문장이 단독으로 진술되는 경우에는 감정이나 태도를 표현할 수 있지만 그 문장이 조건문인 'P이면 Q이다.'의 부분으로 포함되는 경우에는 그렇지 않다.]

[1-6] ^{예시}['귤은 맛있다.'는 화자의 선호라는 감정을 표현한다.

[1-7] 하지만 그 문장이 '귤은 맛있다면 귤은 비싸다.'처럼 조건문의 일부가 되면 귤에 관한 화자의 선호를 표현하지 않는다.]

[1-8] ^{문제 구체화}[이에 전건 긍정식의 P가 감정이나 태도를 표현하는 문장일 때 'P이면 Q이다.'의 P와 'P이다.'의 P 사이에 내용의 차이가 생기므로, 전건 긍정식임에도 두 전제의 참이 결론 'Q이다.'의 참을 보장하지 않는다는 것이 몇몇 논리학자들이 제기한 문제였다.]

[1-9] ^{예시}[전건 긍정식인 '표절은 나쁘다면 표절을 돕는 것은 나쁘다. 표절은 나쁘다. 따라서 표절을 돕는 것은 나쁘다.'라는 논증은 직관적으로 타당해 보인다.

[1-10] 하지만 '표절은 나쁘다.'가 감정을 표현했다면, 위 논증은 타당하지 않다고 해야 한다.]

[1-11] 그러므로 에이어의 윤리학 견해를 고수하려면, 도덕 문장을 포함하는 전건 긍정식의 타당성을 부정하거나, 전건 긍정식은 도덕 문장을 포함할 수 없다고 해야 한다.

잡기술(논증)

(나)지문 역시 철저한 논증으로 구성되어 있다. 이를 정리해 보면 다음과 같다.

결론	에이어의 감정 표현론(정서주의)을 일관되게 유지하려면, "도덕 문장을 포함한 전건 긍정식의 타당성"을 인정할 수 없거나, "그런 문장은 전건 긍정식에 들어갈 수 없다"고 주장해야 한다.
전제1	전건 긍정식("P→Q, P ⇒ Q")은 고전 논리에서 참된 전제들이 결론을 반드시 참으로 만든다고 인정되는 타당한 논증 형식이다.
전제2	문장이 감정 표현으로 사용될 때와 조건문 일부로 사용될 때는 의미가 달라지며, 이로 인해 동일한 표현 'P'라 해도 실제로는 내용 차이가 발생할 수 있다.
전제3	만약 P가 '감정 표현'(정서적 의미)이라면, 전건 긍정식의 "P→Q와 P"가 형식 논리에서 요구하는 동일 의미 전제로 볼 수 없어, 그 타당성이 깨질 위험이 생긴다.
예시	"표절은 나쁘다면 → ... , 표절은 나쁘다 → ..."도 논리적으로는 타당해 보이지만, '표절은 나쁘다'가 단지 감정 표현이면 실제로는 타당한 추론이 되지 않는다.

[1-12] 이 쟁점에 대해 행크스는 다음과 같이 논의를 전개하였다.

[2-1] 행크스1 ['표절은 나쁘다.'라는 문장은 표절이라는 대상에 나쁨이라는 속성을 부여하는 내용을 가진다.]

[2-2] 그리고 행크스2 [화자의 문장 진술은 그 내용과 완전히 무관할 수는 없기 때문에 그런 문장은 단독으로 진술되든 그렇지 않든 판단적이다.]

[2-3] 행크스3 [문장이 판단적이라는 것은, 대상에 속성을 부여하는 내용을 지니는 것이 그 문장의 본질이라는 것을 뜻한다.]

[2-4] 행크스4 [도덕 문장을 비롯한 모든 판단적 문장은 참 또는 거짓일 수 있다.]

[2-5] 행크스5 [조건문에 포함된 문장도 판단적이라는 점에서 단독으로 진술될 때와 내용의 차이가 없다.]

[2-6] 그러므로 행크스6 [도덕 문장을 포함하는 전건 긍정식은 타당해 보일 뿐 아니라 실제로도 타당하다.]

[2-7] 그렇다면 'P이면 Q이다.'에 포함된 'P이다.'가 단독으로 진술된 경우와 다른 점은 무엇인가?

[2-8] 가령 '귤은 맛있다.'는, '귤은 맛있다면 귤은 비싸다.'라는 조건문에 포함되는 경우 화자가 대상에 속성을 부여하는 행위를 하는 것은 아니기에 그것의 판단적 본질을 발현하지 못한다.

[2-9] 그러나 이 맥락에서도 조건문에 포함된 '귤은 맛있다.'는 판단적 본질을 여전히 잃지 않는다.

[2-10] 다시 말해, 그 문장 자체는 대상에 속성을 부여하는 내용을 지닌다.

잡기술(논증)

지겹도록 논증이 나온다. 또 정리해보자

결론	도덕 문장은 (단독이든 조건문이든) 본질적으로 대상을 평가·판단하는 문장이라 참·거짓을 가지며, 전건 긍정식에 포함되더라도 타당성에 문제가 없다.
전제1	"도덕 문장(예: '표절은 나쁘다')은 대상을 특정 속성('나쁨')과 결부하는 판단적 내용이므로, 본질적으로 참·거짓이 가능한 구조를 지닌다."
전제2	"이런 판단적 본질은 도덕 문장을 비롯해 모든 '판단적 문장'에게 공통으로 적용된다."
전제3	"조건문('P이면 Q이다') 안에 포함된 문장도 여전히 같은 판단적 본질을 유지하므로, 단독 진술과 내용 측면에서 차이가 없다."
전제4	"결과적으로 도덕 문장을 포함한 전건 긍정식은 형식 논리상 '타당해 보일 뿐 아니라 실제로도 타당'하다."

잡소리(대화식구성)

논리학자: [전제1]P이면 Q이다. [전제2]P이다. 따라서 [결론]Q이다.인 논증은 전건 긍정식이라 한단다. 그리고 논리학에서 '타당하다'라는 말은 전제가 모두 참일 경우 결론도 참이 되는 경우를 의미한단다. 참고로 기호로 표현해주자면 이렇게 된단다.

$$P \rightarrow Q$$
$$P$$
$$\therefore Q$$

독자: 그건 알죠. 옛날 기출에서 본 듯.

논리학자: 오 그러면, 전건 긍정식은 타당하네?

독자: 그렇죠.

논리학자: 근데 봐라. 어떤 문장 A가 [경우1][단독으로 진술되는 경우]가 있고, [경우2][P이면 Q이다 라는 문장에서 P가 되는 경우]가 있어.

독자: 네(뭔소리지)

논리학자: 만약에 문장 A가 각 경우1과 경우2에서 다른 의미를 가지게 되면 타당하지 않아.

독자: 왜요

논리학자: 아까 말한 것들을 떠올려보렴, 경우1을 전제2로, 경우2를 전제1로 넣어봐. 그러면 어떻게 되지?

독자: 아! 전건긍정식의 전제1에서 P가 경우2고, 전제2가 경우1이라는 거죠?

논리학자: 그렇지. 그런 상황이 발생하면, 논증이 더 이상 타당하지 않다는 결과가 나온단다. 아까 에이어가 말한 도덕 문장들이 특히 그렇거든. 도덕 문장이 들어가면 문제가 생겨. 이걸 수식으로 써줄게.

$$P^1 \rightarrow Q$$
$$P^2$$
$$\therefore P^1$$

행크스: 뭐 꼭 그렇지는 않을걸요

독자: ?

행크스: 속성의 측면에서 보면, 굳이 수정할 필요는 없어보입니다.

논리학자: …

행크스: 문장이 판단적이라는 것은 대상에 속성을 부여하는 내용을 지니는 것이 그 문장의 본질이라는 것이라 해봅시다.

논리학자: ㅇㅇ

행크스: 그러면 도덕 문장인 경우에도 사실 차이가 없어요. 둘 다 판단적이거든요. 그냥 뭔가 달라 보이는 이유는 그 판단적 본질을 발현하냐 못하냐의 차이지. 둘 다 판단적 본질을 가진 것은 똑같으니까 굳이 수정할 필요는 없죠.

독자: 아이고 머리야

12. (가)에 나타난 에이어 의 입장으로 적절하지 <u>않은</u> 것은?

① 도덕 용어를 기술적 용법으로 사용한 문장은 검증이 가능하다.

② 표현적 용법을 활용한 도덕 문장은 자신의 감정을 표현하는 문장과 동일한 의미를 표현한다.

③ 주어와 술어의 의미 관계를 통해 어떤 문장을 검증할 수 있다면 그 문장은 분석적 문장이다.

④ 도덕 용어의 용법은 도덕 용어가 기술하는 사실의 종류에 따라 기술적 용법과 표현적 용법으로 구분할 수 있다.

⑤ 도덕 문장에 진리 적합성이 있다는 오해는 도덕 문장을 세계에 대한 어떠한 사실을 기술한 것으로 해석한 데에 기인한다.

길라잡이
본인만의 풀이 과정을 적어보세요!

① 도덕 용어를 기술적 용법으로 사용한 문장은 검증이 가능하다.

② 표현적 용법을 활용한 도덕 문장은 자신의 감정을 표현하는 문장과 동일한 의미를 표현한다.

③ 주어와 술어의 의미 관계를 통해 어떤 문장을 검증할 수 있다면 그 문장은 분석적 문장이다.

④ 도덕 용어의 용법은 도덕 용어가 기술하는 사실의 종류에 따라 기술적 용법과 표현적 용법으로 구분할 수 있다.

⑤ 도덕 문장에 진리 적합성이 있다는 오해는 도덕 문장을 세계에 대한 어떠한 사실을 기술한 것으로 해석한 데에 기인한다.

13. [A]로부터 추론한 내용으로 가장 적절한 것은?

① '귤은 맛있다면 귤은 비싸다.'에 포함된 '귤은 맛있다.'는
　판단적이지 않다.
② '표절은 나쁘다.'는 단독으로 진술되었을 때에만 참 또는거
　짓일 수 있다.
③ '귤은 맛있다.'는 조건문의 일부로 진술될 때는 대상에 속
　성을 부여하는 내용을 지니지 않는다.
④ 화자는 귤이 맛있음의 속성을 가진다는 내용과 완전히 무
　관한채로 '귤은 맛있다.'를 진술할 수 있다.
⑤ '표절은 나쁘다.'는 화자가 표절에 나쁨을 부여하지 않는
　맥락에서도 그것의 판단적 본질을 유지할 수 있다.

<table><tr><td>길라잡이</td></tr><tr><td>본인만의 풀이 과정을 적어보세요!</td></tr></table>

① '귤은 맛있다면 귤은 비싸다.'에 포함된 '귤은 맛있다.'는
　판단적이지 않다.

② '표절은 나쁘다.'는 단독으로 진술되었을 때에만 참 또는
　거짓일 수 있다.

③ '귤은 맛있다.'는 조건문의 일부로 진술될 때는 대상에 속
　성을 부여하는 내용을 지니지 않는다.

④ 화자는 귤이 맛있음의 속성을 가진다는 내용과 완전히
　무관한채로 '귤은 맛있다.'를 진술할 수 있다.

⑤ '표절은 나쁘다.'는 화자가 표절에 나쁨을 부여하지 않는
　맥락에서도 그것의 판단적 본질을 유지할 수 있다.

14. 다음은 윗글을 읽고 학생이 작성한 학습 활동지이다. 윗글을 바탕으로 할 때, 적절하지 <u>않은</u> 것은?

□ 다음의 진술에 대해 윗글에 제시된 학자들이 보일 수 있는 견해를 작성해 봅시다.

[진술 1] 객관적으로 존재하는 도덕적 사실이 있다..

· 전통적인 윤리학자: 옳다. 도덕적 판단의 근거는 도덕 주체로 부터 독립적으로 존재하기 때문이다.·················①

· 에이어 : 옳지 않다. 도덕 문장은 도덕 주체로부터 독립적일 수 없기때문이다. ······························②

[진술2] 도덕 문장은 참 또는 거짓이라는 속성을 갖는다.

· 에이어 : 옳지 않다..도덕 문장은 분석적이지도 종합적이지도 않기 때문이다. ····························③

· 행크스 : 옳다. 도덕 문장은 도덕 용어가 나타내는 속성에 비추어 참 또는 거짓이 정해지기 때문이다.

[진술 3] 전건 긍정식의 두 전제에 공통으로 포함된 도덕 문장은 내용이 다르다.

· 에이어 : 옳다. 도덕 문장은 전건 긍정식의 전제로 사용되면 진리적 합성을 갖기 때문이다. ·······················④

· 행크스 : 옳지 않다. 단독으로 진술된 문장은 조건문의 일부로 사용된 때와 내용 차이가 없기 때문이다. ············⑤

길라잡이

본인만의 풀이 과정을 적어보세요!

---

① 전통적인 윤리학자: 옳다. 도덕적 판단의 근거는 도덕 주체로 부터 독립적으로 존재하기 때문이다.

② 에이어 : 옳지 않다. 도덕 문장은 도덕 주체로부터 독립적일 수 없기때문이다.

③ 에이어 : 옳지 않다..도덕 문장은 분석적이지도 종합적이지도 않기 때문이다.

④ 에이어 : 옳다. 도덕 문장은 전건 긍정식의 전제로 사용되면 진리적 합성을 갖기 때문이다.

⑤ 행크스 : 옳지 않다. 단독으로 진술된 문장은 조건문의 일부로 사용된 때와 내용 차이가 없기 때문이다.

15. 윗글을 바탕으로 ㉠을 이해한 내용으로 적절하지 <u>않은</u> 것은?

① 에이어의 윤리학 견해가 옳다면 전건 긍정식이 직관적으로 타당해 보이게 된다는 점에서, ㉠은 에이어에 대한 비판이 된다.

② ㉠에 따르면, 도덕 문장을 포함하는 전건 긍정식이 타당하다면 도덕 문장이 감정을 표현한다는 견해는 수용될 수 없다.

③ ㉠은 전건 긍정식이 타당하려면 두 전제 모두에 나타난 문장의 내용이 일치해야 함에 기초한다.

④ ㉠은 도덕 문장뿐 아니라 개인적 선호를 나타내는 문장에 대해서도 제기될 수 있다.

⑤ 도덕 문장을 판단적이라고 보는 이론에 따르면 ㉠은 애당초 발생하지 않는다.

길라잡이

본인만의 풀이 과정을 적어보세요!

① 에이어의 윤리학 견해가 옳다면 전건 긍정식이 직관적으로 타당해 보이게 된다는 점에서, ㉠은 에이어에 대한 비판이 된다.

② ㉠에 따르면, 도덕 문장을 포함하는 전건 긍정식이 타당하다면 도덕 문장이 감정을 표현한다는 견해는 수용될 수 없다.

③ ㉠은 전건 긍정식이 타당하려면 두 전제 모두에 나타난 문장의 내용이 일치해야 함에 기초한다.

④ ㉠은 도덕 문장뿐 아니라 개인적 선호를 나타내는 문장에 대해서도 제기될 수 있다.

⑤ 도덕 문장을 판단적이라고 보는 이론에 따르면 ㉠은 애당초 발생하지 않는다.

16. 윗글과 <보기>를 비교하여 이해한 내용으로 적절하지 <u>않</u>은 것은?

> ───── <보기> ─────
>
> '자선은 옳다.'는 자선에 대한 찬성, '폭력은 나쁘다.'는 폭력에 대한 반대라는 태도를 표현한다. 도덕 문장을 포함하는 '자선은 옳다면 봉사는 옳다.'라는 조건문은 '태도에 대한 태도'를 표현한다. 위와 같은 주관적 태도들에는 참, 거짓이 없다. '자선은 옳다면 봉사는 옳다.'와 '자선은 옳다.'가 나타내는 태도를 지니면서, '봉사는 옳다.'에 반대하는 것은 비일관적이다. '자선은 옳다면 봉사는 옳다. 자선은 옳다. 따라서 봉사는 옳다.'가 타당하다는 것은 이런 뜻이다.

① 도덕 문장이 태도나 감정을 표현한다는 주장은, 도덕 문장을 포함하는 조건문이 '태도에 대한 태도'를 표현한다는 <보기>의 주장과 상충하는군.

② 논증의 타당성이 전제와 결론의 참에 의해 규정된다는 주장은, 타당성을 논증에 나타난 태도 사이의 관계에 의해 규정할 수 있다는 <보기>의 주장과 상충하는군.

③ 무엇이 윤리적으로 옳고 그른지에 대한 객관적 기준을 세워야 한다는 주장은, 도덕 문장은 찬성과 반대라는 주관적 태도를 나타낸다는 <보기>의 주장과 상충하는군.

④ '귤은 맛있다.'가 귤에 대한 화자의 선호를 표현한다는 주장은, '자선은 옳다.'가 자선에 대한 화자의 찬성을 표현한다는 <보기>의 주장과 상충하지 않는군.

⑤ '도둑질은 나쁘다.'가 화자의 정서를 표출하므로 진리 적합성이 없다는 주장은, 폭력에 대한 화자의 태도를 표현하는 문장이 참, 거짓일 수 없다는 <보기>의 주장과 상충하지 않는군.

① 도덕 문장이 태도나 감정을 표현한다는 주장은, 도덕 문장을 포함하는 조건문이 '태도에 대한 태도'를 표현한다는 <보기>의 주장과 상충하는군.

② 논증의 타당성이 전제와 결론의 참에 의해 규정된다는 주장은, 타당성을 논증에 나타난 태도 사이의 관계에 의해 규정할 수 있다는 <보기>의 주장과 상충하는군.

③ 무엇이 윤리적으로 옳고 그른지에 대한 객관적 기준을 세워야 한다는 주장은, 도덕 문장은 찬성과 반대라는 주관적 태도를 나타낸다는 <보기>의 주장과 상충하는군.

④ '귤은 맛있다.'가 귤에 대한 화자의 선호를 표현한다는 주장은, '자선은 옳다.'가 자선에 대한 화자의 찬성을 표현한다는 <보기>의 주장과 상충하지 않는군.

⑤ '도둑질은 나쁘다.'가 화자의 정서를 표출하므로 진리 적합성이 없다는 주장은, 폭력에 대한 화자의 태도를 표현하는 문장이 참, 거짓일 수 없다는 <보기>의 주장과 상충하지 않는군.

길라잡이

본인만의 풀이 과정을 적어보세요!

17. 문맥상 ⓐ~ⓔ와 바꿔 쓰기에 가장 적절한 것은?

① ⓐ: 수색하는
② ⓑ: 제시하지
③ ⓒ: 전파했다
④ ⓓ: 발산하는
⑤ ⓔ: 공개하여

길라잡이

본인만의 풀이 과정을 적어보세요!

① ⓐ: 수색하는

② ⓑ: 제시하지

③ ⓒ: 전파했다

④ ⓓ: 발산하는

⑤ ⓔ: 공개하여

| Preview |

| 기업 경영에서의 관두제적 경영 |

그리 어렵지 않은 지문이지만, 스톡옵션의 개념에 대해서 자세히 이해하길 바란다. 또 기업 경영의 건전성 부분은 20년도 6월 평가원 모의고사에 출제된 바 있다.

여기서도 과두제에 대해 깊은 설명을 할 것처럼 하다가 노선을 틀어 과두제적 경영으로 주제를 변경한다. 초반부에 보조사를 활용해서 이동하니 꼭 확보하길 바란다.

□ 의사 결정권(**意思決定券**)
□ 어떤 일이나 문제에 대하여 의사를 결정할 수 있는 권한.

□ 유치(**誘致**)
□ 행사나 사업 따위를 이끌어 들임.

□ 균등(**均等**)
□ 고르고 가지런하여 차별이 없음.

□ 완화(**緩和**)
□ 긴장된 상태나 급박한 것을 느슨하게 함.

□ 행사(**行事**)
□ 어떤 일을 시행함. 또는 그 일.

□ 경영 투명성(**經營透明性**)
□ 기업이나 사업 따위의 관리나 운영이 확실하거나 분명한 성
질.

□ 결속력(**結束力**)
□ 뜻이 같은 사람끼리 서로 단결하는 성질

길라잡이
모르는 어휘가 있다면 정리하세요!

□ 일체성(**一體性**)
□ 한 몸이나 한 덩어리를 이루고 있는 성질.

□ 사익(**私益**)
□ 개인의 이익.

□ 치중(**置重**)
□ 어떠한 것에 특히 중점을 둠.

□ 폐해(**弊害**)
□ 폐단으로 생기는 해.

메모

정당과 같은 정치 조직이 민주적 방식과 절차로 운영되어야 하는 것은 당연하다. 그런데 민주적 운영 체제를 갖추었으면서도 실제로는 일부 소수에게 권력이 집중되어 있는 경우도 적지 않다. 조직 운영에서 보이는 이러한 현상을 흔히 과두제라 한다. 이는 정치 조직에서뿐만 아니라 기업 경영에서도 나타난다.

모든 주주가 경영진을 이루어 상호 협력 관계를 기반으로 기업을 운영하며 의사 결정권도 균등하게 행사하는 경우에 이를 '공동체적 경영'이라 부르기도 한다. 이런 기업에서 경영진은 모두 업무와 관련하여 전문성을 가지며, 경영 수익에 관련된 중요한 사항은 주주들이 공동으로 결정한다. 그러나 기업의 규모가 성장하고 사업이 다양해지면, 소수의 의사 결정에 따른 수직적 경영으로 효율성을 지향하는 '과두제적 경영'으로 나아가는 일도 있다.

과두제적 경영 은 소수의 경영자로 이루어진 경영진이 강한 결속력을 가지면서 실질적 권한과 정보를 독점하며 기업을 운영하는 것을 말한다. 이런 체제는 전문성과 경험을 갖춘 경영진을 중심으로 안정적 경영권이 확보될 수 있도록 하여, 기업 전략을 장기적으로 수립하고, 이에 맞춰 과감하고 지속적인 투자를 할 수 있어서 첨단 핵심 기술의 개발에도 유리한 면이 있다. 그리고 기업과 경영진 간의 높은 일체성은 위기 상황에서 신속한 의사 결정으로 효율적인 대처를 하는 데 도움을 주기도 한다.

그런데 대체로 주주의 수가 많으면 개별 주주의 결정권은 약하고, 소수의 경영진이 기업을 장악하는 힘은 크다. 이를 이용하여 정보와 권한이 집중된 소수의 경영진이 사익에 치중하면 다수 주주의 이익이 침해되는 폐해가 나타날 수 있다. 경영 성과를 실제보다 부풀려 투자를 유치한 뒤 주주들에게 회복하기 어려운 손해를 입히는 경우도 있으며, 기업 운영에 중대한 영향을 미치는 주요 정보들을 은폐하거나 경영 상황을 조작하여 발표함으로써 결과적으로 기업의 가치에 심각한 타격을 주는 사례도 종종 보게 된다.

이러한 문제점을 완화하기 위해 기업이 경영자와 계약을 체결하여 급여 이외의 경제적 이익을 동기로 부여하는 방안이 있다. 예를 들면, 일정 수량의 주식을 계약 시에 정한 가격으로 미래에 매수할 수 있도록 하는 스톡옵션의 권리를 경영자에게 부여하는 방식이 있다. 이 권리를 행사할지 말지는 자유이고, 경영자는 매수 시점을 유리하게 선택할 수 있다. 또 아직 우리 나라에 도입되지는 않았지만, 기업의 주식 가치가 목표치 이상으로 올랐을 때 경영자가 그에 상응하는 보상을 받는 주식 평가 보상권의 방식도 있다.

기업 경영의 건전성을 확보하기 위해 마련된 공적 제도들은 과두제적 경영의 폐해를 방지하는 기능도 한다. 기업의 주식 가치에 영향을 미칠 수 있는 정보 제공을 법적으로 의무화한 경영 공시 제도는 경영 투명성을 높이려는 것이다. 이를 통해 경영진과 주주들 간 정보 격차가 줄어들 수 있다. 기업의 이사회에 외부 인사를 이사로 참여시키도록 하는 사외 이사 제도는 독단적인 의사 결정을 견제함으로써 폐쇄적 경영으로 인한 정보와 권한의 집중을 억제하는 효과를 거둘 수 있다.

04. 윗글의 내용 전개 방식으로 가장 적절한 것은?

① 대상의 개념과 장단점을 제시하고 보완책을 소개한다.
② 유사한 원리들을 분석하고 이를 하나의 이론으로 통합한다.
③ 대립하는 유형을 들어 이론적 근거의 변천 과정을 설명한다.
④ 가설을 세우고 그에 대해 현실적인 사례를 들어 가며 검토한다.
⑤ 문제 상황의 근본 원인을 진단하고 해결책에 대한 상반된 입장을 해설한다.

05. 과두제적 경영 에 대한 이해로 적절하지 않은 것은?

① 소수의 경영진이 내린 의사 결정이 수직적으로 집행되는 효율성을 추구한다.
② 강한 결속력을 가진 소수의 경영자로 경영진을 이루어 경영권 유지에 강점이 있다.
③ 경영권이 안정되어 중요 기술 개발에 적극적인 투자를 계속하는 데에 유리하다는 장점이 있다.
④ 경영진이 투자자의 유입을 유도하기 위하여 경영 성과를 부풀릴 위험성이 있어 이에 대비할 필요가 있다.
⑤ 경영진과 다수 주주 사이의 이해가 일치하는 경우에는 그렇지 않은 경우보다 기업 가치가 훼손될 위험성이 높아진다.

06. 윗글을 읽고 추론한 내용으로 적절하지 <u>않은</u> 것은?

① 스톡옵션의 권리를 가진 경영자는 주식 가격이 미리 정해 놓은 것보다 하락하더라도 손실을 입지 않을 수 있다.

② 스톡옵션은 경영자의 성과 보상에 미래의 주식 가치가 관련 된다는 점에서 주식 평가 보상권과 차이가 있다.

③ 경영 공시는 주주가 기업 경영 상황을 파악하여 기업 가치 를 평가하는 데 유용한 제도가 될 수 있다.

④ 사외 이사 제도는 기업의 의사 결정에 외부 인사를 참여시 켜 경영의 개방성을 높일 수 있는 제도라 평가할 수 있다.

⑤ 경영 공시 제도와 사외 이사 제도는 기업의 중요 정보에 대 한 경영진의 독점을 완화할 수 있다.

07. 윗글을 바탕으로 <보기>를 이해한 내용으로 가장 적절 한 것은?

───── <보기> ─────

X사는 정밀 부품 분야에서 독보적인 기술을 장기간 보 유하여 발전시켜 온 기업으로서 시장 점유율도 높다. 원 래 X사의 주주들은 모두 함께 경영진이 되어 중요 사항에 대하여 동등한 결정권을 보유하였으나, 기업이 성장하면 서 효율성 증진을 위하여 소수의 주주만으로 경영진을 구 성하였다. 경영진은 주기적으로 다른 주주들로 교체되어 전체 주주는 기업의 경영 상태를 파악할 수 있으며, 경영 이익의 분배와 같은 주요 사항은 전체 주주가 공동으로 의결한다. X사의 주주 A와 B는 회사의 진로에 관하여 다 음과 같은 대화를 나누었다.

A : 최근 치열해진 경쟁에 대응하려면, 경영진의 구성원 을 변동시키지 않고 경영 결정권도 경영진이 전적으 로 행사하도록 하는 게 좋겠습니다.

B : 시장 점유율도 잘 유지되고 있고 우리 주주들의 전 문성도 탁월하니, 예전처럼 회사를 운영한다고 하 더라도 문제없을 듯합니다.

① X사는 주주들 사이의 평등성이 강하여 과도한 정보 격차 나 권한 집중과 같은 폐해를 보이지 않는다.

② X사는 현재 경영진이 고정되는 구조로 바뀌었지만 주주 가 실적에 대한 이익 분배를 결정할 수 있기 때문에 수직적 경영의 부작용은 나타나지 않는다.

③ A는 결속력이 강한 소수의 경영진을 중심으로 운영되는 경 영방식을 현행대로 유지하여야 시장의 점유율을 지킬 수 있 다고 보는 입장이다.

④ B는 수평적인 의사 결정 구조로의 전환을 최소한으로 하 여 효율적 경영을 유지해야 한다고 보는 입장이다.

⑤ A와 B는 현재 X사가 경험과 전문성을 바탕으로 안정적 인 과두제적 경영을 하고 있다는 전제에서 논의를 한다.

메모

[1-1] ^{부분}[정당]과 같은 ^{전체}[정치 조직]이 민주적 방식과 절차로 운영되어야 하는 것은 당연하다.

잡기술(당위)

'당연하다'를 고려하면, 당위를 나타냄을 알 수 있다. 이때 독자는 민주적 방식과 절차로 운영되지 않는 경우를 생각할 수 있다.

잡소리(민주적 방식과 절차)

<민주적 방식>은 <조직의 운영이나 의사결정에서 구성원 다수의 의견을 존중하고, 누구든지 동등하게 참여할 수 있는 절차와 구조를 갖추는 것>이다. 즉 표면적으로 선거를 하는 것에서 끝나지 않고, 조직의 의사결정 과정에서 모든 구성원에게 동등한 목소리와 참여 기회가 주어지고, 그 절차가 투명하면서 책임성을 동반한다는 것이다.

[1-2] 그런데 ^{형식}[민주적 운영 체제]를 갖추었으면서도 ^{실질}[실제로는 일부 소수에게 권력이 집중되어 있는 경우]도 적지 않다.

잡기술(형식/실질)

민주적 운영 체제를 갖추는 것은 형식적인 측면, 실제로 일부 소수에게 권력이 집중된 것은 실질적인 측면으로 볼 수 있다. 따라서 [1-2]는 형식적인 측면으로는 민주적이지만, 실질적으로 그렇지 않다는 것을 알 수 있다.

일부 소수에게 권력 집중   민주적 운영체제
(≒~민주적)

잡소리(과두제의 예시)

몇몇 정당은 당헌·당규에 의해 선출된 대표, 당원 투표, 당무위원회 등 민주적인 표면적 구조를 가지지만, 특정 계파의 보스가 후보 공천이나 주요 결정에 실질적 영향력을 행사하는 경우가 있다.

[1-3] ^{정의}[조직 운영에서 보이는 이러한 현상]을 흔히 과두제라 한다.

[1-4] 이는 정치 조직에서뿐만 아니라 기업 경영에서도 나타난다.

잡기술(보조사)

보조사 '도'를 활용해서 주제를 이동하고 있다. 필자가 주제를 옮기는 모습은 25년도 수능에 출제된 주된 양상이다.

[2-1] ^{정의} [^{주체} 모든 주주가 경영진을 이루어 ^{관계} 상호 협력 관계를 기반으로 기업을 운영하며 ^{행위} 의사 결정권도 균등하게 행사하는 경우]에 이를 '공동체적 경영'이라 부르기도 한다.

잡기술(정의)

공동체적 경영의 정의가 제시되어 있다. 이때 정의가 길고 복잡한 경우, 독자 본인만의 의미 단위로 끊어서 이해할 수 있다. 아래는 그 예시이다.

주체	모든 주주
관계	상호 협력 관계
행위	의사 결정권 균등 행사

잡소리(주주)

<주식회사의 지분(주식)을 가지고 있는 개인 혹은 법인>을 의미한다. 일반적으로 주주는 회사의 주인이라고 봐도 무방하다. 주주의 권한으로 의결권과 이익 배당이 있는데, <의결권>은 주주총회에서 회사의 주요 안건(이사의 선임·해임, 정관[1] 변경, 합병 등)에 대해 투표할 수 있고, <이익 배당>은 회사가 영업 이익을 낼 경우, 배당금 형태로 이익을 분배받을 수 있는 권리이다. 이러한 주주는 유한책임을 지는데, 출자금 한도 내에서만 회사 부채에 대한 책임을 진다. 즉 회사가 부도나거나 파산해도 주주는 출자한 금액을 잃는 선에서 책임이 제한되는 것이다.

잡소리(경영진)

경영진은 주식회사에서 이사회의 선임을 받아 회사의 일상 경영업무를 총괄·지휘하는 최고경영자를 비롯한 고위 임원진이다. 주요 임원으로 CEO[2], CFO[3] 등이 있다. 이들은 회사의 전략 실행 및 업무 집행의 책임자로, 회사 성과에 대한 책임을 지며 이사회에 보고하고 승인받는 절차를 거친다. 쉽게 말해 주주가 회사의 주인이면, 경영진은 주주가 선임한 실무진이다.

[2-2] 이런 기업에서 ^{공동체적 경영1} [경영진은 모두 업무와 관련하여 전문성]을 가지며, ^{공동체적 경영2} [경영 수익에 관련된 중요한 사항은 주주들이 공동으로 결정]한다.

잡소리(공동체적 경영에서의 주주와 경영진)

공동체적 경영에서는 모든 주주가 기업 경영에 관여하기에 원활한 기업 경영을 위해 모두 업무와 관련하여 전문성을 가져야 하는 필요성을 가진다.

또한 모든 주주는 기업의 주인이기에 주주들의 이익과 직결되는 경영 수익에 관련된 중요한 사항들도 주주들이 공동으로 결정할 필요성을 가진다.

[2-3] 그러나 ^{원인}[기업의 규모가 성장하고 사업이 다양]해지면, ^{정의}[소수의 의사 결정에 따른 수직적 경영으로 효율성을 지향]하는 ^{결과}['과두제적 경영'으로 나아가는 일도 있다.]

잡소리(과두제적 경영으로 가는 이유)

기업의 규모가 성장해지고 사업이 다양해지면, 결정사항이 많아지고 전문화된다. 예를 들어, 문구류만 파는 사업장이 확장되어, 식료품, 의류품 등을 같이 취급한다고 하자. 문구류만 팔 때는 주주들이 문구류에 대한 전문지식만 있어도 충분하지만, 업종이 확장됨에 따라 식료품과 의류품에 대해 전문지식을 가진 사람들이 필요하게 된다. 이렇게 전문 영역별로 높은 수준의 지식과 경험이 필요해지기 때문에 결국 특정 전문인력에 권한이 집중되기 쉽다. 이러한 역할 분화와 전문적 권위는 조직을 효율적으로 운영하기 위해 불가피하나 동시에 소수 엘리트가 책임과 권한을 독점하게 되는 토대를 마련한다.

---

1)주식회사의 설립과 운영에 관한 기본적인 규칙이 담긴 법적 문서
2)최고경영자, Chief Executive Officer
3)최고재무책임자, Chief Financial Officer

[3-1] 과두제적 경영은 ^{정의} ^{주체}[소수의 경영자로 이루어진 경영진이 ^{관계} 강한 결속력을 가지면서 ^{행위} 실질적 권한과 정보를 독점하며 ^{행위} 기업을 운영하는 것]을 말한다.

잡기술(정의)

	공동체적 경영	과두제적 경영
주체	모든 주주	소수 경영자
관계	상호 협력 관계	강한 결속력
행위	의사 결정권 균등 행사	실질 권한, 정보 독점 기업 운영

잡소리(실질적 권한과 정보의 중요성)

여기서의 실질적 권한의 예시로 자금 운용 및 투자 결정권, 인사권 등이 있다. 이러한 권한들은 기업의 방향성, 재무 건전성, 주주 이익 등에 직접적인 영향을 미치기 때문에 건전한 지배구조와 투명한 정보 공개, 주주의 견제 장치가 제대로 작동하지 않을 경우 다수 주주의 이익이 침해될 수 있다.

[3-2] 이런 체제는 ^{과두제적 경영1}[전문성과 경험을 갖춘 경영진을 중심으로 안정적 경영권이 확보될 수 있도록 하여, 기업 전략을 장기적으로 수립하고], ^{과두제적 경영2}[이에 맞춰 과감하고 지속적인 투자를 할 수 있어서 첨단 핵심 기술의 개발에도 유리한 면이 있다.]

잡소리(안정적 경영권 확보)

과두제적 경영 체제에서 기업의 의사결정 권력이 소수에게 집중되면서, 그 소수가 지속적으로 지배구조를 장악하고 유지할 수 있는 구조가 형성된다. 이 때문에 안정적 경영권이 확보되는 것이다.

예를 들어, 10명의 주주가 동등하게 경영에 참여한다고 가정해보자. 만약 10명의 의사를 민주적으로 반영하면, 다양한 목소리를 반영한다는 장점이 있지만, 내부 갈등이 생길 때 누가 최종 책임을 질지 모호해진다. 이런 구조에서는 특정 리더에게 권력이 고정되지 않아 경영권 자체가 자주 유동할 수 있다. 내부 주주들의 갈등이 있다면, 임원진들이 자주 교체되고 조직이 장기적으로 이득이 되는 계획을 수행하기 어렵다. 따라서 경영권이 불안정하다.

잡소리(첨단 핵심 기술 개발에 유리한 이유)

기업 경영에서 과두제적 체제는 장기적·대규모적 투자 결정이 용이하다. 첨단 기술을 개발하기 위해서는 보통 장기적인 시간 투자와 함께 연구 개발에 대한 대규모 자금 투입이 필요하다. 과두제적 경영에서 권한이 소수에게 집중되어 있으면, 다수 주주나 여러 부서의 합의 과정을 거치지 않고도 비교적 빠르고 과감하게 장기 투자를 결정할 수 있다. 또 안정적인 경영권을 바탕으로 소수 경영진이 전략에 대해 일괄적으로 책임지므로, 연구 방향이 일관성 있게 유지될 확률이 높다.

[3-3] 그리고 ^{과두제적 경영2} [기업과 경영진 간의 높은 일체성은 위기 상황에서 신속한 의사 결정으로 효율적인 대처를 하는 데 도움을 주기도 한다.]

잡소리(높은 일체성)

과두제적 경영에서 말하는 기업과 경영진 간의 높은 일체성은 소수의 핵심 경영진이 기업의 주요 의사결정과 운영을 장기적으로 주도하면서 결과적으로 경영진의 이해관계와 기업의 이해관계가 사실상 구분되지 않을 정도로 깊이 결합되는 현상을 말한다. 다시 말해 경영진이 회사고, 회사가 경영진인 상태가 강화된다는 것이다.

[4-1] 그런데 대체로 ^{비례} [주주의 수가 많으면 개별 주주의 결정권은 약하고, 소수의 경영진이 기업을 장악하는 힘은 크다.]

잡기술(비례)

수↑(주주) ⇒결정권↓(개별 주주)
[장악력↑(소수 경영진)]

[4-2] 이를 이용하여 ^{원인} [정보와 권한이 집중된 소수의 경영진이 사익에 치중]하면 ^{결과} [다수 주주의 이익이 침해되는 폐해]가 나타날 수 있다.

[4-3] ^{예시1} [경영 성과를 실제보다 부풀려 투자를 유치한 뒤 주주들에게 회복하기 어려운 손해를 입히는 경우]도 있으며, ^{예시2} [기업 운영에 중대한 영향을 미치는 주요 정보들을 은폐]하거나 ^{예시3} [경영 상황을 조작하여 발표함으로써 결과적으로 기업의 가치에 심각한 타격을 주는 사례도 종종 보게 된다.]

잡기술(예시, 나열)

[4-2]에서 소수 경영진이 사익에 집중해, 다수 주주의 이익이 침해되는 경우의 예시가 나열되어 있다. 이때 독자는 가볍게 넘버링하고 넘어가면 된다.

잡소리(경영 성과를 실제보다 부풀려 투자 유치)

경영진이 경영성과를 실제보다 부풀리는 이유는 투자를 유치하기 위함이다. 예를 들어, A회사에서 실제 매출이 500억이지만, 과장해서 1000억이 적한 재무제표를 발표했다고 하자. 투자자들은 그걸 보고 기업을 고평가하여 자신의 돈을 기업에게 투자할 것이다. 실제로 엔론이라는 회사가 실제 이익보다 훨씬 과장된 제무제표를 발표하고 특수목적회사를 이용해 부채와 손실을 숨기는 분식회계를 했다. 물론 2001년에 분식회계가 폭로되면서 90달러 이상을 치던 주가가 1달러 미만으로 폭락했다. 주주들은 막대한 손실을 입었고 임직원들의 연금과 퇴직금도 증발했다.

[5-1] 이러한 문제점을 완화하기 위해 ^{해결방안} [기업이 경영자와 계약을 체결하여 급여 이외의 경제적 이익을 동기로 부여하는 방안]이 있다.

잡소리(경영자와 주주의 문제)

앞서 설명한 문제들은 주주와 경영자의 문제이다. 일반적안 주식회사는 회사 소유와 경영자가 분리되어 있기 때문에 생기는 문제이다. 이를 대리인 문제라고 하기도 한다.

이러한 문제가 생기는 이유는 경영자와 주주의 이해관계가 다르기 때문이다. 경영자는 자신의 보수를 많이 받으면 장땡이지만, 주주는 기업 가치의 극대화를 원한다. 따라서 경영자는 기업에 장기적으로 이익이 되는 사업을 기피하고 단기 실적만을 성취하여 위험한 투자를 감행하는 경우가 있다. 또 정보 비대칭의 문제가 있는데, 주주는 회사를 소유하고 있지만, 실무는 경영자가 보기 때문에, 경영자가 아는 정보를 주주는 모른다. 따라서 경영자가 자신에게 유리한 정보만 선택적으로 공개하거나, 회사 성과를 과장 또는 은폐하기도 한다. 앞서 [4-3]에서 공부한 본 회계부정과 분식회계가 그 예시이다.

[5-2] 예를 들면, ^{정의} [일정 수량의 주식을 계약 시에 정한 가격으로 미래에 매수할 수 있도록 하는] ^{예시} [스톡옵션의 권리]를 경영자에게 부여하는 방식이 있다.

잡소리(스톡옵션)

스톡옵션은 <주식(Stock)+옵션(Opition)의 합성어로 회사가 특정 임직원에게 일정 기간 후에 미리 약정된 가격으로 회사 주식을 매수할 수 있도록 권리를 부여하는 제도>이다. 쉽게 말해, 나중에 주가가 오르더라도 사전에 정해둔 낮은 가격에 주식을 살 수 있는 옵션을 주는 것이다. 이는 임직원이 회사 가치 상승을 위해 열심히 일하게 하려는 인센티브로서 활용된다.

잡소리(옵션)

옵션은 특정 기초자산[4]을 미래의 일정 시점에 행사가격[5]으로 매수하거나 매도할 수 있는 권리를 말한다. 여기서 스톡옵션의 특정 기초자산은 주식이다.

만약 24년 1월 1일에 갑이 을에게 기초자산 X에 대해 100원에 살 수 있는 권리를 주는 계약을 체결했다. 이때, 옵션 행사 시점은 25년 1월 1일이고, 그 권리에 대한 대가로 을이 갑에게 지불한 돈은 5원이다.

이러한 계약에서 갑은 매도인, 을은 매수인이 되고, 옵션 프리미엄은 5원, 행사가격은 100원이다. 만약 X의 가격이 25년 1월 1일에 200원이 된다면, 을은 자신의 권리를 발동시켜 200원짜리를 100원에 살 수 있게 된다. 그러나 X의 가격이 50원이 된다면, 을은 자신의 권리를 발동시키지 않을 수 있다. 그러면 을은 5의 손해만 보게 된다.

이때 갑이 을에게 준 권리는 '콜옵션'이다. 콜옵션은 '기초 자산을 매수할 수 있는 권리'를 주는 것이다. 이에 반대되는 개념으로 '기초 자산을 매도할 수 있는 권리'를 주는 것인 풋옵션도 있다. 다음과 같은 도식으로 이해할 수 있다.

	시기	240101	250101
X의 가격	Case1	100원	200원
	Case2	100원	50원

Case1 → 을: 발동해 ⇒ 을에게 95원 이득
Case2 → 을: 발동안해 ⇒ 을에게 5원 손해

지문의 스톡옵션은 콜옵션 구조이다. 여기서 회사는 옵션의 매도인, 임직원은 매수인이 되고, '미리 약정된 가격'은 행사가격, '주식'은 특정 기초자산으로 볼 수 있다.

---

4) 주식, 채권, 지수, 환율, 상품 등
5) 미리 정해진 가격

[5-3] 이 권리를 행사할지 말지는 자유이고, 경영자는 매수 시점을 유리하게 선택할 수 있다.

잡기술(나열)

‘이고’를 통해 <권리 행사의 자유>와 <매수 시점 선택의 자유>를 나열하였다. 이때, 전자는 권리의 행사 여부 측면에서 후자는 행사한다면, 언제 하는지에 관한 시기 측면으로 볼 수 있다.

[5-4] 또 아직 우리나라에 도입되지는 않았지만, [^정의] [기업의 주식 가치가 목표치 이상으로 올랐을 때 경영자가 그에 상응하는 보상을 받는] [^예시] [주식 평가 보상권의 방식]도 있다.

잡기술(대비)

두 가지 해결책(스톡옵션, 주식 평가 보상권)을 제시해주면서 주식 평가 보상권에 ‘우리나라에 도입되지 않음’이라는 추가정보를 제시해줬다. 이를 통해, 스톡옵션은 우리나라에 도입됐다는 추론을 해볼 수 있다.

[6-1] [^목적] [기업 경영의 건전성을 확보]하기 위해 마련된 [^수단] [공적 제도]들은 과두제적 경영의 폐해를 방지]하는 기능도 한다.

잡기술(보조사)

‘도’를 고려하면, 공적 제도들이 원래 목적 외에 다른 기능도 하고 있음을 알 수 있다. 이때 독자는 어떤 공적 제도들이 나열될지 예측할 수 있다.

잡소리(기업 경영의 건전성)

<기업 경영의 건전성>이란 <기업이 재무적·조직적·윤리적 측면에서 안정적이고 책임감 있게 운영되는 상태>를 의미한다. 즉 단기 이익만을 좇아 무리한 경영을 하지 않고, 조직 내 외부 이해관계자들과의 신뢰를 바탕으로 지속가능한 성장을 도모할 수 있는 경영 체제를 갖추는 것이다.
기업 경영의 건전성을 확보하기 위한 정책은 다양하다. 지문에 제시된 경영 공시 제도와 사외 이사 제도가 대표적으로 있다. 이때 주목할 것은 원래는 기업 경영의 건전성을 확보하기 위한 것이지만, 일석이조로 과두제적 경영의 폐해까지 방지하는 것이다.

잡소리(연구개발)

기업이 단기 이익에 집중하기보다 장기 이익을 추구하는 대표적인 예시는 기초 과학 연구 개발이다. 흔히 R&D라고 부르는 연구 개발은 초반 투자비용이 많이 들고, 단기적인 이익은 기대하기 힘들지만, 이를 통해 장기적 이익을 창출한다.

[6-2] ^{정의}[기업의 주식 가치에 영향을 미칠 수 있는 정보 제공을 법적으로 의무화]한 ^{예시}[경영 공시 제도]는 경영 투명성을 높이려는 것이다.

___
잡기술(포함)

[6-1]의 공적 수단들은 [6-2]의 경영 공시 제도를 포함한다. 이때 독자는 필자가 경영 공시 제도에 대해 진하게 설명해줄 수도 있고, 다른 공적 수단들을 제시할 수 있다는 것을 예측할 수 있다.

___
잡기술(인과)

경영 공시 제도 ⇒ 경영 투명성↑ (원래 목적)

___

[6-3] 이를 통해 ^{효과}[경영진과 주주들 간 정보 격차가 줄어들 수 있다.]

___
잡기술(인과)

경영 공시 제도 ⇒ 경영 투명성↑ (원래 목적)
경영 공시 제도 ⇒ 정보 격차(경영진, 주주)↓ (추가 이익)

이렇게 어떤 제도나 기술에서 처음에 의도한 결과가 존재함에도 부차적으로 다른 결과가 생길 수도 있다. 일반적으로 이때 생기는 다른 결과가 이익이 되는 경우, 추가적 이익이 되고, 손해가 되는 경우, 부작용이라고 한다.

___

[6-4] ^{정의}기업의 이사회에 외부 인사를 이사로 참여시키도록 하는 ^{예시}사외 이사 제도]는 ^{효과}독단적인 의사 결정을 견제함으로써 폐쇄적 경영으로 인한 정보와 권한의 집중을 억제하는 효과]를 거둘 수 있다.

___
잡기술(인과)

사외 이사 제도 ⇒ 경영 투명성↑ (원래 목적)
사외 이사 제도 ⇒ 견제(독단적 의사결정) ⇒ 집중(정보,권한)↓ (추가 이익)

___
잡소리(사외이사제도)

사외이사제도는 회사의 이사회 구성원 중에서 회사 경영과 직접적 이해관계가 없는 외부 전문가(사외이사)를 선임하여 이사회 내 독립적 견제와 자문 역할을 수행하는 제도이다.
회사의 경영진들을 감시하기 위해서 회사 내부의 인원을 투입한다면, 이해관계가 엮여 있기 때문에 청탁, 부정의 가능성이 존재한다. 그러나 경영진과 전혀 상관없는 사람을 사외이사로 선임해서 경영진들을 감시하게 한다면, 보다 객관적이고 공정한 결정을 내릴 것이다.

메모

04. 윗글의 내용 전개 방식으로 가장 적절한 것은?

① 대상의 개념과 장단점을 제시하고 보완책을 소개한다.

② 유사한 원리들을 분석하고 이를 하나의 이론으로 통합한다.

③ 대립하는 유형을 들어 이론적 근거의 변천 과정을 설명한다.

④ 가설을 세우고 그에 대해 현실적인 사례를 들어 가며 검토한다.

⑤ 문제 상황의 근본 원인을 진단하고 해결책에 대한 상반된 입장을 해설한다.

길라잡이

본인만의 풀이 과정을 적어보세요!

① 대상의 개념과 장단점을 제시하고 보완책을 소개한다.

② 유사한 원리들을 분석하고 이를 하나의 이론으로 통합한다.

③ 대립하는 유형을 들어 이론적 근거의 변천 과정을 설명한다.

④ 가설을 세우고 그에 대해 현실적인 사례를 들어 가며 검토한다.

⑤ 문제 상황의 근본 원인을 진단하고 해결책에 대한 상반된 입장을 해설한다.

05. 과두제적 경영 에 대한 이해로 적절하지 <u>않은</u> 것은?

① 소수의 경영진이 내린 의사 결정이 수직적으로 집행되는 효율성을 추구한다.

② 강한 결속력을 가진 소수의 경영자로 경영진을 이루어 경영권 유지에 강점이 있다.

③ 경영권이 안정되어 중요 기술 개발에 적극적인 투자를 계속하는 데에 유리하다는 장점이 있다.

④ 경영진이 투자자의 유입을 유도하기 위하여 경영 성과를 부풀릴 위험성이 있어 이에 대비할 필요가 있다.

⑤ 경영진과 다수 주주 사이의 이해가 일치하는 경우에는 그렇지 않은 경우보다 기업 가치가 훼손될 위험성이 높아진다.

길라잡이

본인만의 풀이 과정을 적어보세요!

① 소수의 경영진이 내린 의사 결정이 수직적으로 집행되는 효율성을 추구한다.

② 강한 결속력을 가진 소수의 경영자로 경영진을 이루어 경영권 유지에 강점이 있다.

③ 경영권이 안정되어 중요 기술 개발에 적극적인 투자를 계속하는 데에 유리하다는 장점이 있다.

④ 경영진이 투자자의 유입을 유도하기 위하여 경영 성과를 부풀릴 위험성이 있어 이에 대비할 필요가 있다.

⑤ 경영진과 다수 주주 사이의 이해가 일치하는 경우에는 그렇지 않은 경우보다 기업 가치가 훼손될 위험성이 높아진다.

06. 윗글을 읽고 추론한 내용으로 적절하지 <u>않은</u> 것은?

① 스톡옵션의 권리를 가진 경영자는 주식 가격이 미리 정해
   놓은 것보다 하락하더라도 손실을 입지 않을 수 있다.
② 스톡옵션은 경영자의 성과 보상에 미래의 주식 가치가 관련
   된다는 점에서 주식 평가 보상권과 차이가 있다.
③ 경영 공시는 주주가 기업 경영 상황을 파악하여 기업 가치
   를 평가하는 데 유용한 제도가 될 수 있다.
④ 사외 이사 제도는 기업의 의사 결정에 외부 인사를 참여시
   켜 경영의 개방성을 높일 수 있는 제도라 평가할 수 있다.
⑤ 경영 공시 제도와 사외 이사 제도는 기업의 중요 정보에 대
   한 경영진의 독점을 완화할 수 있다.

길라잡이
본인만의 풀이 과정을 적어보세요!

① 스톡옵션의 권리를 가진 경영자는 주식 가격이 미리 정해
   놓은 것보다 하락하더라도 손실을 입지 않을 수 있다.

② 스톡옵션은 경영자의 성과 보상에 미래의 주식 가치가 관
   련된다는 점에서 주식 평가 보상권과 차이가 있다.

③ 경영 공시는 주주가 기업 경영 상황을 파악하여 기업 가
   치를 평가하는 데 유용한 제도가 될 수 있다.

④ 사외 이사 제도는 기업의 의사 결정에 외부 인사를 참여시
   켜 경영의 개방성을 높일 수 있는 제도라 평가할 수 있다.

⑤ 경영 공시 제도와 사외 이사 제도는 기업의 중요 정보에
   대한 경영진의 독점을 완화할 수 있다.

07. 윗글을 바탕으로 <보기>를 이해한 내용으로 가장 적절한 것은?

<보기>

X사는 정밀 부품 분야에서 독보적인 기술을 장기간 보유하여 발전시켜 온 기업으로서 시장 점유율도 높다. 원래 X사의 주주들은 모두 함께 경영진이 되어 중요 사항에 대하여 동등한 결정권을 보유하였으나, 기업이 성장하면서 효율성 증진을 위하여 소수의 주주만으로 경영진을 구성하였다. 경영진은 주기적으로 다른 주주들로 교체되어 전체 주주는 기업의 경영 상태를 파악할 수 있으며, 경영 이익의 분배와 같은 주요 사항은 전체 주주가 공동으로 의결한다. X사의 주주 A와 B는 회사의 진로에 관하여 다음과 같은 대화를 나누었다.

A : 최근 치열해진 경쟁에 대응하려면, 경영진의 구성원을 변동시키지 않고 경영 결정권도 경영진이 전적으로 행사하도록 하는 게 좋겠습니다.

B : 시장 점유율도 잘 유지되고 있고 우리 주주들의 전문성도 탁월하니, 예전처럼 회사를 운영한다고 하더라도 문제없을 듯합니다.

---

① X사는 주주들 사이의 평등성이 강하여 과도한 정보 격차나 권한 집중과 같은 폐해를 보이지 않는다.
② X사는 현재 경영진이 고정되는 구조로 바뀌었지만 주주가 실적에 대한 이익 분배를 결정할 수 있기 때문에 수직적 경영의 부작용은 나타나지 않는다.
③ A는 결속력이 강한 소수의 경영진을 중심으로 운영되는 경영방식을 현행대로 유지하여야 시장의 점유율을 지킬 수 있다고 보는 입장이다.
④ B는 수평적인 의사 결정 구조로의 전환을 최소한으로 하여 효율적 경영을 유지해야 한다고 보는 입장이다.
⑤ A와 B는 현재 X사가 경험과 전문성을 바탕으로 안정적인 과두제적 경영을 하고 있다는 전제에서 논의를 한다.

길라잡이

본인만의 풀이 과정을 적어보세요!

① X사는 주주들 사이의 평등성이 강하여 과도한 정보 격차나 권한 집중과 같은 폐해를 보이지 않는다.

② X사는 현재 경영진이 고정되는 구조로 바뀌었지만 주주가 실적에 대한 이익 분배를 결정할 수 있기 때문에 수직적 경영의 부작용은 나타나지 않는다.

③ A는 결속력이 강한 소수의 경영진을 중심으로 운영되는 경영방식을 현행대로 유지하여야 시장의 점유율을 지킬 수 있다고 보는 입장이다.

④ B는 수평적인 의사 결정 구조로의 전환을 최소한으로 하여 효율적 경영을 유지해야 한다고 보는 입장이다.

⑤ A와 B는 현재 X사가 경험과 전문성을 바탕으로 안정적인 과두제적 경영을 하고 있다는 전제에서 논의를 한다.

| Preview |

| (가) 바쟁의 영화 이론 / (나) 정신분석학적 영화 이론 |

이 지문은 난도가 높지 않지만, 관련된 배경지식을 학습할 필요가 있다. 미학과 관련된 소재(몽타주, 리얼리즘, 딥포커스, 롱테이크 등)에 대해 알아두자.

(나) 지문을 하나의 큰 논증으로 볼 수 있다. 이때 앞에서 학습했던 논증 구조를 활용해서 글을 이해해보자.

☐ 총체(總體)
있는 것들을 모두 하나로 합친 전부 또는 전체.

☐ 부재(不在)
그곳에 있지 아니함.

☐ 기법(技法)
기교와 방법을 아울러 이르는 말.

☐ 허구(虛構)
소설이나 희곡 따위에서, 실제로는 없는 사건을 작가의 상상력으로 재창조해 냄. 또는 그런 이야기.

☐ 주력(注力)
어떤 일에 온 힘을 기울이다.

☐ 간극(間隙)
두 가지 사건, 두 가지 현상 사이의 틈.

☐ 혼용(混用)
잘못 혼동하여 씀.

☐ 일종(一種)
어떤 것을 명시적으로 밝히지 않고 '어떤, 어떤 종류의'의 뜻을 나타내는 말.

☐ 다큐멘터리
실제로 있었던 어떤 사건을 사실적으로 담은 영상물이나 기록물.

☐ 몽상(夢想)
실현성이 없는 헛된 생각을 함. 또는 그 생각.

☐ 열린 결말(열린結末)
작가가 작품의 마지막 부분을 명확하게 끝맺지 않고 독자들이 작품의 결말을 상상하도록 하는 마무리 형식.

☐ 규정(規定)
규칙으로 정함. 또는 그 정하여 놓은 것.

☐ 동일시(同一視)
둘 이상의 것을 똑같은 것으로 봄.

☐ 배제(排除)
받아들이지 아니하고 물리쳐 제외함.

☐ 서사(序詞)
음악, 희곡, 소설 따위에서, 전체의 진행을 암시하거나 예고하는 내용이 담긴 첫머리 부분.

☐ 인위적(人爲的)
자연의 힘이 아닌 사람의 힘으로 이루어지는 것.

☐ 은폐(隱蔽)
☐ 덮어 감추거나 가리어 숨김.

☐ 대안적(代案的)
☐ 어떤 안(案)을 대신하거나 바꾸는 것.

(가)

리얼리즘 영화 이론가 앙드레 바쟁에 따르면 영화는 '세상을 향해 열린 창'이다. 창을 통해 세상을 인식하는 것처럼, 관객은 영화를 통해 현실을 객관적으로 인식할 수 있다. 영화가 담아 내고자 하는 현실은 물리적 시·공간이 분할되지 않는 하나의 총체로, 그 의미가 미리 정해지지 않은 미결정의 상태이다. 바쟁은 영화가 현실의 물리적 연속성과 미결정성을 있는 그대로 드러내야 한다고 생각했다.

바쟁은 영화감독을 '이미지를 믿는 감독'과 '현실을 믿는 감독'으로 분류했다. 영화의 형식을 중시한 '이미지를 믿는 감독'은 다양한 영화적 기법으로 현실을 변형하여 ⓐ새로운 의미를 창조하는 데 주력한다. 몽타주의 대가인 예이젠시테인이 대표적이다. 몽타주는 추상적이거나 상징적인 이미지를 통해 관객이 익숙한 대상을 낯설게 받아들이게 한다. 또한 짧은 숏들을 불규칙적으로 편집해서 영화가 재현한 공간이 불연속적으로 연결된 듯한 느낌을 만들어 낸다. 바쟁은 몽타주가 현실의 연속성을 ⓑ깨뜨릴 뿐만 아니라 감독의 의도에 따라 관객이 현실을 하나의 의미로만 해석하게 할 우려가 있는 연출 방식이라고 생각했다.

바쟁은 '현실을 믿는 감독'을 지지했다. 이들은 '이미지를 믿는 감독'과 달리 영화의 내용, 즉 현실을 더 중요하게 생각하기에 변형되지 않은 현실을 객관적으로 보여 주고자 한다. 디프포커스와 롱 테이크는 이를 가능하게 해 주는 영화적 기법이다. 디프 포커스는 근경에서 원경까지 숏 전체를 선명하게 초점을 맞춰 촬영하는 기법으로, 원근감이 느껴지도록 공간감을 표현할 수 있다. 롱 테이크는 하나의 숏이 1~2분 이상 끊김 없이 길게 진행되도록 촬영하는 기법이다. 영화 속 사건이 지속되는 시간과 관객의 영화 체험 시간이 일치하여 현실을 ⓒ마주하는 듯한 효과를 낳는다. 바쟁에 따르면, 디프 포커스와 롱 테이크를 혼용하여 연출한 장면은 관객이 그 장면에 담긴 인물이나 사물을 자율적으로 선택하여 응시하면서 화면 속 공간 전체와 사건의 전개를 지켜볼 수 있게 해 준다.

바쟁은 현실의 공간에서 자연광을 이용해 촬영하거나, 연기 경험이 없는 일반인을 배우로 ⓓ쓰는 등 다큐멘터리처럼 강한 현실감을 만들어 내는 연출 방식에 찬사를 보냈다. 또한 정교하게 구조화된 서사를 통해 의미를 명확하게 제시하는 영화보다는 열린 결말을 통해 의미를 확정적으로 제시하지 않는 영화를 선호했다. 이러한 영화가 미결정 상태의 현실을 있는 그대로 드러낸다고 생각했기 때문이다.

(나)

정신분석학적 영화 이론 에 따르면 ㉠관객이 영화에서 느끼는 현실감은 상상적인 것이며 환영이다. 영화와 관객의 심리 사이의 관계를 다루는 정신분석학적 영화 이론은 영화와 관객 사이에 발생하는 동일시 현상에 주목한다. 이런 동일시 현상은 영화 장치로 인해 발생한다. 이때 영화 장치는 카메라, 영화의 서사, 영화관의 환경 등을 아우르는 개념이다. 가장 대표적인 동일시 현상은 관객이 영화의 등장인물에 자신을 일치시키는 것이다. 이런 동일시는 극영화뿐 아니라 다큐멘터리 영화에서도 발생한다. 그런데 관객이 보고 있는 인물과 사물은 영화가 상영되는 그 시간과 장소에는 존재하지 않는다. 그 인물과 사물의 부재를 채우는 역할은 관객의 몫이다. 관객은 상상적 작업을 통해, 영화가 보여 주는 세계의 중심에 자신을 위치시킴으로써, 허구적 세계와 현실 사이의 간극을 ⓔ없앤다. 따라서 정신분석학적 영화 이론에서 영화는 일종의 몽상이다.

정신분석학적 영화 이론에 따르면 관객의 시점은 카메라의 시점과 동일시된다. 관객은 카메라에 의해 기록된 것만을 볼 수 있다. 따라서 관객은 자신이 영화를 보는 시선의 주체라고 생각하지만 그 시선은 카메라에 의해 이미 규정된 시선이다. 또한 영화는 촬영과 편집 과정에서 특정한 의도에 따라 선택과 배제가 이루어지지만, 관객은 제작 과정에서 무엇이 배제되었는지 알 수 없다. 관객은 자신이 현실 세계를 보고 있다고 믿지만, 사실은 인위적으로 만들어진 세계를 보고 있다는 것이 정신분석학적 영화 이론가들의 주장이다.

영화관의 환경은 관객이 영화가 환영임을 인식하기 어렵게 만든다. 영화에 몰입한 관객은 플라톤이 말한 '동굴의 비유' 속 죄수처럼 스크린에 비친 허구적 세계를 현실이라고 착각한다. 이때 영화는 꿈에 빗대진다. 정신분석학적 영화 이론은 영화가 은폐하고 있는 특정한 이념을 관객이 의심하지 않고 자신의 것으로 받아들일 위험이 있다고 경고한다. 이는 관객이 비판적 거리를 유지하면서 영화를 볼 수 있도록, 영화가 환영임을 영화 스스로 폭로하는 설정이 담겨 있는 대안적인 영화가 필요하다는 주장으로 이어진다.

12. (가)와 (나)에서 모두 답을 찾을 수 있는 질문으로 가장 적절한 것은?

① 영화는 무엇에 비유될 수 있는가?
② 영화의 내용과 형식 중 무엇이 중요한가?
③ 영화에 관객의 심리는 어떻게 반영되는가?
④ 영화 이론의 시기별 변천 양상은 어떠한가?
⑤ 영화관 환경은 관객에게 어떤 영향을 주는가?

13. (가)를 바탕으로 할 때, 영화적 기법의 효과에 대한 이해로 적절하지 <u>않은</u> 것은?

① 몽타주를 활용하여 대립 관계의 두 세력이 충돌하는 상황을 상징적 이미지로 표현한 장면에서, 관객은 생소한 느낌을 받을 수 있다.
② 몽타주를 활용하여 서로 다른 공간을 짧은 숏으로 불규칙하게 교차시킨 장면에서, 관객은 영화 속 공간이 불연속적으로 재구성되었다는 인상을 받을 수 있다.
③ 디프 포커스를 활용하여 주인공과 주인공 뒤로 펼쳐진 배경을 하나의 숏으로 촬영한 장면에서, 관객은 배경이 흐릿하게 인물은 선명하게 보이는 느낌을 받을 수 있다.
④ 롱 테이크를 활용하여 사자가 사슴을 사냥하는 모든 과정을 하나의 숏으로 길게 촬영한 장면에서, 관객은 실제 상황을 마주하는 듯한 느낌을 받을 수 있다.
⑤ 디프 포커스와 롱 테이크를 활용하여 광장의 군중을 촬영한 장면에서, 관객은 자율적으로 인물이나 배경에 시선을 옮기며 사건의 전개를 지켜볼 수 있다.

14. <보기>의 입장에서 (가)의 '바쟁'에 대해 비판한 내용으로 가장 적절한 것은?

<보기>

관객은 특별한 예술 교육을 받지 않아도 작품을 해석할 수 있다. 또한 감독의 의도대로 작품을 해석하는 존재가 아니다. 따라서 감독은 영화를 통해 관객을 계몽하려 할 필요가 없다. 관객은 작품과 상호 작용하며 의미를 생산하는 능동적 존재이다. 감독과 관객은 수평적인 위치에 있다.

---

① 바쟁은 열린 결말의 영화를 관객이 이해하도록 돕는 예술 교육의 필요성을 간과하고 있다.

② 바쟁은 정교하게 구조화된 서사의 영화를 통해 관객을 계몽하는 것을 영화의 목적이라고 오인하고 있다.

③ 바쟁이 감독의 연출 역량을 기준으로 감독의 유형을 나눈 것은 영화와 관객의 상호 작용을 무시한 구분에 불과하다.

④ 바쟁이 변형된 현실을 통해 생성한 의미를 관객에게 전달하는 것을 중시한다는 점에서 관객의 능동적인 작품 해석 능력을 과소평가하고 있다.

⑤ 바쟁은 감독의 연출 방식에 따라 영화 작품에 대한 관객의 이해가 달라질 수 있다고 본다는 점에서 감독이 관객보다 우위에 있다고 간주하고 있다.

15. 정신분석학적 영화 이론을 바탕으로 할 때, ㉠의 이유로 가장 적절한 것은?

① 관객은 영화 장치의 영향을 받기 때문이다.

② 현실의 의미는 미리 정해져 있지 않기 때문이다.

③ 영화가 현실을 불연속적으로 파편화하여 드러내기 때문이다.

④ 관객은 영화의 은폐된 이념을 그대로 받아들일 위험이 있기 때문이다.

⑤ 관객은 영화의 제작 과정에서 배제된 것들을 인식할 수 있기 때문이다.

16. 다음은 학생이 작성한 영화 감상문이다. 이에 대해 (가)의 바쟁(A)의 관점과 (나)의 정신분석학적 영화 이론(B)의 관점에서 설명한 내용으로 가장 적절한 것은?

최근 영화관에서 본 두 편의 영화가 기억에 남는다. ㉮첫째 번 영화는 고단하게 살아가는 한 가족의 일상을 표현한 작품이다. 다큐멘터리라는 착각이 들 정도로 사실적인 영화였다. 작품에 대해 더 찾아보니 거리에서 인공조명 없이 촬영되었고, 주인공은 연기 경험이 없는 일반인이었다고 한다. 마지막에 아버지가 아들의 손을 꼭 잡아 줄 때, 마치 내 손을 잡아 주는 것처럼 느껴져 감동적이었다. 열린 결말이라서 주인공 가족이 앞으로 어떻게 살아갈지 궁금했다.

㉯둘째 번 영화는 초인적 주인공이 외계의 침략자를 물리치는 내용이다. 영화 후반부까지 사건 전개를 예측하지 못할 정도로 반전을 거듭하는 이야기와 실재라고 착각할 정도로 뛰어난 컴퓨터 그래픽 화면은 으뜸이었지만 뻔한 결말은 아쉬웠다. 그래도 주인공이 침략자를 무찌르는 장면에서는 내가 주인공이 되어 세상을 구하는 것 같아서 쾌감이 느껴졌다. 그런데 영화가 끝나고 생각해 보니 왜 세계의 평화는 서구인이 지키고, 특정 나라에서 일어나는 사건이 인류의 위기인지 의아했다.

① A의 관점에서 보면, 학생이 ㉮에서 궁금함을 떠올린 것은 '이미지를 믿는 감독'이 열린 결말을 통해 현실을 있는 그대로 ㉮에 담았기 때문이다.

② A의 관점에서 보면, 학생이 ㉯에서 사건의 전개를 예측하지 못한 것은 ㉯에는 의미가 미리 정해져 있지 않은 미결정 상태의 현실이 담겨 있기 때문이다.

③ A의 관점에서 보면, 학생이 ㉮와 ㉯에서 착각하는 듯한 인상을 받은 것은 ㉮와 ㉯가 강한 현실감을 만들어 내는 연출 방식으로 촬영되었기 때문이다.

④ B의 관점에서 보면, 학생이 ㉯에서 의아함을 떠올린 것은 ㉯가 관객으로 하여금 비판적 거리를 유지하며 영화를 볼 수 있도록 하는 대안적인 영화이기 때문이다.

⑤ B의 관점에서 보면, 학생이 ㉮에서 감동을 받은 것과 ㉯에서 쾌감을 느낀 것은 상상적 작업을 통해 허구적 세계의 중심에 자신을 위치시켰기 때문이다.

17. 문맥상 ⓐ~ⓔ와 바꿔 쓰기에 적절하지 <u>않은</u> 것은?

① ⓐ : 개선(**改善**)된   ② ⓑ : 파괴(**破壞**)할

③ ⓒ : 대면(**對面**)하는   ④ ⓓ : 기용(**起用**)하는

⑤ ⓔ : 해소(**解消**)한다

[1-1] 리얼리즘 영화 이론가 앙드레 바쟁에 따르면 영화는 ^{정의(바쟁)}['세상을 향해 열린 창']이다.

잡기술(정의)

'바쟁'의 입장에서 영화의 정의가 제시되어있다. 이때 영화에 대해 필자가 정의해준 것이 아니라 필자가 '바쟁'의 입장에서 정의해준 것임을 주의해야 한다.

[일반형]	[전도형]
A는 B이다.	"바쟁이 A는 B래!"

잡소리(리얼리즘)

'리얼리즘(Realism)'은 현실을 있는 그대로 또는 최대한 사실적으로 묘사하려는 미학적 경향이다.

따라서 영화에서의 리얼리즘은 '실재하는 삶을 그대로 담아내려는 목적'을 가지고, '인위적인 연출·극적 장치·장황한 편집 등을 최소화'하고 일상의 디테일과 삶의 여러 모습을 사실감 있게 표현하려 한다.

[1-2] ^{수단}창을 통해 ^{목적}세상을 인식하는 것처럼, 관객은 ^{수단}영화를 통해 ^{목적}현실을 객관적으로 인식 할 수 있다.

잡기술(비유)

'처럼'을 고려하면, 창, 세상 인식이 보조관념, 영화, 현실이 원관념이다.

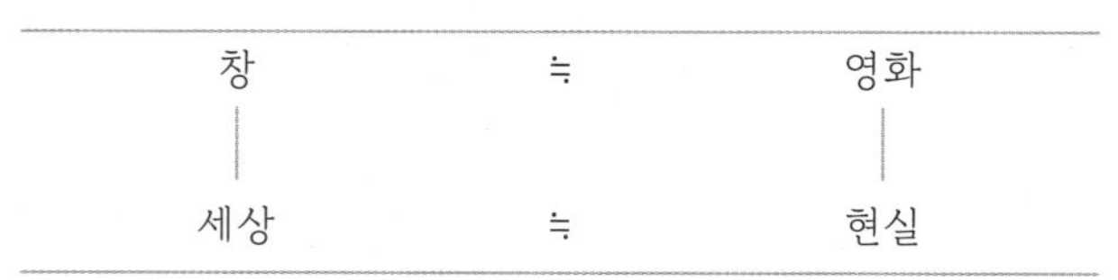

잡소리(원관념, 보조관념)

원관념은 표현하려는 대상, 보조관념은 비유하는 대상이다. 예를 들어, "내 누님같이 생긴 꽃이여"에서 원관념은 꽃이 되고 보조관념은 내 누님이 된다.

[1-3] 영화가 담아내고자 하는 현실은 ^{정의1}[물리적 시·공간이 분할되지 않는 하나의 총체]로, ^{정의2}[그 의미가 미리 정해지지 않은 미결정의 상태]이다.

잡기술(정의)

정의는 어떠한 개념을 설명해주는 하나의 방식이다. 따라서 한 개념에 대해 정의가 사람마다 다를 수 있고, 같은 사람이어도 하나의 개념을 다른 측면에서 정의할 수 있다. [1-3]은 두 가지 방식으로 정의해줬다고 보는 것이 적절하다.

잡소리(물리적 시공간이 분할되지 않는 하나의 총체)

총체는 <전체나 전체성을> 뜻한다. 이는 다양한 맥락에서 사용되지만 주로 철학·문학·사회학에서 <부분들을 포괄하는 전체적인 체계나 구조>를 가리킬 때 사용된다.

따라서 여기서의 총체는 우리가 일상에서 경험하는 세계가 사실은 끊기지 않고 이어진 하나의 연속체라는 점을 강조하는 것이다.

즉, 현실 자체는 칸칸이 나눠져 있거나 어떤 의미가 미리 딱 맞춰진 조각들이 아니라, 시공간이 자유롭게 흘러가며 무수히 많은 가능성을 동시에 품고 있는 전체적 장이라는 것이다.

잡소리(미결정의 상태)

당연하게도 물리적 시공간이 분할되지 않는 하나의 총체로서의 현실은 무수히 많은 가능성을 품고 있기에 미결정의 상태로 존재하게 된다.

따라서 영화 속 장면이나 상황이 단 하나의 해석으로 확정되지 않고 관객 각자가 여러 가능성이나 다양한 시선을 통해 의미를 찾아낼 수 있도록 열려있는 상태를 의미한다.

[1-4] 바쟁은 ^{조건(바쟁)}[영화가 현실의 ^{성질1}물리적 연속성과 ^{성질2}미결정성을 있는 그대로 드러내야 한다]고 생각했다.

잡기술(나열)

'과'를 고려하면, 물리적 연속성과 미결정성이 나열되어 있음을 알 수 있다.

잡기술(당위)

'해야 한다'를 고려하면, 독자는 문장의 뉘앙스에 담긴 당위성을 포착할 수 있다. 이때 독자는 그 당위를 부정하는 생각을 해볼 수 있다.
물리적 연속성과 미결정성이 있는 그대로 드러나지 않으면, 어떻게 될지에 대한 의문을 가지는 것이다. 만약 그렇게 된다면, 바쟁이 생각하는 좋은 영화가 되지 않을 것이다.[1]

[2-1] 바쟁은 영화감독을 ^{분류1}['이미지를 믿는 감독']과 ^{분류2}['현실을 믿는 감독']으로 분류했다.

잡기술(나열)

'과'를 고려하면, 이미지를 믿는 감독과 현실을 믿는 감독이 나열되어 있다. 이때 독자는 나열된 순서대로 필자가 용어들을 설명해줄 것이라는 예측을 할 수 있다. 이는 25학년도 수능에도 출제되었다.

[1-1] 리프킨은 사회적 상호 작용에서의 자기표현은 본질적으로 연극적이며, 표면 연기와 심층 연기로 이루어진다고 언급했다.

[25111217]

[2-2] 이미지 ^{감독1}[영화의 형식을 중시]한 '이미지를 믿는 감독'은 ^{이미지 감독2}^{수단}[다양한 영화적 기법으로 ^{목적1}현실을 변형하여 ^{목적2}새로운 의미를 창조]하는 데 주력한다.

잡기술(대비)

[1-4]에서 바쟁은 현실의 물리적 연속성과 미결정성을 그대로 드러내야 한다고 본다. 그러나 [2-2]의 이미지를 믿는 감독은 새로운 의미를 창조하는데 주력한다. 이는 '미결정성'을 강조한 바쟁의 입장과 대비되는 입장이다.

[2-3] 몽타주의 대가인 예이젠시테인이 대표적이다.

잡기술(예측)

몽타주의 대표적 감독으로 예이젠시테인이 제시됐다. 이때 그 외에 다른 감독들도 제시될 수 있음을 염두하며 읽을 수 있다.

---

1) 'A는 B의 필요조건이다'라는 문장을 보고, A가 없으면 B가 성립하지 않는다고 생각할 수 있는 것과 같은 사고방식이다.

[2-4] 몽타주는 [추상적이거나 상징적인 이미지]를 통해 [관객이 익숙한 대상을 낯설게 받아들이게 한다].

잡기술(목적/수단,인과)

추상적이거나 상징적인 이미지가 수단이고, 관객이 익숙한 대상을 낯설게 받아들이는 것이 목적이다.
그러나, '통해'를 고려하면, 전자를 원인으로 후자를 결과로 파악할 수 있다. 중요한 것은 무엇으로 이름 붙이든 상관없다. 어떤 대상이 원인이 되면서 수단이 될 수 있고, 결과가 되면서 동시에 목적이 될 수 있기 때문이다.

잡소리(몽타주)

몽타주(montage)는 쉽게 말해 편집이다. <특히 다른 숏들을 조합해서 새로운 의미나 감정을 만들어내는 기법>을 의미한다.
원래 프랑스어로 조립을 뜻하지만, 영화 이론에서는 영상들을 어떻게 배열·결합하여 의미를 창출할 것인지에 대한 문제를 다루는 핵심 개념으로 발전했다.
이는 기출에 종종 출제되는 개념으로 문학에서는 극예술에서, 독서에서는 미학 소재로 출제된다.

S#18. 몽타주*
문을 열고, 하늘을 보는 가족들.
뛰어나와 바다를 보는 사람들.
분주하게 움직이는 아낙들.

[22092227]

여기서 각각의 인물들은 각기 다른 장소에서 서로 다른 행위를 하고 있다. 이렇게 다양하거나 서로 다른 숏을 연속적으로 편집하여 새로운 의미를 창출한다.

[2-2] 이 작품은 일정한 줄거리가 없는 대신, 상이한 연상을 불러일으키는 다양한 장면들로 구성된 몽타주* 와 같다.
*몽타주:둘 이상의 장면을 하나로 편집하는 영화나 사진 등의 기법.

[06114447]

[2-5] 또한 [짧은 숏들을 불규칙적으로 편집]해서 [영화가 재현한 공간이 불연속적으로 연결된 듯한 느낌]을 만들어 낸다.

잡기술(대비)

[2-5]의 수단/목적은 [1-4]의 '물리적 연속성과' '대비'된다.

잡소리(짧은 숏들을 불규칙적으로 편집)

영화에서 <공간적 연속성>이란 것은 관객이 '지금 이 장면이 같은 공간에서 이어지고 있다' 또는 '인물들이 이 공간 안에서 이렇게 배치되어 있다'는 느낌을 받도록, 편집이 일정한 규칙과 문법을 통해 영상을 연결해주는 것을 의미한다. 그런데 짧은 숏들을 불규칙적으로 이어붙이면 이 연속성을 확인할 만한 단서들이 사라지거나 깨져 버려, 관객 입장에서는 영화 속 공간이 끊겨 있거나 무언가 어색하다고 느끼게 된다.

잡소리(숏)

<숏(Shot)>은 <카메라가 녹화를 시작해서 멈출 때까지 끊기지 않고 이어지는 영상의 한 덩어리>이다. 흔히 테이크(Take)와 유사한 개념으로 사용되기도 하며, 편집 전 원본 단위라고 할 수 있다.
어떤 영화에서 한 인물을 클로즈업으로 찍는 동안 카메라가 꺼지지 않았다면, 그 전체가 한 숏이 된다. 이후 편집 단계에서 여러 개의 숏을 골라 이어 붙여(몽타주) 최종 영화가 완성된다.

[2-6] 바쟁은 ^{평가(바쟁→몽타주)} [몽타주가 현실의 연속성을 깨뜨릴 뿐]만 아니라 ^{평가(바쟁→몽타주)} [감독의 의도에 따라 관객이 현실을 하나의 의미로만 해석하게 할 우려가 있는 연출 방식]이라고 생각했다.

잡기술(나열)

'뿐만 아니라'를 고려하면, 현실의 연속성을 깨트리는 것과 현실을 하나의 의미로 해석하게 하는 것이 나열되어 있다. 이때, [1-4]에서 처음으로 끌고 온 바쟁의 조건들이 [2-2], [2-5]에서 각각 위배되고, 마지막으로 [2-6]에서 동시에 나타나는 것을 알 수 있다.

잡소리(현실을 하나의 의미로만 해석)

앞서 언급한 것처럼 몽타주는 '숏A+숏B=새로운 의미' 공식을 가진다. 즉, 몽타주의 핵심은 개별 숏이 갖는 원래 의미보다 숏들을 결합했을 때 생기는 추가적 의미가 더 중요하다는 것이다.

고전적인 예로 쿠레쇼프 실험이 있다. 무표정한 얼굴 숏을 음식이나 관 속 시체 숏에 연결하면, 똑같은 얼굴이라도 '배고파 보인다', '슬퍼 보인다'는 식으로 전혀 다른 감정을 불러일으키는 것이다.

이렇게 몽타주는 감독이 관객의 감정을 의도적으로 제한할 수 있다. 바쟁에게 원래 현실은 무궁무진한 가능성과 복잡한 의미를 내포하고 있는데, 감독이 몽타주로 과도하게 관여하면 관객이 자율적으로 다양한 해석을 하거나 현실의 다층적 모습을 체험할 기회를 잃어버리게 된다. 따라서 바쟁은 이를 경계한다.

[3-2] 이들은 '이미지를 믿는 감독'과 달리 ^{현실 감독1} [영화의 내용, 즉 현실을 더 중요하게 생각]하기에 ^{현실 감독2} [변형되지 않은 현실을 객관적으로 보여 주고자 한다.]

잡기술(유사 어구)

[2-2]와 비교하면, 이미지를 믿는 감독과 현실을 믿는 감독을 굉장히 유사하게 제시하고 있다.

[2-2] ^{이미지 감독1} [영화의 형식을 중시]한 '이미지를 믿는 감독'은 ^{이미지 감독2} [다양한 영화적 기법으로 현실을 변형하여 새로운 의미를 창조]하는 데 주력한다.

즉, 'A는 B를 중시하고 C에 주목했다.'의 형식대로 서술해주고 있는 것을 알 수 있다.

[3-3] ^{수단1}[디프 포커스]와 ^{수단2}[롱 테이크]는 ^{목적}[이를 가능]하게 해 주는 영화적 기법이다.

잡기술(나열)

'와'를 고려하면, 디프 포커스와 롱 테이크가 나열되어 있다. 이때 독자는 필자가 서술해준 순서대로 개념이 제시될 것을 예측할 수 있다.

잡소리(디프 포커스)

<디프 포커스(Deep Focus)>는 <화면의 앞쪽, 중간, 뒤쪽 모두 선명하게 초점을 유지하도록 설정하는 촬영 방식>이다. 즉, 화면 구석까지 잘 보이게 촬영하는 것이다. 관객은 이를 통해 화면 전체를 자유롭게 살펴볼 수 있고, 감독이 특정 인물이나 사물을 과도하게 강조하지 않아도 된다. 따라서 현실을 있는 그대로 반영하길 원하는 바쟁은 이 기법을 선호하는 것이다.

잡소리(롱테이크)

<롱 테이크(Long Take)>는 <한 번의 촬영이 상대적으로 오랜 시간 이어지는 기법>이다. 촬영 연속 시간의 정확한 기준은 없다. 이 지문에서는 하나의 숏이 1~2분 이상 이어지는 것을 롱테이크라 가정한다. 중요한 것은 끊임없이 오래 지속되는 영상이다. 이러한 롱테이크는 역시 현실을 있는 그대로 반영하길 원하는 바쟁에게 적합한 촬영 기법이다. 왜냐하면, 롱테이크로 찍는 시간 동안 감독이 특정 부분만 잘라서 강조하지 않으므로 관객이 숏 안에서 어디를 볼지, 어떻게 해석할지 자율적으로 결정할 수 있고, 이를 통해 현실의 미결정성과 복합성을 유지하기 때문이다.

[3-4] 디프 포커스는 ^{정의}[근경에서 원경까지 숏 전체를 선명하게 초점을 맞춰 촬영하는 기법]으로, ^{기능}[원근감이 느껴지도록 공간감을 표현]할 수 있다.

잡소리(원근감)

원근감은 <가까운 것은 크게 보이고, 먼 것은 작게 보인다는 시각적 현상에서 비롯되는 거리감>이다.
예를 들어, 철로가 멀어질수록 좁아지는 그림, 가까이 있는 사람과 멀리 있는 사람의 크기가 다르게 보이는 사진이다.
이런 원근감은 2차원 평면 위에서도 실제 3차원 공간을 눈으로 보고 있는 듯한 착각을 일으킨다.

잡소리(공간감)

공간감은 <앞뒤로 멀고 가까운 원근감을 포함해서, 좌우·상하·깊이 등 전방위로 펼쳐지는 3차원적 구조와 거리 관계를 인지하는 느낌>이다. 예를 들어, 한 방 안에 여러 가구가 놓여 있을 때, 가구들이 어떤 순서와 거리로 배치되어 있는지, 사람과 사물이 얼마나 떨어져 있는지 등을 감각적으로 인지하는 것과 무대 공연을 볼 때 배우들이 무대 앞쪽인지 뒤쪽인지 양옆 어디에 서 있는지에 따른 공간인식이 있다. 즉 원근감에 더해 장면 속 구체적인 구조와 배열을 인지하게 만들어, 이 장면이 실제처럼 확장된 3차원 공간이라는 느낌을 주는 것이다.

잡소리(딥 포커스가 원근감을 주는 이유)

딥 포커스는 화면 전체를 고해상도로 보여주는 것이다. 따라서 먼 곳에 있는 대상도 또렷이 보이게 하므로 관객으로 하여금 저 뒤쪽도 실제로 존재하는 공간이라는 인식을 얻게 할 수 있다. 실제 우리의 눈으로 세상을 볼 때, 특정 거리에만 초점이 맞춰지긴 하지만, 주변 시야에서도 어느 정도 배경을 인지할 수 있고, 필요하면 시선 이동으로 자세히 볼 수 있다. 딥 포커스 화면은 모든 영역에 있어서 흐릿해지지 않으니, 관객은 이 장면 전체가 실제 우리 앞에 펼쳐져 있다는 현장감을 얻는 것이다.

[3-5] 롱 테이크는 ^{정의} [하나의 숏이 1~2분 이상 끊김 없이 길게 진행되도록 촬영하는 기법]이다.

[3-6] ^{기능} [영화 속 사건이 지속되는 시간과 관객의 영화 체험 시간이 일치하여 현실을 마주하는 듯한 효과]를 낳는다.

잡소리(사건 지속 시간과 영화 체험 시간의 일치)

사건 지속 시간은 영화의 한 장면 또는 사건이 지속되는 시간이며, 영화 체험 시간은 관객이 영화의 특정 장면이나 사건을 통해 몰입하는 시간을 말한다. 따라서 롱 테이크는 하나의 숏을 길게 진행하여 편집점이 존재하지 않아 관객이 충분히 몰입하게 할 수 있다. 이를 통해 사건 지속 시간과 이를 체험하는 관객의 시간이 일치하여 관객이 현실에서 사건을 마주한 것과 같은 느낌을 가질 수 있다.

예를 들어, 봉준호 감독의 '기생충'에서 비가 많이와 수해를 당하는 장면이 롱 테이크 촬영 기법으로 촬영되었다.

[3-7] 바쟁에 따르면, 디프 포커스와 롱 테이크를 혼용하여 연출한 장면은 ^{효과1} [관객이 그 장면에 담긴 인물이나 사물을 자율적으로 선택하여 응시]하면서 ^{효과2} [화면 속 공간 전체와 사건의 전개를 지켜볼 수 있게 해 준다.]

잡소리(촬영 기법이 관객의 자율성을 보장하는 이유)

딥 포커스는 쉽게 말해 화면의 모든 부분이 잘 보이는 것이다. 따라서 효과1 (자율적 응시)이 생긴다. 롱 테이크는 컷을 길게 촬영하는 것이다 따라서 효과2(전체응시)가 생긴다.

[4-1] 바쟁은 ^{예시1} [현실의 공간에서 자연광을 이용해 촬영]하거나, ^{예시2} 연기 경험이 없는 일반인을 배우로 쓰는 등 ^{현실 감독3} [다큐멘터리처럼 강한 현실감을 만들어 내는 연출 방식]에 찬사를 보냈다.

잡기술(포함)

현실 감독3에 예시1과 예시2가 포함되어 있음을 알 수 있다. 따라서, 예시1과 2는 강한 현실감을 만들어 낸다는 것을 알 수 있다.

잡소리(자연광 촬영)

일반적으로 영화에는 인공조명이 많이 활용된다. 물론 자연광 촬영도 활용하긴 하지만, 우리가 아는 상업영화는 대다수가 인공 조명을 활용해서 촬영한다.

[4-2] 또한 정교하게 구조화된 서사를 통해 의미를 명확하게 제시하는 영화보다는 현실 감독4 [열린 결말을 통해 의미를 확정적으로 제시하지 않는 영화]를 선호했다.

잡기술(유사 어구)

[4-2]는 '보다는'을 전후로 'A를 통해 B'라는 어구를 반복하고 있따. 이를 통해, 정교하게 구조화된 서사와 열린 결말이 대비되는 것을 알 수 있다.

잡소리(구조화된 서사, 열린 결말)

구조화된 서사를 통해 의미를 명확하게 제시하는 영화의 대표적인 예시는 윤제균 감독의 국제시장이다. 이는 대한민국 근현대사를 관통하는 주인공의 일대기를 기승전결 구조로 전개하고, 결말에는 가족을 위해 헌신하는 삶과 한국 현대사의 파란만장함을 마무리하여, 관객의 감독의 의도된 가족애, 희생정신 등의 메시지를 확실히 느끼도록 이끈다. 반면 열린 결말의 대표적인 예시는 크리스토퍼 놀란 감독의 인셉션이다. 현실과 꿈의 경계가 모호한 세계관을 다루는데, 마지막 장면이 대표적인 열린 결말로 꼽힌다.(꽤 재밌으니까 직접 보시길)

[4-3] 이러한 영화가 미결정 상태의 현실을 있는 그대로 드러낸다고 생각했기 때문이다.

잡소리(열린 결말이 현실을 그대로 드러내는 이유)

열린 결말을 택하는 영화들을 극 중 사건이나 인물의 운명, 혹은 주제의식을 하나의 확정적 해답으로 마무리하지 않고, 여러 해석과 가능성을 관객에게 남겨 둔다. 이는 현실 역시 완결된 결론이나 명확한 정답 없이 끊임없이 변하고 해석될 수 있는 상태라는 점을 반영하기 때문이다.

실제로 현실에서 벌어지는 사건은 애매모호하다. 예를 들어, A와 B가 갈등을 겪는 상황에서, 현실세계에서는 그 갈등이 완벽하게 해소되지 않는 경우가 많다. 흐지부지되거나, 애매한 사이로 남을 수 있다는 것이다. 반면 극예술에서의 갈등은 해소되든, 심화되든 결과적으로 어떠한 끝을 보인다. 이러한 애매함은 열린 결말의 영화와 매우 유사하다.

[1-1] 정신분석학적 영화 이론에 따르면 ^{정의(정신분석영화이론)}[관객이 영화에서 느끼는 현실감은 상상적인 것이며 환영]이다.

잡기술(연결고리)

현실감은 (가) 지문에 바쟁에 의해 먼저 제시되었다. 앞선 지문에서는 바쟁의 입장을 중심으로 현실감이 강한 영화를 지향하고 있지만, (나) 지문 서두부터는 영화의 현실감을 부정하고 있다. (가), (나) 지문의 연결고리임을 찾을 수 있다.

[1-2] ^{정의}[영화와 관객의 심리 사이의 관계를 다루는] 정신분석학적 영화 이론은 ^{정의}[영화와 관객 사이에 발생]하는 동일시 현상에 주목한다.

잡기술(예측)

'주목한다.'를 고려할 때, 동일시 현상은 (나) 지문에서 필자가 강조하는 부분임을 알 수 있다. 따라서 앞으로 전개될 (나) 지문은 동일시 현상을 중점으로 전개한다는 것을 예측할 수 있다. 이는 25년도 수능에 출제된 바이다.

[2-1] 가상 공간의 특성에 주목한 연구자들은 사람들과의 관계 속에서 드러나는 고유한 존재로서의 위상을 뜻하는 자기 정체성이 가상 공간에서 다양하게 나타난다고 본다.

[25111417]

[1-3] 이런 ^{결과}[동일시 현상]은 ^{원인}[영화 장치]로 인해 발생한다.

[1-4] 이때 영화 장치는 ^{예시}[카메라, 영화의 서사, 영화관의 환경 등을 아우르는 개념]이다.

잡기술(포함)

<카메라>, <영화의 서사>, <환경>은 <영화 장치>의 하위 범주이다.

잡소리(영화관의 환경과 동일시 현상의 관계)

영화관의 환경은 동일시 현상에 영향을 미친다. 일반적으로 집에서 넷플릭스를 볼 때와 어두운 상영관에서 영화를 볼 때를 상상해보자. 전자는 그닥 집중이 되지 않지만, 후자가 훨씬 몰입이 잘 된다. 이는 영화관의 환경이 동일시 현상에 영향을 미치는 예시이다.

영화관은 어둡고 외부와 차단되어 있는 세계이다. 또 거대한 스크린과 음향 시스템으로 관객의 감각적 몰입을 극대화하게 설계되어 있다. 마지막으로 같은 영화를 즐기는 공동 관람의 심리로 집단적 감정 전염이 생길 수 있다. 웃음소리나 탄식, 놀라는 반응 등이 주위로부터 전염되면서 공동의 정서가 형성된다. 감정이 고조되는 장면에서 서로의 반응이 극대화 되어 관객은 자신도 모르게 그 감정에 쉽게 동화되는 것이다.

잡소리(나열)

카메라, 영화의 서사, 영화관의 환경이 영화 장치의 하위 범주로 나타나 있다. 이때 (가), (나)지문에서 [2]는 카메라, [3]은 영화관의 환경에 대해 언급하고 있다. 영화의 서사는 (가)지문에서 나온다.

[1-5] 가장 대표적인 ^{전체}[동일시 현상]은 ^{부분}[관객이 영화의 등장인물에 자신을 일치시키는 것]이다.

잡기술(포함)

동일시 현상은 큰 범주이며, 관객이 영화의 등장인물에 자신을 일치하는 것은 작은 범주의 동일시 현상이다.

잡소리(동일시 현상의 종류)

<동일시 현상>은 <특정 대상과 자기 자신을 동일하게 여기는 현상>을 말한다. 예를 들어 특정 단체나 롤모델에 자기 자신을 겹쳐 보아 소속감이나 정체성을 얻는 동일시 현상과 특정 대상 자기 자신을 겹쳐 보아 자아 형성을 이루는 동일시 현상 등이 있다.

[1-6] 이런 동일시는 극영화뿐 아니라 다큐멘터리 영화에서도 발생한다.

잡기술(연결고리)

(가) 지문 [4-1]의 다큐멘터리에 대한 바쟁의 입장과 연결된다. (가) 지문에서 바쟁은 강한 현실감을 드러내는 영화를 지지하고 있다.

하지만 정신분석학적 영화 이론에 따르면, 이런 동일시 현상은 상상적인 것이며 몽상에 불과하다고 한다. 즉, 아무리 영화가 강한 현실감을 드러낸다고 해도 실재하지 않고 현실과 비슷한 꿈이라는 것이다.

[1-7] 그런데 관객이 보고 있는 인물과 사물은 영화가 상영되는 그 시간과 장소에는 존재하지 않는다.

잡소리(실재)

관객이 보고 있는 영화 속 인물과 사물은 영화 장치에 의해 기록된 것이다. 따라서 실제로 영화가 상영될 때, 그 시간과 장소에는 영화 속 인물과 사물은 존재하지 않는다.

[1-8] 그 인물과 사물의 부재를 채우는 역할은 관객의 몫이다.

[1-9] 원인 [관객은 상상적 작업을 통해, 영화가 보여 주는 세계의 중심에 자신을 위치]시킴으로써, 결과 [허구적 세계와 현실 사이의 간극을 없앤다.]

잡기술(구체화)

앞서 나온 [1-8]의 ‘관객의 몫’이 구체화 되었다.

잡소리(상상적 작업)

<상상적 작업>은 <말 그대로 상상을 통해 작업하는 것>이다. 현실 세계에서는 실현 불가능한 생각을 바탕으로 창의적 사고를 통해 상상적 작업을 하게 되는데, 소설, 영화, 게임 등과 같은 허구적 세계들은 창작 과정에서 상상적 작업을 통해 구현된다. 이러한 허구적 세계를 수용하는 과정에서도 상상적 작업을 통해 이야기를 재구성하기도 하고, 이 과정이 반복되면 기존 허구적 세계관을 기반으로 다양한 파생물들이 등장하기도 한다.

[1-10] 따라서 정신분석학적 영화 이론에서 영화는 정의(정신분석 영화이론) [일종의 몽상]이다.

잡기술(논증)

이어지는 2문단 3문단은 하나의 거대한 구조로 볼 수 있다. 독자들은 해당 부분을 읽고 논증의 구조를 그려보자.

[2-1] ^{전제1}[정신분석학적 영화 이론에 따르면 관객의 시점은 카메라의 시점과 동일시]된다.

[2-2] ^{전제1}[관객은 카메라에 의해 기록된 것만을 볼 수 있다.]

[2-3] 따라서 ^{결론}[관객은 자신이 영화를 보는 시선의 주체라고 생각하지만 그 시선은 카메라에 의해 이미 규정된 시선]이다.

[2-4] 또한 ^{전제3}[영화는 촬영과 편집 과정에서 특정한 의도에 따라 선택과 배제가 이루어지지만, 관객은 제작 과정에서 무엇이 배제되었는지 알 수 없다.]

[2-5] ^{결론}[관객은 자신이 현실 세계를 보고 있다고 믿지만, 사실은 인위적으로 만들어진 세계를 보고 있다]는 것이 정신분석학적 영화 이론가들의 주장이다.

[3-1] ^{전제4}[^{원인}[영화관의 환경]은 ^{결과}[관객이 영화가 환영임을 인식하기 어렵게 만든다.]]

[3-2] ^{전제5}[영화에 몰입한 관객은 플라톤이 말한 ‘동굴의 비유’ 속 죄수처럼 스크린에 비친 허구적 세계를 현실이라고 착각한다.]

[3-3] 이때 영화는 꿈에 빗대진다.

[3-4] 정신분석학적 영화 이론은 영화가 은폐하고 있는 특정한 이념을 관객이 의심하지 않고 자신의 것으로 받아들일 위험이 있다고 경고한다.

[3-5] 이는 ^{확장}[관객이 비판적 거리를 유지하면서 영화를 볼 수 있도록, 영화가 환영임을 영화 스스로 폭로하는 설정이 담겨 있는 대안적인 영화가 필요하다는 주장]으로 이어진다.

잡소리(플라톤의 동굴의 비유)

동굴의 비유는 고대 그리스 철학자 플라톤이 그의 저서 국가 제7권에서 제시한 유명한 우화이다. 이 비유를 통해 플라톤은 인간의 인식과 진리 사이의 관계를 설명한다.

동굴 안에는 손발이 묶인 채 오랜 세월을 살아온 사람들이 있다. 이들은 동굴 벽에 비친 그림자만 볼 수 있고, 그 그림자를 현실이라고 믿는다. 동굴 밖에는 태양이 있다. 따라서 동굴 주변을 사람들이 지나다닐 때, 그 그림자가 동굴 벽에 투영된다. 이로 인해 동굴 속 사람들은 사물의 진짜 모습이 아닌 그림자만 보고 지내기에 왜곡된 현실을 진실이라 여기게 된다.

만약 어떤 사람이 손발의 구속구를 풀고 밖으로 나갔다고 하자. 그 사람은 여태까지 믿어왔던 그림자는 현실이 아니며, 현실 세계는 동굴 밖에 존재한다는 사실을 알았다. 그 사람이 다시 동굴 안으로 돌아와 다른 죄수들에게 진실을 알렸을 때, 다른 죄수들은 그 이야기를 믿지 못하거나 심지어 전하려는 이를 조롱할 수 있다.

이러한 동굴의 비유에서 동굴에 비친 그림자는 우리가 일상에서 감각으로 인식하는 세계, 동굴 밖의 현실은 진리를 나타낸다. 즉, 우리가 감각으로 인식하는 것들은 단지 진실의 그림자일 뿐이며, 불완전하고 왜곡된 세계라고 본 것이다. 따라서 플라톤은 동굴에서 벗어나서 참된 지식을 보려고 노력해야 한다고 강조했다.

잡소리(영화가 은폐하고 있는 이념)

감독은 영화 속에 특정 이념을 은폐할 수 있다. 가장 극단적인 예시로 독재 국가의 국가 선전 영화를 들 수 있다. 과거 나치, 소련 뿐 아니라, 현재 가까이 존재하는 북한 엄밀히 말하자면, 대한민국 헌법상 북한은 국가가 아닌 한반도 이북을 무단으로 점거하고 있는 괴뢰집단이다.

북한의 영화를 보면 알 수 있다. 그러한 독재 체제 국가들의 영화는 대부분 사회주의, 전체주의, 극단적 민족주의 등을 영화적 감동과 결합해 당연하게 보이도록 유도한다. 이를 통해 관객이 체제 이념을 마치 자연스러운 진리처럼 받아들이게 된다.

잡소리(대안적 영화)

정신분석학적 영화 이론에서는 전통적 상업영화가 네러티브 쾌감과 환영을 통해 관객이 비판적 거리를 두지 못하도록 만들며 그 안에 깔린 특정 이념을 자연스럽게 수용하게 만든다고 지적한다. 이에 대응하는 대안적 영화는 이러한 이념이 영화라는 매체가 만들어낸 환영일 뿐임을 스스로 비판적 거리를 유지할 수 있도록 여러 기법을 활영하는데, 이를 흔히 반환영주의 또는 영화적 자의식을 드러내는 작품들이라 부른다. 대표적으로 고다르 감독의 피에로의 남자가 있는데, 등장인물이 나레이션 형식으로 카메라를 향해 직접 말하거나 노골적으로 영화의 허구성을 언급하는 것이다.

잡소리(네러티브)

네러티브(Narrative)는 스토리, 플롯을 포함한 전체적인 서사 구조를 말한다. 쉽게 말하자면, 표현 방식의 극대화라 이해할 수 있다.

잡기술(논증)

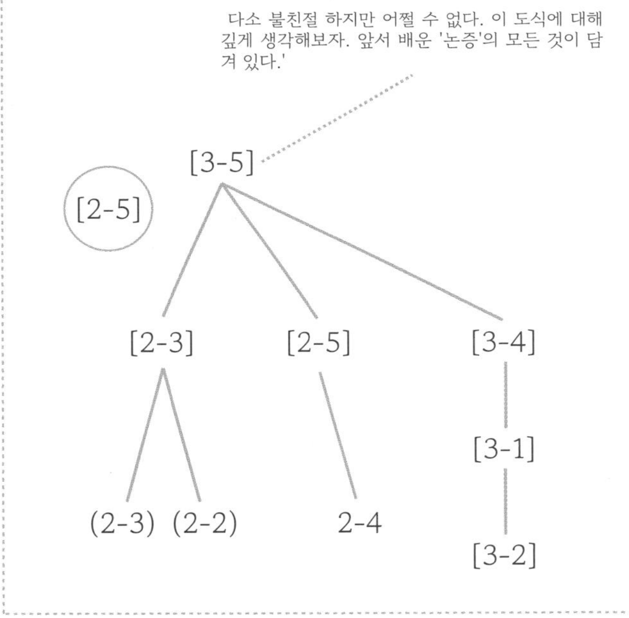

---

2) 엄밀히 말하자면, 대한민국 헌법상 북한은 국가가 아닌 한반도 이북을 무단으로 점거하고 있는 괴뢰집단이다.

12. (가)와 (나)에서 모두 답을 찾을 수 있는 질문으로 가장 적절한 것은?

① 영화는 무엇에 비유될 수 있는가?
② 영화의 내용과 형식 중 무엇이 중요한가?
③ 영화에 관객의 심리는 어떻게 반영되는가?
④ 영화 이론의 시기별 변천 양상은 어떠한가?
⑤ 영화관 환경은 관객에게 어떤 영향을 주는가?

길라잡이

본인만의 풀이 과정을 적어보세요!

① 영화는 무엇에 비유될 수 있는가?

② 영화의 내용과 형식 중 무엇이 중요한가?

③ 영화에 관객의 심리는 어떻게 반영되는가?

④ 영화 이론의 시기별 변천 양상은 어떠한가?

⑤ 영화관 환경은 관객에게 어떤 영향을 주는가?

13. (가)를 바탕으로 할 때, 영화적 기법의 효과에 대한 이해로 적절하지 <u>않은</u> 것은?

① 몽타주를 활용하여 대립 관계의 두 세력이 충돌하는 상황을 상징적 이미지로 표현한 장면에서, 관객은 생소한 느낌을 받을 수 있다.

② 몽타주를 활용하여 서로 다른 공간을 짧은 숏으로 불규칙하게 교차시킨 장면에서, 관객은 영화 속 공간이 불연속적으로 재구성되었다는 인상을 받을 수 있다.

③ 디프 포커스를 활용하여 주인공과 주인공 뒤로 펼쳐진 배경을 하나의 숏으로 촬영한 장면에서, 관객은 배경이 흐릿하게 인물은 선명하게 보이는 느낌을 받을 수 있다.

④ 롱 테이크를 활용하여 사자가 사슴을 사냥하는 모든 과정을 하나의 숏으로 길게 촬영한 장면에서, 관객은 실제 상황을 마주하는 듯한 느낌을 받을 수 있다.

⑤ 디프 포커스와 롱 테이크를 활용하여 광장의 군중을 촬영한 장면에서, 관객은 자율적으로 인물이나 배경에 시선을 옮기며 사건의 전개를 지켜볼 수 있다.

① 몽타주를 활용하여 대립 관계의 두 세력이 충돌하는 상황을 상징적 이미지로 표현한 장면에서, 관객은 생소한 느낌을 받을 수 있다.

② 몽타주를 활용하여 서로 다른 공간을 짧은 숏으로 불규칙하게 교차시킨 장면에서, 관객은 영화 속 공간이 불연속적으로 재구성되었다는 인상을 받을 수 있다.

③ 디프 포커스를 활용하여 주인공과 주인공 뒤로 펼쳐진 배경을 하나의 숏으로 촬영한 장면에서, 관객은 배경이 흐릿하게 인물은 선명하게 보이는 느낌을 받을 수 있다.

④ 롱 테이크를 활용하여 사자가 사슴을 사냥하는 모든 과정을 하나의 숏으로 길게 촬영한 장면에서, 관객은 실제 상황을 마주하는 듯한 느낌을 받을 수 있다.

⑤ 디프 포커스와 롱 테이크를 활용하여 광장의 군중을 촬영한 장면에서, 관객은 자율적으로 인물이나 배경에 시선을 옮기며 사건의 전개를 지켜볼 수 있다.

14. <보기>의 입장에서 (가)의 '바쟁'에 대해 비판한 내용으로 가장 적절한 것은?

> ─────── <보기> ───────
>
> 관객은 특별한 예술 교육을 받지 않아도 작품을 해석할 수 있다. 또한 감독의 의도대로 작품을 해석하는 존재가 아니다. 따라서 감독은 영화를 통해 관객을 계몽하려 할 필요가 없다. 관객은 작품과 상호 작용하며 의미를 생산하는 능동적 존재이다. 감독과 관객은 수평적인 위치에 있다.

① 바쟁은 열린 결말의 영화를 관객이 이해하도록 돕는 예술 교육의 필요성을 간과하고 있다.

② 바쟁은 정교하게 구조화된 서사의 영화를 통해 관객을 계몽하는 것을 영화의 목적이라고 오인하고 있다.

③ 바쟁이 감독의 연출 역량을 기준으로 감독의 유형을 나눈 것은 영화와 관객의 상호 작용을 무시한 구분에 불과하다.

④ 바쟁이 변형된 현실을 통해 생성한 의미를 관객에게 전달하는 것을 중시한다는 점에서 관객의 능동적인 작품 해석 능력을 과소평가하고 있다.

⑤ 바쟁은 감독의 연출 방식에 따라 영화 작품에 대한 관객의 이해가 달라질 수 있다고 본다는 점에서 감독이 관객보다 우위에 있다고 간주하고 있다.

① 바쟁은 열린 결말의 영화를 관객이 이해하도록 돕는 예술 교육의 필요성을 간과하고 있다.

② 바쟁은 정교하게 구조화된 서사의 영화를 통해 관객을 계몽하는 것을 영화의 목적이라고 오인하고 있다.

③ 바쟁이 감독의 연출 역량을 기준으로 감독의 유형을 나눈 것은 영화와 관객의 상호 작용을 무시한 구분에 불과하다.

④ 바쟁이 변형된 현실을 통해 생성한 의미를 관객에게 전달하는 것을 중시한다는 점에서 관객의 능동적인 작품 해석 능력을 과소평가하고 있다.

⑤ 바쟁은 감독의 연출 방식에 따라 영화 작품에 대한 관객의 이해가 달라질 수 있다고 본다는 점에서 감독이 관객보다 우위에 있다고 간주하고 있다.

길라잡이

본인만의 풀이 과정을 적어보세요!

15. 정신분석학적 영화 이론을 바탕으로 할 때, ㉠의 이유로
가장 적절한 것은?

① 관객은 영화 장치의 영향을 받기 때문이다.

② 현실의 의미는 미리 정해져 있지 않기 때문이다.

③ 영화가 현실을 불연속적으로 파편화하여 드러내기 때문이
다.

④ 관객은 영화의 은폐된 이념을 그대로 받아들일 위험이 있
기 때문이다.

⑤ 관객은 영화의 제작 과정에서 배제된 것들을 인식할 수 있
기 때문이다.

길라잡이

본인만의 풀이 과정을 적어보세요!

---

① 관객은 영화 장치의 영향을 받기 때문이다.

② 현실의 의미는 미리 정해져 있지 않기 때문이다.

③ 영화가 현실을 불연속적으로 파편화하여 드러내기 때문이
다.

④ 관객은 영화의 은폐된 이념을 그대로 받아들일 위험이 있
기 때문이다.

⑤ 관객은 영화의 제작 과정에서 배제된 것들을 인식할 수
있기 때문이다.

16. 다음은 학생이 작성한 영화 감상문이다. 이에 대해 (가)의 바쟁(A)의 관점과 (나)의 정신분석학적 영화 이론(B)의 관점에서 설명한 내용으로 가장 적절한 것은?

> 최근 영화관에서 본 두 편의 영화가 기억에 남는다. ㉮첫째 번 영화는 고단하게 살아가는 한 가족의 일상을 표현한 작품이다. 다큐멘터리라는 착각이 들 정도로 사실적인 영화였다. 작품에 대해 더 찾아보니 거리에서 인공조명 없이 촬영되었고, 주인공은 연기 경험이 없는 일반인이었다고 한다. 마지막에 아버지가 아들의 손을 꼭 잡아 줄 때, 마치 내 손을 잡아 주는 것처럼 느껴져 감동적이었다. 열린 결말이라서 주인공 가족이 앞으로 어떻게 살아갈지 궁금했다.
>
> ㉯둘째 번 영화는 초인적 주인공이 외계의 침략자를 물리치는 내용이다. 영화 후반부까지 사건 전개를 예측하지 못할 정도로 반전을 거듭하는 이야기와 실재라고 착각할 정도로 뛰어난 컴퓨터 그래픽 화면은 으뜸이었지만 뻔한 결말은 아쉬웠다. 그래도 주인공이 침략자를 무찌르는 장면에서는 내가 주인공이 되어 세상을 구하는 것 같아서 쾌감이 느껴졌다. 그런데 영화가 끝나고 생각해 보니 왜 세계의 평화는 서구인이 지키고, 특정 나라에서 일어나는 사건이 인류의 위기인지 의아했다.

① A의 관점에서 보면, 학생이 ㉮에서 궁금함을 떠올린 것은 '이미지를 믿는 감독'이 열린 결말을 통해 현실을 있는 그대로 ㉮에 담았기 때문이다.

② A의 관점에서 보면, 학생이 ㉯에서 사건의 전개를 예측하지 못한 것은 ㉯에는 의미가 미리 정해져 있지 않은 미결정 상태의 현실이 담겨 있기 때문이다.

③ A의 관점에서 보면, 학생이 ㉮와 ㉯에서 착각하는 듯한 인상을 받은 것은 ㉮와 ㉯가 강한 현실감을 만들어 내는 연출 방식으로 촬영되었기 때문이다.

④ B의 관점에서 보면, 학생이 ㉯에서 의아함을 떠올린 것은 ㉯가 관객으로 하여금 비판적 거리를 유지하며 영화를 볼 수 있도록 하는 대안적인 영화이기 때문이다.

⑤ B의 관점에서 보면, 학생이 ㉮에서 감동을 받은 것과 ㉯에서 쾌감을 느낀 것은 상상적 작업을 통해 허구적 세계의 중심에 자신을 위치시켰기 때문이다.

① A의 관점에서 보면, 학생이 ㉮에서 궁금함을 떠올린 것은 '이미지를 믿는 감독'이 열린 결말을 통해 현실을 있는 그대로 ㉮에 담았기 때문이다.

② A의 관점에서 보면, 학생이 ㉯에서 사건의 전개를 예측하지 못한 것은 ㉯에는 의미가 미리 정해져 있지 않은 미결정 상태의 현실이 담겨 있기 때문이다.

③ A의 관점에서 보면, 학생이 ㉮와 ㉯에서 착각하는 듯한 인상을 받은 것은 ㉮와 ㉯가 강한 현실감을 만들어 내는 연출 방식으로 촬영되었기 때문이다.

④ B의 관점에서 보면, 학생이 ㉯에서 의아함을 떠올린 것은 ㉯가 관객으로 하여금 비판적 거리를 유지하며 영화를 볼 수 있도록 하는 대안적인 영화이기 때문이다.

⑤ B의 관점에서 보면, 학생이 ㉮에서 감동을 받은 것과 ㉯에서 쾌감을 느낀 것은 상상적 작업을 통해 허구적 세계의 중심에 자신을 위치시켰기 때문이다.

17. 문맥상 ⓐ~ⓔ와 바꿔 쓰기에 적절하지 <u>않은</u> 것은?

① ⓐ : 개선(**改善**)된   ② ⓑ : 파괴(**破壞**)할

③ ⓒ : 대면(**對面**)하는   ④ ⓓ : 기용(**起用**)하는

⑤ ⓔ : 해소(**解消**)한다

길라잡이
본인만의 풀이 과정을 적어보세요!

① ⓐ : 개선(**改善**)된

② ⓑ : 파괴(**破壞**)할

③ ⓒ : 대면(**對面**)하는

④ ⓓ : 기용(**起用**)하는

⑤ ⓔ : 해소(**解消**)한다

개화

문학

| 현대 산문 |

| 기초 이론 |

Cut 분할

문학 작품을 공부할 때 흔히 "장면별로 끊어 읽어라", "시공간이 변하면 그 지점에 밑줄을 쳐라" 같은 조언이 나온다. 수능 국어를 가르치는 입장에서 볼 때, 이건 분명 유용한 전략이다. 하지만 정작 적용하려고 하면 "정확히 어디서 끊어야 하나?"라는 의문에 부딪히기 쉽다.

'CUT 분할'은 이 '임의성'을 인정하자는 개념이다. 보통은 시공간이 바뀌면 그 지점을 장면 단위로 묶지만, CUT 개념은 그보다 더 큰 자유를 부여한다. 쉽게 말해, 장면처럼 보이는 구간이라도 실제로는 '학생 스스로' 판단해서, 편한 대로 원하는 지점을 끊어도 된다는 뜻이다. 그래서 "정확히 어디서 끊어야 하나?"라는 질문이 나올 때 "네 마음대로 끊어라"라는 답변을 할 수 있게 된다.

예를 들어, 6월 모의평가에서 현대소설은 익숙하고 고전소설은 낯선 학생을 생각해 보자. 이 학생은 현대소설을 읽을 때는 거의 분할하지 않고도 술술 읽을 수 있지만, 고전소설에서는 훨씬 많은 부분을 나누면서 독해를 시도할 수 있다. 시험이 끝나고 자신의 시험지를 복기해 보면, 현대소설에는 선이 거의 없는 반면 고전소설에는 줄이 빼곡하게 그어져 있을 것이다.

그런데 이 학생이 "고전소설에서 너무 많이 끊었나 봐. 이렇게 나누면 안 되겠군"이라고 생각한다면 잘못된 결론에 이를 수 있다. "적게 끊어야 한다"라는 강박이 생기면 오히려 독해에 발목을 잡히고, 결과적으로 글을 온전하게 이해하지 못하게 될 수도 있기 때문이다.

결국은 '내용을 분할하는 자율성'을 받아들이는 태도가 중요하다. 학생마다, 작품마다 낯섦과 익숙함 정도가 다르기 때문에 자유롭게, 필요한 대로 끊고 묶어 가면서 읽어야 독해 효율이 높아진다. 'CUT 분할'이란 바로 그 자율성을 적극적으로 인정하고 활용하자는 취지에서 제안된 개념이다.

따라서 이 책에서도 임의로 끊어둔 Cut 개념을 사용할 것이다. 독자들은 끊어둔 Cut 등을 보고 자신의 Cut 분할과 비교해 보고 '왜 저렇게 끊어놨을까?', '더 잘 끊어볼 수 있지 않을까'와 같은 풍부한 고민을 해보길 바란다.

잡생각(＝직관)

문학 작품을 공부하다 보면, 근거를 논리적으로 제시할 수 없으면서도 '그냥 느낌상' 이루어지는 판단이 생긴다. 특히 기출 분석을 많이 해 본 학생들은 그런 판단이 자주 일어난다. 이 판단은 흔히 '직관'의 영역이다.

수많은 기출 문제들을 풀고 분석하는 과정에서, 스스로도 설명하기 어려운 판단이나 행동이 자연스럽게 나오는 것이다. 마치 "뭔가 그럴 것 같아"라고 직감하는 순간이 있다는 말이다.

다음에 제시된 글(이가홍 감독의 「8월의 크리스마스」 시나리오를 현대소설 형식으로 편집한 내용)을 읽어 보고, (중략) 이후에 '보현'에게 온 전화가 어떤 내용일지 생각해 보자

[앞부분의 줄거리] 은수는 오래전 잠시 살았던 바닷가 마을의 '기찻길'을 찾아가고자 한다. 결혼식을 앞둔 은수는 아버지에게 청첩장을 전해야 한다는 마음이 있지만, 연락이 끊긴 지 오래다. 기차를 타고 도착한 바닷가에서는 기찻길이 이미 철거되었다는 말을 듣게 되고, 여기저기 헤매다가 휴대폰까지 잘 터지지 않는 상황에 놓인다. 그러다 우연히 발견한 택시를 타고 "혹시 다른 곳에 기차가 남아 있을지도 모른다."는 실낱같은 기대를 품고 이동하게 된다.

　은수가 탄 택시는 한산한 도로를 달리고 있었다. 그런데 창밖을 내려다보자, 여름 한낮이어야 할 바닷가 풍경이 갑자기 눈이 내리는 겨울처럼 변해 가고 있었다. 은수는 황급히 택시 기사에게 물었다.

　"기사님, 여기는 분명 강릉 쪽 맞죠? 그런데 왜 갑자기 눈이…"

　기사는 주먹으로 라디오를 툭툭 치며 중얼거렸다.

　"이상한 일이죠. 뉴스에서는 2002년 월드컵 소식이 흘러나오지 않나, 분명 여름이어야 할 때에 이 눈보라라니. 하긴, 지금 여기가 여름인지 겨울인지도 모를 만큼 들쭉날쭉하네요."

　은수는 어안이 벙벙했지만, 서늘한 기운이 몰려오자 가방에서 가디건을 꺼내 입었다. 문득 그녀의 손에 든 흰 봉투 한 장이 눈에 띄었다. 그 봉투의 한 면에는 '아름다운 날, 저희 결혼합니다.'라는 인쇄 문구가 선명했고, 아래에는 ㉠'아빠에게'라는 손글씨가 적혀 있었다.

기사의 시선도 그 봉투로 향하더니, 이내 앞자리에 놓아 둔 전단지 몇 장을 정리하기 시작했다. 전단지에는 '황씨를 찾는 분은 제보 바랍니다' 같은 낯선 문구가 큼지막하게 적혀 있었다.

"누구를 찾고 계시는 건가요?" 은수가 용기를 내 물었다.

"황씨요. 내 돈을 들고 도망친 사람이죠. 그 사람만 찾으면 내가 잃어버린 것도 돌이킬 수 있을 것 같아서요. 가족한테 떳떳하게 돌아가려면, 이 빚이나 억울함을 마무리해야 하거든요."

기사에게서 이상한 자신감이 느껴졌지만, 한편으론 그의 왼손 약지에 끼워진 결혼반지가 애틋해 보였다. 은수는 잔뜩 심란해진 채 창밖으로 시선을 돌렸다. 이윽고 택시가 기찻길 건널목 앞에서 잠시 멈춰 섰다. 따르릉, 휴대폰 진동이 울려 보현이라는 친구가 전화를 걸어 왔으나, 이상하게 연결되지 않았다.

(중략)

얼마 뒤 기사가 차에서 내린 사이, 은수의 휴대폰이 다시 울리기 시작했다.

이때 직관이 조금 날카로운 학생이라면, 전화 내용이 아버지나 결혼과 관련되어 있을 거라고 빠르게 예측할 수도 있다. "어떤 근거로 그런 판단을 했느냐"라고 묻는다면 명확히 답하기 어려울지 모르지만, 실제로는 다양한 요소가 직관 뒤에서 작용한다.

예를 들어, 현대 산문에서는 (중략) 앞뒤 장면이 대부분 긴밀히 연결된다는 점, 초점 인물의 감정 변화를 부각하기 위해 '극적인 감정 변화를 일으키는 매개체'가 필요하다는 점, 그리고 이전까지 아버지 이야기가 상당 분량 등장했다는 점 등을 떠올리면, "보현이 걸어온 전화가 아버지와 관련된 내용일 것이다"라는 추론에 도달한다.

하지만 실전 상황에서는 이러한 분석이 매우 빠른 속도로 진행된다. 즉, 직관적으로 판단해 버린다는 얘기다. 그렇기 때문에 이러한 직관을 어떻게 날카롭게 다듬고, 또 필요할 때 빠르게 활용할지 고민할 필요가 있다. 본 책에서는 지문마다 그때그때 떠오를 만한 직관을 다듬어 보는 실전 팁을 수록했다. 이런 과정을 통해, 단순한 '감'이 아니라 의식적인 전략으로 직관을 길러 나갈 수 있을 것이다.

|현대 산문|

| 이청준, 「배꼽을 주제로 한 변주곡」|

□ 상념(**想念**)
□ 마음속에 품고 있는 여러 가지 생각.

□ 흠허물
□ 흠이나 허물이 될 만한 일.

□ 단념(**斷念**)
□ 품었던 생각을 아주 끊어 버림.

□ 시중(**市中**)
□ 사람들이 생활하는 공개된 공간.

□ 신통(**神通**)
□ 신기할 정도로 묘하다.

□ 허망감(**虛妄感**)
□ 어이없고 허무한 느낌.

□ 사념(**思念**)
□ 근심하고 염려하는 따위의 여러 가지 생각.

□ 일가견(**一家見**)
□ 어떤 문제에 대하여 독자적인 경지나 체계를 이룬 견해.

□ 확고(**確固**)
□ 태도나 상황 따위가 튼튼하고 굳다.

□ 기미(**幾微**)
□ 어떤 일을 알아차릴 수 있는 눈치. 또는 일이 되어 가는 야릇한 분위기.

길라잡이
모르는 어휘가 있다면 정리하세요!

메모

㉠불편스런 일이 한두 가지가 아니었다. 하지만 허원은 그렇게 스스로 주의하고 고통을 감내해 냈기 때문에 자신의 비밀을 남 앞에 감쪽같이 숨겨 나갈 수 있었다. 아무도 그의 비밀을 눈치챈 사람이 없었다. 비밀이 탄로 나지 않는 한 그의 일상 생활은 더 이상 불편을 겪을 필요도 없었다. 인체 생리나 해부학 서적 같은 걸 뒤져 봐도 성인의 배꼽은 거의 아무런 기능도 수행하지 않음을 알 수 있었다. 적어도 그의 외모나 바깥 생활은 정상을 유지할 수 있었다. 그 점만이라도 무척 다행이었다. 그는 일단 안도의 한숨을 내쉬었다.

㉡—그깟 놈의 배꼽, 안 가지고 있음 어때.

그쯤 체념을 하고 될 수 있으면 배꼽에 관한 일들을 잊어버리려 했다. ㉢자신으로부터 배꼽이 사라져 버린 사실을, 그리고 그 때문에 생긴 모든 불편을 잊고, 그 배꼽 없는 생활에 스스로 익숙해져 버리기를 바라 마지않았다. 하지만 문제는 그렇게 간단하지 않았다. 아무리 일상생활에선 드러나게 불편한 점이 없다 해도 그는 역시 배꼽이 없는 자신에 대해 좀처럼 익숙해질 수가 없었다. 그는 자꾸만 허전해서 견딜 수가 없어지곤 했다. 있느니라 여기고 지낼 때는 그처럼 무심스럽던 일이 그런 식으로 한번 **의식의 끈**을 **건드려** 오자 허원의 상념은 잠시도 그 잃어버린 배꼽에서 떠나 있을 수가 없었다.

그는 마침내 **회사 출근**마저 단념하기에 이르렀다. 그러자 신통하게도 **늦잠 버릇**이 깨끗이 자취를 감춰 버렸다. 그는 눈만 뜨면 사라져 없어진 배꼽 때문에 기분이 허전했고, 그러면 그 허망감을 쫓기 위해 배꼽에 관한 끝없는 상념들을 쌓기 시작했다.

(중략)

그리하여 배꼽에 관한 허원의 지식과 **사념**은 자꾸 더 **심오하고 추상적인** 것이 되어 갔다. 그에게는 어느덧 그 나름의 독특한 배꼽론 같은 것이 윤곽을 지어 가고 있었다. 하지만 그러면 그럴수록 허원은 더욱더 허전해지고, 아무 곳에도 발이 닿아 있는 것 같지 않고, 혼자서 외롭게 허공을 둥둥 떠다니고 있는 것처럼 느껴졌다. 그러면 그는 또 거듭 그 허망감을 쫓기 위해 자신의 배꼽론을 완벽하게 발전시켜 나갔다. 마치 그렇게 하여 그는 자신의 사념 속에서 잃어버린 배꼽을 되찾아내고, 그것으로 그 **실물**을 대신해 어떤 식으로든 자신과 세상 간에 큰 불편이 없도록 화해시키고 그것으로 그 난감스런 허망감을 채우려는 듯이. 그의 배꼽론은 가령 이런 식으로까지 발전되어 있었다.

—우리는 누구나 **배꼽**을 가지고 있다…… 우리는 우리들의 어머니로부터 **탯줄**이 끊어지는 순간 이 우주의 한 단자(單子)로서 고독하게 존재하게 되었다. 그러나 우리는 영원히 그 탯줄의 기억을 잊지 않는다. 우리 영혼은 언제까지나 그 어머니의 탯줄과 이어지려 하고, 또다시 그 어머니의 어머니의 탯줄과 이어져 나가면서 우리 **존재**를 설명하고 근원을 밝혀 나가며, 마침내는 마지막 어머니의 탯줄이 이어지는 우리들의 **우주와 만나**게 된다…… 우리의 배꼽은 우리가 그 마지막 우주와 만나고자 하는 향수의 표상이며 가능성의 상징이며 존재의 비밀로 나아가는 형이상학이다. 그 비밀의 문이다……

그는 어느덧 배꼽에 대해 당당한 일가견을 이룬 배꼽 전문가가 되어 가고 있었다.

㉣어느 해 여름이었다. 하니까 그것은 허원이 자신의 배꼽을 잃어버리고 나서 불편하기 그지없는 세 번째의 여름을 맞고 있을 때였다. 그는 물론 배꼽을 잃어버린 자신에 대해 아직도 완전한 익숙해지질 못하고 있었다. **그의 사념** 역시 언제나 그 눈에 보이지 않는 배꼽에 매달려 거기에서밖에는 영영 더 이상 자유로워질 수가 없었다. 그 대신 허원은 이제 그 자신의 **배꼽론**에 대해선 매우 **확고한 경지**에 도달해 있었다.

그럴 즈음이었다. 허원은 문득 **세상 사람들**이 수상쩍어지기 시작했다. 어느 때부턴지는 확실히 알 수 없었지만, 세상 사람들 역시 무슨 이유에선지 이 인간 장기의 한 조그만 흔적에 대해 **심상찮은 관심**을 나타내기 시작한 것이다. 배꼽에 대한 사람들의 관심 역시 기왕부터 있어 온 것을 여태까지 서로 모르고 지내오다가 비로소 어떤 기미를 알아차리게 된 것인지, 혹은 사람들로 하여금 그런 관심을 내보이게 할 만한 무슨 우연찮은 계기가 마련되었는지는 확실치가 않았다. 그리고 무엇 때문에 사람들에게서 그런 관심이 시작되었는지 그 이유를 알 수도 없었다. 하지만 그것은 어쨌든 **사실**이었다. 주의를 기울여 보니 관심의 정도도 여간이 아니었다. 한두 사람, 한두 곳에서만 나타난 현상이 아니었다. 그것은 이미 일반적인 현상이 되어 가고 있었다. 그리고 그렇듯 **배꼽 이야기**가 **일반화**의 기미를 엿보이기 시작하자 사람들은 이제 그걸 신호로 아무 흥허물 없이 터놓고 지껄이거나 신문, 잡지 같은 데서 진지하게 논의의 대상을 삼기도 하였다. ㉤배꼽에 관한 논의가 그렇듯 갑자기 시중 일반에까지 성행하기 시작한 것이다.

기묘한 현상이었다.

- 이청준, 「배꼽을 주제로 한 변주곡」 -

28. ㉠~㉤의 서술 방식에 대한 설명으로 가장 적절한 것은?

① ㉠: 누구의 생각을 누가 말하는지 명시한 표현을 나타내
어 서술하고 있다.
② ㉡: 인물의 생각을 서술자가 평가하며 그 심화된 의미를 함
축하여 서술하고 있다.
③ ㉢: 인물의 의식을 인물 자신의 생생한 목소리를 통해 서술
하고 있다.
④ ㉣: 인물의 상황에 관련된 정보를 부가하여 서술하고 있다.
⑤ ㉤: 인물 행동의 진행 과정을 순차적으로 서술하고 있다.

29. 비밀 의 서사적 기능으로 가장 적절한 것은?

① 자신의 신념을 인물이 돌이켜 본 결과로, 새로운 세계관
을 바탕으로 하는 주제를 형성한다.
② 얽힌 인간관계를 인물이 성찰하는 전환점으로, 갈등으로
인한 위기감을 완화한다.
③ 일상적이지 않은 경험을 인물이 의식한다는 표지로, 인물
의 심리적 동요를 부른다.
④ 상충된 이해관계를 인물이 조정하는 단서로, 심화된 사회
적 갈등을 해소한다.
⑤ 기성의 질서에 인물이 저항한다는 신호로, 돌발적 사건의
발생을 알린다.

30. '허원'을 중심으로 윗글을 이해한 내용으로 적절하지 <u>않</u>은 것은?

① '허원'은 '실물'과 관련하여 시작된 '사념'을 통해 '존재'의 의미를 발견해 간다.

② '허원'은 '실물'이 몸에서 큰 기능을 하지 않는다는 것을 알고 일단 안도감을 느끼게 된다.

③ '허원'은 '사념'을 방편으로 삼아 자신의 현재 상태에 대해 다른 방향에서 접근하고자 한다.

④ '허원'은 '심상찮은 관심'의 원인에 대해 궁금해하면서 '세상 사람들'에게 주의를 기울이게 된다.

⑤ '허원'은 '실물'에 대한 인식을 '세상 사람들'과 공유하게 되면서, 그간 이어 온 '사념'을 더 이상 지속하지 않게 된다.

31. <보기>를 참고하여 윗글을 감상한 내용으로 적절하지 <u>않</u>은 것은?

― <보 기> ―

「배꼽을 주제로 한 변주곡」은 주인공이 배꼽을 잃어버렸다는 허구적 설정으로 시작하여, 이후 배꼽을 둘러싼 희화적 에피소드들이 이어진다. 주인공은 으레 있어야 할 것이 없어져 불편한 생활을 이어 가던 중 배꼽에 관심을 갖는 이들이 늘어나고 있음을 알게 된다. 이 과정에서 배꼽에 관련된 개인적 상황은 물론 인간 존재와 사회 상황에 대한 심층적 의미의 탐색이 이루어진다.

① '의식의 끈'이 '건드려'짐으로써 주인공이 비정상적 문제 상황에 지속적으로 주목하게 된 것이겠군.

② '회사 출근'을 포기하게 되고 '늦잠 버릇'이 사라진 상황은, 주인공의 일상이 변화된 모습을 보여 준다고 할 수 있겠군.

③ '배꼽'을 '탯줄'에 연관하여 이해하는 것은, 개인에 관련된 생각을 '우주와 만나'는 '심오하고 추상적인' 생각으로 확장하는 실마리가 된다고 할 수 있겠군.

④ '그의 사념'이 도달한 '배꼽론'의 '확고한 경지'는 사소한 것의 심층적 의미를 탐색할 때 이를 수 있으므로, 그 사소한 것에 얽매이지 않는 자유로운 상태에서 실현이 가능해지겠군.

⑤ '기묘한 현상'은, '배꼽 이야기'가 '일반화'되는 상황이 뜻밖이지만 '사실'로 나타나는 현상을 두고 일컬은 말이라고 할 수 있겠군.

메모

[Cut 1]

　불편스런 일이 한두 가지가 아니었다. 하지만 허원은 그렇게 스스로 주의하고 고통을 감내해 냈기 때문에 자신의 비밀을 남 앞에 감쪽같이 숨겨 나갈 수 있었다. 아무도 그의 비밀을 눈치 챈 사람이 없었다. 비밀이 탄로 나지 않는 한 그의 일상 생활은 더 이상 불편을 겪을 필요도 없었다. 인체 생리나 해부학 서적 같은 걸 뒤져 봐도 성인의 배꼽은 거의 아무런 기능도 수행하지 않음을 알 수 있었다. 적어도 그의 외모나 바깥 생활은 정상을 유지할 수 있었다. 그 점만이라도 무척 다행이었다. 그는 일단 안도의 한숨을 내쉬었다.

　ㅡ그깟 놈의 배꼽, 안 가지고 있음 어때.

잡생각(직관)

등장인물은 허원 한 명만 등장한다. 따로 도식을 그릴 필요가 없다.

문맥상 허원의 배꼽이 사라졌고, 그에 대해 허원은 불편하지만 대수롭지 않게 생각하고 있음을 알 수 있다.

[Cut 2]

[그쯤 체념을 하고 될 수 있으면 배꼽에 관한 일들을 잊어 버리려 했다. 자신으로부터 배꼽이 사라져 버린 사실을, 그리고 그 때문에 생긴 모든 불편을 잊고, 그 배꼽 없는 생활에 스스로 익숙해져 버리기를 바라 마지 않았다.] (희망) 하지만 [문제는 그렇게 간단하지 않았다. 아무리 일상생활에선 드러나게 불편한 점이 없다 해도 그는 역시 배꼽이 없는 자신에 대해 좀처럼 익숙해질 수가 없었다. (반응(허원)) 그는 자꾸만 허전해서 견딜 수가 없어지곤 했다. (반응(허원)) 있느니라 여기고 지낼 때는 그처럼 (반응(허원)) 무심스럽던 일이 그런 식으로 한번 의식의 끈을 건드려오자 허원의 상념은 잠시도 그 잃어 버린 배꼽에서 떠나 있을 수가 없었다.] (현실)

잡생각(직관)

허원은 배꼽이 사라진 상황에 대해 허전함을 느끼고 있는 상황이다. 이때, 허원의 반응은 '잊고 싶음', '익숙하지 않음', '허전함'등이 있다.

상황	⇒	반응
허원 배꼽 사라짐	⇒	잊고 싶음 익숙하지 않음 허전함

잡기술(대비)

'하지만'을 고려하면, 허원은 배꼽이 사라진 일에 대해서 신경 쓰고 싶지 않지만, 계속 신경이 쓰이는 것을 알 수 있다. 이때 전자를 희망, 후자를 현실로 볼 수 있다.

[Cut 3]

결과[그는 마침내 회사출근마저 단념]하기에 이르렀다. 그러자 신통하게도 결과[늦잠 버릇이 깨끗이 자취를 감춰 버렸다.] 그는 눈만 뜨면 사라져 없어진 배꼽 때문에 반응(허원)[기분이 허전]했고, 그러면 목적[그 허망감을 쫓기] 위해 수단[배꼽에 관한 끝없는 상념들을 쌓기 시작]했다.

(중략)

잡기술(인과관계)

허원의 배꼽이 사라진 일을 원인으로 하여 추가적인 결과가 등장하고 있다. 이때 그로 인해 허원이 느끼는 심리 또는 그가 보이는 반응 역시 결과로 볼 수 있다.

잡기술(목적/수단)

허원은 배꼽이 사라진 일로 인해 허망감을 느끼고 이를 해결하기 위해 그에 관한 상념을 쌓는다. 이때 허망감의 해결을 목적, 상념을 쌓는 것을 수단으로 볼 수 있다.

[Cut 4]

그리하여 배꼽에 관한 허원의 지식과 사념은 자꾸 더 심오하고 추상적인 것이 되어 갔다. 그에게는 어느덧 그 나름의 독특한 배꼽론 같은 것이 윤곽을 지어 가고 있었다. 하지만 그러면 그럴수록 허원은 더욱더 반응(허원)허전해지고, 반응(허원)아무 곳에도 발이 닿아 있는 것 같지 않고, 반응(허원)혼자서 외롭게 허공을 둥둥 떠다니고 있는 것처럼 느껴졌다. 그러면 그는 또 거듭 목적[그 허망감을 쫓기] 위해 수단[자신의 배꼽론을 완벽하게 발전시켜 나갔다.] 마치 그렇게 하여 그는 자신의 사념 속에서 잃어버린 배꼽을 되찾아내고, 그것으로 그 실물을 대신해 어떤 식으로든 자신과 세상 간에 큰 불편이 없도록 화해시키고 그것으로 그 난감스런 허망감을 채우려는 듯이. 그의 배꼽론은 가령 이런 식으로까지 발전되어 있었다."

잡기술(비례)

'그러면 그럴수록'을 고려하면, 배꼽론의 발전과 허원의 반응(허전함, 아무 곳에도 발이 닿아 있는 것 같지 않음, 외롭게 허공을 둥둥 떠 다니는 것)이 비례관계임을 알 수 있다.

허전함 외로움	⇒	배꼽론의 발전

또 허원이 이러한 허망감을 해결하기 위해, 다시 배꼽론을 발전시키는 것을 고려하면, 배꼽론의 발전과 허원의 반응은 상호 작용하고 있음을 알 수 있다.

허전함	⇒	반응
외로움	⇐	배꼽론의 발전

잡기술(예시)

'가령'을 고려하면, 다음 제시될 내용이 배꼽론의 발전의 예시임을 알 수 있다. 이때 독자는 [Cut4]에서 제시된 배꼽론의 추상성이 [Cut5]에서 구현될 것을 예측할 수 있다. 그러나 독서 지문이 아닌 문학 지문인 점을 고려하면, [Cut4]와 [Cut5]의 내용을 아주 꼼꼼하게 비교할 필요는 없고, 그냥 '아 추상적인 배꼽론이구나~' 정도로만 읽으면 좋다.

[Cut 5]

　―우리는 누구나 배꼽을 가지고 있다······ 우리는 우리들의 어머니로부터 탯줄이 끊어지는 순간 이 우주의 한 단자(單子)로서 고독하게 존재하게 되었다. 그러나 우리는 영원히 그 탯줄의 기억을 잊지 않는다. 우리 영혼은 언제까지나 그 어머니의 탯줄과 이어지려 하고, 또다시 그 어머니의 어머니의 탯줄과 이어져 나가면서 우리 존재를 설명하고 근원을 밝혀 나가며, 마침내는 마지막 어머니의 탯줄이 이어지는 우리들의 우주와 만나게 된다. 우리의 배꼽은 우리가 그 마지막 우주와 만나고자 하는 향수의 표상이며 가능성의 상징이며 존재의 비밀로 나아가는 형이상학이다. 그 비밀의 문이다······

　그는 어느덧 배꼽에 대해 당당한 일가견을 이룬 배꼽 전문가가 되어 가고 있었다.

잡기술(난해함)

　[Cut5]를 하나의 논증으로 보아 이해하기엔 생략된 부분과 추상적인 부분이 많아 쉽지 않다. 따라서 독자들은 실전에서 최대한 이해해보려 하고 그것이 쉽지 않으면, 중요해보이는 부분만 꼼꼼하게 읽는다. 여기서는 '우리의 배꼽은 우리가 그 마지막 우주와 만나고자 하는 향수의 표상이며 가능성의 상징이며 존재의 비밀로 나아가는 형이상학이다.' 부분을 꼼꼼히 읽고 나중에 문제를 풀 때 돌아오면 된다.

[Cut 6]

　어느 해 여름이었다. 하니까 그것은 허원이 자신의 배꼽을 잃어버리고 나서 불편하기 그지없는 세 번째의 여름을 맞고 있을 때였다. [상태1][그는 물론 배꼽을 잃어버린 자신에 대해 아직도 완전힌 익숙해지질 못하고 있었다.] [상태2][그의 사념 역시 언제나 그 눈에 보이지 않는 배꼽에 매달려 거기에서 밖에는 영영 더 이상 자유로워질 수가 없었다.] 그 대신 [상태3][허원은 이제 그 자신의 배꼽론에 대해선 매우 확고한 경지에 도달해 있었다.]

잡기술(나열)

　'역시', '그 대신'을 고려하면, 허원의 정신적 상태가 나열되어 있음을 알 수 있다.

잡생각(직관)

　시간이 흘러서 허원의 배꼽론이 발전하여 확고한 경지에 도달했다. 이때 그의 사념 역시 배꼽에 매달려 영영 자유로워질 수 없는 상태에 도달했다.

[Cut 7]

그럴 즈음이었다. 허원은 문득 세상 사람들이 수상쩍어지기 시작했다. 어느 때부턴지는 확실히 알 수 없었지만, 세상 사람들·역시 무슨 이유에선지 이 인간 장기의 한 조그만 흔적에 대해 심상찮은 관심을 나타내기 시작한 것이다. 배꼽에 대한 사람들의 관심 역시 기왕부터 있어 온 것을 여태까지 서로 모르고 지내 오다가 비로소 어떤 기미를 알아차리게 된 것인지, 혹은 사람들로 하여금 그런 관심을 내보이게 할 만한 무슨 우연찮은 계기가 마련되었는지는 확실치가 않았다. 그리고 무엇 때문에 사람들에게서 그런 관심이 시작되었는지 그 이유를 알 수도 없었다. 하지만 그것은 어쨌든 사실이었다. 주의를 기울여 보니 관심의 정도도 여간이 아니었다. 한두 사람, 한두 곳에서만 나타난 현상이 아니었다. 그것은 이미 일반적인 현상이 되어 가고 있었다. 그리고 그렇듯 배꼽 이야기가 일반화의 기미를 엿보이기 시작하자 사람들은 이제 그걸 신호로 아무 흉허물 없이 터놓고 지껄이거나 신문, 잡지 같은 데서 진지하게 논의의 대상을 삼기도 하였다. 배꼽에 관한 논의가 그렇듯 갑자기 시중 일반에까지 성행하기 시작한 것이다.

기묘한 현상이었다.

잡생각(직관)

[Cut6]과 같은 시점을 공유한다. 이때 다른 사람들도 배꼽에 대해 관심을 가지고, 이것이 대중적이게 된 것이다.

28. ㉠~㉤의 서술 방식에 대한 설명으로 가장 적절한 것은?

① ㉠: 누구의 생각을 누가 말하는지 명시한 표현을 나타내어 서술하고 있다.
② ㉡: 인물의 생각을 서술자가 평가하며 그 심화된 의미를 함축하여 서술하고 있다.
③ ㉢: 인물의 의식을 인물 자신의 생생한 목소리를 통해 서술하고 있다.
④ ㉣: 인물의 상황에 관련된 정보를 부가하여 서술하고 있다.
⑤ ㉤: 인물 행동의 진행 과정을 순차적으로 서술하고 있다.

길라잡이

본인만의 풀이 과정을 적어보세요!

① ㉠: 누구의 생각을 누가 말하는지 명시한 표현을 나타내어 서술하고 있다.

② ㉡: 인물의 생각을 서술자가 평가하며 그 심화된 의미를 함축하여 서술하고 있다.

③ ㉢: 인물의 의식을 인물 자신의 생생한 목소리를 통해 서술하고 있다.

④ ㉣: 인물의 상황에 관련된 정보를 부가하여 서술하고 있다.

⑤ ㉤: 인물 행동의 진행 과정을 순차적으로 서술하고 있다.

29. 비밀 의 서사적 기능으로 가장 적절한 것은?

① 자신의 신념을 인물이 돌이켜 본 결과로, 새로운 세계관을 바탕으로 하는 주제를 형성한다.

② 얽힌 인간관계를 인물이 성찰하는 전환점으로, 갈등으로 인한 위기감을 완화한다.

③ 일상적이지 않은 경험을 인물이 의식한다는 표지로, 인물의 심리적 동요를 부른다.

④ 상충된 이해관계를 인물이 조정하는 단서로, 심화된 사회적 갈등을 해소한다.

⑤ 기성의 질서에 인물이 저항한다는 신호로, 돌발적 사건의 발생을 알린다.

길라잡이

본인만의 풀이 과정을 적어보세요!

---

① 자신의 신념을 인물이 돌이켜 본 결과로, 새로운 세계관을 바탕으로 하는 주제를 형성한다.

② 얽힌 인간관계를 인물이 성찰하는 전환점으로, 갈등으로 인한 위기감을 완화한다.

③ 일상적이지 않은 경험을 인물이 의식한다는 표지로, 인물의 심리적 동요를 부른다.

④ 상충된 이해관계를 인물이 조정하는 단서로, 심화된 사회적 갈등을 해소한다.

⑤ 기성의 질서에 인물이 저항한다는 신호로, 돌발적 사건의 발생을 알린다.

30. ‘허원’을 중심으로 윗글을 이해한 내용으로 적절하지 <u>않</u>은 것은?

① ‘허원’은 ‘실물’과 관련하여 시작된 ‘사념’을 통해 ‘존재’의 의미를 발견해 간다.

② ‘허원’은 ‘실물’이 몸에서 큰 기능을 하지 않는다는 것을 알고 일단 안도감을 느끼게 된다.

③ ‘허원’은 ‘사념’을 방편으로 삼아 자신의 현재 상태에 대해 다른 방향에서 접근하고자 한다.

④ ‘허원’은 ‘심상찮은 관심’의 원인에 대해 궁금해하면서 ‘세상 사람들’에게 주의를 기울이게 된다.

⑤ ‘허원’은 ‘실물’에 대한 인식을 ‘세상 사람들’과 공유하게 되면서, 그간 이어 온 ‘사념’을 더 이상 지속하지 않게 된다.

> **길라잡이**
> 본인만의 풀이 과정을 적어보세요!

① ‘허원’은 ‘실물’과 관련하여 시작된 ‘사념’을 통해 ‘존재’의 의미를 발견해 간다.

② ‘허원’은 ‘실물’이 몸에서 큰 기능을 하지 않는다는 것을 알고 일단 안도감을 느끼게 된다.

③ ‘허원’은 ‘사념’을 방편으로 삼아 자신의 현재 상태에 대해 다른 방향에서 접근하고자 한다.

④ ‘허원’은 ‘심상찮은 관심’의 원인에 대해 궁금해하면서 ‘세상 사람들’에게 주의를 기울이게 된다.

⑤ ‘허원’은 ‘실물’에 대한 인식을 ‘세상 사람들’과 공유하게 되면서, 그간 이어 온 ‘사념’을 더 이상 지속하지 않게 된다.

31. <보기>를 참고하여 윗글을 감상한 내용으로 적절하지 <u>않</u>은 것은?

> ─── <보 기> ───
>
> 「배꼽을 주제로 한 변주곡」은 주인공이 배꼽을 잃어버렸다는 허구적 설정으로 시작하여, 이후 배꼽을 둘러싼 희화적 에피소드들이 이어진다. 주인공은 으레 있어야 할 것이 없어져 불편한 생활을 이어 가던 중 배꼽에 관심을 갖는 이들이 늘어나고 있음을 알게 된다. 이 과정에서 배꼽에 관련된 개인적 상황은 물론 인간 존재와 사회 상황에 대한 심층적 의미의 탐색이 이루어진다.

① '의식의 끈'이 '건드려'짐으로써 주인공이 비정상적 문제 상황에 지속적으로 주목하게 된 것이겠군.

② '회사 출근'을 포기하게 되고 '늦잠 버릇'이 사라진 상황은, 주인공의 일상이 변화된 모습을 보여 준다고 할 수 있겠군.

③ '배꼽'을 '탯줄'에 연관하여 이해하는 것은, 개인에 관련된 생각을 '우주와 만나'는 '심오하고 추상적인' 생각으로 확장하는 실마리가 된다고 할 수 있겠군.

④ '그의 사념'이 도달한 '배꼽론'의 '확고한 경지'는 사소한 것의 심층적 의미를 탐색할 때 이를 수 있으므로, 그 사소한 것에 얽매이지 않는 자유로운 상태에서 실현이 가능해지겠군.

⑤ '기묘한 현상'은, '배꼽 이야기'가 '일반화'되는 상황이 뜻밖이지만 '사실'로 나타나는 현상을 두고 일컬은 말이라고 할 수 있겠군.

① '의식의 끈'이 '건드려'짐으로써 주인공이 비정상적 문제 상황에 지속적으로 주목하게 된 것이겠군.

② '회사 출근'을 포기하게 되고 '늦잠 버릇'이 사라진 상황은, 주인공의 일상이 변화된 모습을 보여 준다고 할 수 있겠군.

③ '배꼽'을 '탯줄'에 연관하여 이해하는 것은, 개인에 관련된 생각을 '우주와 만나'는 '심오하고 추상적인' 생각으로 확장하는 실마리가 된다고 할 수 있겠군.

④ '그의 사념'이 도달한 '배꼽론'의 '확고한 경지'는 사소한 것의 심층적 의미를 탐색할 때 이를 수 있으므로, 그 사소한 것에 얽매이지 않는 자유로운 상태에서 실현이 가능해지겠군.

⑤ '기묘한 현상'은, '배꼽 이야기'가 '일반화'되는 상황이 뜻밖이지만 '사실'로 나타나는 현상을 두고 일컬은 말이라고 할 수 있겠군.

문학

현대 산문

| 윤흥길, 「날개 또는 수갑」 |

□ 제복(制服)
□ 학교나 관청, 회사 따위에서 정하여진 규정에 따라 입도록 한
옷

□ 야릇하다
□ 정상적이지 않고 별나며 괴상하다.

□ 결성하다(結成)
□ 조직이나 단체 따위를 짜서 만들다

□ 잡역부(雜役夫)
□ 여러가지 자질구레한 일에 종사하는 남자

□ 험악하다(險惡)
□ 사물의 형세가 매우 나쁘다

□ 적대감(敵對感)
□ 적으로 여기는 감정

□ 소집하다(召集)
□ 단체나 조직체의 구성원을 불러서 모으다.

□ 어금어금하다
□ 비슷하다

□ 요식(要式)
□ 일정한 규정이나 방식에 따라야 할 양식

□ 관록(貫祿)
□ 어떤 일에 대한 상당한 경력으로 생긴 위엄이나 권위

□ 전폭적(全幅的)
□ 전체에 걸쳐 남김없이 완전한 것

□ 시종(始終)
□ 처음부터 끝까지

□ 대내외(對內外)
□ 나라나 사회의 안에 대한 것과 밖에 대한 것을 아울러 이르는
말.

□ 눈초리
□ 어떤 대상을 바라볼 때 눈에 나타나는 표정

□ 엇비뚜름하다
□ 서로 조금 비뚤다

□ 대거리(對)
□ 상대편에게 맞서서 대듦

☐ 교외(郊外)
☐ 도시의 주변 지역

☐ 정연(整然)
☐ 가지런하고 질서가 있다

☐ 개회식(開會式)
☐ 집회나 회합 따위를 시작할 때 행하는 의식

☐ 도열(堵列)
☐ 많은 사람이 죽 늘어섬. 또는 그런 대열

☐ 회합(會合)
☐ 토론이나 상담을 위하여 여럿이 모이는 일. 또는 그런 모임.

☐ 연단(演壇)
☐ 연설이나 강연을 하는 사람이 올라서는 단.

☐ 철책(鐵柵)
☐ 쇠로 만든 울타리

☐ 제창(齊唱)
☐ 여러 사람이 다 같이 큰 소리로 외치다

☐ 곤색
☐ '감색(紺色)'의 '감(紺)'을 일본식 한자 읽기로 발음하여 만든 단어이다.

☐ 일대(一隊)
☐ 많은 사람이나 짐승의 한 무리

☐ 감색(紺色)
☐ 어두운 남색

☐ 작당(作黨)
☐ 떼를 짓다. 또는 무리를 이루다

☐ 일색(一色)
☐ 한 가지의 빛깔

☐ 일치단결(一致團結)
☐ 여럿이 마음을 합쳐 한 덩어리로 굳게 뭉침

☐ 단장(丹粧)
☐ 얼굴, 머리, 옷차림 따위를 곱게 꾸미다

☐ 완강히(頑強히)
☐ 태도가 모질고 의지가 굳세게

[앞부분의 줄거리] 동림산업은 사무직 남자 사원들에게까지 제복 착용을 확대하는 정책을 시행하기로 했다. 이를 위해 준비 위원회를 결성해 전체 사원이 새로운 제복을 착용하도록 결정했으나, 그 결과에 불만을 품은 사무직 남자 사원들이 있었다.

"**이미 끝난 일이야.** 지금 와서 아무리 떠들어대 봤자 제복은 벌써 우리 몸에 절반쯤이나 입혀져 있어."

민도식이 나서서 **험악해진 분위기**를 간신히 가라앉혔다.

"준비 위원회를 구성하고 회의를 소집한 건 처음부터 요식 행위에 지나지 않았던 거야. 경영자 독단으로 처리하지 않고 사원들의 의사를 물어서 전폭적인 지지를 얻어 가지고 결정했다는 인상을 대내 외에 풍길 필요가 있었던 거야. 이제 길은 두 가지뿐야. ⓐ나머지 절반을 찾아서 마저 몸에 꿰든가, 아니면 기왕 우리 몸에 입혀진 절반을 아예 벗어 버리든가 각자가 알아서 결정할 일이야. 저기 좀 보라고. 저 사람 아까부터 우릴 비웃고 있어. 제복 얘기 앞으로는 그만하기로 하지."

생산부 공원 복장을 한 사내가 엇비뚜름한 자세로 이쪽을 돌아다보며 ⓐ야릇한 웃음을 입가에 물고 있었다. 그를 보더니 장상태가 화를 벌컥 내면서 큰 소리로 미스 윤을 불렀다.

"이봐, 저기 앉은 저 사람 내가 좀 보잔다고 전해!"

ⓑ눈이 휘둥그레진 미스 윤이 종종걸음으로 그에게 다가가기전에 그쪽에서 자진해서 먼저 일어섰다. 그가 충분히 알아들을 수 있을 정도로 장의 목소리가 컸던 것이다.

"저를 부르셨습니까?"

여전히 웃음기를 입에 문 얼굴이 장을 정면으로 상대했다.

"당신 뭐야? 뭔데 어제부터 남의 얘길 엿듣고 비웃지, 비웃길?"

"비웃음으로 보셨다면 용서하십쇼. 엿듣고 싶은 생각은 없었습니 다. 가만히 앉아 있어도 들릴 정도로 선생님들 말소리가 컸습니다. 말씀 내용이 동림산업에 계신 분들 같아서 저도 모르게 관심이 갔나 봅니다."

"오오라, 그러고 보니 당신도 동림 가족의 일원이 분명하군. 부서 가 어디야?"

"생산부 제1 공장입니다. 거기서 잡역부로 근무하고 있습니다."

"이름은?"

"권입니다."

"이름이 권이다? 그럼 성까지 아주 짝을 채워 보게."

"성이 권입니다."

만만한 상대를 만난 장은 권 씨를 노리갯감으로 삼아 화풀이할 작정임을 분명히 하면서 동료들에게 은밀히 눈짓을 보냈다. 함께 놀이에 끼어들라는 뜻일 것이다.

[A] 그러나 도식이 보기엔 첫눈에 결코 만만한 상대가 아니었다. 그는 참을성 좋게 여전히 웃고 있었다. 그것은 생산부 공원들이 본사의 사무직을 대할 때 일반적으로 갖는 비굴한 표정이 아니었다. 그렇다고 적대감도 아닌 그것은 일종의 자신감의 표현임이 분명했다. 두툼한 입술과 커다란 눈이 얼핏 눈에 띄는 특징이었다. 장상태하고 비교해서 둘이 서로 어금어금할 정도로 작은 체구였다. 실제 나이는 장보다 두세 살쯤 위일 것 같은데 적어도 이삼십 년은 더 세상을 살아 냈을 법한 관록 같은 게 엿보이는 얼굴이었고, 그것이 교양이라는 것하고도 연결되어 잡역부라던 자기소개가 아무래도 믿어지지 않는 그런 사람이었다.

"짝을 채우기 싫다 이거지? 좋았어. 그런데 자네가 하는 잡역 일하고 무슨 상관이 있어서 우리 얘기에 이틀 동안이나 관심이 갔지?"

"물론 상관은 없습니다. 그렇지만 한쪽에선 작업 중에 팔이 뭉텅 잘려져 나간 사람이 있고 그 팔 값을 찾아 주려고 투쟁하는 사람들이 있는 반면에 다른 한쪽에선 몸에 걸치는 옷 때문에 자기 인생을 걸려는 분들도 계시구나 하는 생각이 들어서 **그냥 지나칠 수가 없었습니다.**"

그 순간 장상태의 얼굴색이 하얗게 질리는 것 같았다.

(중략)

체육 대회가 열리는 제1 공장까지 가자면 다른 날보다 더 일찍 나서야 되는데도 여전히 밍기적거리고만 있는 남편 곁에서 아내는 시종 근심스런 눈초리를 거두지 않았다. 제복 때문에 **총각 사원 하나**가 사표를 던졌다는 소문을 아내는 믿지 않았다. 사표를 제출한 게 아니라 강제로 모가지가 잘린 거라고 굳게 믿고 있었다.

"까짓것 난 필요 없어. 거기 아니면 밥 빌어먹을 데 없는 줄 알아? 세상엔 아직도 유니폼 안 입는 회사가 수두룩하단 말야!"

ⓒ거듭되는 재촉에 이렇게 큰소리로 대거리를 했지만 결국 민도식은 뒤늦게나마 집을 나서고 말았다.

시내를 멀리 벗어나서 교외에 널찍하게 자리 잡은 제1 공장 앞에 당도했을 때는 벌써 개회식이 시작된 뒤였다. 공장 정문 철책 너머로 **검정 곤색 일색**의 운동장을 넘어다보는 순간 민도식은 갑자기 ⓓ숨이 턱 막혀 옴을 느꼈다. 새로 맞춘 제복으로 단장한 남녀 전 사원이 각 부서별로 군대처럼 질서 정연하게 도열해 서서 연단에 선 지휘자의 손끝을 우러러보며 사가(社歌)를 제창하기 직전의 예비 운동으로 목청을 가다듬는 헛기침들을 하고 있었다. 이윽고 공장 일대를 한바탕 들었다 놓는 우렁찬 노래가 터지기 시작했다. 노래 부르는 사원들 모두가 작당해서 ⓔ지각한 사람을 야유하는 듯한 기분이 들었다. 검정 곤색의 제복들이 일치단결해 가지고 사복 차림으로 꽁무니에 따라붙으려는 유일한 사람을 완강히 거부하는 듯한 기분에 사로잡혔다. 세상 전체가 온통 제복투성이인 가운데 저 혼자만 외돌토리로 떨어져 있는 셈이었다. 자기 한 사람쯤 불참한다 해도 아무렇지도 않게 체육 대회 개회식은 진행될 수 있다는 사실이 민도식을 무척 화나면서도 그지없이 외롭게 만들었다. 정문으로 들어서지도 못하고 그렇다고 뒤돌아서서 나오지도 못한 채 그는 일단 멈춘 자리에 붙박여 버린 듯 언제까지고 움직일줄을 몰랐다.

-윤흥길, 「날개 또는 수갑」-

28. [A]의 서술상의 특징으로 가장 적절한 것은?

① 인물의 행위를 사실적으로 그려 내어 내적 갈등을 표면화하고 있다.

② 과거와 현재를 교차하여 인물이 겪는 인식의 변화를 드러내고 있다.

③ 공간적 배경을 구체적으로 묘사하여 인물이 처한 상황을 드러내고 있다.

④ 서술자가 특정 인물의 시선을 통해 인물의 특징을 관찰하여 알려 주고 있다.

⑤ 서술자가 인물의 경험을 삽화 형식으로 나열하여 사건을 입체적으로 보여 주고 있다.

29. ㉠의 의미와 관련하여 윗글을 이해한 내용으로 적절하지 <u>않은</u> 것은

① '이미 끝난 일이야'라는 말로 보아, 남자 사원들 중에 ㉠을 마저 입을지를 결정해야 하는 상황에 직면했다고 생각하는 사람이 있음을 알 수 있다.

② '험악해진 분위기'로 보아, ㉠과 관련된 문제로 남자 사원들 사이에 소란스러운 일이 있었음을 알 수 있다.

③ '그냥 지나칠 수가 없었습니다'라는 말로 보아, 권 씨도 남자 사원들과 마찬가지로 ㉠을 마저 입을지를 선택하는 일이 무엇보다 중요한 문제라고 생각하고 있음을 알 수 있다.

④ '총각 사원 하나'에 대한 아내의 반응으로 보아, 아내는 총각 사원이 ㉠ 때문에 회사를 스스로 그만두었다는 소문을 믿지 않고 있음을 알 수 있다.

⑤ '검정 곤색 일색'으로 보아, 체육 대회에 참석한 전체 사원이 ㉠을 마저 입게 되었음을 알 수 있다.

30. ⓐ~ⓔ에 대한 이해로 적절하지 <u>않은</u> 것은?

① ⓐ는 권 씨가 사무직 사원들의 대화에 관심이 있었음을
나타내는 반응이다.

② ⓑ는 장상태가 화를 내며 큰 소리로 명령하였기 때문에
미스 윤이 드러낸 반응이다.

③ ⓒ는 아내가 집을 나서지 않고 있는 남편 때문에 걱정하
여 보인 반응이다.

④ ⓓ는 전체 사원들이 같은 옷을 입고 군대처럼 도열한 모
습을 본 민도식에게 나타난 반응이다.

⑤ ⓔ는 사원들이 사복을 입은 민도식에 대한 불만을 드러내
는 반응이다.

31. <보기>를 참고하여 윗글을 감상한 내용으로 적절하지 <u>않</u>
<u>은</u> 것은?

> ────── <보 기> ──────
>
> '중도적 주인공'은 자신이 속한 집단의 논리를 비판
> 적으로 인식하면서도 집단의 논리를 따를지 여부를
> 결정하지 못하는 상태에 있는 인물이다. '중도적 주
> 인공'은 인식 측면에서는 집단의 논리에 숨겨진 문제
> 를 읽어 내는 주체적인 관점을 보인다. 그러나 행동
> 측면에서는 자신의 인식에 따라 적극적으로 행동하지
> 못하거나, 집단에 동화되지 못한 채 집단 논리의 수
> 용 여부를 두고 머뭇거리는 모습을 보인다.

① 동료에게 '준비 위원회'의 '회의'에 담긴 '경영자'의 숨은 의
도를 파악하여 발언하는 것을 보니, 민도식은 '동림산업'이
내세우는 논리에 대해 비판적으로 인식하는 주체적인 관점
을 지니고 있다고 볼 수 있군.

② 권 씨를 '노리갯감'으로 삼자는 장상태의 '눈짓'을 읽었지
만 이에 선뜻 동참하지 않은 것을 보니, 민도식은 '작업 중'
사고를 둘러싼 '투쟁'과 '몸에 걸치는 옷'을 둘러싼 논쟁에
적극적으로 참여하고 있지 않다고 볼 수 있군.

③ 아내에게 '큰소리'로 자신의 생각을 말하면서도 '뒤늦게나
마 집을 나서'는 것을 보니, 민도식은 '동림산업'의 문제를
인식하고 있으면서도 회사를 떠나지 못하는 상황에 놓여 있
다고 볼 수 있군.

④ '사복 차림'으로 체육 대회에 가지만 자신을 '꽁무니에 따
라 붙으려는' 사람이라고 생각하는 것을 보니, 민도식은 집
단의 논리를 거부하고 싶지만 집단에 소속되고 싶은 마음도
지니고 있다고 볼 수 있군.

⑤ '제1 공장' 정문 앞에서 '붙박여 버린 듯' 움직이지 않는 모
습을 보니, 민도식은 '동림산업'의 정책에 대한 비판을 적극
적인 행동으로 옮길지 여부를 결정하지 못하고 있다고 볼
수 있군.

[Cut 1]

[앞부분의 줄거리] 동림산업은 사무직 남자 사원들에게까지 제복 착용을 확대하는 정책을 시행하기로 했다. 이를 위해 준비 위원회를 결성해 전체 사원이 새로운 제복을 착용하도록 결정했으나, 그 결과에 불만을 품은 사무직 남자 사원들이 있었다.

잡생각(직관)

‘사무직 남자 사원들에게까지’를 고려하면, 이미 동림산업 내부에서 ‘사무직 남자 사원들’이 아닌 ‘생산직 남자 직원들’ 또는 ‘사무직 여자 사원들’은 이미 제복을 입고 있다는 것을 알 수 있다. 또 동림산업과 사무직 남자 직원들의 대립이 예상된다. 회사(동림산업)은 제복 착용을 권장하지만, 사원(사무직 남자 직원)들은 이에 반대하는 양상이다.

		이미
사무직	↔	현장직
남자 직원들	↔	여자 직원들
직원들 까지	⇒	직원들 은 입고 있었나?

[Cut 2]

“이미 끝난 일이야. 지금 와서 아무리 떠들어대 봤자 제복은 벌써 우리 몸에 절반쯤이나 입혀져 있어.”

민도식이 나서서 험악해진 분위기를 간신히 가라앉혔다.

“준비 위원회를 구성하고 회의를 소집한 건 처음부터 요식 행위에 지나지 않았던 거야. 경영자 독단으로 처리하지 않고 사원들의 의사를 물어서 전폭적인 지지를 얻어 가지고 결정했다는 인상을 대내외에 풍길 필요가 있었던 거야. 이제 길은 두 가지뿐이야. 나머지 절반을 찾아서 마저 몸에 꿰든가, 아니면 기왕 우리 몸에 입혀진 절반을 아예 벗어 버리든가 각자가 알아서 결정할 일이야. 저기 좀 보라고. 저 사람 아까 부터 우릴 비웃고 있어. 제복 얘기 앞으로는 그만하기로 하지.”

잡생각(직관)

‘민도식’과 ‘저 사람’이 등장하고 있다. 민도식은 제복 착용 쟁점에 대해서 찬성과 반대를 명시적인 입장을 밝히고 있지 않다.

민도식이 저 사람을 인식하고, 제복 얘기가 멈췄다. 독자는 이제 민도식과 저 사람의 갈등이 등장할 것을 예측할 수 있다.

[Cut 3]

생산부 공원 복장을 한 사내가 엇비뚜름한 자세로 이쪽을 돌아다보며 야릇한 웃음을 입가에 물고 있었다. 그를 보더니 장상태가 화를 벌컥 내면서 큰 소리로 미스 윤을 불렀다.

"이봐, 저기 앉은 저 사람 내가 좀 보잔다고 전해!"

눈이 휘둥그레진 미스 윤이 종종걸음으로 그에게 다가가기 전에 그쪽에서 자진해서 먼저 일어섰다. 그가 충분히 알아들을 수 있을 정도로 장의 목소리가 컸던 것이다.

"저를 부르셨습니까?"

여전히 웃음기를 입에 문 얼굴이 장을 정면으로 상대했다.

"당신 뭐야? 뭔데 어제부터 남의 얘길 엿듣고 비웃지, 비웃길?"

"비웃음으로 보셨다면 용서하십쇼. 엿듣고 싶은 생각은 없었습니다. 가만히 앉아 있어도 들릴 정도로 선생님들 말소리가 컸습니다. 말씀 내용이 동림산업에 계신 분들 같아서 저도 모르게 관심이 갔나 봅니다."

"오오라, 그러고 보니 당신도 동림 가족의 일원이 분명하군. 부서가 어디야?"

"생산부 제1 공장입니다. 거기서 잡역부로 근무하고 있습니다."

"이름은?"

"권입니다."

"이름이 권이다? 그럼 성까지 아주 짝을 채워 보게."

"성이 권입니다."

만만한 상대를 만난 장은 권 씨를 노리갯감으로 삼아 화풀이할 작정임을 분명히 하면서 동료들에게 은밀히 눈짓을 보냈다. 함께 놀이에 끼어들라는 뜻일 것이다.

'장상태'가 추가적으로 등장한다. 화를 벌컥 내면서 미스 윤에게 큰 목소리로 부르는 점, 권 씨를 화풀이 대상으로 삼는 점을 고려하면, 다혈질적인 성격임을 예측할 수 있다. 또 장상태가 미스 윤에게 일방적인 지시를 하는 것을 보아 장상태가 미스 윤보다 상급자임을 알 수 있다.

권 씨는 생산부 잡역부이다. 이때 [Cut1]에서 해본 생각을 고려하면, 이미 생산직 사원들은 제복을 입고 있다는 것을 알 수 있다.

사무직	↔	이미 (현장직)
남자 직원들	↔	여자 직원들
직원들 까지	⇒	직원들 은 입고 있었나?

[Cut 4]

그러나 도식이 보기엔 첫눈에 결코 만만한 상대가 아니었다. 그는 참을성 좋게 여전히 웃고 있었다. 그것은 생산부 공원들이 본사의 사무직을 대할 때 일반적으로 갖는 비굴한 표정이 아니었다. 그렇다고 적대감도 아닌 그것은 일종의 자신감의 표현임이 분명했다. 두툼한 입술과 커다란 눈이 얼핏 눈에 띄는 특징이었다. 장상태하고 비교해서 둘이 서로 어금어금할 정도로 작은 체구였다. 실제 나이는 장보다 두세 살쯤 위일 것 같은데 적어도 이삼십 년은 더 세상을 살아 냈을 법한 관록 같은 게 엿보이는 얼굴이었고, 그것이 교양이라는 것하고도 연결되어 잡역부라던 자기소개가 아무래도 믿어지지 않는 그런 사람이었다.

잡생각(직관)

장상태와 다르게 민도식은 '권 씨'를 다르게 인식하고 있다. 이를 통해 성급한 장상태와 신중한 민도식의 성격 차이를 알 수 있다.

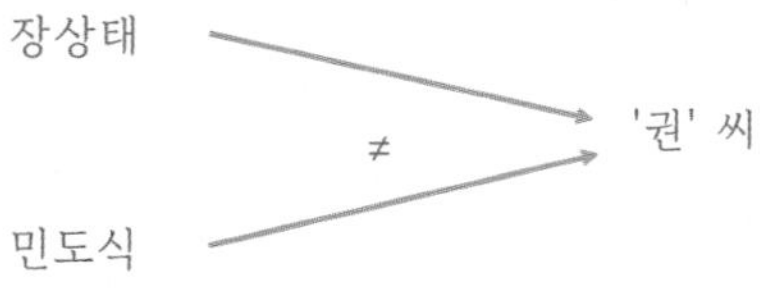

민도식의 시점으로 권 씨의 외형이 묘사되어 있고 그 과정에서 장상태와 비교가 제시되어 있다. 민도식이 권 씨를 보고 관록이 엿보인다는 점, 잡역부라는 자기소개가 믿어지지 않는다는 점을 고려하면, 민도식이 권 씨를 긍정적으로 평가하고 있음을 알 수 있다.

[Cut 5]

"짝을 채우기 싫다 이거지? 좋았어. 그런데 자네가 하는 잡역 일하고 무슨 상관이 있어서 우리 얘기에 이틀 동안이나 관심이 갔지?"

"물론 상관은 없습니다. 그렇지만 한쪽에선 작업 중에 팔이 뭉텅 잘려져 나간 사람이 있고 그 팔 값을 찾아 주려고 투쟁하는 사람들이 있는 반면에 다른 한쪽에선 몸에 걸치는 옷 때문에 자기 인생을 걸려는 분들도 계시구나 하는 생각이 들어서 그냥 지나칠 수가 없었습니다."

그 순간 장상태의 얼굴색이 하얗게 질리는 것 같았다.

(중략)

잡생각(직관)

[Cut4]의 짝을 채우는 것은 장상태가 권 씨에게 요구한 '성과 이름의 짝을 지어 말하라'는 응답과 관련된 것이다. 장상태는 권 씨에게 성과 이름을 물어봤으나 권 씨는 자신의 성씨밖에 알려주지 않는다.

장상태와 권 씨의 대화를 보면, 장상태는 권 씨에게 화풀이를 하려고 했으나, 권 씨의 돌려까기로 할 말이 없어진 것이다. 이를통해 민도식의 [Cut4]에서의 판단(만만치 않은 상대)가 사실이라는 것을 알 수 있다.

[Cut 6]

체육 대회가 열리는 제1 공장까지 가자면 다른 날보다 더 일찍 나서야 되는데도 여전히 밍기적거리고만 있는 남편 곁에서 아내는 시종 근심스런 눈초리를 거두지 않았다. 제복 때문에 총각 사원 하나가 사표를 던졌다는 소문을 아내는 믿지 않았다. 사표를 제출한 게 아니라 강제로 모가지가 잘린 거라고 굳게 믿고 있었다.

"까짓것 난 필요 없어. 거기 아니면 밥 빌어먹을 데 없는 줄 알아? 세상엔 아직도 유니폼 안 입는 회사가 수두룩하단 말야!"

거듭되는 재촉에 이렇게 큰소리로 대거리를 했지만 결국 민도식은 뒤늦게나마 집을 나서고 말았다.

체육 대회가 열리는 날에 민도식이 밍기적거리는 행동을 고려하면, 민도식은 회사의 제복 착용에 대해 반감을 가지는 것을 알 수 있다. 이는 재촉하는 아내에게 하는 말을 통해서도 알 수 있다. 그러나 현실적인 사정으로 어쩔 수 없이 그곳으로 출발한다.

[중략] 이전에서도 그랬지만, 이후에도 민도식의 입장에서 서사가 진행되는 것을 알 수 있다. 따라서 대상에 대한 민도식의 반응에 초점을 맞춰 독해하는 것이 좋다.
다음과 같은 구조로 봐도 좋다.

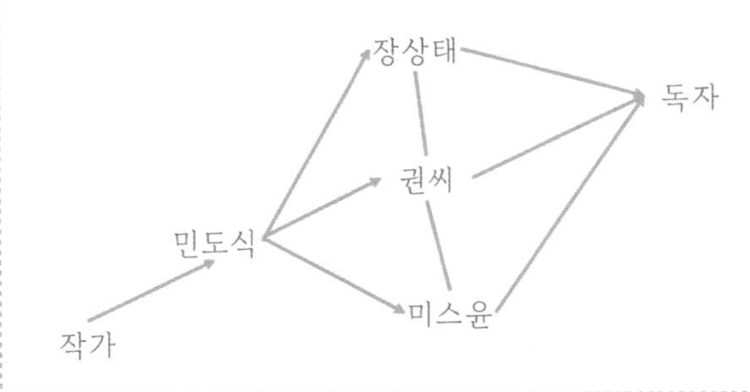

[Cut 7]

시내를 멀리 벗어나서 교외에 널찍하게 자리 잡은 제1 공장 앞에 당도했을 때는 벌써 개회식이 시작된 뒤였다. 공장 정문 철책 너머로 검정 곤색 일색의 운동장을 넘어다보는 순간 [민도식은 갑자기 숨이 턱 막혀 옴을 느꼈다.] 새로 맞춘 제복으로 단장한 남녀 전 사원이 각 부서별로 군대처럼 질서 정연하게 도열해 서서 연단에 선 지휘자의 손끝을 우러러보며 사가(社歌)를 제창하기 직전의 예비 운동으로 목청을 가다듬는 헛기침들을 하고 있었다. 이윽고 공장 일대를 한바탕 들었다 놓는 우렁찬 노래가 터지기 시작했다. [노래 부르는 사원들 모두가 작당해서 지각한 사람을 야유하는 듯한 기분이 들었다. 검정 곤색의 제복들이 일치 단결해 가지고 사복 차림으로 꽁무니에 따라붙으려는 유일한 사람을 완강히 거부하는 듯한 기분에 사로잡혔다. 세상 전체가 온통 제복투성이인 가운데 저 혼자만 외돌토리로 떨어져 있는 셈이었다. 자기 한 사람쯤 불참한다 해도 아무렇지도 않게 체육 대회 개회식은 진행될 수 있다는 사실이 민도식을 무척 화나면서도 그지없이 외롭게 만들었다. 정문으로 들어서지도 못하고 그렇다고 뒤돌아서서 나오지도 못한 채 그는 일단 멈춘 자리에 붙박여 버린 듯 언제까지고 움직일 줄을 몰랐다.]

[Cut7]에서는 민도식의 반응이 주로 제시되어 있다. 다음과 같이 정리할 수 있다.

상황		반응
운동장을 봄	⇒	·숨이 막힘
우렁찬 노래	⇒	·사람들이 나를 거부함
		·화남
		·외로움
		·이도저도 못함

'검정 곤색의 제복들이 일치 단결해 가지고 사복 차림으로 꽁무니에 따라붙으려는 유일한 사람을 완강히 거부하는 듯한 기분에 사로잡혔다.'를 고려하면, 민도식은 결국 제복을 입지 않고 회사에 나간 것을 알 수 있다. 이때 독자는 민도식을 제외한 나머지 모두가 제복을 입었다는 것을 보고 '앞서 시끄럽던 장상태는 어디갔지' 같은 생각을 해볼 수 있다.

28. [A]의 서술상의 특징으로 가장 적절한 것은?

① 인물의 행위를 사실적으로 그려 내어 내적 갈등을 표면화
하고 있다.
② 과거와 현재를 교차하여 인물이 겪는 인식의 변화를 드러
내고 있다.
③ 공간적 배경을 구체적으로 묘사하여 인물이 처한 상황을
드러내고 있다.
④ 서술자가 특정 인물의 시선을 통해 인물의 특징을 관찰하
여 알려 주고 있다.
⑤ 서술자가 인물의 경험을 삽화 형식으로 나열하여 사건을
입체적으로 보여 주고 있다.

길라잡이
본인만의 풀이 과정을 적어보세요!

① 인물의 행위를 사실적으로 그려 내어 내적 갈등을 표면화
하고 있다.

② 과거와 현재를 교차하여 인물이 겪는 인식의 변화를 드러
내고 있다.

③ 공간적 배경을 구체적으로 묘사하여 인물이 처한 상황을
드러내고 있다.

④ 서술자가 특정 인물의 시선을 통해 인물의 특징을 관찰하
여 알려 주고 있다.

⑤ 서술자가 인물의 경험을 삽화 형식으로 나열하여 사건을
입체적으로 보여 주고 있다.

29. ㉠의 의미와 관련하여 윗글을 이해한 내용으로 적절하지 <u>않은</u> 것은

① ‘이미 끝난 일이야’라는 말로 보아, 남자 사원들 중에 ㉠을 마저 입을지를 결정해야 하는 상황에 직면했다고 생각하는 사람이 있음을 알 수 있다.

② ‘험악해진 분위기’로 보아, ㉠과 관련된 문제로 남자 사원들 사이에 소란스러운 일이 있었음을 알 수 있다.

③ ‘그냥 지나칠 수가 없었습니다’라는 말로 보아, 권 씨도 남자 사원들과 마찬가지로 ㉠을 마저 입을지를 선택하는 일이 무엇보다 중요한 문제라고 생각하고 있음을 알 수 있다.

④ ‘총각 사원 하나’에 대한 아내의 반응으로 보아, 아내는 총각 사원이 ㉠ 때문에 회사를 스스로 그만두었다는 소문을 믿지 않고 있음을 알 수 있다.

⑤ ‘검정 곤색 일색’으로 보아, 체육 대회에 참석한 전체 사원이 ㉠을 마저 입게 되었음을 알 수 있다.

길라잡이
본인만의 풀이 과정을 적어보세요!

① ‘이미 끝난 일이야’라는 말로 보아, 남자 사원들 중에 ㉠을 마저 입을지를 결정해야 하는 상황에 직면했다고 생각하는 사람이 있음을 알 수 있다.

② ‘험악해진 분위기’로 보아, ㉠과 관련된 문제로 남자 사원들 사이에 소란스러운 일이 있었음을 알 수 있다.

③ ‘그냥 지나칠 수가 없었습니다’라는 말로 보아, 권 씨도 남자 사원들과 마찬가지로 ㉠을 마저 입을지를 선택하는 일이 무엇보다 중요한 문제라고 생각하고 있음을 알 수 있다.

④ ‘총각 사원 하나’에 대한 아내의 반응으로 보아, 아내는 총각 사원이 ㉠ 때문에 회사를 스스로 그만두었다는 소문을 믿지 않고 있음을 알 수 있다.

⑤ ‘검정 곤색 일색’으로 보아, 체육 대회에 참석한 전체 사원이 ㉠을 마저 입게 되었음을 알 수 있다.

30. ⓐ~ⓔ에 대한 이해로 적절하지 <u>않은</u> 것은?

① ⓐ는 권 씨가 사무직 사원들의 대화에 관심이 있었음을 나타내는 반응이다.

② ⓑ는 장상태가 화를 내며 큰 소리로 명령하였기 때문에 미스 윤이 드러낸 반응이다.

③ ⓒ는 아내가 집을 나서지 않고 있는 남편 때문에 걱정하여 보인 반응이다.

④ ⓓ는 전체 사원들이 같은 옷을 입고 군대처럼 도열한 모습을 본 민도식에게 나타난 반응이다.

⑤ ⓔ는 사원들이 사복을 입은 민도식에 대한 불만을 드러내는 반응이다.

길라잡이

본인만의 풀이 과정을 적어보세요!

① ⓐ는 권 씨가 사무직 사원들의 대화에 관심이 있었음을 나타내는 반응이다.

② ⓑ는 장상태가 화를 내며 큰 소리로 명령하였기 때문에 미스 윤이 드러낸 반응이다.

③ ⓒ는 아내가 집을 나서지 않고 있는 남편 때문에 걱정하여 보인 반응이다.

④ ⓓ는 전체 사원들이 같은 옷을 입고 군대처럼 도열한 모습을 본 민도식에게 나타난 반응이다.

⑤ ⓔ는 사원들이 사복을 입은 민도식에 대한 불만을 드러내는 반응이다.

31. <보기>를 참고하여 윗글을 감상한 내용으로 적절하지 <u>않</u>은 것은?

> ───── <보 기> ─────
>
> '중도적 주인공'은 자신이 속한 집단의 논리를 비판적으로 인식하면서도 집단의 논리를 따를지 여부를 결정하지 못하는 상태에 있는 인물이다. '중도적 주인공'은 인식 측면에서는 집단의 논리에 숨겨진 문제를 읽어 내는 주체적인 관점을 보인다. 그러나 행동 측면에서는 자신의 인식에 따라 적극적으로 행동하지 못하거나, 집단에 동화되지 못한 채 집단 논리의 수용 여부를 두고 머뭇거리는 모습을 보인다.

① 동료에게 '준비 위원회'의 '회의'에 담긴 '경영자'의 숨은 의도를 파악하여 발언하는 것을 보니, 민도식은 '동림산업'이 내세우는 논리에 대해 비판적으로 인식하는 주체적인 관점을 지니고 있다고 볼 수 있군.

② 권 씨를 '노리갯감'으로 삼자는 장상태의 '눈짓'을 읽었지만 이에 선뜻 동참하지 않은 것을 보니, 민도식은 '작업 중' 사고를 둘러싼 '투쟁'과 '몸에 걸치는 옷'을 둘러싼 논쟁에 적극적으로 참여하고 있지 않다고 볼 수 있군.

③ 아내에게 '큰소리'로 자신의 생각을 말하면서도 '뒤늦게나마 집을 나서'는 것을 보니, 민도식은 '동림산업'의 문제를 인식하고 있으면서도 회사를 떠나지 못하는 상황에 놓여 있다고 볼 수 있군.

④ '사복 차림'으로 체육 대회에 가지만 자신을 '꽁무니에 따라 붙으려는' 사람이라고 생각하는 것을 보니, 민도식은 집단의 논리를 거부하고 싶지만 집단에 소속되고 싶은 마음도 지니고 있다고 볼 수 있군.

⑤ '제1 공장' 정문 앞에서 '붙박여 버린 듯' 움직이지 않는 모습을 보니, 민도식은 '동림산업'의 정책에 대한 비판을 적극적인 행동으로 옮길지 여부를 결정하지 못하고 있다고 볼 수 있군.

길라잡이

본인만의 풀이 과정을 적어보세요!

---

① 동료에게 '준비 위원회'의 '회의'에 담긴 '경영자'의 숨은 의도를 파악하여 발언하는 것을 보니, 민도식은 '동림산업'이 내세우는 논리에 대해 비판적으로 인식하는 주체적인 관점을 지니고 있다고 볼 수 있군.

② 권 씨를 '노리갯감'으로 삼자는 장상태의 '눈짓'을 읽었지만 이에 선뜻 동참하지 않은 것을 보니, 민도식은 '작업 중' 사고를 둘러싼 '투쟁'과 '몸에 걸치는 옷'을 둘러싼 논쟁에 적극적으로 참여하고 있지 않다고 볼 수 있군.

③ 아내에게 '큰소리'로 자신의 생각을 말하면서도 '뒤늦게나마 집을 나서'는 것을 보니, 민도식은 '동림산업'의 문제를 인식하고 있으면서도 회사를 떠나지 못하는 상황에 놓여 있다고 볼 수 있군.

④ '사복 차림'으로 체육 대회에 가지만 자신을 '꽁무니에 따라 붙으려는' 사람이라고 생각하는 것을 보니, 민도식은 집단의 논리를 거부하고 싶지만 집단에 소속되고 싶은 마음도 지니고 있다고 볼 수 있군.

⑤ '제1 공장' 정문 앞에서 '붙박여 버린 듯' 움직이지 않는 모습을 보니, 민도식은 '동림산업'의 정책에 대한 비판을 적극적인 행동으로 옮길지 여부를 결정하지 못하고 있다고 볼 수 있군.

|현대 산문|

| 임철우, 「아버지의 땅」 |

□ 시인하다(是認)
□ 어떤 내용이나 사실이 옳거나 그러하다고 인정하다.

□ 참호(塹壕)
□ 전투에서 몸을 숨기면서 적과 싸우기 위하여 방어선을 따라 판 구덩이

□ 환영(幻影)
□ 눈앞에 없는 것이 있는 것처럼 보이는 것

□ 유해(遺骸)
□ 죽은 사람의 몸을 태우고 남은 뼈

□ 음산하다(陰散)
□ 분위기 따위가 으스스하고 썰렁하다.

□ 인근(鄰近)
□ 이웃한 가까운 곳

□ 그지없다
□ 끝이 없다. 이루 다 말할 수 없다

□ 냉혹성(冷酷性)
□ 인정이 없고 가혹한 성질

□ 이따금
□ 얼마쯤씩 있다가 가끔

□ 치어다보다
□ '쳐다보다'의 본말

□ 디밀다
□ '들이밀다'의 준말

□ 목줄기
□ '목덜미'의 방언

□ 음습하다(陰濕)
□ 정서적으로 느끼기에 음산하고 눅눅하다.

□ 소반(小盤)
□ 자그마한 밥상

□ 죄악감(罪惡感)
□ 어떤 행위를 죄악이라고 느끼는 감정

□ 사발(沙鉢)
□ 그릇

□ 야산(**野山**)
□ 들 가까이의 나지막한 산

□ 불현듯
□ 어떤 행동을 갑작스럽게 하는 모양

□ 헐벗다
□ 나무가 없어 산의 맨바닥이 드러나다.

□ 응달지다
□ 그늘이 져 있다

□ 영락없다(**零落**)
□ 조금도 틀리지 아니하고 꼭 들어맞다

□ 황황히(**皇皇**히)
□ 갈팡질팡 어쩔 줄 모를 정도로 급하게

□ 이윽고
□ 얼마 있다가. 또는 얼마쯤 시간이 흐른 뒤에

□ 도톰하다
□ 보기 좋을 정도로 알맞게 두껍다.

□ 봉분(**封墳**)
□ 흙을 둥글게 쌓아 올려서 무덤을 만듦. 또는 그 무덤

□ 떼장
□ 흙이 붙어 있는 상태로 뿌리째 떠낸 잔디의 조각

길라잡이

모르는 어휘가 있다면 정리하세요!

어머니의 변명은 끝끝내 내 마음을 어루만져 주지 못했다. 그 후로 나는 좀처럼 아버지에 대한 얘기를 꺼내지 않게 되었다. 뜻밖에도 아버지의 죄를 순순히 시인하는 그녀의 ⓐ한마디가 내게는 그토록 엄청난 충격으로 깊이 남겨졌던 탓이리라. ㉠바로 그 순간부터 나는 아버지의 그 죄라는 것을 내 스스로 함께 나누어 지니고 만 느낌이었고, 그 때문에 나이에 걸맞지 않게 나는 눈빛이 깊고 어두운 아이가 되어 가고 있었다. 그리고 그때부터 아버지의 무서운 환영은 저주처럼 내 곁을 따라다니기시작했다. 그는 언제나 시커먼 어둠 저편에 숨어서 음산하기 그지없는 눈빛으로 나를 쏘아보고 있었다. 그는 어디에나 숨어있었다. 내 어릴 때 이따금 고개를 디밀어 들여다보면 마루 밑 저편 깊숙이 도사리고 있던 그 까마득한 어둠 속에도 그 어둠속에서 술술 기어 나오던 그 눅눅하고 음습한 냄새 속에서도 내가 한 번도 얼굴을 본 적이 없는 그 사내는 핏발 선 눈알을 번득이며 나를 쏘아보고 있는 것이었다. 그건 어디서 묻었는지도 모르는, 오랜 시간이 흐른 뒤에까지 지워지지 않는 핏자국처럼 내게는 저주와 공포의 **낙인**으로 깊이 박혀져 있었다. 그리고 그 낙인을 가슴에 지닌 채, 나는 끝끝내 나를 휘감고 있는 어떤 엄청난 **죄악감과 불길한 예감**으로부터 영영 벗어날 수가 없었다.

[중략 부분의 줄거리] 나와 부대원들은 훈련에 대비해 참호를 파다가 발견한 유해를 인근 마을의 노인과 함께 수습하여 매장하는 일을 행한다.

두개골과 다리뼈를 꼼꼼히 문질러 닦은 뒤, 노인은 몸통뼈에 묶인 줄을 풀어내기 시작했다. 완강하게 묶인 매듭은 마침내 노인의 손끝에서 풀리어졌다. 금방이라도 쩔걱쩔걱 쇳소리를 낼 듯한 철삿줄은 싱싱하게 살아 있었다. 살을 녹이고 뼈까지도 녹슬게 만든 그 오랜 시간과 땅 밑의 어둠을 끝끝내 견뎌 내고 그렇듯 시퍼렇게 되살아 나오는 그것의 놀라운 끈질김과 냉혹성이 언뜻 소름끼치도록 무서움증을 느끼게 했다.

노인은 손목과 팔에 묶인 결박까지 마저 풀어낸 다음 허리를 펴고 일어서더니 **줄 묶음**을 들고 저만치 걸어 나갔다. 그가 허공을 향해 그것을 멀리 **내던지**는 순간 나는 까닭 모르게 마당가에서 하늘을 치어다보며 서 있는 어머니의 가녀린 목 줄기와 그녀가 아침마다 소반 위에 떠서 올리곤 하던 하얀 **물 사발**이 눈앞에 떠올랐다가 스러져 버리는 것이었다.

㉡나는 담배를 피워 물었다. 멀리 메마른 초겨울의 야산이 헐벗은 등을 까 내놓고 죽은 듯이 엎드려 있었다. 사위는 온통 잿빛의 풍경이었다. 피잉, 현기증이 일었다.

광주리를 머리에 인 어머니가 **모래밭**을 걸어오고 있었다. 돌돌거리며 흐르는 물소리를 거슬러 강변 모래밭을 어니가 혼자 저만치서 다가오고 있었다. 모래밭은 하얗게 햇살을 되받

아쏘며 은빛으로 반짝였다. 허리띠를 질끈 동인 어머니의 치맛자락이 흐느적이며 바람결에 흔들리고 있었다. 나는 햇살에 부신 눈을 가늘게 오므리고 줄곧 그녀를 지켜보고 있었다. 그 때였다. 꿈속에서처럼 나는 그녀의 뒤를 바짝 따라오고 있는 한 **사내의 환영**을 보았다. 그건 아버지였다. ㉢언젠가 어머니의 낡은 반닫이 깊숙한 옷가지 밑에 숨겨져 있던 액자 속에서 학생복 차림으로 서 있던 그대로 그건 영락없는 그 사내였다. 나를 어머니의 배 속에 남겨 놓은 채 어느 바람이 몹시 부는 날 밤, 산길을 타고 지리산인가 어디로 황황히 떠나가 버렸다는 사내. 창백해 뵈는 뺨에 마른 몸집의 그 사내가 어머니와 함께 걸어오고 있는 것이었다. 놀란 눈으로 풀밭에 앉아 나는 그들을 지켜보고 있었다. 이윽고 어머니의 눈썹과 코, 입의 윤곽과 야윈 목 줄기까지 뚜렷이 드러날 만큼 가까워졌을 때 사내의 환영은 어느 틈에 사라져 버리고 없었다. 몇 번이나 눈을 비비고 보았으나 역시 마찬가지였다. 하얗게 반짝이는 모래밭 위로 어머니가 찍어 내는 발자국만 유령처럼 끈질기게 그녀의 발꿈치를 뒤따라오고 있을 뿐이었다.

우리는 관 대신에 신문지로 싼 **유해**를 맨 처음 그 자리에 다시 묻어 주었다. 도톰하니 봉분을 만들고 뗏장까지 입혀 놓고 보니 엉성한 대로 형상은 갖춘 듯싶었다. 노인은 술을 흙 위에 뿌려 주었다. 그리고 자신이 먼저 한 모금 마신 다음에 잔을 돌렸다. 오 일병이 노파가 준 북어를 내놓았고, 덕분에 작은 술판이 벌어졌다. 음복인 셈이었다.

"얌마, 이런 느닷없는 장례식도 모두 너희 두 놈들 때문이니까,자 한 잔씩 마셔라."

"그래그래, 어쨌든 너희들은 좋은 일 했으니 천당 가도 되겠다."

소대장이 병을 기울였고 다른 녀석들도 낄낄대며 ⓑ한마디씩 보태었다.

술이 가득 차오른 반합 뚜껑을 나는 두 손으로 받쳐 들었다. ㉣저것 봐라이. ㉥날짐승도 때가 되면 돌아올 줄 아는 법이다. 어머니가 말했다. 저만치 웬 사내가 서 있었다. 가슴과 팔목에 철삿줄을 동여맨 채 사내는 이쪽을 응시하며 구부정하게 서 있었다. 퀭하니 열려 있는 그 사내의 눈은 잔뜩 겁에 질려 있는 채로였다. 애앵. 총성이 울렸고 그는 허물어지듯 앞으로 고꾸라지고 있었다. ㉤불현듯 시야가 부옇게 흐려 왔다.

아아. 아버지는 지금 어디에 쓰러져 누워 있을 것인가. 해마다 머리맡에 무성한 ㉦쑥부쟁이와 엉겅퀴꽃을 지천으로 피워 내며 이제 아버지는 어느 버려진 밭고랑, 어느 응달진 산 기슭에 무덤도 묘비도 없이 홀로 잠들어 있을 것인가.

- 임철우, 「아버지의 땅」 -

27. ㉠~㉤의 서술 방식에 대한 설명으로 적절하지 <u>않은</u> 것은?

① ㉠: '나'의 지각 내용을 '나'가 서술하는 상황으로 인물과 서술자가 겹쳐 있다.

② ㉡: 서술의 주체를 알 수 있는 표지가 분명하게 제시되어 서술자와 지각의 주체가 뚜렷이 구분된다.

③ ㉢: '나'가 아니라 '나'가 지각하는 대상을 주어로 서술함으로써 지각의 대상을 부각하는 효과가 나타난다.

④ ㉣: 인용 부호 없이 서술된 발화에서 인물의 목소리가 드러난다.

⑤ ㉤: 지각의 주체를 알리는 표지가 나타나지 않아서 누가 지각한 바를 서술한 것인지 모호한 상황이 빚어진다.

28. 윗글에서 ⓐ와 ⓑ의 서사적 기능에 대한 설명으로 가장 적절한 것은?

① ⓐ가 이야기의 심화된 주제를 구현하는 제재라면, ⓑ는 이야기의 주제를 가늠하도록 하는 단서이다.

② ⓐ가 이야기를 절정에 치닫도록 하는 추진력이라면, ⓑ는 이야기를 결말에 이르게 하는 원동력이다.

③ ⓐ가 이야기의 긴장감이 형성되는 요인이라면, ⓑ는 이야기의 긴장감이 완화됨을 드러내는 표지이다.

④ ⓐ가 이야기의 위기감이 해소된 종착점이라면, ⓑ는 이야기의 위기감이 고조된 정점이다.

⑤ ⓐ가 이야기를 일으키는 시발점이라면, ⓑ는 이야기의 전모가 드러나게 되는 귀결점이다.

29. ㉮와 ㉯에 대한 이해로 가장 적절한 것은?

① ㉮는 ㉯에 비해 능동적이므로 인물이 처한 문제 상황에
미치는 영향력이 크다.
② ㉮는 ㉯와 달리, 시간과 공간에 관여되면서 이야기의 배
경에 실감을 더하게 된다.
③ ㉯는 ㉮와 달리, 희망적인 성격이 강하므로 인물이 원하
는 바를 집약한 결과이다.
④ ㉯에서 연상되는 상황이 현실이 될 경우 ㉮에 투영된 염
원은 실현 가능성이 사라진다
⑤ ㉮와 ㉯ 모두, 관념적 의미가 부여됨으로써 인물이 이념
에 편향되어 있음이 알려진다.

30. <보기>를 참고하여 윗글을 감상한 내용으로 적절하지 <u>않</u>
은 것은?

<보 기>

부정적인 방향으로 응고된 기억을 돌이켜 긍정적인
방향으로 재편함으로써 심리적 안정을 도모하는 기회
를 마련할 수 있다. 심리 요법의 일환으로 적용되는
'기억 재응고화'는 마음의 상처로 남은 기억을 재구
성하여 다른 의미와 가치에 대응시킴으로써, 사람들
로 하여금 부정적 기억으로 빚어진 심리적 불안정에
대응할 힘을 회복하도록 돕는 원리이다.

① '낙인'과도 같은 유년의 기억을 성인이 되어서도 떨쳐 버
리지 못했다는 고백에 비추어 보면, 응고된 기억의 영향력
에서 벗어나는 일이 쉽지 않음을 짐작할 수 있겠군.
② '죄악감과 불길한 예감'을 유발한 동인을 추적해 보면,
'아버지'에 관한 기억이 마음의 상처로 남음으로써 '나'의
심리적 불안정이 비롯되고 있음을 추정할 수 있겠군.
③ '줄 묶음'을 '내던지'는 '노인'의 행위와 '물 사발'을 올리
는 '어머니'의 행위가 이어지며 제시되는 부분을 보면,
'나'의 기억을 재응고화하기 위한 이들의 노력을 확인할
수 있겠군.
④ '모래밭'에서의 '어머니' 형상과 '사내의 환영'이 어우러지
는 장면에서, '아버지'에 대해 굳어져 있던 기억이 재편될
수 있는 가능성이 시사된다고 할 수 있겠군.
⑤ '아버지'에 대한 이미지가 '유해'에 대응되면서 '나'의 정서
적 반응에 변화가 생기는 것을 보면, 부정적인 기억을 재
구성함으로써 심리적 안정을 회복해 가는 경위를 엿볼 수
있겠군.

메모

[Cut 1]

[어머니의 변명]은 [끝끝내 내 마음을 어루만져 주지 못했다.] [그 후로 나는 좀처럼 아버지에 대한 얘기를 꺼내지 않게 되었다.] [뜻밖에도 아버지의 죄를 순순히 시인하는 그녀의 한마디]가 [내게는 그토록 엄청난 충격으로 깊이 남겨졌던 탓이리라.] 바로 그 순간부터 [나는 아버지의 그 죄라는 것을 내 스스로 함께 나누어 지니고 만 느낌이었고], [그 때문에 나이에 걸맞지 않게 나는 눈빛이 깊고 어두운 아이가 되어 가고 있었다]. 그리고 그때부터 [아버지의 무서운 환영은 저주처럼 내 곁을 따라다니기 시작했다. 그는 언제나 시커먼 어둠 저편에 숨어서 음산하기 그지없는 눈빛으로 나를 쏘아보고 있었다. 그는 어디에나 숨어 있었다. 내 어릴 때 이따금 고개를 디밀어 들여다보면 마루 밑 저편 깊숙이 도사리고 있던 그 까마득한 어둠 속에도 그 어둠 속에서 술술 기어 나오던 그 눅눅하고 음습한 냄새 속에서도 내가 한 번도 얼굴을 본 적이 없는 그 사내는 핏발 선 눈알을 번득이며 나를 쏘아보고 있는 것이었다. 그건 어디서 묻었는지도 모르는, 오랜 시간이 흐른 뒤에까지 지워지지 않는 핏자국처럼 내게는 저주와 공포의 낙인으로 깊이 박혀져 있었다. 그리고 그 낙인을 가슴에 지닌 채, 나는 끝끝내 나를 휘감고 있는 어떤 엄청난 죄악감과 불길한 예감으로부터 영영 벗어날 수가 없었다.]

잡생각(직관)

‘나’가 지문의 초점인물로 등장한다. 따라서 독자는 ‘나’의 반응에 초점을 맞춰 독해할 수 있다.

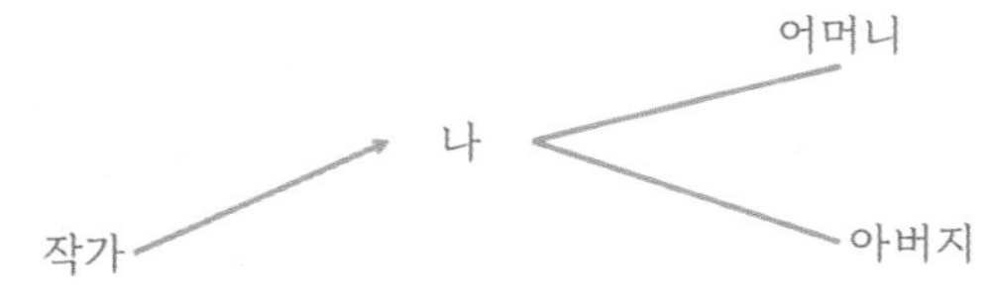

[Cut1]에서는 ‘나’의 어머니의 변명은 ‘아버지의 죄를 순순히 시인하는 그녀의 한마디’와 문맥상 유사하다. 또 이것을 원인으로, 이후 등장하는 ‘나’의 반응을 결과로 볼 수 있다. 실전에선 가벼운 인과관계로 인식해도 무방하다.

[Cut 2]

[중략 부분의 줄거리] 나와 부대원들은 훈련에 대비해 참호를 파다가 발견한 유해를 인근 마을의 노인과 함께 수습하여 매장하는 일을 행한다.

잡생각(직관)

‘부대원’, ‘훈련’을 고려해보면, 정확한 직책은 알 수 없지만, ‘나’가 군인 신분임을 알 수 있다.

[중략]을 고려하면, [Cut1]의 ‘나’의 아버지에 대한 얘기와 앞으로 진행될 얘기가 관련될 것임을 예측할 수 있다.

[Cut 3]

　두개골과 다리뼈를 꼼꼼히 문질러 닦은 뒤, 노인은 몸통뼈에 묶인 줄을 풀어내기 시작했다. 완강하게 묶인 매듭은 마침내 노인의 손끝에서 풀리어졌다. 금방이라도 쩔걱쩔걱 쇳소리를 낼 듯한 철삿줄은 싱싱하게 살아 있었다. 살을 녹이고 뼈까지도 녹슬게 만든 그 오랜 시간과 땅 밑의 어둠을 끝끝내 견뎌 내고 그렇듯 시퍼렇게 되살아 나오는 ^{대상}[그것의 놀라운 끈질김과 냉혹]이 ^{'나'의 반응}[언뜻 소름끼치도록 무서움증을 느끼게 했다.]

　노인은 손목과 팔에 묶인 결박까지 마저 풀어낸 다음 허리를 펴고 일어서더니 줄 묶음을 들고 저만치 걸어 나갔다. ^{대상}[그가 허공을 향해 그것을 멀리 내던지는 순간] ^{'나'의 반응}[나는 까닭 모르게 마당가에서 하늘을 치어다보며 서 있는 어머니의 가녀린 목 줄기와 그녀가 아침마다 소반 위에 떠서 올리곤 하던 하얀 물 사발이 눈앞에 떠올랐다가 스러져 버리는 것이었다.]

잡생각(직관)

　[Cut3]은 유해를 수습하고 매장하는 일을 '나'의 시선으로 묘사한다. 정확히 말하자면, '유해를 수습하는 일'이다. 따라서 이후에 '매장하는 일'이 등장할 것을 예측할 수 있다.

　'나'는 노인이 유해를 수습하는 것을 보고, '소름끼치도록 무서움증'을 느끼고, 노인이 줄 묶음을 멀리 내던지는 것을 보고, '나'의 어머니의 모습을 떠올린다. 이때 [Cut1]에서 등장했던 '어머니의 변명'과 무언가 연결될 것이라는 생각을 하며 독해하는 것을 추천한다.

대상	반응
그것(철삿줄)	·소름끼치도록 무서움
노인이 철삿줄 묶음을 멀리 던짐	·어머니의 가녀린 목 줄기 ·하얀 물 사발

[Cut 4]

　나는 담배를 피워 물었다. ^{대상}[멀리 메마른 초겨울의 야산이 헐벗은 등을 까 내놓고 죽은 듯이 엎드려 있었다.] 사위는 온통 잿빛의 풍경이었다. ^{'나'의 반응}[피잉, 현기증이 일었다.

　광주리를 머리에 인 어머니가 모래밭을 걸어오고 있었다. 돌돌거리며 흐르는 물소리를 거슬러 강변 모래밭을 어머니가 혼자 저만치서 다가오고 있었다. 모래밭은 하얗게 햇살을 되받아 쏘며 은빛으로 반짝였다. 허리띠를 질끈 동인 어머니의 치맛자락이 흐느적이며 바람결에 흔들리고 있었다. 나는 햇살에 부신 눈을 가늘게 오므리고 줄곧 그녀를 지켜보고 있었다. 그때였다. 꿈속에서처럼 나는 그녀의 뒤를 바짝 따라오고 있는 한 사내의 환영을 보았다. 그건 아버지였다. 언젠가 어머니의 낡은 반닫이 깊숙한 옷가지 밑에 숨겨져 있던 액자 속에서 학생복 차림으로 서 있던 그대로 그건 영락없는 그 사내였다. 나를 어머니의 배 속에 남겨 놓은 채 어느 바람이 몹시 부는 날 밤, 산길을 타고 지리산인가 어디로 황황히 떠나가 버렸다는 사내. 창백해 뵈는 뺨에 마른 몸집의 그 사내가 어머니와 함께 걸어오고 있는 것이었다. 놀란 눈으로 풀밭에 앉아 나는 그들을 지켜보고 있었다. 이윽고 어머니의 눈썹과 코, 입의 윤곽과 야윈 목 줄기까지 뚜렷이 드러날 만큼 가까워졌을 때 사내의 환영은 어느 틈에 사라져 버리고 없었다. 몇 번이나 눈을 비비고 보았으나 역시 마찬가지였다. 하얗게 반짝이는 모래밭 위로 어머니가 찍어 내는 발자국만 유령처럼 끈질기게 그녀의 발꿈치를 뒤따라오고 있을 뿐이었다.]

잡생각(직관)

　'나'는 야산을 보고 현기증을 느낌과 동시에 나름의 환상을 본다.

대상	반응
	·현기증
야산	·어머니가 걸어오는 환상
	·사내의 환영

　이때 회상 장면과 수식어구가 혼잡하게 배치되어 있어 독해하는데 어려움을 겪을 수 있지만, 이런 부분들을 쳐내고 읽으면 쉽게 독해할 수 있다. 추가적으로 [Cut3]에서 '나'의 반응 중 '어머니의 가녀린 목 줄기'가 여기서 등장한다.

[Cut 5]

우리는 관 대신에 신문지로 싼 유해를 맨 처음 그 자리에 다시 묻어 주었다. 도톰하니 봉분을 만들고 뗏장까지 입혀 놓고 보니 엉성한 대로 형상은 갖춘 듯싶었다. 노인은 술을 흙 위에 뿌려 주었다. 그리고 자신이 먼저 한 모금 마신 다음에 잔을 돌렸다. 오 일병이 노파가 준 북어를 내놓았고, 덕분에 작은 술판이 벌어졌다. 음복인 셈이었다.

"얌마, 이런 느닷없는 장례식도 모두 너희 두 놈들 때문이니까, 자 한 잔씩 마셔라."

"그래그래, 어쨌든 너희들은 좋은 일 했으니 천당 가도 되겠다."

소대장이 병을 기울였고 다른 녀석들도 낄낄대며 한마디씩 보태었다.

^{대상}[술이 가득 차오른 반합 뚜껑을 나는 두 손으로 받쳐 들었다.]

잡생각(직관)

[Cut3]에서 '유해를 수습하는 행위'가 등장했고, [Cut6]에서 '유해를 묻어주는 행위'가 등장한다.

[Cut 6]

^{'나'의 반응}[저것 봐라이. 날짐승도 때가 되면 돌아올 줄 아는 법이다. 어머니가 말했다.] ^{'나'의 반응}[저만치 웬 사내가 서 있었다. 가슴과 팔목에 철삿줄을 동여맨 채 사내는 이쪽을 응시하며 구부정하게 서 있었다. 휑하니 열려 있는 그 사내의 눈은 잔뜩 겁에 질려 있는 채로였다. 애앵. 총성이 울렸고 그는 허물어지듯 앞으로 고꾸라지고 있었다. 불현듯 시야가 부옇게 흐려 왔다.]

잡생각(직관)

'나'는 [Cut6]에서 반합 뚜껑을 보고 어머니의 말을 떠올린다. 이를 대상과 반응으로 볼 수 있다.

대상	반응
술이 가득 차오른 반합 뚜껑	·어머니의 말을 떠올림 ·사내가 서있다가 쓰러짐 ·시야가 흐려옴

추가적으로 [Cut7]은 [Cut3]에서의 '나'의 반응 중 '하얀 물사발'과 관련된 내용이다. [Cut6]에서 '나'는 '반합 뚜껑'을 보고, [Cut7]로 넘어와 어머니의 발언을 떠올린다. 여기서 어머니는 날짐승도 때가 되면 돌아온다는 생각으로 아버지도 그렇게 돌아올 것이라고 생각한다. 이때 '하얀 물사발'은 아버지를 기다리는 어머니의 소망을 나타내는 장치임을 알 수 있다.¹⁾

'나'가 유해를 수습하던 중 어머니와 아버지를 떠올리는 이유를 알 수 있다. 문맥을 고려하면 '나'의 시야 속에서 계속 등장하는 사내는 '아버지'임을 알 수 있다. 이러한 사내가 팔목에 철삿줄을 동여맨 채 총성이 울려 사망한다는 것은, '나'는 아버지와 자신이 수습하던 유해를 동일시하고 있음을 알 수 있다. 즉 '나'는 '어쩌면 우리 아버지도 저렇게 죽은 건가?'와 같은 생각을 하는 것이다.

[Cut 7]

　아아. 아버지는 지금 어디에 쓰러져 누워 있을 것인가. 해마다 머리맡에 무성한 쑥부쟁이와 엉겅퀴꽃을 지천으로 피워 내며 이제 아버지는 어느 버려진 밭고랑, 어느 응달진 산기슭에 무덤도 묘비도 없이 홀로 잠들어 있을 것인가.

27. ㉠~㉤의 서술 방식에 대한 설명으로 적절하지 <u>않은</u> 것은?

① ㉠: '나'의 지각 내용을 '나'가 서술하는 상황으로 인물과 서술자가 겹쳐 있다.

② ㉡: 서술의 주체를 알 수 있는 표지가 분명하게 제시되어 서술자와 지각의 주체가 뚜렷이 구분된다.

③ ㉢: '나'가 아니라 '나'가 지각하는 대상을 주어로 서술함으로써 지각의 대상을 부각하는 효과가 나타난다.

④ ㉣: 인용 부호 없이 서술된 발화에서 인물의 목소리가 드러난다.

⑤ ㉤: 지각의 주체를 알리는 표지가 나타나지 않아서 누가 지각한 바를 서술한 것인지 모호한 상황이 빚어진다.

길라잡이

본인만의 풀이 과정을 적어보세요!

① ㉠: '나'의 지각 내용을 '나'가 서술하는 상황으로 인물과 서술자가 겹쳐 있다.

② ㉡: 서술의 주체를 알 수 있는 표지가 분명하게 제시되어 서술자와 지각의 주체가 뚜렷이 구분된다.

③ ㉢: '나'가 아니라 '나'가 지각하는 대상을 주어로 서술함으로써 지각의 대상을 부각하는 효과가 나타난다.

④ ㉣: 인용 부호 없이 서술된 발화에서 인물의 목소리가 드러난다.

⑤ ㉤: 지각의 주체를 알리는 표지가 나타나지 않아서 누가 지각한 바를 서술한 것인지 모호한 상황이 빚어진다.

28. 윗글에서 ⓐ와 ⓑ의 서사적 기능에 대한 설명으로 가장 적절한 것은?

① ⓐ가 이야기의 심화된 주제를 구현하는 제재라면, ⓑ는 이야기의 주제를 가늠하도록 하는 단서이다.

② ⓐ가 이야기를 절정에 치닫도록 하는 추진력이라면, ⓑ는 이야기를 결말에 이르게 하는 원동력이다.

③ ⓐ가 이야기의 긴장감이 형성되는 요인이라면, ⓑ는 이야기의 긴장감이 완화됨을 드러내는 표지이다.

④ ⓐ가 이야기의 위기감이 해소된 종착점이라면, ⓑ는 이야기의 위기감이 고조된 정점이다.

⑤ ⓐ가 이야기를 일으키는 시발점이라면, ⓑ는 이야기의 전모가 드러나게 되는 귀결점이다.

길라잡이
본인만의 풀이 과정을 적어보세요!

① ⓐ가 이야기의 심화된 주제를 구현하는 제재라면, ⓑ는 이야기의 주제를 가늠하도록 하는 단서이다.

② ⓐ가 이야기를 절정에 치닫도록 하는 추진력이라면, ⓑ는 이야기를 결말에 이르게 하는 원동력이다.

③ ⓐ가 이야기의 긴장감이 형성되는 요인이라면, ⓑ는 이야기의 긴장감이 완화됨을 드러내는 표지이다.

④ ⓐ가 이야기의 위기감이 해소된 종착점이라면, ⓑ는 이야기의 위기감이 고조된 정점이다.

⑤ ⓐ가 이야기를 일으키는 시발점이라면, ⓑ은 이야기의 전모가 드러나게 되는 귀결점이다.

29. ㉮와 ㉯에 대한 이해로 가장 적절한 것은?

① ㉮는 ㉯에 비해 능동적이므로 인물이 처한 문제 상황에 미치는 영향력이 크다.

② ㉮는 ㉯와 달리, 시간과 공간에 관여되면서 이야기의 배경에 실감을 더하게 된다.

③ ㉯는 ㉮와 달리, 희망적인 성격이 강하므로 인물이 원하는 바를 집약한 결과이다.

④ ㉯에서 연상되는 상황이 현실이 될 경우 ㉮에 투영된 염원은 실현 가능성이 사라진다

⑤ ㉮와 ㉯ 모두, 관념적 의미가 부여됨으로써 인물이 이념에 편향되어 있음이 알려진다.

길라잡이

본인만의 풀이 과정을 적어보세요!

① ㉮는 ㉯에 비해 능동적이므로 인물이 처한 문제 상황에 미치는 영향력이 크다.

② ㉮는 ㉯와 달리, 시간과 공간에 관여되면서 이야기의 배경에 실감을 더하게 된다.

③ ㉯는 ㉮와 달리, 희망적인 성격이 강하므로 인물이 원하는 바를 집약한 결과이다.

④ ㉯에서 연상되는 상황이 현실이 될 경우 ㉮에 투영된 염원은 실현 가능성이 사라진다

⑤ ㉮와 ㉯ 모두, 관념적 의미가 부여됨으로써 인물이 이념에 편향되어 있음이 알려진다.

30. <보기>를 참고하여 윗글을 감상한 내용으로 적절하지 <u>않</u><u>은</u> 것은?

------<보 기>------

부정적인 방향으로 응고된 기억을 돌이켜 긍정적인 방향으로 재편함으로써 심리적 안정을 도모하는 기회를 마련할 수 있다. 심리 요법의 일환으로 적용되는 '기억 재응고화'는 마음의 상처로 남은 기억을 재구성하여 다른 의미와 가치에 대응시킴으로써, 사람들로 하여금 부정적 기억으로 빚어진 심리적 불안정에 대응할 힘을 회복하도록 돕는 원리이다.

① '낙인'과도 같은 유년의 기억을 성인이 되어서도 떨쳐 버리지 못했다는 고백에 비추어 보면, 응고된 기억의 영향력에서 벗어나는 일이 쉽지 않음을 짐작할 수 있겠군.

② '죄악감과 불길한 예감'을 유발한 동인을 추적해 보면, '아버지'에 관한 기억이 마음의 상처로 남음으로써 '나'의 심리적 불안정이 비롯되고 있음을 추정할 수 있겠군.

③ '줄 묶음'을 '내던지'는 '노인'의 행위와 '물 사발'을 올리는 '어머니'의 행위가 이어지며 제시되는 부분을 보면, '나'의 기억을 재응고화하기 위한 이들의 노력을 확인할 수 있겠군.

④ '모래밭'에서의 '어머니' 형상과 '사내의 환영'이 어우러지는 장면에서, '아버지'에 대해 굳어져 있던 기억이 재편될 수 있는 가능성이 시사된다고 할 수 있겠군.

⑤ '아버지'에 대한 이미지가 '유해'에 대응되면서 '나'의 정서적 반응에 변화가 생기는 것을 보면, 부정적인 기억을 재구성함으로써 심리적 안정을 회복해 가는 경위를 엿볼 수 있겠군.

① '낙인'과도 같은 유년의 기억을 성인이 되어서도 떨쳐 버리지 못했다는 고백에 비추어 보면, 응고된 기억의 영향력에서 벗어나는 일이 쉽지 않음을 짐작할 수 있겠군.

② '죄악감과 불길한 예감'을 유발한 동인을 추적해 보면, '아버지'에 관한 기억이 마음의 상처로 남음으로써 '나'의 심리적 불안정이 비롯되고 있음을 추정할 수 있겠군.

③ '줄 묶음'을 '내던지'는 '노인'의 행위와 '물 사발'을 올리는 '어머니'의 행위가 이어지며 제시되는 부분을 보면, '나'의 기억을 재응고화하기 위한 이들의 노력을 확인할 수 있겠군.

④ '모래밭'에서의 '어머니' 형상과 '사내의 환영'이 어우러지는 장면에서, '아버지'에 대해 굳어져 있던 기억이 재편될 수 있는 가능성이 시사된다고 할 수 있겠군.

⑤ '아버지'에 대한 이미지가 '유해'에 대응되면서 '나'의 정서적 반응에 변화가 생기는 것을 보면, 부정적인 기억을 재구성함으로써 심리적 안정을 회복해 가는 경위를 엿볼 수 있겠군.

길라잡이

본인만의 풀이 과정을 적어보세요!

| 고전 산문 |

어휘

어휘

고전 산문을 공부할 때도, 앞서 현대 산문에서 언급했던 'CUT 분할'과 '잡생각(직관)' 개념은 그대로 적용할 수 있다. 다만 고전 산문은 낯선 단어가 많이 출제되는 편이므로, 문제를 푼 뒤 어휘 정리 과정을 한 번쯤 거치길 권장한다.

여기서 중요한 것은 어휘 노트를 만들어 기계적으로 암기하기보다는, 모르는 단어를 발견할 때마다 체크해 두고 여러 번 회독하는 식으로 자연스럽게 익히는 방식이다. 마치 가랑비에 옷 젖듯, 반복적인 노출을 통해 어휘가 차츰 몸에 배도록 하는 것이 목표다. 영단어를 외우듯 무작정 암기하기보다, 작품을 읽을 때마다 해당 어휘를 다시 확인하고 맥락 속에서 익히는 과정을 반복해야 한다.

메모

| 고전 산문 |

| 작자 미상, 「정을선전」 |

□ 소자(小子)
□ 아들이 부모를 상대하여 자기를 낮추어 이르는 일인칭 대명사.

□ 한데
□ '그런데'의 뜻을 나타내는 말.

□ 금침(衾枕)
□ 이부자리와 베개를 아울러 이르는 말.

□ 구년지수
□ 오랫동안 계속되는 큰 홍수.

□ 상소(上疏)
□ 임금에게 글을 올리던 일.

□ 칠년대한
□ 칠 년 동안이나 내리 계속되는 큰 가.

□ 진무하다(鎭撫)
□ 안정시키고 어루만져 달래다.

□ 빗발
□ 비가 내리칠 때에 줄이 죽죽 진 것처럼 떨어지는 빗줄기.

□ 흉계(兇計)
□ 흉악한 계략.

□ 참혹하다(慘酷)
□ 비참하고 끔찍하다.

□ 거동(擧動)
□ 몸을 움직임.

□ 형상(形像)
□ 사물의 생긴 모양이나 상태.

□ 구호하다(救護)
□ 재해나 재난 따위로 어려움에 처한 사람을 도와 보호하다.

□ 야위다
□ 몸의 살이 빠져 조금 파리하게 되다.

□ 방성통곡(放聲痛哭)
□ 큰 소리로 몹시 슬프게 곡을 함.

□ 하릴없이
□ 달리 어떻게 할 도리가 없이,조금도 틀림이 없이.

□ 침소(寢所)
□ 사람이 잠을 자는 곳.
□

□ 구병하다(救病)
□ 앓는 사람이나 다친 사람을 곁에서 돌보고 시중을 들다/
□

□ 강권하다(強勸)
□ 내키지 아니한 것을 억지로 권하다.
□

□ 참소하다(讒訴)
□ 남을 헐뜯어서 죄가 있는 것처럼 꾸며 윗사람에게 고하여 바
□ 침.

□ 연유
□ 일의 까닭.
□

길라잡이
모르는 어휘가 있다면 정리하세요!

[앞부분의 줄거리] 승상 정을선이 출정한 사이 정렬부인의 모략으로 충렬부인이 옥에 갇히자 시비 금섬이 충렬부인을 피신시키고 자진한다. 옥에서 얼굴이 상한 금섬의 시신이 발견되자 왕비는 월매를 문초한다. 전장에서 정을선은 호첩이 전한 편지를 읽는다.

원수가 대경하여 호첩을 불러 **연고**를 물으시고 인하여 중군장에게 분부하시되 '나는 집에 변이 있어 먼저 가니 중군장은 차후에 인솔하여 오라.'하고 밤낮 삼 일 만에 득달하니 이때에 왕비의 시비 월매가 종시 토설치 아니하매 **매를** 많이 맞고 여쭈오되

"어서 바삐 죽이시면 금섬의 뒤를 쫓아가겠나이다."

한데 왕비 크게 노하여 목을 베라 할 즈음에 이때 승상이 필마로 달려오다가 월매 죽이려 하는 거동을 보고 급히 소리를 지르며 말에서 내려 이를 구호하매 문왈

"충렬부인은 어디 계시냐?"

월매 인사를 모르다가 승상을 보고 방성통곡 왈

"승상은 바삐 충렬부인을 살리소서."

한데 승상이 급히 문왈

"어디 계시냐?"

한데 월매 울며 왈

"소인이 걷지 못하오니 어찌 가오리까?"

한데 급히 종을 불러 월매를 업히고 구덩이를 찾아가 보니 부인이 아기를 안고 있거늘 아기는 잠을 깊이 들었는지라.

승상이 **통곡** 왈

"부인은 눈을 떠 나를 보소서."

한데 부인이 눈을 떠 보니 승상이 왔거늘 정신 아득하여 인사를 모르다가 겨우 인사를 차려 왈

"이것이 꿈인가 생시인가 구년지수의 해 같고 칠년대한의 빗발같이 바라더니 지금 구덩이에서 만날 줄 알았으리까. 승상은 나의 누명을 씻겨 주소서."

하며 인사를 모르는지라. 그 참혹한 형상을 어디에 비하리오. **슬픔에 매우 야위어 뼈가 드러**나게 되었는지라. 승상이 아기를 안아 월매를 주고 부인을 구한 후에 자리를 마련하여 옥석을 구별할새, 왕비전에 뵈온대 왕비 못내 반기시며 **사연**을 낱낱이 이르시되 승상 왈

㉠"이 일은 소자가 이미 아는 바이오니 염려 마옵소서."

하며 왈

㉡"처음에 그놈이 충렬부인 방에 간 줄 어찌 알으셨나이까?"

왕비 왈

"사촌 오라비가 이르기로 알았노라."

하신대 승상이 복록을 찾는데 벌써 제 **죄**를 알고 후원에 올

라가 이미 죽었는지라. 하릴없어 옥졸을 잡아들여 엄히 문왈

"너희는 어찌 충렬부인 아닌 줄 알았느냐? 바로 아뢰라."

하신대 옥졸이 급히 여쭈오되

"얼굴이 상하여 아모란 줄 모로오나 손길이 곱지 못하오매 소인 등 소견에 충렬부인이 천하일색이라 하더니 손이 곱지 아니하더라 하올 제 정렬부인의 시비 금연이 이를 듣고 묻기에 자세히 이르고 부디 다른 데 가서 이 말 말라 당부하옵더니, 필연 금연의 입을 통해 발설이 된가 하나이다."

한데 승상이 금연을 잡아들여 문왈

"이 말을 듣고 네게 국문하니 바른대로 고하라."

하는 소리가 벼락이 꼭두에 임한 듯하고 궁궐이 뒤집히는 듯 하더라. 이때에 정렬부인이 **승상의 호통소리**를 듣고 똥을 한 무더기를 싸고 자빠졌는지라. 금연이 하릴없어 바로 아뢰나니라 하고 정렬부인 하던 말이며 제가 남복을 하고 충렬부인 침소로 들어간 말이며 이불 속에 누웠다가 달아난 말이며 정렬부인이 앓는 체하고 누웠사오매 충렬부인이 약으로 구병하며 곁에 있으시매 침소로 가라 강권하여 침소로 마지못하여 가시매 복록이 왕비께 참소하던 연유를 낱낱이 아뢴대 왕비 곁에 있다가 **앙천통곡**하시며 왈

"내 밝지 못하여 **악녀**의 꾀에 빠져 충렬부인을 죽이려 하였나니 무슨 면목으로 충렬부인을 보리오."

하시며 자결코자 하거늘 승상이 붙들고 울며 왈

"모친이 너무 과도히 하시면 소자가 먼저 죽으려 하나이다."

왕비 금침에 누워 일어나지 못하더라. 승상이 정렬부인을 결박하여 땅에 꿇리고 크게 노하여 왈

"너는 무엇이 부족하여 충렬부인을 해코자 하느냐. 어찌 일시를 살리리오. 내 임의로는 죽이고 싶으나 황상께 아뢰고 죽게 하리라."

하고 **상소**하니 그 글에 하였으되

"대사마 대도독 대원수 정을선은 돈수백배하고 아뢰나니 신이 서융을 쳐 사로잡고, 백성을 진무하고 돌아오려 할 때, 집에서 급한 소식을 듣고 군사를 중군장에게 맡기옵고 필마로 올라와 본즉, 정렬부인이 이러이러한 변을 일으켰사오니 세상에 이러하온 일이 있사오닛가."

하고 금연이 흉계를 꾸민 일과 월매가 당하던 고초를 낱낱이 아뢰었다.

-작자 미상, 「정을선전」-

18. ㉠, ㉡과 관련하여 윗글을 이해한 내용으로 적절하지 <u>않</u>은 것은?

① ㉠을 보니, 호첩에게 물은 '연고'의 내용은 왕비가 말한 '사연'의 내용과 관련이 있겠군.

② ㉠을 보니, 승상이 황상에게 올린 '상소'에 들어 있는 내용은 '이미 아는 바'와 같겠군.

③ ㉡을 보니, 승상은 '사연'의 진상을 밝히는 데에 왕비가 '그놈'의 행위를 알게 된 경위가 중요하다고 생각했겠군.

④ ㉡에 대한 왕비의 대답을 보니, 왕비에게 '그놈'의 행위에 대해 제보한 사람이 있었군.

⑤ ㉡이 제시된 후에 드러난 복록의 상황을 보니, 복록은 자신이 지은 '죄'에 대하여 심리적 중압감을 느꼈겠군.

19. 누명과 관련한 설명으로 가장 적절한 것은?

① 누명이 벗겨지면서, 누명을 썼던 인물은 자신의 어리석음을 탓하고 있다.

② 누명을 쓴 인물의 요청으로 남주인공은 누명을 씌운 인물의 처벌을 유보한다.

③ 누명의 내용은 누명을 쓴 인물이 남몰래 자신의 처소에서 벗어나 구덩이에 있다는 사실이다.

④ 누명을 씌우기 위한 계략에는 누명을 쓰는 인물을 특정 장소로 가게 하는 것이 포함되어 있다.

⑤ 누명이 벗겨지는 계기는 남주인공이 자신의 어머니가 극단적 선택을 하겠다는 것을 만류한 것이다.

20. <학습 활동>을 수행한 결과로 적절하지 않은 것은?

───── <학습 활동> ─────

「정을선전」은 모략을 중심으로 사건이 전개되므로 인물간 소통 양상을 파악하는 것이 중요하다. 윗글을 바탕으로 인물 간에 나타난 소통의 내용을 정리해 보자.

	인물A	인물	소통의 내용
①	원수	중군장	A가 B에게 군사를 이끌고 가 서용을 사로잡으라고 명령함.
②	승상	월매	A가 B에게 충렬부인이 있는 곳이 어디인지 물음.
③	옥졸	금연	B가 A로부터 옥중 시신의 정체와 관련한 정보를 얻음.
④	옥졸	승상	A가 B에게, 금연이 옥중 시신에 대하여 발설했을 것이라는 의혹을 제기함.
⑤	금연	승상	B가 A로부터 정렬부인이 거짓으로 앓아 누웠었다는 정보를 얻음.

21. <보기>를 참고하여 윗글을 이해한 내용으로 적절하지 않은 것은?

───── <보기> ─────

「정을선전」은 영웅소설과 가정소설의 상투적인 면모가 혼재되어 나타난다. 이를테면, 가정 안팎의 서사는 남주인공을 매개로 연결되고, 사건이 선악 구도로 전개되며, 인물의 고난과 감정은 극대화된다. 이 과정에서 일부다처제에서 비롯되는 가정 내 갈등이 개인의 인성 문제로 축소된다. 그러면서도 상전의 수족에 불과한 하층의 시비가 능동적인 행위자로 등장하거나, 가정과 사회에서 상층인 인물이 희화화된다.

① 정을선이 황상에게 올린 상소에서, 대원수와 가장으로서의 모습이 드러나는 것으로 보아, 가정 안팎의 사건에 남주인공이 두루 관여하고 있음을 알 수 있군.

② 승상이 충렬부인을 구출하는 장면에서, '슬픔에 매우 야위어 뼈가 드러'난 부인의 모습과 '통곡'하는 승상의 모습은 인물의 고난과 감정이 극대화된 형상임을 알 수 있군.

③ 왕비가 '앙천통곡'하는 장면에서, 충렬부인의 수난이 '악녀'의 탓이라는 인식이 드러나면서 일부다처제의 문제가 개인의 인성 문제로 축소되고 있음을 알 수 있군.

④ 월매가 '매를' 맞는 장면에서, 월매는 자신이 모시는 주인에게 죽음을 각오하고 진실을 밝힘으로써 능동적인 행위자를 지향하고 있음을 알 수 있군.

⑤ 정렬부인이 '승상의 호통 소리'에 반응하는 장면에서, 가정의 상층 인물이 자신의 위엄이 실추되는 행동을 보이면서 희화화 되고 있음을 알 수 있군.

[Cut 1]

[앞부분의 줄거리] 승상 정을선이 출정한 사이 정렬부인의 모략으로 충렬부인이 옥에 갇히자 시비 금섬이 충렬부인을 피신시키고 자진한다. 옥에서 얼굴이 상한 금섬의 시신이 발견되자 왕비는 월매를 문초한다. 전장에서 정을선은 호첩이 전한 편지를 읽는다.

잡생각(직관)

초반부에 인물이 굉장히 많이 출제된다. 여기서만 7명이 등장하는데, 독자는 지문 여백 공간에라도 짧게 인물관계도를 메모하고 독해하는 것이 좋다. 다음은 그 예시이다.

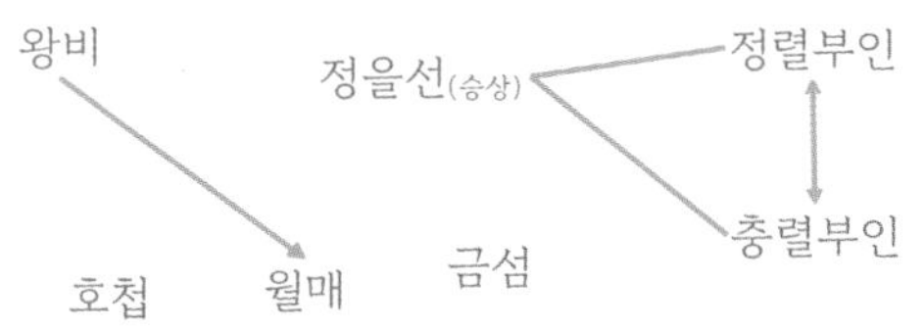

[Cut 2]

원수가 대경하여 호첩을 불러 연고를 물으시고 인하여 중군장에게 분부하시되 '나는 집에 변이 있어 먼저 가니 중군장은 차후에 인솔하여 오라.'하고 밤낮 삼 일 만에 득달하니

잡생각(직관)

[Cut1]에서 호첩이 정을선에게 편지를 전해 준 것을 고려하면, [Cut2]의 원수는 정을선임을 알 수 있다.

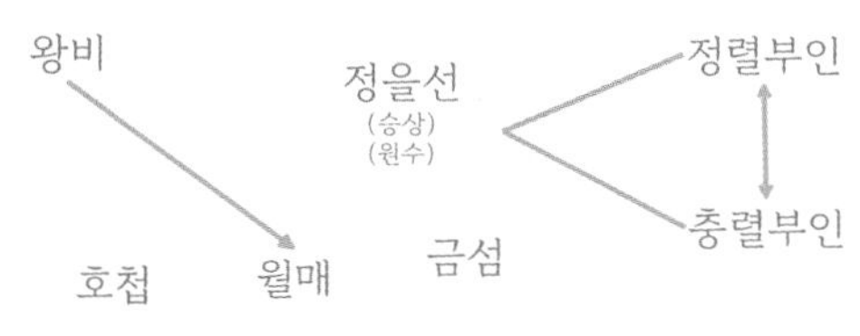

잡소리(원수, 중군장)

원수는 보통 군대의 최고 지휘관 또는 대원수를 지칭한다. 당시 군제의 최고위 장군(총사령관) 정도로 이해하면 된다. 중군장은 중군을 지휘하는 장수인데, 중군은 옛날 전쟁터에서 가운데를 맡은 주요부대를 가리킨다.

[Cut 3]

이때에 왕비의 시비 월매가 종시 토설치 아니하매 매를 많이 맞고 여쭈오되

"어서 바삐 죽이시면 금섬의 뒤를 쫓아가겠나이다."

한데 왕비 크게 노하여 목을 베라 할 즈음에 이때 승상이 필마로 달려오다가 월매 죽이려 하는 거동을 보고 급히 소리를 지르며 말에서 내려 이를 구호하매 문왈

잡생각(직관)

[Cut1]에서 금섬이 자진하고 왕비가 월매를 문초하는 부분이 여기서 나온다.

[Cut 4]

"충렬부인은 어디 계시냐?"

월매 인사를 모르다가 승상을 보고 방성통곡 왈

"승상은 바삐 충렬부인을 살리소서."

한데 승상이 급히 문왈

"어디 계시냐?"

한데 월매 울며 왈

"소인이 걷지 못하오니 어찌 가오리까?"

한데 급히 종을 불러 월매를 업히고 구덩이를 찾아가 보니

잡생각(직관)

월매는 자신이 죽다가 살아났던 상황임에도 불구하고 승상을 보자마자 충렬부인을 살리라는 말을 한다. 이러한 월매의 행동을 통해 월매는 충성스러운 등장인물임을 알 수 있다. 이렇게 행위를 통해 등장인물의 성격을 유추할 줄 알아야 한다.

[Cut 5]

부인이 아기를 안고 있거늘 아기는 잠을 깊이 들었는지라. 승상이 통곡왈

"부인은 눈을 떠 나를 보소서."

한데 부인이 눈을 떠 보니 승상이 왔거늘 정신 아득하여 인사를 모르다가 겨우 인사를 차려 왈

"이것이 꿈인가 생시인가 구년지수의 해 같고 칠년대한의 빗발 같이 바라더니 지금 구덩이에서 만날 줄 알았으리까. 승상은 나의 누명을 씻겨 주소서."

하며 인사를 모르는지라. 그 참혹한 형상을 어디에 비하리오. 슬픔에 매우 야위어 뼈가 드러나게 되었는지라.

잡생각(직관)

충렬부인과 아기가 등장했다. 중요하진 않지만, 아까 잡았던 인물관계에 아기도 추가할 수 있다.

승상은 문초 당하던 월매를 구해서 충렬부인이 있는 곳으로 왔다. 여기서 월매가 충렬부인의 신병을 확보했음을 알 수 있고 따라서 [Cut3]에서 왕비에게 문초 당하던 이유가 충렬부인의 신병과 관련되어 있음을 알 수 있다.

잡기술(서술자의 개입)

'그 참혹한 형상을 어디에 비하리오. 슬픔에 매우 야위어 뼈가 드러나게 되었는지라'는 서술자가 개입하여 충렬부인의 모습을 평가하고 있다. 실전에서 가볍게 체크만 하고 넘어가자.

잡소리(구년지수의 해, 칠년대한의 빗발)

구년지수는 9년 동안이나 계속된 큰 홍수로 중국 요나라때 일어났다. 이러한 홍수 속에 해가 비치는 것은 오랫동안 애타게 기다리던 것이 이뤄졌다는 것을 의미한다. 칠년대한은 7년 동안 지속되는 큰 가뭄으로 이때 비가 온다는 것도 구년지수의 해와 같은 뜻이다. 여기서는 승상이 충렬부인을 구하러 온 것에 비유되고 있다.

[Cut 6]

승상이 아기를 안아 월매를 주고 부인을 구한 후에 자리를 마련하여 옥석을 구별할새, 왕비전에 뵈온대 왕비 못내 반기시며 사연을 낱낱이 이르시되 승상 왈

"이 일은 소자가 이미 아는 바이오니 염려 마옵소서."

하며 왈

"처음에 그놈이 충렬부인 방에 간 줄 어찌 알으셨나이까?"

왕비 왈

"사촌 오라비가 이르기로 알았노라."

하신대

잡생각(직관)

승상의 "이 일은 소자가 이미 아는 바..."을 고려하면, 승상의 모친이 왕비인점을 알 수 있다. 또 '그 놈'이 등장한 것을 보아 뒷 부분에 새로운 인물이 등장함을 알 수 있다.

승상의 "처음에 그놈이 충렬부인 방에 간 줄 어찌 알으셨나이까"와 충렬 부인이 옥에 갇혔고, 구덩이에 숨어있다는 사실을 고려하면, 누군가 충렬부인을 음해하여 누명을 썼다는 사실을 알 수 있다.

잡소리(옥석을 구별하다)

옥석을 구별하는 것은, 옥과 돌을 구별한다는 뜻으로 진짜와 가짜, 선과 악, 유죄와 무죄 등을 분별하는 것이다. 여기서는 충렬부인과 관련된 누명에 대해 진실을 밝히는 것을 의미한다.

잡소리(왕비전)

왕비가 거쳐하거나 머무는 궁전을 의미한다. 보통 OO전은 궁궐 건물이나 전각을 통칭하는 한자 표현이다.

[Cut 7]

승상이 복록을 찾는데 벌써 제 죄를 알고 후원에 올라가 이미 죽었는지라. 하릴없이 옥졸을 잡아들여 엄히 문왈

"너희는 어찌 충렬부인 아닌 줄 알았느냐? 바로 아뢰라."

하신대 옥졸이 급히 여쭈오되

"얼굴이 상하여 아모란 줄 모르오나 손길이 곱지 못하오매 소인 등 소견에 충렬부인이 천하일색이라 하더니 손이 곱지 아니하더라 하올 제 정렬부인의 시비 금연이 이를 듣고 묻기에 자세히 이르고 부디 다른 데 가서 이 말 말라 당부하옵더니, 필연 금연의 입을 통해 발설이 된가 하나이다."

한데

[Cut1]에서 충렬부인이 옥에 간 뒤에 시비 금섬이 충렬부인을 피신하고 자진했다. 이때 [Cut5]에서 충렬부인이 정을선을 구덩이에서 만났다는 것을 고려하면, 금섬이 충렬부인을 구덩이로 피신시켰다는 것을 알 수 있다. 또 월매가 [Cut1]에서 문초당했다는 사실을 고려하면, 옥에 있는 얼굴이 상한 시신(금섬)이 충렬부인이 아니라는 사실이 왕비의 귀에 들어갔음을 알 수 있다. 월매는 이에 관련되어 문초당한 것이다.

승상과 옥졸의 문답에 주목해볼 필요가 있다. 우선 승상이 옥졸에게 물어본 것은 '옥졸이 충렬부인이 아닌 줄 알게 된 이유'이다. 그에 답으로 옥졸은 '얼굴이 상해서 누군지 모른다.', '손길이 곱지 못하다.' '충렬부인은 천하일색이다.' 라는 점을 들어 승상의 질문에 답변을 하고 있다. 더하여 이러한 사실이 금연의 입을 통해 왕비에 귀에 들어간 것을 언급하며 자신의 책임을 숨기려 함을 알 수 있다.

승상이 옥졸을 심문하는 과정에서 앞의 갈등을 이해하는 것은 꽤나 어렵다. 수능에 출제된 정을선전은 EBS 연계 지문으로 사전에 미리 공부를 했다면 이해하는데 지장이 없을 것이다. 연계 공부를 열심히 하자!

[Cut6]에서 충렬부인을 모함한 사람이 왕비의 사촌 오라비임을 인식한 승상은 [Cut7]에서 복록을 찾는다. 행위의 연속성을 고려하면, 복록이 왕비의 사촌 오라비임을 알 수 있다. 또 정렬부인의 시비인 금연이 등장함을 알 수 있다.

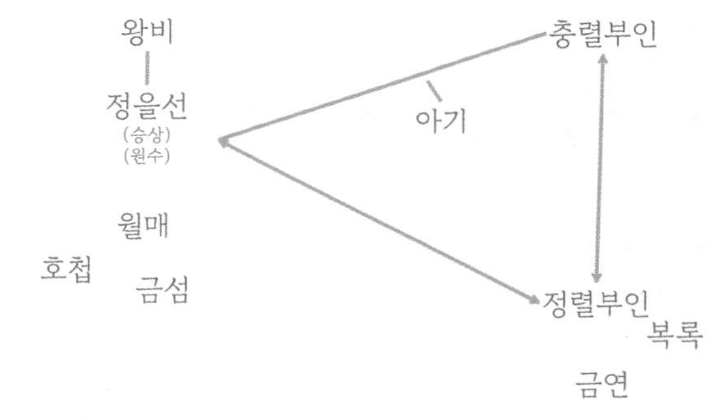

[Cut 8]

승상이 금연을 잡아들여 문왈

"이 말을 듣고 네게 국문하니 바른대로 고하라."

하는 소리가 벼락이 꼭두에 임한 듯하고 궁궐이 뒤집히는 듯 하더라. 이때에 정렬부인이 승상의 호통 소리를 듣고 똥을 한 무더기를 싸고 자빠졌는지라.

[Cut 9]

금연이 하릴없어 바로 아뢰나니라 하고 정렬부인 하던 말이며 제가 남복을 하고 충렬부인 침소로 들어간 말이며 이불 속에 누웠다가 달아난 말이며 정렬부인이 앓는 체하고 누웠사오매 충렬부인이 약으로 구병하며 곁에 있으시매 침소로 가라 강권하여 침소로 마지못하여 가시매 복록이 왕비께 참소하던 연유를 낱낱이 아뢴대 왕비 곁에 있다가 앙천통곡하시며 왈

"내 밝지 못하여 악녀의 꾀에 빠져 충렬부인을 죽이려 하였나니 무슨 면목으로 충렬부인을 보리오."

하시며 자결코자 하거늘 승상이 붙들고 울며 왈

"모친이 너무 과도히 하시면 소자가 먼저 죽으려 하나이다."

왕비 금침에 누워 일어나지 못하더라.

잡생각(직관)

'제가 남복을 하고 충렬부인 침소로 들어간 말'을 고려하면, [Cut6]에서 '그 놈'이 금연임을 알 수 있다.

금연의 진술을 고려하면, 충렬부인의 누명이 자세히 들어난다. 금연은 남자 복장을 하고 충렬부인 침소로 들어가 이불 속에 누웠다가 달아난다. 이때 [Cut6,7]을 고려하면, 이러한 사실을 '복록'이 왕비에게 전했음을 추론할 수 있다. 또 정렬부인은 아픈 척을 했는데, 충렬부인이 옆에서 간병을 해줬음에도 강권하여 돌려보냈다. 이는 정렬부인이 이러한 음모의 공범임을 알 수 있다.

[Cut 10]

승상이 정렬부인을 결박하여 땅에 꿇리고 크게 노하여 왈

　"너는 무엇이 부족하여 충렬부인을 해코자 하느냐. 어
찌 일시를 살리리오. 내 임의로는 죽이고 싶으나 황상께
아뢰고 죽게 하리라."

하고 상소하니 그 글에 하였으되

　"대사마 대도독 대원수 정을선은 돈수백배하고 아뢰나니
신이 서융을 쳐 사로잡고, 백성을 진무하고 돌아오려 할
때, 집에서 급한 소식을 듣고 군사를 중군장에게 맡기옵
고 필마로 올라와 본즉, 정렬부인이 이러이러한 변을 일
으켰사오니 세상에 이러하온 일이 있사오닛가."

하고 금연이 흉계를 꾸민 일과 월매가 당하던 고초를 낱낱이
아뢰었다.

잡생각(직관)

황상이 추가되었는데, 황상은 황제를 의미한다.

　[Cut1]에서 정을선이 전장으로 출정했다는 사실과 여기서의
'서융'을 고려하면, 정을선은 서융과 전쟁터에 출전한 것을 알
수 있다. 이때 서융은 서쪽에 사는 융족으로 중국 고전에서
서쪽의 이민족을 지칭하는 용어이다.

잡소리(제국)

　[Cut6]에서 정을선의 모친이 왕비인 점을 고려하면, 정을선
의 부친은 왕이라는 것을 알 수 있다. 지문만 고려하면, 정을
선이 황상에게 편지를 쓰는 것은 '아버지'에게 쓰는 것이라는
예측을 할 수 도 있지만, 황제와 왕의 관계를 고려하면, 그렇
지 않다.

　황제는 제국을 통치하는 군주이고 제국은 각 왕국들로 구성
되어 있다. 중세 시대의 봉건제를 생각하면 되는데, 각 왕들은
황제에 복속하는 체제이고, 그 안에서 나름의 통치권을 누린
다. 따라서 여기서의 정을선 역시 일국의 승상으로 훗날 왕이
될 수 있지만, 왕들의 왕인 황제가 따로 존재한다는 것을 알
수 있다.

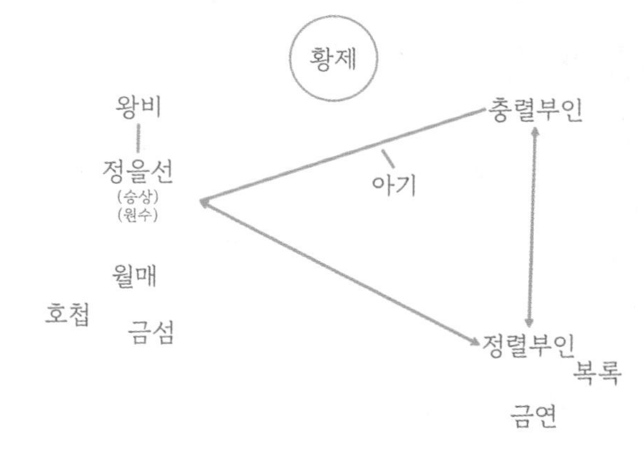

18. ㉠, ㉡과 관련하여 윗글을 이해한 내용으로 적절하지 <u>않</u>은 것은?

① ㉠을 보니, 호첩에게 물은 '연고'의 내용은 왕비가 말한 '사연'의 내용과 관련이 있겠군.

② ㉠을 보니, 승상이 황상에게 올린 '상소'에 들어 있는 내용은 '이미 아는 바'와 같겠군.

③ ㉡을 보니, 승상은 '사연'의 진상을 밝히는 데에 왕비가 '그놈'의 행위를 알게 된 경위가 중요하다고 생각했겠군.

④ ㉡에 대한 왕비의 대답을 보니, 왕비에게 '그놈'의 행위에 대해 제보한 사람이 있었군.

⑤ ㉡이 제시된 후에 드러난 복록의 상황을 보니, 복록은 자신이 지은 '죄'에 대하여 심리적 중압감을 느꼈겠군.

길라잡이
본인만의 풀이 과정을 적어보세요!

---

① ㉠을 보니, 호첩에게 물은 '연고'의 내용은 왕비가 말한 '사연'의 내용과 관련이 있겠군.

② ㉠을 보니, 승상이 황상에게 올린 '상소'에 들어 있는 내용은 '이미 아는 바'와 같겠군.

③ ㉡을 보니, 승상은 '사연'의 진상을 밝히는 데에 왕비가 '그놈'의 행위를 알게 된 경위가 중요하다고 생각했겠군.

④ ㉡에 대한 왕비의 대답을 보니, 왕비에게 '그놈'의 행위에 대해 제보한 사람이 있었군.

⑤ ㉡이 제시된 후에 드러난 복록의 상황을 보니, 복록은 자신이 지은 '죄'에 대하여 심리적 중압감을 느꼈겠군.

19. 누명 과 관련한 설명으로 가장 적절한 것은?

① 누명이 벗겨지면서, 누명을 썼던 인물은 자신의 어리석음을 탓하고 있다.

② 누명을 쓴 인물의 요청으로 남주인공은 누명을 씌운 인물의 처벌을 유보한다.

③ 누명의 내용은 누명을 쓴 인물이 남몰래 자신의 처소에서 벗어나 구덩이에 있다는 사실이다.

④ 누명을 씌우기 위한 계략에는 누명을 쓰는 인물을 특정 장소로 가게 하는 것이 포함되어 있다.

⑤ 누명이 벗겨지는 계기는 남주인공이 자신의 어머니가 극단적 선택을 하겠다는 것을 만류한 것이다.

길라잡이
본인만의 풀이 과정을 적어보세요!

① 누명이 벗겨지면서, 누명을 썼던 인물은 자신의 어리석음을 탓하고 있다.

② 누명을 쓴 인물의 요청으로 남주인공은 누명을 씌운 인물의 처벌을 유보한다.

③ 누명의 내용은 누명을 쓴 인물이 남몰래 자신의 처소에서 벗어나 구덩이에 있다는 사실이다.

④ 누명을 씌우기 위한 계략에는 누명을 쓰는 인물을 특정 장소로 가게 하는 것이 포함되어 있다.

⑤ 누명이 벗겨지는 계기는 남주인공이 자신의 어머니가 극단적 선택을 하겠다는 것을 만류한 것이다.

20. <학습 활동>을 수행한 결과로 적절하지 않은 것은?

———— <학습 활동> ————
「정을선전」은 모략을 중심으로 사건이 전개되므로 인물간 소통 양상을 파악하는 것이 중요하다. 윗글을 바탕으로 인물 간에 나타난 소통의 내용을 정리해 보자.

	인물 A	인물 B	소통의 내용
①	원수	중군장	A가 B에게 군사를 이끌고 가 서용을 사로잡으라고 명령함.
②	승상	월매	A가 B에게 충렬부인이 있는 곳이 어디인지 물음.
③	옥졸	금연	B가 A로부터 옥중 시신의 정체와 관련한 정보를 얻음.
④	옥졸	승상	A가 B에게, 금연이 옥중 시신에 대하여 발설했을 것이라는 의혹을 제기함.
⑤	금연	승상	B가 A로부터 정렬부인이 거짓으로 앓아 누웠었다는 정보를 얻음.

길라잡이

본인만의 풀이 과정을 적어보세요!

① A(원수)가 B(중군장)에게 군사를 이끌고 가 서용을 사로잡으라고 명령함.

② A(승상)가 B(월매)에게 충렬부인이 있는 곳이 어디인지 물음.

③ B(금연)가 A(옥졸)로부터 옥중 시신의 정체와 관련한 정보를 얻음.

④ A(옥졸)가 B(승상)에게, 금연이 옥중 시신에 대하여 발설했을 것이라는 의혹을 제기함.

⑤ B(승상)가 A(금연)로부터 정렬부인이 거짓으로 앓아 누웠었다는 정보를 얻음.

21. <보기>를 참고하여 윗글을 이해한 내용으로 적절하지 <u>않</u>은 것은?

> ─────<보기>─────
> 「정을선전」은 영웅소설과 가정소설의 상투적인 면모가 혼재되어 나타난다. 이를테면, 가정 안팎의 서사는 남주인공을 매개로 연결되고, 사건이 선악 구도로 전개되며, 인물의 고난과 감정은 극대화된다. 이 과정에서 일부다처제에서 비롯되는 가정 내 갈등이 개인의 인성 문제로 축소된다. 그러면서도 상전의 수족에 불과한 하층의 시비가 능동적인 행위자로 등장하거나, 가정과 사회에서 상층인 인물이 희화화된다.

① 정을선이 황상에게 올린 상소에서, 대원수와 가장으로서의 모습이 드러나는 것으로 보아, 가정 안팎의 사건에 남주인공이 두루 관여하고 있음을 알 수 있군.

② 승상이 충렬부인을 구출하는 장면에서, '슬픔에 매우 야위어 뼈가 드러'난 부인의 모습과 '통곡'하는 승상의 모습은 인물의 고난과 감정이 극대화된 형상임을 알 수 있군.

③ 왕비가 '앙천통곡'하는 장면에서, 충렬부인의 수난이 '악녀'의 탓이라는 인식이 드러나면서 일부다처제의 문제가 개인의 인성 문제로 축소되고 있음을 알 수 있군.

④ 월매가 '매를' 맞는 장면에서, 월매는 자신이 모시는 주인에게 죽음을 각오하고 진실을 밝힘으로써 능동적인 행위자를 지향하고 있음을 알 수 있군.

⑤ 정렬부인이 '승상의 호통 소리'에 반응하는 장면에서, 가정의 상층 인물이 자신의 위엄이 실추되는 행동을 보이면서 희화화 되고 있음을 알 수 있군.

길라잡이

본인만의 풀이 과정을 적어보세요!

---

① 정을선이 황상에게 올린 상소에서, 대원수와 가장으로서의 모습이 드러나는 것으로 보아, 가정 안팎의 사건에 남주인공이 두루 관여하고 있음을 알 수 있군.

② 승상이 충렬부인을 구출하는 장면에서, '슬픔에 매우 야위어 뼈가 드러'난 부인의 모습과 '통곡'하는 승상의 모습은 인물의 고난과 감정이 극대화된 형상임을 알 수 있군.

③ 왕비가 '앙천통곡'하는 장면에서, 충렬부인의 수난이 '악녀'의 탓이라는 인식이 드러나면서 일부다처제의 문제가 개인의 인성 문제로 축소되고 있음을 알 수 있군.

④ 월매가 '매를' 맞는 장면에서, 월매는 자신이 모시는 주인에게 죽음을 각오하고 진실을 밝힘으로써 능동적인 행위자를 지향하고 있음을 알 수 있군.

⑤ 정렬부인이 '승상의 호통 소리'에 반응하는 장면에서, 가정의 상층 인물이 자신의 위엄이 실추되는 행동을 보이면서 희화화 되고 있음을 알 수 있군.

메모

| 고전 산문 |

| 수산, 「광한루기」 |

□ 오작교(烏鵲橋)
□
□ '까마귀와 까치가 은하수에 놓는다는 다리'

□ 도(道)
□
□ 우리나라 지방 행정 구역의 하나

□ 선랑(仙娘)
□
□ 선녀 같은 처녀

□ 풍류(風流)
□
□ 멋스럽고 풍치가 있는 일. 또는 그렇게 노는 일.

□ 가인(佳人)
□
□ 아름다운 사람. 주로 얼굴이나 몸매 따위가 아름다운 여자를
이른다.

□ 채색(彩色)
□
□ 여러 가지의 고운 빛깔

□ 낙수(落水)
□
□ 처마 끝 따위에서 빗물이나 눈 또는 고드름이 녹은 물이 떨어
짐. 또는 그 물.

□ 옷매무새
□
□ 옷을 정돈하여 입은 모양새.

□ 넋
□
□ 사람의 몸에 있으면서 몸을 거느리고 정신을 다스리는 비물질
적인 것. 몸이 죽어도 영원히 남아 있다고 생각하는 초자연적
인 것이다.

□ 은연중
□
□ 남이 모르는 가운데

□ 양대
□
□ ??

□ 찬탄하다(讚歎)
□
□ 칭찬하며 감탄하다

□ 노파(老婆)
□
□ 늙은 여자

□ 노여워하다
□
□ 화가 치밀 만큼 분해하거나 섭섭해하다

□ 절색(絕色)
□
□ 견줄 데 없이 빼어나게 아름다운 여자

□ 사령(司令)
□
□ 군대를 지휘하고 감독하는 일

□ 군관(軍官)
□ 조선 시대에, 각 군영과 지방 관아의 군무에 종사하던 낮은
벼슬아치.

□ 귀인(貴人)
□ 사회적 지위가 높고 귀한 사람

□ 아전(衙前)
□ 조선 시대에, 중앙과 지방의 관아에 속한 구실아치

□ 기생(妓生)
□ 잔치나 술자리에서 노래나 춤 또는 풍류로 흥을 돋우는 것을
직업으로 하는 여자

□ 낭자(娘子)
□ 예전에, '처녀'를 높여 이르던 말.

□ 농지거리(弄)
□ 점잖지 아니하게 함부로 하는 장난이나 농담을 낮잡아 이르
는 말

□ 사리(事理)
□ 일의 이치

□ 처신(處身)
□ 세상을 살아가는 데 가져야 할 몸가짐이나 행동을 취하다

길라잡이
모르는 어휘가 있다면 정리하세요!

제1회 봄놀이

오작교에선 선랑(仙郎)이 봄바람에 취하고
버드나무 언덕에선 가인(佳人)이 그네를 뛰네

[A]
‘광한루기’는 작품 전체의 제목이다. 광한루가 없었더라면 이도린이 놀러 가지 않았을 것이요, 이도린이 놀러 가지 않았더라면 춘향이 이도린을 만날 수 없었을 것이요, 춘향이 이도린을 만나지 못했더라면 8회로 구성된 한 편의 작품이 무엇을 바탕으로 탄생할 수 있었겠는가. 광한루 하나가 공중에 솟구쳐 있었기에 이도린이 놀러 갈 수밖에 없었고, 춘향이 이도린을 만날 수밖에 없었으며, 8회로 구성된 한 편의 작품이 만들어질 수밖에 없었다.

(중략)

그네 뛰는 모습을 이도린이 보고 자기도 모르게 눈앞이 어질어질하여 김한에게 말했다.

“너는 저런 것을 본 적이 있느냐? 저것이 금이냐, 옥이냐? 아니면 귀신이냐? 그것도 아니면 선녀냐? 너는 저것을 아느냐?”

김한이 대답했다.

“금도 아니고 옥도 아닙니다. 낙수(洛水)에 빠져 죽은 이의 넋도 사라지고, 양대(陽臺)에서 구름과 비를 만들었던 여인의 일도 이제 아득하기만 한데, 어떻게 귀신 같고 선녀 같은 아가씨가 요즘 세상에 나타났겠습니까?”

“그렇다면 누구란 말이냐?”

“이 사람은요…….”

“이 사람이 누구냐?”

“도련님께서는 교방 행수 기생 월매를 기억하시는지요?”(이게 무슨 말이야?)

“저렇게 젊고 아리따운 여인을 어떻게 반쯤은 쭈글쭈글해진 노파에다 비교할 수 있느냐?”

“저 사람은 월매의 딸 춘향입니다. 노래도 잘하고 춤도 잘 추며 글도 잘하고 바느질도 잘하며 그 용모와 자태는 정말 절색입니다. 남원의 절색일 뿐 아니라 도내의 절색이요, 도내의 절색일 뿐 아니라 국내의 절색이라 해도 손색이 없습니다.”

이도린이 매우 기뻐하며 말했다.

“풍류를 즐길 만한 인연이 정말이지 다른 데 있는 것이 아니구나. 네가 가서 불러 오거라.”

“도련님께서는 저 아이를 불러다가 무엇을 하시려고요?”

“고운 얼굴 한번 보려고 그런다.”㉠(어찌 그렇지 않을 수 있겠는가?)

“도련님께서 저 아이를 보시고 무엇 하시려고요?”(눈치 빠른 김한)

“내가 이 일을 하든 저 일을 하든 네가 알아서 뭣 하느냐?”

“부른다 해도 저 아이는 오지 않을 것입니다.”

“오고 안 오고는 저 아이한테 달렸지 너한테 달리지 않았으니, 너는 그 새 주둥이 같은 입을 그만 닥치거라.”

이에 김한이 머리를 떨구고 갔다.

원래 춘향은 풍경을 즐기려는 옆집 여자 아이를 따라 나온 것이었다. 채색 줄로 만든 그네를 탔는데, 봄바람에 옷자락이 흐트러져 버드나무 가지를 꽉 잡은 채 그네를 멈추고 옷매무새를 바로잡으려 했다. 그때 갑자기 광한루 위에서 사람의 말소리가 들리자(이게 누구지?) 춘향은 몸을 돌려 꽃그늘 속으로 들어가 숨고서는 주변을 둘러보았다. 이도린이 꽃무늬가 있는 작은 종이를 손에 쥐고 홀로 광한루 동쪽 난간에 기대어 있었는데, 그 모습이 티 없이 맑아 춘향은 은연중에 찬탄하는 말을 내뱉었다. 갑자기 김한이 바쁜 걸음으로 와서 불렀다.

“춘향 낭자 어디 있소?”

춘향이 다시 몸을 돌려 숨었기 때문에 아무 소리도 나지 않았다. 김한이 이리저리 찾아보다가 꽃그늘에까지 와서 춘향을 발견했다.

(중략)

김한이 웃으며 말했다.

“춘향은 노여워 말고 내 말 한번 들어 보오. 어제 남문 밖 큰 길에서 까치 같은 옷차림의 사령들이 쌍쌍이 앞에서 인도하고, 호랑이 무늬의 활집을 진 군관들이 대열을 이루며 뒤에서 호위한 채, 한 귀인이 구름 같은 가마에 앉아 아전들과 기생들 사이를 누비고 다녔는데, 낭자는 그 사람이 누군지 아오?”

“네가 또 쓸데없는 말을 하는구나. 내가 어찌 본관 사또를 몰라보겠느냐?”

“내가 말한 귀인은 바로 사또 자제 도련님이오.”(기특한 김한)

“사또 자제 도련님이 나와 무슨 상관이냐?”

“낭자, 우리 도련님을 한번 만나러 갑시다.”

“도련님이 어떻게 춘향인지 추향인지 알겠느냐? 네가 춘향입네, 기생입네 하면서 농지거리해서 일을 벌였겠지. 나는 죽어도 못 간다, 죽어도 못 가.”

“춘향 낭자, 그대는 현명하고 지혜로운 사람이면서 이다지도 사리를 분별하지 못하오? 속담에도 ‘까마귀 날자 배 떨어진다.’라고 했듯이 도련님께서 춘흥이 발한 것이 우연히 오늘이며, 낭자가 그네 뛰며 논 것도 마침 이때이니, 이는 참으로 그렇게하지 않았는데도 그렇게 된 것이오. 도련님께서 낭자를 보시고는 ‘귀신이냐? 선녀냐?’라고 물으시기에, ‘귀신도 아니고 선녀도 아닙니다.’라고 말했고, ‘그럼 누구냐?’라고 하시기에, ‘행수 기생의 딸입니다.’라고 말했소. 젊은 사내가 어찌 한 번쯤 그 아름다움을 살피려 하지않겠소? 춘향 낭자는 잘 헤아려서 처신하시오. 갈 수 있으면 가

는 것이고, 못 가겠다면 못 가는 것이지만, 화와 복이 눈
앞에 놓여 있으니 낭자는 잘 생각하시오.”
춘향이 한참 동안 잠자코 있다가 말했다.
“네 말이 일리가 있다.”

- 수산, 「광한루기」 -

18. 윗글에 대한 이해로 가장 적절한 것은?

① 이도린은 춘향이 자신에게 호감을 느꼈다는 사실을 알지 못했다.

② 춘향은 그네를 타기 위해 나들이에 나섰지만 기대했던 바를 달성하지 못했다.

③ 이도린은 춘향을 부르면 이도린 자신을 만나러 올 것이라는 김한의 말을 믿었다.

④ 이도린은 월매가 춘향의 어머니라는 사실을 알고 있었지만 이를 모르는 척했다.

⑤ 옆집 여자 아이는 이도린을 만나기 위해 춘향과 함께 왔지만 풍경을 즐기는 것에 만족했다.

19. 꽃그늘 에 대한 이해로 가장 적절한 것은?

① 춘향이 그네를 타기 위해 기다리는 장소

② 춘향이 김한을 기다리며 머물고 있는 장소

③ 춘향이 몸을 감추고 이도린을 바라보는 장소

④ 김한이 이도린을 만나서 대화를 나누는 장소

⑤ 이도린이 춘향과 만나기 위해 미리 약속한 장소

20. 윗글에서 '김한'의 역할을 이해한 것으로 가장 적절한 것은?

① 이도린에게 눈앞에 보이는 것이 금과 옥이 아니라고 알려 주어, 이도린의 무지를 일깨우는 비판자 역할을 한다.
② 이도린에게 춘향이 선녀 같은 아가씨라고 말하여, 이도린이 춘향의 고귀한 신분을 알게 하는 조력자 역할을 한다.
③ 이도린에게 풍류를 즐길 만한 상대가 춘향이라고 이야기하여, 이도린이 춘향을 부르게 하는 중개자 역할을 한다.
④ 춘향에게 춘향 자신이 지혜로운 사람임을 일깨워 주어, 춘향이 이도린을 만나지 못하도록 하는 방해자 역할을 한다.
⑤ 춘향에게 이도린과의 만남은 거듭된 우연으로 이루어진 인연임을 알려 주어, 두 사람을 만나게 하는 매개자 역할을 한다.

21. <보기>를 참고하여 [A],㉠을 이해한 내용으로 적절하지 <u>않은</u> 것은?

> <보기>
>
> 「광한루기」는 '수산(水山)'이라는 호를 쓴 사람이 「춘향전」을 바탕으로 지은 한문 소설로, 총 8회로 이루어져 있다. 각 회의 앞부분에는 내용을 소개하는 시구와 해당 회에 대한 견해가 제시되어 있고, 본문 속에는 인물이나 사건 등에 대한 짤막한 평이나 감상이 작은 글씨로 제시되어 있다. 「광한루기」의 독자는 이와 같은 다양한 비평적 견해를 이야기와 함께 읽으면서 작품을 감상할 수 있다.

① [A]에서는 시구를 활용하여, '봄바람'과 '버드나무 언덕'이 어우러진 봄날의 분위기를 보여 주면서 해당 회의 배경을 드러내고 있군.
② [A]를 통해 해당 회의 주요 공간인 '광한루'를 소가하여, 그 공간의 역할을 드러내고 있군.
③ [A]에서는 두 인물이 만나게 되는 계기를 서술하여, 서사 전개의 개연성을 보여 주고 있군.
④ ㉠은 인물의 말에 대한 평을 통하여, 독자에게 이도린의 반응이 당연하다는 점을 강조하여 보여 주고 있군.
⑤ [A]와 ㉠을 통해 독자에게 작품의 감상법을 다양하게 설명하여, 「광한루기」를 8회로 구성한 이유를 부각하고 있군.

[Cut 1]

제1회 봄놀이

^{장소}오작교에선 ^{주체}선랑(仙郎)이 ^{행위}봄바람에 취하고
^{장소}버드나무 언덕에선 ^{주체}가인(佳人)이 ^{행위}그네를 뛰네

'광한루기'는 작품 전체의 제목이다. 광한루가 없었더라면 이도린이 놀러 가지 않았을 것이요, 이도린이 놀러 가지 않았더라면 춘향이 이도린을 만날 수 없었을 것이요, 춘향이 이도린을 만나지 못했더라면 8회로 구성된 한 편의 작품이 무엇을 바탕으로 탄생할 수 있었겠는가. 광한루 하나가 공중에 솟구쳐 있었기에 이도린이 놀러 갈 수밖에 없었고, 춘향이 이도린을 만날 수밖에 없었으며, 8회로 구성된 한 편의 작품이 만들어질 수밖에 없었다.

(중략)

잡기술(시구 삽입)

수능에 등장하는 산문 문학에 종종 시구가 삽입되기도 한다. 이때 삽입된 시구는 하나의 서사적 도구로 글의 내용을 이해하는데 나름의 힌트를 준다.
여기서의 시는 'A에서 B가 C한다.'라는 유사한 어구를 가진다. 이때 A는 장소, B는 주체, C는 행위이다. 이러한 경우 독자는 작품의 계절적 배경이 봄인 사실과 '선랑'과 '가인'이 등장할 것이라는 예측을 할 수 있다.

잡생각(직관)

삽입된 시구와 서술자의 말을 연결해보면, 시구에서 선랑이 이도린이고 가인이 춘향임을 알 수 있다.

독자는 앞으로 전개될 소설의 내용이 이도린과 춘향을 주인공으로, 광한루라는 곳에서 펼쳐질 것임을 예측할 수 있다.

[Cut 2]

그네 뛰는 모습을 이도린이 보고 자기도 모르게 눈앞이 어질어질하여 김한에게 말했다.

질문 ["너는 저런 것을 본 적이 있느냐? 저것이 금이냐, 옥이냐? 아니면 귀신이냐? 그것도 아니면 선녀냐? 너는 저것을 아느냐?"]

김한이 대답했다.

대답 ["금도 아니고 옥도 아닙니다. 낙수(洛水)에 빠져 죽은 이의넋도 사라지고, 양대(陽臺)에서 구름과 비를 만들었던 여인의 일도 이제 아득하기만 한데, 어떻게 귀신 같고 선녀 같은 아가씨가 요즘 세상에 나타났겠습니까?"]

"그렇다면 누구란 말이냐?"

"이 사람은요......."

"이 사람이 누구냐?"

"도련님께서는 교방 행수 기생 월매를 기억하시는지요?"(이게무슨 말이야?)

"저렇게 젊고 아리따운 여인을 어떻게 반쯤은 쭈글쭈글해진 노파에다 비교할 수 있느냐?"

"저 사람은 월매의 딸 춘향입니다. 노래도 잘하고 춤도 잘추며 글도 잘하고 바느질도 잘하며 그 용모와 자태는 정말절색입니다. 남원의 절색일 뿐 아니라 도내의 절색이요, 도내의 절색일 뿐 아니라 국내의 절색이라 해도 손색이 없습니다."

이도린이 매우 기뻐하며 말했다.

"풍류를 즐길 만한 인연이 정말이지 다른 데 있는 것이 아니구나. 네가 가서 불러 오거라."

"도련님께서는 저 아이를 불러다가 무엇을 하시려고요?"

"고운 얼굴 한번 보려고 그런다."(어찌 그렇지 않을 수 있겠는가?)

"도련님께서 저 아이를 보시고 무엇 하시려고요?"(눈치 빠른 김한)

"내가 이 일을 하든 저 일을 하든 네가 알아서 뭣 하느냐?"

"부른다 해도 저 아이는 오지 않을 것입니다."

"오고 안 오고는 저 아이한테 달렸지 너한테 달리지 않았으니, 너는 그 새 주둥이 같은 입을 그만 닥치거라."

이에 김한이 머리를 떨구고 갔다.

[Cut2]에선 보다 구체적인 인물관계를 확보할 수 있는데, 이도린과 김한의 관계와 춘향의 가족관계이다. 더하여 [Cut1]에서 춘향이 그네를 뛴다는 사실을 확보했다면, 여기서의 '저런 것'도 춘향임을 알 수 있다.[1] 이는 다음과 같은 도식으로 나타낼 수 있다.

여기서 이도린은 그네 뛰는 춘향을 보고 김한을 통해 춘향을 데려오라고 한다. 이 과정에서 김한과의 대화를 통해 춘향의 정체를 알게 된다. 눈 여겨 볼 점은 이도린이 춘향을 불러오라고 김한에게 얘기할 때, 김한이 미리 안 올 것이라는 예측을 한 것인데, 이를 통해 춘향과 김한이 원래 아는 사이일 수 있다는 생각을 할 수 있다.

이도린과 김한의 대화에서 춘향의 정체를 짐작하는 부분이 있는데, 이때 나열의 양상을 보인다. 이도린은 '저런 것'에 대해 '금', '옥'. '선녀', '귀신'을 나열하여 김한에게 물어보고, 김한은 그 순서대로 답변한다. 독자는 이때 김한의 대답에서 '낙수에 빠져 죽은 이의 넋'이 이도린의 '귀신'을, '양대에서 구름과 비를 만들었던 여인'이 이도린의 '선녀'를 의미하는 것을 알 수 있다.

이도린	김한
금	금
옥	옥
귀신	낙수에 빠진 죽은 이
선녀	양대에서 비와 구름을 만드는 이

---

1) 후반부에 그네를 뛰는 것이 춘향이라고 나오지만, 미리 연결해서 읽는 것이 좋다.

잡기술(서술자의 개입)

지문 전체에서 (어찌 그렇지 않을 수 있겠는가?), (눈치 빠른 김한) 등 서술자의 감상평이 작품에 등장한다. 이런 경우 독자는 그저 체크만 해두고 넘어가는 것을 권장한다. 문제를 풀 때 필요하면 다시 돌아오면 된다.

잡소리(낙수에 빠져 죽은 이)

낙수는 중국 허난을 흐르는 하천 이름인데, 여기서 비롯된 설화를 낙신 설화라 부른다. 이 설화에 따르면, 인간이었던 여인이 낙수에 빠져 물의 귀신이 되었다. 이를 고려하면, 문맥상 '귀신'과 유사한 것을 알 수 있다.

잡소리(양대에서 구름과 비를 만드는 여인)

양대는 중국 초나라 땅의 지명으로 전설에서 자주 구름과 비로 비유되는 남녀 간의 정사가 일어난 곳이다. 왕이 양대에서 낮잠이 들었는데, 꿈속에서 신령스러운 여인을 만나 함께 구름을 피우고 비를 내렸다는 운우지정 고사이다. 이후 '양대 운우'는 곧 남녀의 밀회를 상징하는 은유로 사용되었다. 이를 고려하면, 아름다운 '선녀'와 문맥상 유사하다고 볼 수 있다.

잡소리(교방 행수)

교방은 당나라 시기의 기관에서 유래된 말로, 조선에서는 보통 관기[2]를 관리하고 가르치는 관청을 이른다. 행수는 맨 앞에 서는 사람으로 '교방 행수'는 기생들 가운데 가장 서열이 높은 사람을 의미한다. 따라서 춘향의 모친은 기생이고, 수모법에 따라 춘향 역시 기생이 될 가능성이 높은 상황이다.

[Cut 3]

원래 춘향은 풍경을 즐기려는 옆집 여자 아이를 따라 나온 것이었다. 채색 줄로 만든 그네를 탔는데, [봄바람에 옷자락이 흐트러져] ^{원인} ^{결과} [버드나무 가지를 꽉 잡은 채 그네를 멈추고 옷매무새를 바로잡으려 했다.] ^{원인} [그때 갑자기 광한루 위에서 사람의 말소리가 들리자(이게 누구지?)] ^{결과} [춘향은 몸을 돌려 꽃그늘 속으로 들어가숨고서는 주변을 둘러보았다. 이도린이 꽃무늬가 있는 작은 종이를 손에 쥐고 홀로 광한루 동쪽 난간에 기대어 있었는데, 그 모습이 티 없이 맑아 춘향은 은연중에 찬탄하는 말을 내뱉었다.] 갑자기 김한이 바쁜 걸음으로 와서 불렀다.

"춘향 낭자 어디 있소?"

춘향이 다시 몸을 돌려 숨었기 때문에 아무 소리도 나지 않았다. 김한이 이리저리 찾아보다가 꽃그늘에까지 와서 춘향을 발견했다.

(중략)

잡생각(직관)

여기서 춘향은 이도린을 보고 감탄한다. [Cut2]에서 이도린이 춘향을 보고 한눈에 반한 것을 알 수 있다. 서로 호감을 느꼈으나 그 사실에 대해 알지 못하는 것이다. 이렇게 사건에 대한 등장인물의 인식 여부가 선지로 등장하기도 한다. 여기서는 18번 문제의 1번 선지로 출제되었고, 25년도 6월 평가원 고전소설 출제 지문인 이대봉전에서도 애황의 인식 여부와 관련해 출제되었다.

① 이도린은 춘향이 자신에게 호감을 느꼈다는 사실을 알지 못했다.

[25090018]

④ ⓐ에서 글을 바치는 사람이 오해했던 사건의 실상이 ⓑ에서 드러나고 있어요.

[25060020]

---

2) 고려·조선 시대에 관청에 예속되어 있던 기생

[Cut 4]

　김한이 웃으며 말했다.

　"춘향은 노여워 말고 내 말 한번 들어 보오. 어제 남문 밖 큰 길에서 까치 같은 옷차림의 사령들이 쌍쌍이 앞에서 인도하고, 호랑이 무늬의 활집을 진 군관들이 대열을 이루며 뒤에서 호위한 채, 한 귀인이 구름 같은 가마에 앉아 아전들과 기생들 사이를 누비고 다녔는데, 낭자는 그 사람이 누군지 아오?"

　"네가 또 쓸데없는 말을 하는구나. 내가 어찌 본관 사또를 몰라보겠느냐?"

　"내가 말한 귀인은 바로 사또 자제 도련님이오."(기특한 김한)

　"사또 자제 도련님이 나와 무슨 상관이냐?"

　"낭자, 우리 도련님을 한번 만나러 갑시다."

　"도련님이 어떻게 춘향인지 추향인지 알겠느냐? 네가 춘향입네, 기생입네 하면서 농지거리해서 일을 벌였겠지. 나는 죽어도 못 간다, 죽어도 못 가."

　"춘향 낭자, 그대는 현명하고 지혜로운 사람이면서 이다지도 사리를 분별하지 못하오? ^{전제1} [속담에도 '까마귀 날자 배 떨어진다.' 라고 했듯이 도련님께서 춘흥이 발한 것이 우연히 오늘이며, 낭자가 그네 뛰며 논 것도 마침 이때이니, 이는 참으로 그렇게 하지 않았는데도 그렇게 된 것이오.] ^{전제2} [도련님께서 낭자를 보시고는 '귀신이냐? 선녀냐?'라고 물으시기에, '귀신도 아니고 선녀도 아닙니다.'라고 말했고, '그럼 누구냐?'라고 하시기에, '행수 기생의 딸입니다.'라고 말했소. 젊은 사내가 어찌 한 번쯤 그 아름다움을 살피려 하지 않겠소?] ^{전제3} [춘향 낭자는 잘 헤아려서 처신하시오. 갈 수 있으면 가는 것이고, 못 가겠다면 못 가는 것이지만, 화와 복이 눈앞에 놓여 있으니 낭자는 잘 생각하시오."]

　춘향이 한참 동안 잠자코 있다가 말했다.

　"네 말이 일리가 있다."

<hr>

잡생각(직관)

김한이 대화를 시작하기 전에 "노여워 하지 말고 내 말을 들어봐라"고 밑밥을 깔고 시작하는 것과 춘향이 김한에게 "또 쓸데없는 말을 하는구나"라는 말을 통해, 춘향과 김한은 이미 서로 알고 있다는 사실을 알 수 있다. 이는 [Cut2]에서 이도린에 대한 김한의 대답("부른다 해도 저 아이는 오지 않을 것입니다.")를 고려하면 더욱 설득력 있는 예측이 된다.

잡기술(긴 발화)

여기서 김한의 긴 발화는 2번 등장하는데, 그 중 두 번째 등장하는 긴 발화가 중요하다. 이는 김한이 춘향에게 자신을 따라가야 한다는 주장에 대해 논증하는 과정이다. 이때 김한의 논증을 정리하면 다음과 같다.

전제1	이도린이 춘흥이 발한 것은 우연히 오늘이다.
전제2	젊은 사내가 아름다운 여자를 보고 싶어하는 것은 당연하다.
전제3	가는 것의 여부는 춘향에게 달려있지만, 그에 따라 화복이 결정된다.
결론	따라와라

이를 듣고 춘향은 논증의 타당성을 납득하고 김한을 따라간다.

18. 윗글에 대한 이해로 가장 적절한 것은?

① 이도린은 춘향이 자신에게 호감을 느꼈다는 사실을 알지 못했다.

② 춘향은 그네를 타기 위해 나들이에 나섰지만 기대했던 바를 달성하지 못했다.

③ 이도린은 춘향을 부르면 이도린 자신을 만나러 올 것이라는 김한의 말을 믿었다.

④ 이도린은 월매가 춘향의 어머니라는 사실을 알고 있었지만 이를 모르는 척했다.

⑤ 옆집 여자 아이는 이도린을 만나기 위해 춘향과 함께 왔지만 풍경을 즐기는 것에 만족했다.

길라잡이
본인만의 풀이 과정을 적어보세요!

① 이도린은 춘향이 자신에게 호감을 느꼈다는 사실을 알지 못했다.

② 춘향은 그네를 타기 위해 나들이에 나섰지만 기대했던 바를 달성하지 못했다.

③ 이도린은 춘향을 부르면 이도린 자신을 만나러 올 것이라는 김한의 말을 믿었다.

④ 이도린은 월매가 춘향의 어머니라는 사실을 알고 있었지만 이를 모르는 척했다.

⑤ 옆집 여자 아이는 이도린을 만나기 위해 춘향과 함께 왔지만 풍경을 즐기는 것에 만족했다.

19. 꽃그늘 에 대한 이해로 가장 적절한 것은?

① 춘향이 그네를 타기 위해 기다리는 장소
② 춘향이 김한을 기다리며 머물고 있는 장소
③ 춘향이 몸을 감추고 이도린을 바라보는 장소
④ 김한이 이도린을 만나서 대화를 나누는 장소
⑤ 이도린이 춘향과 만나기 위해 미리 약속한 장소

길라잡이

본인만의 풀이 과정을 적어보세요!

① 춘향이 그네를 타기 위해 기다리는 장소

② 춘향이 김한을 기다리며 머물고 있는 장소

③ 춘향이 몸을 감추고 이도린을 바라보는 장소

④ 김한이 이도린을 만나서 대화를 나누는 장소

⑤ 이도린이 춘향과 만나기 위해 미리 약속한 장소

20. 윗글에서 '김한'의 역할을 이해한 것으로 가장 적절한 것은?

① 이도린에게 눈앞에 보이는 것이 금과 옥이 아니라고 알려 주어, 이도린의 무지를 일깨우는 비판자 역할을 한다.

② 이도린에게 춘향이 선녀 같은 아가씨라고 말하여, 이도린이 춘향의 고귀한 신분을 알게 하는 조력자 역할을 한다.

③ 이도린에게 풍류를 즐길 만한 상대가 춘향이라고 이야기하여, 이도린이 춘향을 부르게 하는 중개자 역할을 한다.

④ 춘향에게 춘향 자신이 지혜로운 사람임을 일깨워 주어, 춘향이 이도린을 만나지 못하도록 하는 방해자 역할을 한다.

⑤ 춘향에게 이도린과의 만남은 거듭된 우연으로 이루어진 인연임을 알려 주어, 두 사람을 만나게 하는 매개자 역할을 한다.

① 이도린에게 눈앞에 보이는 것이 금과 옥이 아니라고 알려 주어, 이도린의 무지를 일깨우는 비판자 역할을 한다.

② 이도린에게 춘향이 선녀 같은 아가씨라고 말하여, 이도린이 춘향의 고귀한 신분을 알게 하는 조력자 역할을 한다.

③ 이도린에게 풍류를 즐길 만한 상대가 춘향이라고 이야기하여, 이도린이 춘향을 부르게 하는 중개자 역할을 한다.

④ 춘향에게 춘향 자신이 지혜로운 사람임을 일깨워 주어, 춘향이 이도린을 만나지 못하도록 하는 방해자 역할을 한다.

⑤ 춘향에게 이도린과의 만남은 거듭된 우연으로 이루어진 인연임을 알려 주어, 두 사람을 만나게 하는 매개자 역할을 한다.

21. <보기>를 참고하여 [A],㉠을 이해한 내용으로 적절하지 <u>않은</u> 것은?

<보기>

「광한루기」는 '수산(水山)'이라는 호를 쓴 사람이 「춘향전」을 바탕으로 지은 한문 소설로, 총 8회로 이루어져 있다. 각 회의 앞부분에는 내용을 소개하는 시구와 해당 회에 대한 견해가 제시되어 있고, 본문 속에는 인물이나 사건 등에 대한 짤막한 평이나 감상이 작은 글씨로 제시되어 있다. 「광한루기」의 독자는 이와 같은 다양한 비평적 견해를 이야기와 함께 읽으면서 작품을 감상할 수 있다.

① [A]에서는 시구를 활용하여, '봄바람'과 '버드나무 언덕'이 어우러진 봄날의 분위기를 보여 주면서 해당 회의 배경을 드러내고 있군.
② [A]를 통해 해당 회의 주요 공간인 '광한루'를 소개하여, 그 공간의 역할을 드러내고 있군.
③ [A]에서는 두 인물이 만나게 되는 계기를 서술하여, 서사 전개의 개연성을 보여 주고 있군.
④ ㉠은 인물의 말에 대한 평을 통하여, 독자에게 이도린의 반응이 당연하다는 점을 강조하여 보여 주고 있군.
⑤ [A]와 ㉠을 통해 독자에게 작품의 감상법을 다양하게 설명하여, 「광한루기」를 8회로 구성한 이유를 부각하고 있군.

길라잡이

본인만의 풀이 과정을 적어보세요!

① [A]에서는 시구를 활용하여, '봄바람'과 '버드나무 언덕'이 어우러진 봄날의 분위기를 보여 주면서 해당 회의 배경을 드러내고 있군.

② [A]를 통해 해당 회의 주요 공간인 '광한루'를 소개하여, 그 공간의 역할을 드러내고 있군.

③ [A]에서는 두 인물이 만나게 되는 계기를 서술하여, 서사 전개의 개연성을 보여 주고 있군.

④ ㉠은 인물의 말에 대한 평을 통하여, 독자에게 이도린의 반응이 당연하다는 점을 강조하여 보여 주고 있군.

⑤ [A]와 ㉠을 통해 독자에게 작품의 감상법을 다양하게 설명하여, 「광한루기」를 8회로 구성한 이유를 부각하고 있군.

| 고전 산문 |

| 작자 미상, 「이대봉전」 |

□ 남복(男服)
□ 남자들이 입는 옷.

□ 삭(朔)
□ 여기서는 그냥 어떤 날이라고 생각하면 된다.

□ 담장(淡粧)
□ 수수하고 엷게 화장을 함. 또는 그 화장.

□ 이부 시랑(吏部侍郞)
□ 중국에서, 이부(吏部)의 버금 벼슬.

□ 소복(素服)
□ 하얗게 차려입은 옷. 흔히 상복으로 입는다.

□ 공(公)
□ 그 사람을 높여 부르거나 이르는 말

□ 여복(女服)
□ 여자들이 입는 옷.

□ 오호 애재라
□ 슬픔을 나타내는 감탄사이다.

□ 개착하다(改着)
□ 옷을 갈아입다.

□ 소첩(小妾)
□ 부인이 남편을 상대하여 자기를 낮추어 이르던 일인칭 대명사.나이 어린 첩

□ 금로(金爐)
□ 금으로 장식하여 만든 향로.

□ 대인(大人)
□ 문어체에서, '남'을 높여 이르는 말.

□ 사르다
□ 불에 태워 없애다.

□ 귀자(貴子)
□ 귀한 집 아들. 또는 귀한 집 젊은 남자를 이르는 말

□ 제문(祭文)
□ 죽은 사람에 대하여 애도의 뜻을 나타낸 글. 흔히 제물을 올리고 축문처럼 읽는다.

□ 피차(彼此)
□ 이쪽과 저쪽의 양쪽

- 동년(同年)
- 같은 해,같은 나이

- 수중고혼(水中孤魂)
- 물에 빠져 죽은 사람의 외로운 넋

- 진진지연(秦晉之緣)
- 두 집안이 혼인으로 맺어지는 것을 비유하는 고사성어이다

- 참통(磣痛)
- 눈에 모래가 들어간 것처럼 깔깔하면서 아픈 증상

- 양가(兩家)
- 양편의 집

- 삼가
- 겸손하고 조심하는 마음으로 정중하게

- 시운(時運)
- 시대나 그때의 운수

- 존령(尊靈)
- 죽은 사람의 넋을 높여 이르는 말

- 모해(謀害)
- 꾀를 써서 남을 해침

- 흠향(歆饗)
- 죽은 혼령이 제상에 진설한 음식을 받음

- 간적(奸賊)
- 간사하고 악독한 도적

- 주달(奏達)
- 임금에게 아뢰다

- 변복(變服)
- 왕희가 정 소저를 다른 남자와 강제로 혼인 시키려고 하니까 옷을 갈아입고 도망갔다는 의미이다.

- 애련(哀憐)
- 애처롭고 가엾게 여김

- 형적(形迹)
- 사물의 형상과 자취를 아울러 이르는 말. 또는 남은 흔적

- 상표(上表)
- 임금에게 글을 올리던 일

□ 신첩(臣妾)
□ 신하가 임금을 상대하여 자기를 낮추어 이르던 일인칭 대명
□ 사.

□ 성혼(成婚)
□ 혼인이 이루어짐

□ 용탑(龍榻)
□ 임금이 앉아있는 상탑

□ 행례(行禮)
□ 예식을 행함. 또는 그런 일.

□ 고혼(孤魂)
□ 의지할 곳 없이 떠돌아다니는 외로운 넋

□ 일비일희(一悲一喜)
□ 한편으로는 기뻐하고 한편으로는 슬퍼함. 또는 기쁨과 슬픔
□ 이 번갈아 일어남

□ 판이(判異)
□ 비교 대상의 성질이나 모양, 상태 따위가 아주 다르다

□ 무궁(無窮)
□ 공간이나 시간 따위가 끝이 없다

□ 아득하다
□ 보이는 것이나 들리는 것이 희미하고 매우 멀다

□ 덕택(德澤)
□ 베풀어 준 은혜나 도움

□ 경상(輕傷)
□ 조금 다친 상처

□ 말미암다
□ 어떤 현상이나 사물 따위가 원원이나 이유가 되다

□ 천우신조(天佑神助)
□ 하늘이 돕고 신령이 도움

□ 간신(奸臣)
□ 간사한 신하

□ 처(妻)
□ 아내

□ 엄형(嚴刑)
□ 엄하게 형벌함

- □ 국문(鞫問)
  나라에서 몽둥이를 가지고 큰 죄를 지은 사람을 신문하던 일

- □ 국법(國法)
  나라의 법률이나 법규

- □ 난신(國法)
  나라를 어지럽히는 신하

- □ 정히(正)
  진정으로 꼭

- □ 처결(處決)
  결정하여 잘 정돈하고 처리함

- □ 간적(奸賊)
  간사하고 악독한 도적

- □ 표문(表文)
  마음에 품은 생각을 적어서 임금에게 올리는 글.

- □ 의괴하다(疑怪)
  의심스럽고 괴이하게 여기다

- □ 황공(惶恐)
  위엄이나 지위 따위에 눌리어 두렵다.

- □ 모함(謀陷)
  나쁜 꾀로 남을 어려운 처지에 빠지게 함

- □ 성덕(聖德)
  임금의 덕을 높여 이르는 말

- □ 해도(海島)
  바다 가운데 있는 섬

- □ 향하(向下)
  아래로 향함

- □ 대해(大海)
  넓고 큰 바다

- □ 의탁(依托)
  어떤 것에 몸이나 마음을 의지하여 맡기다

- □ 유골(遺骨)
  죽은 사람의 몸을 태우고 남은 뼈

□ 고국(**故國**)
□ 다른 나라에 가 있는 사람이 자기 나라를 이르는 말

□ 해중(**海中**)
□ 바다 가운데

□ 오추마(**烏騅馬**)
□ 검은 털에 흰 털이 섞인 말

□ 풍랑(**風浪**)
□ 바람과 물결을 아울러 이르는 말

□ 반적(**叛賊**)
□ 자기 나라를 배반한 자

□ 하해(**河海**)
□ 큰 강과 바다를 아울러 이르는 말

□ 범하다(**犯**)
□ 법률,도덕,규칙 따위를 어기다

□ 지덕(**至德**)
□ 지극한 덕이나 덕행

□ 분심(**憤心**)
□ 억울하고 원통한 마음

□ 무인 절도(**無人絕島**)
□ 육지와 멀리 떨어져 있는,사람이 살지 않는 외딴섬

□ 전죄(**憤心**)
□ 이전에 저지른 죄

□ 황명(**皇命**)
□ 황제의 명령

□ 필마단창(**匹馬單槍**)
□ 한 필의 말과 한 자루의 창이란 뜻으로, 혼자 간단한 무장을 하고 한 필의 말을 타고 감을 이르는 말

□ 대죄하다(**待罪**)
□ 죄인이 처벌을 기다리다

□ 파하다(**破**)
□ 적을 쳐부수어 이기다

□ 난신적자(**亂臣賊子**)
□ 나라를 어지럽히는 불충한 무리

□ 재물(財物)
□ 돈이나 그 밖의 값나가는 모든 물건

□ 적소(適所)
□ 꼭 알맞은 자리

□ 만무하다(萬無)
□ 절대로 없다

□ 사주(使嗾)
□ 남을 부추겨 좋지 않은 일을 시킴

길라잡이
모르는 어휘가 있다면 정리하세요!

길라잡이
모르는 어휘가 있다면 정리하세요!

장 소저 가 남복을 벗고 담장 소복으로 여복을 개착하고 금로에 향을 사르며 시랑의 영위 먼저 차린 후 제문을 읽으니, ⓐ그 글에 하였으되,

'유세차 기축 삼월 정묘 삭 십오 일에 기주 장 한림의 딸 애황은 감히 이부 시랑 이 공 영위 앞에 아뢰나이다. 오호 애재라! 소첩의 부친이 대인과 사귐이 깊사옵더니, 그 후에 대인은 귀자를 두시고 부친은 소첩을 얻으시니 피차에 동년 동일생이라. 부친이 신기한 꿈을 꾸고는 대인과 **진진지연***을 깊이 맺었더니, 슬프다, 양가 시운이 불리하여 대인은 **간신의 모해**를 입어 외딴섬에 유배 가시고, 부친은 대인의 억울함과 소첩의 앞길이 그릇됨을 원통히 여겨 걱정과 분노가 병이 되어 중도에 **세상을 버리**시니, 모친 또한 부친의 뒤를 따라 별세하시니, 외롭고 연약한 소첩은 의지 할 곳이 없더라. 간적 왕희가 첩의 고독함을 업신여겨 **혼인을 강제하**옵기로 변복 도주하였다가, 남자로 행세하여 용문에 올라 남적을 멸하고 대공을 이룸은, 적자 왕희를 없이하여 원통함을 풀고 대인과 공자를 찾아 혼약을 이루기 위함이었는데, 사신의 말을 들으니 대인 부자가 형적이 없다 하니, 반드시 수중고혼이 되신지라. 어찌참통치 않으리잇고. 이에 한 잔 술을 바치옵나니 삼가 바라건대 존령은 흠향하옵소서.'

하였더라.

(중략)

각설. 이 공자 대봉이 부친을 모시고 ㉠용궁을 떠나 여러 날만에 ㉡황성에 올라와 머물 곳을 정한 후, 흉노의 머리 벤 것을 봉하여 성상께 올릴새 상소를 지어 전후사연을 주달하였거늘, 이때 성상이 이 시랑 부자의 생사를 알지 못하시고 장 소저의 앞길을 애련히 여기사 마음에 잊지 못하시더니, 또 장 소저의 상표가 이르렀거늘 상이 반기사 급히 열어 보시니 왈,

'신첩 장애황은 일장 표를 용탑 하에 올리나이다. 신첩이 성상의 큰 은혜를 받자와 바닷가에서 제를 올려 고혼을 위로하오나, 이승과 저승이 판이하게 달라 영혼이 자취가 없사오니, 비록 앞에 와 흠향하온들 어찌 알 리 있사오리잇가. 아득한 경상과 슬픈 마음을 진정치 못하와 제를 지내며 통곡하옵더니, 천우신조와 삭발 승려를 만나오니 이 곧 시랑 이익의 처 양씨라. 비록 **성혼 행례**는 아니 하였사오나 어찌 시어머니와 며느리 사이가 아니리잇가. 일비일희하여 즐겁기 무궁하오니, 이는 다 성상의 넓으신 덕택으로 말미암음이라. 그러나 왕희 자는 국가를 혼란스럽게 한 간신이옵고 신첩의 원수라. 바라건대 폐하는 왕희 부자를 엄형 국문하사 국법을 밝히시고, 그 부자를 신첩에게 내어 주시면 남선우 베던 칼로 난신을 죽여 이익의 부자에게 제하여 영혼을 위로하리이다.

하였더라.

상이 다 보신 후 정히 처결코자 하시더니, 이때 또 하나의 표문이 올라오거늘, 상이 의괴하여 열어 보시니 ⓑ그 소에 하였으되,

'죄신 이대봉은 황공함과 두려운 마음으로 머리를 조아려 절을 올리며 한 장 표문을 황상 용탑 하에 바치옵나이다. 신의 부자가 간신 왕희의 모함을 입었사오나, 폐하의 성덕을 입사와 이 한목숨에 너그러움을 베풀어 ㉢해도에 내치신 덕택으로 유배지로 가옵더니, 도중을 향하와 배를 타고 대해 중에 행하옵더니, 뜻밖에 뱃사람들이 달려들어 아비를 결박하여 물에 던지거늘, 신의 아비 죽는 양을 보고 또한 뒤를 따라 수중에 빠지오매 거의 죽게 되었삽더니, 마침 서해 용왕의 구함을 입어 살아나 서역 천축국 ㉣백운암에 가 팔 년을 의탁하였나이다. 생각하옵건대 신의 부자가 국가의 죄인이라. 타처에 오래 있사옴이 옳지 않아 세상에 나와 수중에 빠진 아비 유골이나마 찾고 고국에 있는 어미를 찾아보고자 하와 중원으로 돌아가옵다가, 농서에서 한나라 장수 이릉의 영혼을 만나 갑옷과 투구를 얻고, 사평에서 오추마를 얻으며, 화용도에서 관 공의 영혼을 만나 칼을 얻어, 황성으로 향코자 하옵다가, 반적 흉노가 천자의 자리를 범하여 황성을 함몰하고 어가가 ㉤금릉으로 행하셨다 함을 듣고, 분심을 이기지 못하와 전죄를 무릅쓰고 천 리를 달려와 금릉에 이르러 자칭 충의장군이라 하옵고 필마단창으로 적군을 파하고 적장 묵특남과 동돌수를 베어 성상의 급하심을 구하옵고, 흉노가 도망하는 것을 따라 서릉도에 들어가 흉노를 베었나이다. 돌아오는 길에 해중에서 풍랑을 만나 나흘 밤낮을 정처 없이 가다가 천우신조하옵고, 성상의 하해지덕으로 무인절도에 다다라 바람이 그치오며, 그 섬에 올라가 죽었던 아비를 만났사오니 황명을 기다리지 아니하고 감히 함께 와 대죄하옵나니, 신의 부자의 죄 만 번 죽어도 아까울 것이 없나이다. 그러하오나 왕희는 국가의 난신적자요 신의 원수라. 뱃사람이 재물 없이 적소로 가는 죄수를 무단히 살해하올 일은 만무하온즉, 이는 반드시 왕희의 사주를 받은 것으로, 의심할 바 없는지라 바라옵건대 성상은 엄형 국문하옵신 후 왕적을 내어 주시고 신의 죄를 다스리옵소서.'

- 작자 미상, 「이대봉전」 -

* 진진지연(**秦晉之緣**):혼인의 인연.

18. ㉠~㉤에 대한 설명으로 가장 적절한 것은?

① ㉠은 이대봉이 이릉의 영혼을 만나 갑옷과 칼을 얻은 공간이다.

② ㉡은 흉노가 침범한 곳이자 이대봉이 흉노를 처단한 공간이다.

③ ㉢은 장 한림 부부가 간신의 모해로 유배 간 공간이다.

④ ㉣은 이대봉이 중원으로 향하기 전에 머물던 공간이다.

⑤ ㉤은 동돌수가 이대봉을 피해 달아난 공간이다.

19. 장 소저 에 대한 이해로 적절하지 않은것은?

① 부친과 이 시랑이 '진진지연'을 맺은 데에는 신기한 꿈이 영향을 미쳤을 것이라고 알고 있다.

② 이 시랑이 '간신의 모해'를 입은 것은 시운이 좋지 않았기 때문이라고 생각했다.

③ 부친이 '세상을 버'린 까닭은 혼약이 어그러진 것과 이 시랑의 죽음에 대한 분노 때문이라고 여겼다.

④ 왕희가 '혼인을 강제하'는 것으로 판단하여 변복 도주했다.

⑤ '성혼 행례'는 하지 않았으나, 승려가 된 양씨를 시어머니로 대했다

20. <보기>의 [A]에 들어갈 말로 적절하지 않은 것은?

> ─────── <보기> ───────
>
> **선생님**: 고전 소설에서는 제문, 표문 등과 같은 다양한 글이 활용되기도 해요. 윗글의 ⓐ와 ⓑ에서 글을 바치는 사람과 받는 상대가 누구인지 고려하여, 글의 특징이나 기능에 대해 말해 보세요.
>
> **학 생**: _________________ [A] _________________
>
> **선생님**: 네, 맞아요.

① ⓐ는 망자에게 바치는 제문이고, ⓑ는 성상에게 바치는 표문이에요.

② ⓐ는 상대의 원통함을 위로하기 위하여, ⓑ는 상대에게 사건 경과를 알려 특별한 조치를 요청하기 위하여 작성되었어요.

③ ⓐ와 달리 ⓑ에는 글을 바치는 사람이 스스로를 낮추는 표현이 사용되었어요.

④ ⓐ에서 글을 바치는 사람이 오해했던 사건의 실상이 ⓑ에서 드러나고 있어요.

⑤ ⓐ와 ⓑ는 모두 글을 바치는 사람과 상대를 서두에서 밝히고 있어요.

21. <보기>를 참고하여 윗글을 이해한 내용으로 적절하지 않은 것은?

> ─────── <보기> ───────
>
> 「이대봉전」에서 주인공은 공적 가치와 사적 목표를 실현하기 위해 노력한다. 공적 가치는 국가 차원의 사건에 참여하는 당위로 제시되고, 사적 목표는 가문의 일원으로서 그 사건 해결에 가담하는 동력이 된다. 현실계나 비현실계의 존재들 또한 주인공의 이러한 문제 해결 과정에 조력한다. 공적 활약을 통해 공적 가치의 권위를 인정하는 이면에 사적 목표의 추구를 배치하는 이러한 구도는 영웅소설이 지향하는 '충'이라는 이념을 훼손하지 않으면서도 사적 목표의 추구를 정당화한다.

① 장애황이 혼약을 이루기 위해 대공을 세웠다고 한 데에서, 혼약이 국가 차원의 사건에 참여하는 동력이 되었음을 알 수 있군.

② 장애황이 난신 왕희를 국법으로 다스린 후 자신에게 내어 달라고 한 데에서, 공적 권위를 존중하되 사적 목표도 실현하고자 하는 마음을 알 수 있군.

③ 흉노의 침입으로 성상이 피신했다는 소식에 분노하여 이대봉이 출전한 데에서, 국가 차원의 문제 해결에 참여하는 당위성을 확인할 수 있군.

④ 표류하던 이대봉이 천우신조로 무인절도에서 이 시랑과 재회한 데에서, 비현실계의 존재가 이대봉의 공적 활약에 조력한 것을 확인할 수 있군.

⑤ 이대봉이 흉노 제압을 공으로 드러낸 후 성상에게 왕희의 처벌을 요구한 데에서, 충의 이념을 훼손하지 않으면서도 사적 목표의 정당성을 확보하려는 인물의 의중을 확인할 수 있군.

메모

[Cut1]

　　장 소저가 ^{행위1}[남복을 벗고] 담장 소복으로 ^{행위2}[여복을 개착하고] ^{행위3}[금로에 향을 사르며] ^{행위4}[시랑의 영위 먼저 차린 후] ^{행위5}[제문을 읽으니], 그 글에 하였으되,

---

잡생각(직관)

　대부분의 독자는 담장 소복으로, 금로, 영위, 제문이라는 용어에 익숙치 않다. 이렇게 익숙하지 않은 용어들이 사용된 경우, 실전에서 상황을 추론할 수 있는데, 남복, 여복, 향 등으로, 그 상황을 이해할 수 있다.

　물론 기출문제를 풀면서 모르는 단어들은 모두 정리하는 과정이 필요하지만, 실전에서 이러한 단어가 등장한 경우, 적극적으로 그 의미를 추론해야 한다.

　여기서는 장 소저가 남자 옷을 벗고 여자 옷을 입은 다음, 무언가 '시랑'이라는 사람의 제사를 지내는 상황을 확보할 수 있다.

[Cut 2]

'유세차 기축 삼월 정묘 삭 십오 일에 기주 장 한림의 딸 애황은 감히 이부 시랑 이 공 영위 앞에 아뢰나이다. 오호 애재라! ^{이전 상황}[소첩의 부친이 대인과 사귐이 깊사옵더니, 그 후에 대인은 귀자를 두시고 부친은 소첩을 얻으시니 피차에 동년 동일생이라. 부친이 신기한 꿈을 꾸고는 대인과 진진지연*을 깊이 맺었더니, ^{반응}슬프다, 양가 시운이 불리하여 대인은 간신의 모해를 입어 외딴섬에 유배 가시고, 부친은 대인의 억울함과 소첩의 앞길이 그릇됨을 원통히 여겨 걱정과 분노가 병이 되어 중도에 세상을 버리시니, 모친 또한 부친의 뒤를 따라 별세하시니, 외롭고 연약한 소첩은 의지할 곳이 없더라. 간적 왕희가 첩의 고독함을 업신여겨 혼인을 강제하옵기로 변복 도주하였다가, 남자로 행세하여 용문에 올라 남적을 멸하고 대공을 이룸]은, 적자 왕희를 없이하여 원통함을 풀고 대인과 공자를 찾아 혼약을 이루기 위함이었는데, ^{전제}[사신의 말을 들으니 대인 부자가 형적이 없다 하니,] ^{결론}[반드시 수중고혼이 되신지라.] ^{반응}어찌 참통치 않으리잇고. 이에 한 잔 술을 바치옵나니 삼가 바라건대 존령은 흠향 하옵소서.'
하였더라.

(중략)

잡기술(긴 발화)

　고전소설의 특징으로 긴 발화가 있다. 이때 한 사람이 매우 긴 호흡으로 말하는데, 실전에서 등장할 경우, 중요 내용을 요약하며 읽는 것을 권장한다.

잡생각(직관)

　여기서 장 한림, 애황, 이부 시랑, 귀자 등 많은 인물ㅎ이 등장한다. 익숙하지 않은 소설이라면, 가볍게 구조도를 그릴 수 있다.

잡생각(직관)

독자는 긴 발화 속에서 인물 관계를 확보할 수도 있지만, 동시에 상황을 확보할 수 있다. 여기서는 장애황과 이 시랑의 가족들의 과거 상황을 알 수 있다. 또 현재 장애황이 그 이 시랑 부자가 사망한 걸로 알고 있다는 사실을 인식할 수 있다.

잡기술(중략)

산문 문학에는 중략이 종종 출제되는데, 이때 중략 전과 후를 연결해주는 경우가 많다. 따라서 중략 이후를 읽으면서, 그 이전 사건과 연결고리가 있다면, 이어주는 것이 좋다.

잡기술(추론)

장애황은 이 시랑 부자가 사망한 것으로 알고 있다. 이때 그 추론의 전제는 사신이 애황에게 대인 부자가 실종됐다고 한 말이 된다.

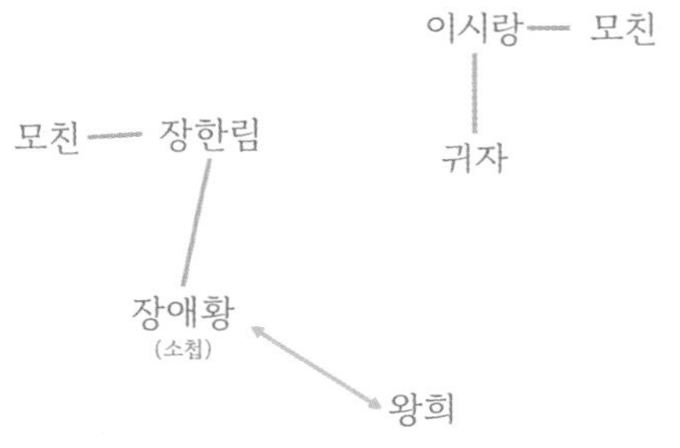

잡소리(유세차)

유세차는 제문이나 축문 등의 문서를 시작할 때 사용하는 의례적 문구이다. 이는 '생각하건대 지금 XX년이니'라는 뜻을 가진다. 쉽게 말해 '지금 언제냐면' 정도로 이해할 수 있다.

잡소리(삼월 정묘 삭 십오일)

음력 3월 정묘일을 초하루로 치는 달의 보름이다. 쉽게 말해 음력 3월 15일이다. 이는 고식 날짜표기로 '대강 음력 3월 이구나' 정도만 파악할 수 있으면 된다.

잡소리(기축)

기축은 육십갑자로 헤아린 해 중 '기축년'을 의미한다. 일반적으로 동양에서 연도를 표시할 때, 60갑자를 사용한다.

60갑자는 동아시아 전통에서 연이나 일, 시 등을 표시할 때 사용하던 간지 체계로, 십간과 십이지를 결합하여 만들어진 60개의 고유 조합이다. 이러한 조합은 일정 주기로 반복되는데, 우리가 흔히 아는 '을미의병', '임오군란' 등에 사용된다.

십간은 하늘의 줄기인 천간이라 하여, 1부터 10까지 순서나 특성을 상징한다.

갑	을	병	정	무	기	경	신	임	계
甲	乙	丙	丁	戊	己	庚	辛	壬	癸

십이지는 땅의 가지라 하여, 12개의 동물과 연계된다.

자	축	인	묘	진	사	오	미	신	유	술	해
子	丑	寅	卯	辰	史	午	未	申	酉	戌	亥
쥐	소	호랑이	토끼	용	뱀	말	양	원숭이	닭	개	돼지

이를 활용해서 연도를 셀 때, 십간과 십이지를 하나씩 대응한다. 그러면, 다음과 같이 10개의 연도를 셀 수 있다.

갑자, 을축, 병인, 정묘, 무진, 기사, 경오, 신미, 임신, 계유

이때, 십이지 중 '술'과 '해'가 남는다. 이런 경우, 십간의 처음과 나머지를 짝지어 준다. 따라서 '갑술, 을해'로 이어줄 수 있다. 지문에서의 기축년은 천간의 6번째와 십이지의 2번째가 이어진 것으로, 그저 연도표기로 알아두면 좋다.

잡소리(오호 애재라)

"오호 애재라!'는 옛 문장에서 애통함을 나타내는 탄식어로 흔히 쓰이는 표현이다. 죽은 이를 기리며 남기는 글인 제문 같은 문체에 격식으로 많이 사용된다.

오호는 한숨이 절로 나오거나 울부짖는 소리를 나타내어, 음 그대로 '오호라!', '아아!' 정도로 번역된다. 따라서 이는 영탄법으로 볼 수 있다.

잡소리(기주, 한림)

기주는 중국 하북성 부근의 지명으로, 한림은 한림원 소속의 학사를 줄여 부르는 말이다. 이때 한림원은 중국 왕조에서 황제를 가까이 모시며 문장·제도를 담당하는 행정 기관이다. 따라서 '기주 장 한림'은 '기주에 살고 있는 장 씨 성을 가진 한림학사' 정도로 이해할 수 있다.

잡소리(이부 시랑)

이부는 육부 가운데 인사와 관련된 일을 맡는 부서이다. 조정의 벼슬 임명·관원 평가 등을 총괄한다. 한국과 중국의 전통 관제에서 호부, 예부, 병부, 형부, 공부와 함께 6부를 이룬다. 시랑은 보통 차관급 또는 하나의 부의 수장에 해당하는 직위이다. 쉽게 말해 2인자급 고위관리이다. 따라서 '이부 시랑 이공'은 이부의 2인자급 고위관리인 이씨를 높이 부르는 말이다.

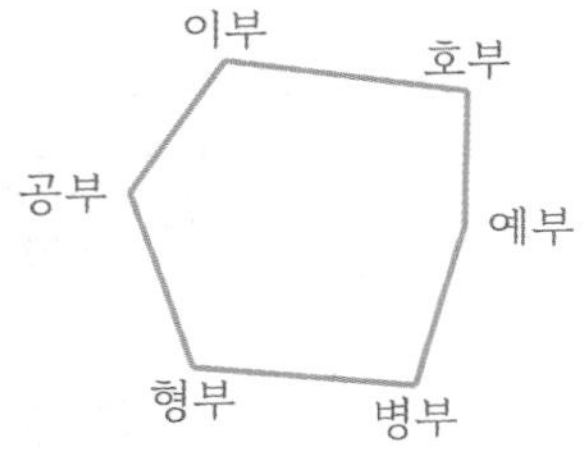

[Cut 3]

각설. [이전 상황] [이 공자 대봉이 부친을 모시고 용궁을 떠나 여러 날 만에 황성에 올라와 머물 곳을 정한 후, 흉노의 머리 벤 것]을 [현재 상황] [봉하여 성상께 올릴새 상소를 지어 전후사연을 주달하였거늘,] 이때 [이전 상황] [성상이 이 시랑 부자의 생사를 알지 못하시고 장 소저의 앞길을 애련히 여기사 마음에 잊지 못하시더니,] 또 [현재 상황] [장 소저의 상표가 이르렀거늘 상이 반기사 급히 열어 보시니 왈,]

잡기술(인물 확보)

앞서 [Cut1]에서 장애황이 언급한 '귀자'는 '이대봉'임을 알 수 있다.

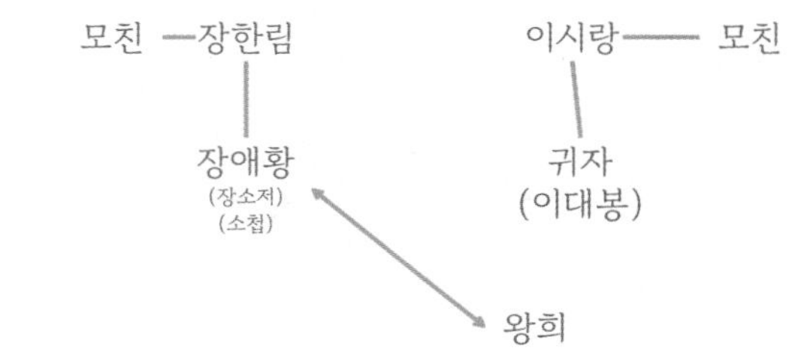

[Cut2]에서 장애황은 이 시랑 부자가 사망한 것으로 알고 있다. 그러나 여기서 '이 공자 대봉이 부친을 모시고 용궁을 떠나'를 고려하면, 이 시랑 부자는 여전히 살아있음을 알 수 있다. 따라서 그 둘이 바다에서 행방이 묘연해진 이후 용궁에 있다가 온 것을 알 수 있다. 또 이대봉은 흉노를 토벌하고 성상에게 상소를 지어 올렸다. 그러나 성상은 이를 알지 못했다. 즉, 장애황의 상표를 열어볼 때까지만해도 이 시랑 부자가 살아있는지 여부를 모른다는 것이다.

독자는 긴 발화 속에서 인물 관계를 확보할 수도 있지만, 동시에 상황을 확보할 수 있다. 여기서는 장애황과 이 시랑의 가족들의 과거 상황을 알 수 있다. 또 현재 장애황이 그 이 시랑 부자가 사망한 걸로 알고 있다는 사실을 인식할 수 있다.

잡생각(직관)

독자는 긴 발화 속에서 인물 관계를 확보할 수도 있지만, 동시에 상황을 확보할 수 있다. 여기서는 장애황과 이 시랑의 가족들의 과거 상황을 알 수 있다. 또 현재 장애황이 그 이 시랑 부자가 사망한 걸로 알고 있다는 사실을 인식할 수 있다.

잡기술(중략)

산문 문학에는 중략이 종종 출제되는데, 이때 중략 전과 후를 연결해주는 경우가 많다. 따라서 중략 이후를 읽으면서, 그 이전 사건과 연결고리가 있다면, 이어주는 것이 좋다.

잡기술(추론)

장애황은 이 시랑 부자가 사망한 것으로 알고 있다. 이때 그 추론의 전제는 사신이 애황에게 대인 부자가 실종됐다고 한 말이 된다.

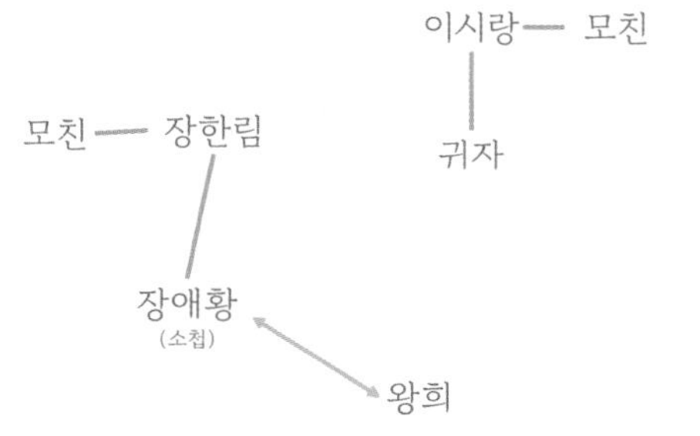

잡소리(유세차)

유세차는 제문이나 축문 등의 문서를 시작할 때 사용하는 의례적 문구이다. 이는 '생각하건대 지금 XX년이니'라는 뜻을 가진다. 쉽게 말해 '지금 언제냐면' 정도로 이해할 수 있다.

잡소리(삼월 정묘 삭 십오일)

음력 3월 정묘일을 초하루로 치는 달의 보름이다. 쉽게 말해 음력 3월 15일이다. 이는 고식 날짜표기로 '대강 음력 3월 이구나' 정도만 파악할 수 있으면 된다.

[Cut 4]

신첩 장애황은 일장 표를 용탑 하에 올리나이다. [이전 상황] [신첩이 성상의 큰 은혜를 받자와 바닷가에서 제를 올려 고혼을 위로하오나, 이승과 저승이 판이하게 달라 영혼이 자취가 없사오니, 비록 앞에 와 흠향하온들 어찌 알 리 있사오리잇가. 아득한 경상과 슬픈 마음을 진정치 못하와 제를 지내며 통곡하옵더니, 천우신조하와 삭발 승려를 만나오니 이 곧 시랑 이익의 처 양씨라. 비록 성혼 행례는 아니 하였사오나 어찌 시어머니와 며느리 사이가 아니리잇가. 일비일희하여 즐겁기 무궁하오니, 이는 다 성상의 넓으신 덕택으로 말미암음이라.] 그러나 [전제] [왕희 부자는 국가를 혼란스럽게 한 간신이옵고 신첩의 원수라.] 바라건대 [결론] [폐하는 왕희 부자를 엄형 국문하사 국법을 밝히시고,] [결론] [그 부자를 신첩에게 내어 주시면] [전제] [남선우 베던 칼로 난신을 죽여 이익의 부자에게 제하여 영혼을 위로하리이다.']
하였더라.

잡생각(직관)

장애황이 이 시랑의 처를 만났다는 사실을 통해, 양씨가 이 시랑의 아내이고, 이 대봉의 모친이라는 사실을 알 수 있다.

장애황이 바닷가에서 제를 올려 고혼을 위로하였지만, 큰 수확이 없어 보인다. 또 이후 왕희 부자를 자신에게 넘겨달라고 임금에게 요청하고 있다.

잡기술(중략)

중략 앞 뒤로 연결가능함을 고려하면, 장애황이 바닷가에서 제를 올리는 부분이 [Cut1,2]의 내용임을 추론할 수 있다. 또 그때 '양씨'를 만났다는 사실 역시 확보 가능하다. 또 [Cut2]의 '왕희'가 다시 언급되며, 애황에게 복수의 대상임을 짐작할 수 있다. 마지막으로 [Cut2]의 '남적'이 여기서 '남선우'임을 알 수 있다.

잡기술(추론)

장애황은 왕희 부자를 국문하고 자신에게 그 신병을 넘겨달라고 상에게 요구하고 있다. 이때, 그 추론의 전개를 눈여겨볼 수 있다.

[Cut 5]

상이 다 보신 후 정히 처결코자 하시더니, 이때 또 하나의 표문이 올라오거늘, 상이 의괴하여 열어 보시니 그 소에 하였으되,

잡생각(직관)

'정히 처결코자 함'을 통해, 상이 애황의 요청에 대해 제대로 판단해주려는 것을 알 수 있다. 동시에 또 하나의 표문이 올라오는데, 이는 [Cut3]의 이 대봉이 보낸 상소임을 알 수 있다.

[Cut 6]

'죄신 이대봉은 황공함과 두려운 마음으로 머리를 조아려 절을 올리며 한 장 표문을 황상 용탑 하에 바치옵나이다. [이전 상황][신의 부자가 간신 왕희의 모함을 입었사오나, 폐하의 성덕을 입사와 이 한목숨에 너그러움을 베풀어 해도에 내치신 덕택으로 유배지로 가옵더니, 도중을 향하와 배를 타고 [장소1]대해 중에 행하옵더니, 뜻밖에 뱃사람들이 달려들어 아비를 결박하여 물에 던지거늘, 신의 아비 죽는 양을 보고 또한 뒤를 따라 수중에 빠지오매 거의 죽게 되었삽더니, 마침 [조력자]서해 용왕의 구함을 입어 살아나 [장소2]서역 천축국 백운암에 가 팔 년을 의탁하였나이다. 생각하옵건대 신의 부자가 국가의 죄인이라. 타처에 오래 있사옴이 옳지 않아 세상에 나와 수중에 빠진 아비 유골이나마 찾고 고국에 있는 어미를 찾아보고자 하와 중원으로 돌아가옵다가, [장소3]농서에서 [조력자]한나라 장수 이릉의 영혼을 만나 갑옷과 투구를 얻고, [장소4]사평에서 오추마를 얻으며, [장소5]화용도에서 [조력자]관 공의 영혼을 만나 칼을 얻어, 황성으로 향코자 하옵다가, 반적 흉노가 천자의 자리를 범하여 황성을 함몰하고 어가가 금릉으로 행하셨다 함을 듣고, 분심을 이기지 못하와 전죄를 무릅쓰고 천 리를 달려와 [장소6]금릉에 이르러 자칭 충의장군이라 하옵고 필마단창으로 적군을 파하고 적장 묵특남과 동돌수를 베어 성상의 급하심을 구하옵고, 흉노가 도망하는 것을 따라 [장소7]서릉도에 들어가 흉노를 베었나이다. 돌아오는 길에 해중에서 풍랑을 만나 나흘 밤낮을 정처 없이 가다가 천우신조하옵고, 성상의 하해지덕으로 [장소8]무인절도에 다다라 바람이 그치오며, 그 섬에 올라가 죽었던 아비를 만났사오니 황명을 기다리지 아니하고 감히 함께 와 대죄하옵나니, 신의 부자의 죄 만 번 죽어도 아까울 것이 없나이다.] 그러하오나 [전제][왕희는 국가의 난신적자요 신의 원수라.] [전제][뱃사람이 재물 없이 적소로 가는 죄수를 무단히 살해하올 일은 만무하온즉, 이는 반드시 왕희의 사주를 받은 것으로, 의심할 바 없는지라] 바라옵건대 [결론][성상은 엄형 국문하옵신 후 왕적을 내어 주시고 신의 죄를 다스리옵소서.'
하였더라]

잡생각(직관)

이대봉의 긴 발화를 통해, 이전에 겪었던 상황과 추가적인 인물관계를 파악할 수 있다.

'신의 부자가 간신 왕희의 모함을 입었사오나'를 고려하면, [Cut2]에서 이 시랑 부자를 모함한 간신이 왕희임을 알 수 있다. 또 이후 왕희가 장애황에게 혼인을 강제한 사실을 고려하면, 장애황을 위하여, 이 시랑 부자를 모함했다고 추론할 수 있다.

잡기술(장소에 따른 변화)

이 대봉의 긴 발화에서는 장소의 이동에 따른 상황 설명이 제시되어 있다. 여기서는 이러한 부분이 크게 문제되지 않았지만, 장소 이동에 따른 상황 변화가 출제될 가능성이 높기 때문에, 장소를 기준으로 독해하는 것이 좋다.

장소	사건
대해 중앙 ↓ 서역 천축국 백운암	물에 던져짐
농서	이릉의 갑옷과 투구 얻기
사평	오추마 얻기
화용도	관공의 칼 얻기
금릉	흉노 박살
서릉도	도망가는 흉노 박살
무인절도	아빠 만남

잡생각(조력자)

일반적인 고전소설에는 주인공을 위한 조력자가 등장한다. 이러한 조력자가 등장할 경우, 가볍게 체크만 하고 넘어가는 것이 좋다. 여기서는 서해 용왕, 이릉, 관우가 제시되었다.

[Cut 4]

신첩 장애황은 일장 표를 용탑 하에 올리나이다. [이전 상황] [신첩이 성상의 큰 은혜를 받자와 바닷가에서 제를 올려 고혼을 위로하오나, 이승과 저승이 판이하게 달라 영혼이 자취가 없사오니, 비록 앞에 와 흠향하온들 어찌 알 리 있사오리잇가. 아득한 경상과 슬픈 마음을 진정치 못하와 제를 지내며 통곡하옵더니, 천우신조하와 삭발 승려를 만나오니 이 곧 시랑 이익의 처 양씨라. 비록 성혼 행례는 아니 하였사오나 어찌 시어머니와 며느리 사이가 아니리잇가. 일비일희하여 즐겁기 무궁하오니, 이는 다 성상의 넓으신 덕택으로 말미암음이라.] 그러나 [전제] [왕희 부자는 국가를 혼란스럽게 한 간신이옵고 신첩의 원수라.] 바라건대 [결론] [폐하는 왕희 부자를 엄형 국문하사 국법을 밝히시고,] [결론] [그 부자를 신첩에게 내어 주시면] [전제] [남선우 베던 칼로 난신을 죽여 이익의 부자에게 제하여 영혼을 위로하리이다.']
하였더라.

잡생각(직관)

장애황이 이 시랑의 처를 만났다는 사실을 통해, 양씨가 이 시랑의 아내이고, 이 대봉의 모친이라는 사실을 알 수 있다.

장애황이 바닷가에서 제를 올려 고혼을 위로하였지만, 큰 수확이 없어 보인다. 또 이후 왕희 부자를 자신에게 넘겨달라고 임금에게 요청하고 있다.

잡생각(중략)

중략 앞 뒤로 연결가능함을 고려하면, 장애황이 바닷가에서 제를 올리는 부분이 [Cut1,2]의 내용임을 추론할 수 있다. 또 그때 '양씨'를 만났다는 사실 역시 확보 가능하다. 또 [Cut2]의 '왕희'가 다시 언급되며, 애황에게 복수의 대상임을 짐작할 수 있다. 마지막으로 [Cut2]의 '남적'이 여기서 '남선우'임을 알 수 있다.

18. ㉠~㉤에 대한 설명으로 가장 적절한 것은?

① ㉠은 이대봉이 이릉의 영혼을 만나 갑옷과 칼을 얻은 공간이다.

② ㉡은 흉노가 침범한 곳이자 이대봉이 흉노를 처단한 공간이다.

③ ㉢은 장 한림 부부가 간신의 모해로 유배 간 공간이다.

④ ㉣은 이대봉이 중원으로 향하기 전에 머물던 공간이다.

⑤ ㉤은 동돌수가 이대봉을 피해 달아난 공간이다.

길라잡이
본인만의 풀이 과정을 적어보세요!

① ㉠은 이대봉이 이릉의 영혼을 만나 갑옷과 칼을 얻은 공간이다.

② ㉡은 흉노가 침범한 곳이자 이대봉이 흉노를 처단한 공간이다.

③ ㉢은 장 한림 부부가 간신의 모해로 유배 간 공간이다.

④ ㉣은 이대봉이 중원으로 향하기 전에 머물던 공간이다.

⑤ ㉤은 동돌수가 이대봉을 피해 달아난 공간이다.

19. 장 소저 에 대한 이해로 적절하지 않은것은?

① 부친과 이 시랑이 '진진지연'을 맺은 데에는 신기한 꿈이 영향을 미쳤을 것이라고 알고 있다.

② 이 시랑이 '간신의 모해'를 입은 것은 시운이 좋지 않았기 때문이라고 생각했다.

③ 부친이 '세상을 버'린 까닭은 혼약이 어그러진 것과 이 시랑의 죽음에 대한 분노 때문이라고 여겼다.

④ 왕희가 '혼인을 강제하'는 것으로 판단하여 변복 도주했다.

⑤ '성혼 행례'는 하지 않았으나, 승려가 된 양씨를 시어머니로 대했다

길라잡이

본인만의 풀이 과정을 적어보세요!

① 부친과 이 시랑이 '진진지연'을 맺은 데에는 신기한 꿈이 영향을 미쳤을 것이라고 알고 있다.

② 이 시랑이 '간신의 모해'를 입은 것은 시운이 좋지 않았기 때문이라고 생각했다.

③ 부친이 '세상을 버'린 까닭은 혼약이 어그러진 것과 이 시랑의 죽음에 대한 분노 때문이라고 여겼다.

④ 왕희가 '혼인을 강제하'는 것으로 판단하여 변복 도주했다.

⑤ '성혼 행례'는 하지 않았으나, 승려가 된 양씨를 시어머니로 대했다

20. <보기>의 [A]에 들어갈 말로 적절하지 않은 것은?

<보기>

선생님: 고전 소설에서는 제문, 표문 등과 같은 다양한 글이 활용되기도 해요. 윗글의 ⓐ와 ⓑ에서 글을 바치는 사람과 받는 상대가 누구인지 고려하여, 글의 특징이나 기능에 대해 말해 보세요.

학 생: ___________________ [A] ___________________

선생님: 네, 맞아요.

---

① ⓐ는 망자에게 바치는 제문이고, ⓑ는 성상에게 바치는 표문이에요.

② ⓐ는 상대의 원통함을 위로하기 위하여, ⓑ는 상대에게 사건 경과를 알려 특별한 조치를 요청하기 위하여 작성되었어요.

③ ⓐ와 달리 ⓑ에는 글을 바치는 사람이 스스로를 낮추는 표현이 사용되었어요.

④ ⓐ에서 글을 바치는 사람이 오해했던 사건의 실상이 ⓑ에서 드러나고 있어요.

⑤ ⓐ와 ⓑ는 모두 글을 바치는 사람과 상대를 서두에서 밝히고 있어요.

길라잡이

본인만의 풀이 과정을 적어보세요!

① ⓐ는 망자에게 바치는 제문이고, ⓑ는 성상에게 바치는 표문이에요.

② ⓐ는 상대의 원통함을 위로하기 위하여, ⓑ는 상대에게 사건 경과를 알려 특별한 조치를 요청하기 위하여 작성되었어요.

③ ⓐ와 달리 ⓑ에는 글을 바치는 사람이 스스로를 낮추는 표현이 사용되었어요.

④ ⓐ에서 글을 바치는 사람이 오해했던 사건의 실상이 ⓑ에서 드러나고 있어요.

⑤ ⓐ와 ⓑ는 모두 글을 바치는 사람과 상대를 서두에서 밝히고 있어요.

21. <보기>를 참고하여 윗글을 이해한 내용으로 적절하지 <u>않</u>은 것은?

<보기>

「이대봉전」에서 주인공은 공적 가치와 사적 목표를 실현하기 위해 노력한다. 공적 가치는 국가 차원의 사건에 참여하는 당위로 제시되고, 사적 목표는 가문의 일원으로서 그 사건 해결에 가담하는 동력이 된다. 현실계나 비현실계의 존재들 또한 주인공의 이러한 문제 해결 과정에 조력한다. 공적 활약을 통해 공적 가치의 권위를 인정하는 이면에 사적 목표의 추구를 배치하는 이러한 구도는 영웅소설이 지향하는 '충'이라는 이념을 훼손하지 않으면서도 사적 목표의 추구를 정당화한다.

① 장애황이 혼약을 이루기 위해 대공을 세웠다고 한 데에서, 혼약이 국가 차원의 사건에 참여하는 동력이 되었음을 알 수 있군.

② 장애황이 난신 왕희를 국법으로 다스린 후 자신에게 내어 달라고 한 데에서, 공적 권위를 존중하되 사적 목표도 실현하고자 하는 마음을 알 수 있군.

③ 흉노의 침입으로 성상이 피신했다는 소식에 분노하여 이대봉이 출전한 데에서, 국가 차원의 문제 해결에 참여하는 당위성을 확인할 수 있군.

④ 표류하던 이대봉이 천우신조로 무인절도에서 이 시랑과 재회한 데에서, 비현실계의 존재가 이대봉의 공적 활약에 조력한 것을 확인할 수 있군.

⑤ 이대봉이 흉노 제압을 공으로 드러낸 후 성상에게 왕희의 처벌을 요구한 데에서, 충의 이념을 훼손하지 않으면서도 사적 목표의 정당성을 확보하려는 인물의 의중을 확인할 수 있군.

길라잡이

본인만의 풀이 과정을 적어보세요!

① 장애황이 혼약을 이루기 위해 대공을 세웠다고 한 데에서, 혼약이 국가 차원의 사건에 참여하는 동력이 되었음을 알 수 있군.

② 장애황이 난신 왕희를 국법으로 다스린 후 자신에게 내어 달라고 한 데에서, 공적 권위를 존중하되 사적 목표도 실현하고자 하는 마음을 알 수 있군.

③ 흉노의 침입으로 성상이 피신했다는 소식에 분노하여 이대봉이 출전한 데에서, 국가 차원의 문제 해결에 참여하는 당위성을 확인할 수 있군.

④ 표류하던 이대봉이 천우신조로 무인절도에서 이 시랑과 재회한 데에서, 비현실계의 존재가 이대봉의 공적 활약에 조력한 것을 확인할 수 있군.

⑤ 이대봉이 흉노 제압을 공으로 드러낸 후 성상에게 왕희의 처벌을 요구한 데에서, 충의 이념을 훼손하지 않으면서도 사적 목표의 정당성을 확보하려는 인물의 의중을 확인할 수 있군.

개화

문학

| 현대 운문/수필 |

| 기초 이론 |

도해 · 문장화 · 후이해

잡기술(도해)

'도해(圖解)'란 글에 담긴 내용을 그림으로 풀이하거나, 그 내용을 시각적으로 나타낸 것을 말한다. 특히 운문(시)을 읽을 때 이 기술을 활용하면, 독자가 작품 속 이미지를 머릿속에서 구체적으로 떠올릴 수 있어 유용하다.

아래 시를 예로 들어, 각 연을 간단히 도해해 보자.

내가 그의 이름을 불러 주기 전에는
그는 다만
하나의 몸짓에 지나지 않았다.

내가 그의 이름을 불러 주었을 때
그는 나에게로 와서
꽃이 되었다,

-김춘수, 「꽃」-

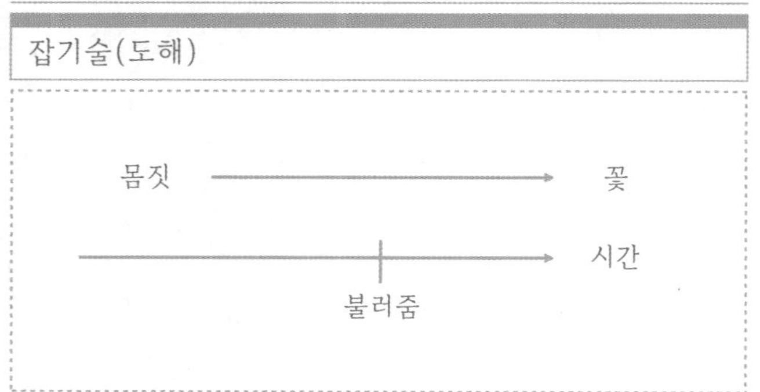

여기서는 예시로 짧은 시를 간단히 도해했지만, 실제로는 훨씬 복잡한 개념이나 관념도 독자 스스로 원하는 방식대로 그려 볼 수 있다. 이후 기출 문제를 통해, 이 방식을 좀 더 구체적으로 적용해 보는 사례를 살펴볼 것이다.

잡기술(문장화)

운문(시)에서는 '시적 허용'이라는 명목하에, 전통적인 문장 형식을 지키지 않는 경우가 많다. 그래서 문장 성분의 순서가 뒤바뀌거나, 일부 성분이 생략되기도 한다. 이런 '파편화된' 언어를 그대로 두면 정확한 이해가 어려우므로, 독자 입장에서는 파편을 이어서 문장으로 재구성하는 작업이 필요하다. 이를 '문장화'라고 부를 수 있다.

다음 시를 통해 실제로 '문장화' 과정을 시도해 보자.

담백한 단어들로 당신에게 편지를 써요

너무 달면 금방 질릴까
너무 짜면 목이 메일까
너무 뜨거우면 한 발 물러설까
너무 차가우면 손대기 싫을까

고르고 골라 담백한 말들을 늘어놔요
종이는 내 그릇

재료의 말들을 다듬어 선보이는
마음의 요리

-담백한 시, 김혜진-

단어들이 너무 달면 당신이 금방 질린다.
단어들이 너무 짜면 당신이 목이 메인다.
단어들이 너무 뜨거우면 당신이 한 발 물러선다.
단어들이 너무 차가우면 당신이 손대기 싫어한다.

너무 달거나 짜지 않도록 단어를 골라, 종이를 그릇 삼아 담백한 말들을 늘어놓는다.

나는 여러 단어(재료)를 정성껏 다듬어, '마음의 요리'로 당신에게 선보인다.

다소 투박해 보이지만, 이런 식의 작업이 실전 독해에서 최소한으로 필요한 문장 단위 해석을 도와준다. 하나를 더 살펴보자.

졸졸 흐르는 마음
줏대 없다 말하지만

낙엽의 수산스럼,
자갈의 담대함,
솔잎의 꼿꼿함은

흘러야만 만날 수 있다는걸 난 알지.

- 시냇물 마음, 김혜진 -

누군가는 졸졸 흐르는 마음을 보고 줏대 없다고 말한다. 하지만...

나는 낙엽의 수산스러움, 자갈의 담대함, 솔잎의 꼿꼿함은 마음이 흘러야 비로소 만날 수 있다는 것을 안다.

문장화는 때때로 억지스럽게 보일 수 있지만, 실전 독해에서 최소한도의 이해를 확보하기 위한 핵심 전략이다. 시의 원문 흐름을 지나치게 훼손하지 않는 선에서, 주어·서술어·목적어 등을 보충해 가며 하나의 문장으로 만들면, 작품이 말하고자 하는 주제를 더욱 선명하게 파악할 수 있다.

후이해

문학, 특히 운문(시)의 경우, 지문만으로는 모든 내용을 완벽히 이해하기 어렵다. 운문이 지닌 고도의 함축성 때문에, 독자는 <보기>나 선지를 참고해서 해석을 보완해야 한다. 또한 문학 장르 특성상, 주로 '감정 전달'을 목표로 하며, 시험에서는 주로 인물, 반응, 상황과 같은 요소가 출제된다. 이런 특성들을 생각하면, 지문만 읽고 100% 완벽히 해석하는 것은 사실상 불가능에 가깝다.

따라서 지문에서 할 수 있는 최대한의 이해를 확보하고, 이후 <보기>와 선지 등을 활용해 나머지를 보충하는 전략이 필요하다. 앞서 언급한 문장화도 마찬가지다. 이는 지문 단계에서 얻을 수 있는 정보를 최대치로 해석하기 위한 '발버둥'에 가깝다. 그 뒤 <보기>나 문제 풀이 과정을 통해 추가 정보를 얻게 되면, 지문 해석을 더 풍부하게 완성할 수 있다.

|현대 운문/수필 |

| 장석남, 「배를 밀며」 / 허수경, 「혼자 가는 먼 집」 / 이광호,
「이제 되도록 편지 안 드리겠습니다」 |

□ 치병(治病)
□ 병을 다스림.

□ 환후(患候)
□ 병을 정중하게 이르는 말

□ 매혹(魅惑)
□ 남의 마음을 사로잡아 호림

□ 방편(方便)
□ 그때그때의 경우에 따라 편하고 쉽게 이용하는 수단과 방법

□ 전언(前言)
□ 이전에 한 말

□ 경유(經由)
□ 어떤 곳을 거쳐 지나다

□ 매료(魅了)
□ 사람의 마음을 완전히 사로잡아 홀리게 함

□ 지리멸렬(支離滅裂)
□ 이리저리 흩어지고 찢기어 갈피를 잡으 수 없음

□ 비루하다(鄙陋)
□ 행동이나 성질이 너절하고 더럽다

길라잡이
모르는 어휘가 있다면 정리하세요!

메모

(가)

배를 민다
배를 밀어보는 것은 아주 드문 경험
희번덕이는 잔잔한 가을 바닷물 위에
배를 밀어넣고는
온몸이 **아주 추락하지 않을 순간**의 한 허공에서
밀던 힘을 한껏 더해 밀어주고는
아슬아슬히 배에서 떨어진 손, 순간 환해진 손을
허공으로부터 거둔다

사랑은 참 부드럽게도 **떠나지**
뵈지도 않는 길을 부드럽게도

배를 한껏 세게 밀어내듯이 슬픔도
그렇게 **밀어내는 것이지**

배가 나가고 남은 빈 물 위의 흠터
잠시 머물다 가라앉고

그런데 오, 내 안으로 들어오는 배여
아무 소리 없이 밀려들어오는 배여

- 장석남, 「배를 밀며」 -

(나)

당신……,당신이라는 말 참 좋지요, 그래서 불러봅니다 킥
킥 거리며 한때 적요로움의 울음이 있었던 때, 한 슬픔이 문
을닫으면 또 한 슬픔이 문을 여는것을 이만큼 살아옴의 **상
처에 기대, 나 킥킥……, 당신을 부릅니다** 단풍의 손바닥,
은행의 두 갈래 그리고 합침 저 개망초의 시름, 밟힌 풀의
흙으로 돌아감 당신……, **킥킥거리며 세월에 대해 혹은 사랑
과 상처**, 상처의 몸이 나에게 기대와 저를 부빌 때 당
신……, 그대라는 자연의 달과 별……, 킥킥거리며 당신이라
고……, 금방 울 것 같은 사내의 아름다움 그 아름다움에
기대 마음의 무덤에 나 벌초하러 진설 음식도 없이 맨 술 한
병 차고 병자처럼, 그러나 ⓐ치병*과 환후*는 각각 따로인
것을 킥킥 당신 **이쁜 당신……, 당신이라는 말 참 좋지요,**
내가 아니라서 끝내 버릴 수 없는, 무를 수도 없는 참
혹……, 그러나 킥킥 당신

- 허수경, 「혼자 가는 먼 집」 -

* 치병: 병을 다스림.

* 환후: 병을 정중하게 이르는 말

(다)

그녀에게 편지를 쓰는 것이 자신의 존재를 증명하던 시절
이 있었다. 사랑하는 사람에게 보내는 편지만큼 표현의 욕
구로 흘러 넘치는 것도 없다. 무언가를 표현하지 않고는 견
딜 수 없는 시간들이 편지를 쓰게 한다. 그는 그녀에게 자신
의 사랑이 얼마나 어렵고 진정하며 운명적인가를 설명하고
싶었다. 편지는 사람을 설득하거나 매혹시키는 방편이 될지
도 모른다. 그러나 모든 사랑의 편지는 마지막 순간, **도구적
이지 못하다.** 세상의 모든 글쓰기가 최후의 순간에는 **처음
에 품었던 소소한 의도**를 배반하는 것처럼. 그 **통제할 수 없
는 익명의 욕구**가 그 편지의 **현실적인 목표**를 잊어버리게 만
들기 때문이다. 그런 이유로, 모든 사랑의 편지에는 **아무 전
언도 들어 있지 않다.**

거기에는 결정적인 정보나 주장이 들어 있지 않다. 다만
내 고백을 누군가가 들어준다는 충만한 느낌. 희미한 불빛
아래서 스스로 옷을 벗어야 할 때처럼, 주체할 수 없는 부끄
러움 따위. 고백이란 결국 **2인칭을 경유하여 1인칭으로 돌
아온다.** 그의 들끓는 고백의 언어들은 고스란히 자신에게
돌아왔다. 한동안 그는, 사랑하는 ○○에게로 시작되는 편
지를 자주 썼다. 그녀는 그의 편지를 사랑했다. 정확하게 말
하면 **'편지 속의 그'를 그녀는 사랑했다.** 편지 속에는 그가
찾아낸 자신의 **또 다른 영혼**이 있었다. 또 다른 영혼의
'그'는 순수한 열정과 끝 모를 동경과 깊은 이해심을 가진
존재였다. 그도 역시 그녀처럼 자신의 편지 속 1인칭 화자에
게 깊이 매료되었다. 하지만 너무 뻔해서 가혹했던 지리멸렬
한 시간들 속에서 그는 편지 속의 1인칭 주체를 잊어버렸
다.

편지조차 쓸 수 없는 시간들이 무심하게 지나가고, 다시
편지를 쓰고 싶었을 때, 그는 이미 '편지 속의 그'가 되지 못
한다는 것을 알았다.그는 '편지 속의 그'를 연기하는 것이
부끄러웠고, **자신의 비루함을 뼛속 깊이 실감했다.** 그는 '사
랑하는 ○○에게'라는 편지를 쓰고 싶어 하는 자신 속의 어
떤 늙지 않는 영혼을, 그 순수한 인격을 외면하고 싶었다.
ⓑ 누군가가 듣기를 바라는 모든 고백이란, 위선이 아니면
위악이다.

- 이광호, 「이젠 되도록 편지 안 드리겠습니다」 -

22. (가)~(다)의 공통점으로 가장 적절한 것은?

① 하강적 이미지를 활용하여 시간의 흐름을 보여 준다.
② 자연물에 빗대어 부정적 현실의 극복 가능성을 암시한다.
③ 동일한 구절의 반복과 변주를 통해 상황의 반전을 표현한다.
④ 특정한 행위를 중심으로 행위 주체와 대상의 관계를 드러낸다.
⑤ 공간의 이동에 따라 내용을 전개하여 역동적 분위기를 강화한다.

23. (가)에 대한 이해로 적절하지 <u>않은</u> 것은?

① ‘아주 추락하지 않을 순간’에 ‘배’를 밀던 ‘손’이 ‘아슬아슬히 배에서 떨어진’다는 것은 이별의 정서적 긴장감을 드러낸다.
② ‘뵈지도 않는 길’은 ‘사랑’이 ‘떠나’는 길이라는 점에서, 이별의 막막한 상황을 공간의 형상으로 드러낸다.
③ ‘슬픔’을 ‘밀어내는 것’을 ‘배’를 밀듯 ‘한껏 세게 밀어’낸다고 한 것은 이별의 아픔을 떨쳐 내려는 화자의 태도를 드러낸다.
④ ‘배가 나가’며 생긴 ‘흉터’가 ‘잠시 머물다 가라앉’는다는 것은 이별의 슬픔이 잦아든 상태에 있음을 드러낸다.
⑤ ‘밀려들어’ 온 ‘배’는 ‘아무 소리 없이’ 다시 돌아온 배라는 점에서, 대상과의 재회가 예상대로 이루어짐을 드러낸다.

24. (나)의 '당신'에 대한 설명으로 적절하지 않은 것은?

① 화자의 내면에 살고 있는 '병자'로서 연민의 대상이다.

② 화자의 내면에 살고 있는 '병자'로서 연민의 대상이다.

③ 화자의 눈앞에 없지만 '부'름으로써 환기되는 대상이다.

④ 화자가 '버릴 수 없'고 '무를 수도 없는' 숙명적 존재이다.

⑤ 화자에게 '사랑'과 '슬픔'을 경험하게 하는 이중적 존재이
다.

25. <보기>를 참고하여 (나)를 감상한 내용으로 적절하지 않은 것은?

> ─────── <보 기> ───────
>
> 　시는 표현하고자 하는 바를 어떤 심적 상태에 놓인 화자의 발화로써 형상화한다. (나)에 나타나 있는 독특한 발화 방식, 즉 끊어질 듯 이어지는 서술, 어휘의 반복적 출현, 맥락이 없어 보이는 구절들의 배열, 수시로 등장하는 말줄임표와 쉼표 등은 사랑의 기억을 떠올리거나 상처를 치유하지 못한 화자의 내면을 드러내는 시적 장치들이다. 이러한 장치들은 사랑의 기억과 함께 상실의 고통을 안고 남은 생을 살아 내야 하는 화자의 복합적인 내면을 생생하게 그려 내는 역할을 한다.

① '킥킥'은 반복적으로 출현하는 웃음의 의성어로서, 사랑과 슬픔이 내재된 화자의 복합적인 정서를 생생하게 드러내는 표현이겠군.

② '상처에 기대, 나 킥킥……,당신을 부릅니다'는 말줄임표와 쉼표를 사용한 서술로서, 상실의 고통으로 인하여 사랑의 기억이 희미해지는 화자의 심적 상태를 보여 주는 표현이겠군.

③ '킥킥거리며 세월에 대해 혹은 사랑과 상처,'는 맥락이 없어 보이는 표현들이 한데 이어진 서술로서, 감정들이 뒤섞인 화자의 내면을 보여 주는 표현이겠군.

④ '마음의 무덤'은 화자의 심적 상태를 형상화한 서술로서, 상실의 고통을 안고 생을 살아 내야 하는 화자의 내면을 비유한 표현이겠군.

⑤ '이쁜 당신……,당신이라는 말 참 좋지요,'는 끊어질 듯 이어지는 서술로서, 대상에 대하여 사랑의 감정을 품고 있는 화자의 내면을 보여 주는 표현이겠군.

26. ⓐ, ⓑ에 대한 이해로 가장 적절한 것은?

① ⓐ는 치병의 노력으로도 환후가 사라지는 것은 아니라는 화자의 인식을 말한다.
② ⓐ는 화자가 대상의 아름다움을 발견함으로써 자신의 환후를 의식하지 않게 되었음을 말한다.
③ ⓑ는 사랑의 편지가 상대를 향한 표현일 때, 위선과 위악에서 벗어날 수 있음을 말한다.
④ ⓑ는 더 나은 자신을 드러내려는 욕망이야말로 상대를 매혹하는 진정한 요인임을 말한다.
⑤ ⓐ와 ⓑ는 모두, 아픔을 겪는 이나 고백을 하는 이가 그 아픔이나 고백의 실체를 지각하지 못함을 말한다.

27. <보기>를 바탕으로 (다)를 이해한 내용으로 적절하지 <u>않</u>은 것은?

> ─────── <보 기> ───────
>
> (다)에서 편지는 받는 사람뿐만 아니라 쓰는 사람 자신을 향한 것이기도 하다. 상대에 대한 열망으로 사랑의 편지를 쓰지만 결국 그것은 자신을 표현하는 글이다. 자신을 이상화하려는 욕구에 빠져 있기에 편지는 '그녀'가 사랑할 만한 '그'로 채워진다. 사랑의 편지를 받은 '그녀'는 '편지 속의 그'를 사랑하고, 편지를 쓰는 '그'도 '편지 속의 그'에게 매료되어 있다. 그러나 이런 식의 자기 고백이 지속될 수 없는 까닭은 이 이상화된 '그'와 실제의 '그' 사이의 간극이 주는 부끄러움 때문이다.

① '익명의 욕구'를 '통제할 수 없'다는 것은 상대를 향한 '그'의 사랑이 운명적인 것이어서 사랑을 멈출 수 없음을 말하는군.
② '아무 전언도 들어 있지 않다'는 것은 '처음에 품었던 소소한 의도'를 잊음으로써, 상대를 향한 글쓰기의 '현실적인 목표'가 실패로 돌아갔음을 말하는군.
③ '2인칭을 경유하여 1인칭으로 돌아온다'는 것은 편지가 상대를 향한 '도구적' 기능을 하지 못하고 자기 고백에 그치게 됨을 말하는군.
④ ''편지 속의 그'를 그녀는 사랑했다'는 것은 편지를 받은 그녀가 사랑한 상대는 편지 속의 '또 다른 영혼'임을 말하는군.
⑤ '자신의 비루함을 뼛속 깊이 실감했다'는 것은 실제 자신과 이상화된 자신 사이의 간극을 자각한 '그'가 부끄러움에 빠져 있음을 말하는군.

(가)

배를 민다
배를 밀어보는 것은 아주 드문 경험

잡기술(도해)

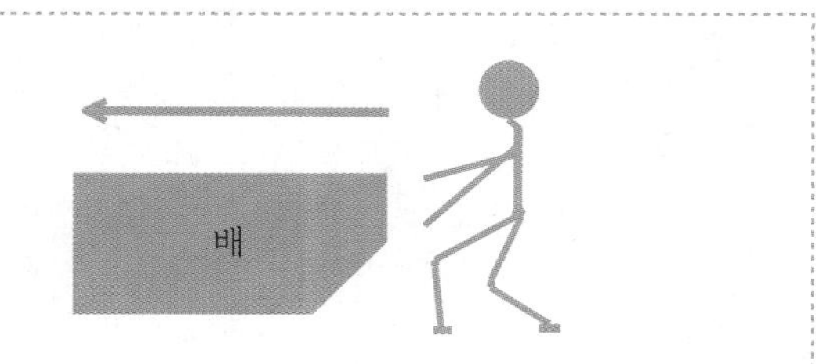

(가)

희번덕이는 잔잔한 가을 바닷물 위에
배를 밀어넣고는
온몸이 아주 추락하지 않을 순간의 한 허공에서
밀던 힘을 한껏 더해 밀어주고는
아슬아슬히 배에서 떨어진 손, 순간 환해진 손을
허공으로부터 거둔다

잡기술(구체화)

이전에 배를 미는 행위에 대해서 구체적으로 서술해주고 있
다.

(가)

사랑은 참 부드럽게도 떠나지
뵈지도 않는 길을 부드럽게도

잡기술(문장화)

이를 문장으로 나타내면, '사랑은 뵈지도 않는 길을 부드럽게
도 떠나지'로 이해할 수 있다.

잡기술(도해)

'사랑'이라는 개념은 추상적이기에 다음과 같이 도식화할 수
있다.

잡생각(직관)

1연에서의 대상은 배를 미는 행위이고, 2연에서는 사랑이라
는 개념이다. 따라서 독자는 이 둘 사이의 관계가 있을 것이라
며 시를 독해할 수 있다.

(가)

배를 한껏 세게 밀어내듯이 슬픔도
그렇게 밀어내는 것이지

잡기술(도해)

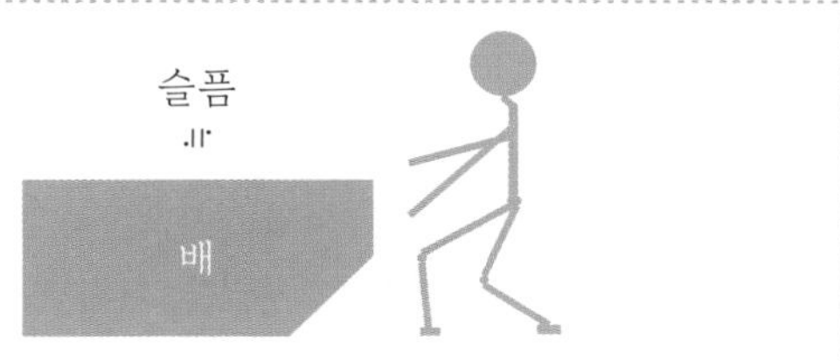

잡생각(직관)

독자는 2연에서 배를 미는 행위와 '사랑'의 관련성과 3연의 '듯이'를 통해 배를 미는 행위와 슬픔의 유사성을 고려한다면, '슬픔'은 사랑과 관련되어 있는 것을 알 수 있다. 어쩌면 사랑이 사라져서 생긴 슬픔이 아닐까 하는 예측을 해볼 수도 있다.

(가)

배가 나가고 남은 빈 물 위의 흉터
잠시 머물다 가라앉고

잡기술(도해)

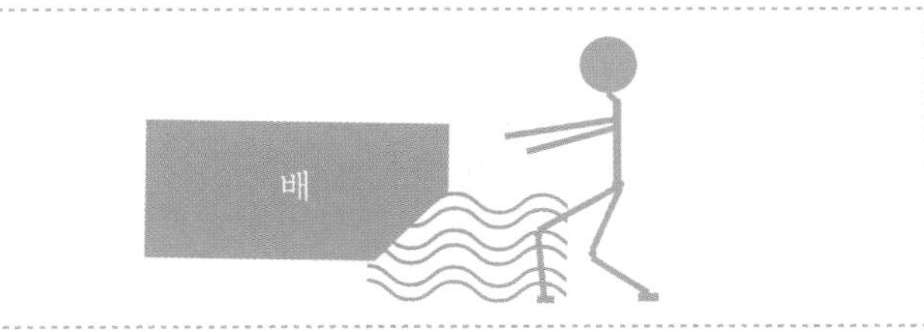

잡생각(직관)

1,2,3연에서 끌고 온 '배를 미는 행위, 사랑, 슬픔'의 관련성을 고려 해보면, 나가고 남은 물 위의 흉터는 슬픔으로 볼 수 있다.

(가)

그런데 오, 내 안으로 들어오는 배여
아무 소리 없이 밀려들어오는 배여

잡기술(대비)

'그런데'를 고려하면, 4연의 내용(흉터가 사라지는 내용)과 5연의 내용이 대비됨을 알 수 있다. 즉, 슬픔이 사라졌다가 다시 돌아오는 것으로 이해할 수 있다.

잡기술(도해)

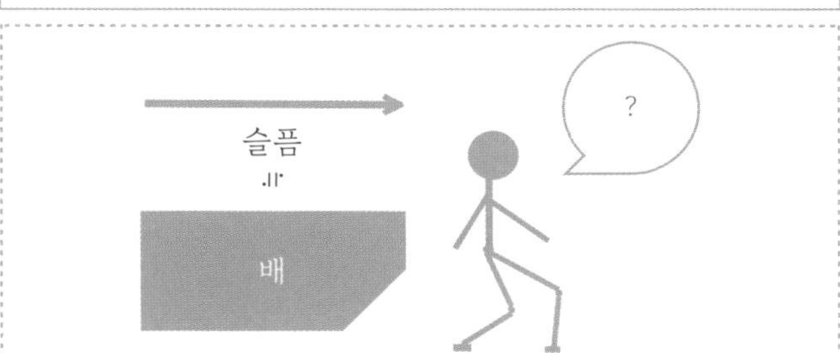

(나)

　당신……, ^{대상}[당신이라는 말] ^{반응}[참 좋지요], 그래서 불러 봅니다

잡기술(도해)

(나)

킥킥거리며 한때 적요로움의 울음이 있었던 때, 한 슬픔이 문을 닫 으면 또 한 슬픔이 문을 여는 것을 이만큼 살아옴의 상처에 기대, 나 킥킥……, 당신을 부릅니다

잡생각(직관)

　실전에서 적요로움의 정확한 의미를 파악하기 힘들어도 나름 의 근거로 추론할 수 있다. 우선 '적요로움의 울음'을 보면, 울음과 적요로움은 유사한 감정선을 나타낼 것이고, 나머지 부분에 '슬픔', '상처' 등이 제시되어 있는 점을 고려하면, 무 언가 좋지 못한 느낌임을 알 수 있다. 이때 수능 기출에 '적-'으로 등장하는 시구를 떠올려 보면, 아무래도 '적막한' 정 도가 적절하다고 추론할 수 있다. 기출 분석을 하는 이유는 이러한 추론 과정이 즉발적으로 도출되기 위함이다. 즉, 직관 적으로 '적요로움'을 보고 무슨 뜻인지 모르는 경우, '자기도 설명하기 어렵지만… 적막함 아닐까?'하는 생각이 드는 것이 다.

잡기술(회상)

'한때', '-었던'을 고려하면, 과거 시간을 떠올리고 있음을 알 수 있다.

잡기술(문장화)

'내가 적요로움의 울음이 있었던 때, 슬픔이 문을 닫고 여는 것을 상처에 기대, 당신을 부른다'

(나)

단풍의 손바닥, 은행의 두 갈래 그리고 합침 저 개망초의 시름, 밟힌 풀의 흙으로 돌아감 당신……

잡기술(도해)

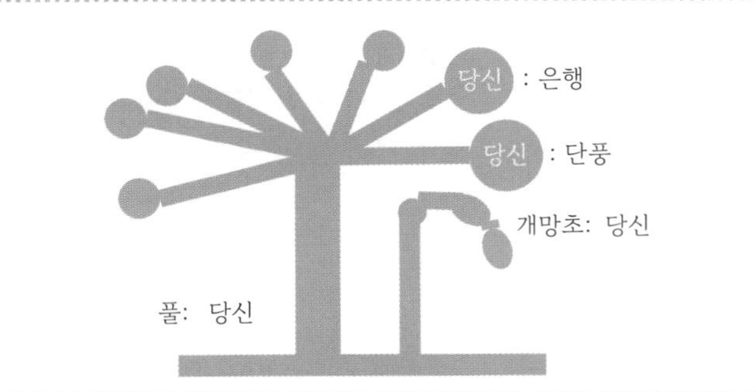

잡기술(나열)

단풍, 은행, 개망초, 풀이 나열되어 있다. 따라서 각 시어가 유사한 속성을 지니고 있다는 것을 알 수 있다. 이때, '풀의 흙'으로 당신이 돌아갔다는 점에서, '아마 죽어서 자연으로 돌아갔나?' 정도의 생각을 해볼 수 있다.

(나)

킥킥거리며 세월에 대해 혹은 사랑과 상처, 상처의 몸이 나에게 기대와 저를 부빌 때 당신……

잡기술(도해)

잡기술(문장화)

'킥킥거리며 세월, 사랑, 상처가 나한테 몸을 비빌 때, 당신,..'

(나)

그대라는 자연의 달과 별……,킥킥거리며 당신이라고……,금방 울 것 같은 사내의 아름다움 그 아름다움에 기대 마음의 무덤에 나 벌초하러 진설 음식도 없이 맨 술 한 병 차고 병자처럼,

잡기술(도해)

잡기술(문장화)

'그대라는 자연의 달과 별, 킥킥대며 너라고 부른다. 나는 금방 울 것 같은 사내의 아름다움에 기대 마음의 무덤에 벌초하러 간다. 가서 음식도 없이 술 한 병차고 병자처럼 간다.'

잡생각(직관)

'그대라는 자연의 달과 별, 킥킥대며 너라고 부른다. 나는 금방 울 것 같은 사내의 아름다움에 기대 마음의 무덤에 벌초하러 간다. 가서 음식도 없이 술 한 병차고 병자처럼 간다.'

(나)
그러나 치병과 환후는 각각 따로인 것을 킥킥 당신 이쁜 당신……,

잡기술(도해)

잡기술(문장화)

'그러나 병과 병을 치료하는 것은 따로이다. 킥킥 당신은 이쁘다'

잡생각(직관)

운문 문학에서 난해한 경우, 겁먹지 말고 나머지 부분은 문제에서 채운다는 생각을 하고 독해해야 한다. 아무리 현대시를 잘 읽는 학생도 실전에서 '치병과 환후가 따로인 것'을 보고 온전히 해석할 수 없다. 그저 최대한 이해해보고 아닌 부분은 선지에서 채울 뿐이다.

① ⓐ는 치병의 노력으로도 환후가 사라지는 것은 아니라는 화자의 인식을 말한다.

[25110026]

최대한 이해하려고 노력한 학생이 이 선지를 보았을 때, 그동안 애매했던 부분들이 무언가 끼워 맞춰지는 느낌이 들 것이다.
바로 앞 부분에서 화자 자신을 마음에 무덤에 찾아 간 '병자'로 묘사하고, 치병과 환후는 화자에 대한 얘기라는 점, 여태까지 화자는 계속 슬퍼했다는 점을 고려하면, '치병과 환후는 각각 따로'라는 것이 '치병의 노력으로도 환후가 사라지지 않음'을 나타내는 것을 알 수 있다.
이러한 사고과정은 '그냥 그럴 것 같음'이라는 직관으로 드러난다. 이 직관을 온전히 사용하기 위해서는 많은 기출 분석과 최대한 시를 이해해보겠다는 태도가 중요하다.

(나)
당신이라는 말 참 좋지요, 내가 아니라서 끝내버릴 수 없는, 무를 수도 없는 참혹……,그러나 킥킥 당신

잡기술(문장화)

'당신이라는 말이 참 좋다. 내가 아니라서 끝내버릴 수도 없고 무를 수도 없이 참혹스럽다. 그러나 킥킥 당신을 부른다.'

Preview.

「이젠 되도록 편지 안드리겠습니다」는 그와 그녀의 구체적인 일화와 일반론을 번갈아 가며 제시하는 독특한 구조이다. 자세히 살펴보면, 대부분 그와 그녀의 일화를 일반론으로 설명해주지만, 마지막에서는 결론을 일반론의 형식으로 낸다.

(다)와 관련된 <보기>에 이미 주제가 등장하여, <보기> 먼저 읽고 지문을 읽는다면 독해에 어려움은 없다.

내용적으로 주목할 지점은 [일반론] 부분에 숨겨진 논증이다.

전제1-1	사랑 편지는 원래 '사랑하는 상대에게 자신이 얼마나 진실되고 운명적인 사랑을 하는지' 전달하기 위해 쓰인다.
전제1-2	그러나 모든 사랑 편지는 최종적으로 "도구적 기능(설득·매혹)"을 잃는다.
소결1	사랑 편지는 처음에는 '상대에게 사랑을 전하려는' 도구적 기능을 가졌으나, 실제 쓰는 과정에서 그 기능이 무력화(왜곡)된다.
전제2-1	편지를 쓰는 과정에서는 통제할 수 없는 내면적 욕구("익명의 욕망")가 작동해, 편지의 '현실적 목표(전달할 정보·주장)'를 잊어버리게 만든다.
전제2-2	그 결과, 사랑 편지에는 사실상 '결정적인 정보나 주장' 같은 전언이 들어있지 않게 된다.
소결2	사랑 편지는 실제로는 '상대에게 무엇을 전하는 글'이 아니라, '쓰는 이의 내면적 욕망·고백이 폭주하는 텍스트'가 된다.
전제3-1	고백(특히 사랑 고백)은 2인칭(상대)을 통해 1인칭(자신)에게 되돌아오는 구조를 가진다.
전제3-2	따라서 사랑 편지의 고백도 결과적으로는 자신에게 향하는 자기 고백이 된다.
소결3	사랑 편지에 담긴 고백은 상대를 위한 것이 아니라 결국 쓰는 자가 스스로에게 하는 고백으로 귀결된다.
전제4-1	'편지 속의 나'(이상화된 1인칭 주체)와 실제 현실 속의 '나' 사이에는 큰 괴리가 생긴다.
전제4-2	이 괴리 때문에, 한때 열정적으로 편지를 썼던 사람도 더 이상 그 '순수한 인격(편지 속의 이상화된 자기)'을 연기할 수 없게 되며, 자신이 '비루함'을 느끼게 된다.
소결4	현실과 편지 속 존재의 괴리로 인해, 사랑 편지라는 형식 자체가 쓰는 사람에게조차 허위·위선적인 것으로 전락한다.
최종 결론	"누군가가 듣기를 바라는 모든 고백은, (결국) 위선이 아니면 위악"이라는 문장으로 압축되듯, 사랑 편지는 '타인을 향한 것'이라기보다 '자신에게 되돌아오고 마는 자기 고백'이며, 그 본질적 한계로 인해 위선적이거나 스스로를 폭로하는 위악적 성격을 지닐 수밖에 없다는 것이다.

꽤 구체적으로 논증을 정리해보았다. 그러나 실전에서 전혀 할 수도, 할 필요도 없는 짓이다. 이러한 지문이 독서 지문에서 출제됐으면 몰라도 문학에서 출제된 이상 전혀 그럴 필요가 없다.

그냥 '원래의 편지 역할을 못하게 되고 상대에게 잘보이려 하는구나 그래서 위선 아니면 위악이구나' 정도 느낌만 가지고 문제를 풀면 충분하다.

또 중간중간에 논증이 보이는 듯하여도 근본적으로 문학작품인 점을 고려하면, 지문 전체를 '그와 그녀의 반응'에 초점을 맞추고 글을 독해하는 것도 좋은 방법이다.

결론은 복잡한 논증이 등장하지만, 그 속에 생략된 부분과 난해한 표현이 있어 파악하기 어렵다. 따라서 중요한 흐름만 잡고, '그와 그녀의 반응'이 어떻게 변화하는지에 집중하고 글을 읽자는 것이다.

(다)

[일화] 그녀에게 편지를 쓰는 것이 자신의 존재를 증명하던 시절이 있었다.

[일반론] 사랑하는 사람에게 보내는 편지만큼 표현의 욕구로 흘러 넘치는 것도 없다. 무언가를 표현하지 않고는 견딜 수 없는 시간들이 편지를 쓰게 한다.

[일화] <u>'그의 반응' 그는 그녀에게 자신의 사랑이 얼마나 어렵고 진정하며 운명적인가를 설명하고 싶었다.</u> 편지는 사람을 설득하거나 매혹시키는 방편이 될지도 모른다.

[일반론] 그러나 모든 사랑의 편지는 마지막 순간, 도구적이지 못하다. 세상의 모든 글쓰기가 최후의 순간에는 처음에 품었던 소소한 의도를 배반하는 것처럼. 그 통제할 수 없는 익명의 욕구가 그 편지의 현실적인 목표를 잊어버리게 만들기 때문이다. 그런 이유로, 모든 사랑의 편지에는 아무 전언도 들어있지 않다.

(다)

[일반론] 거기에는 결정적인 정보나 주장이 들어 있지 않다. 다만 내 고백을 누군가가 들어준다는 충만한 느낌. 희미한 불빛 아래서 스스로 옷을 벗어야 할 때처럼, 주체할 수 없는 부끄러움 따위. 고백이란 결국 2인칭을 경유하여 1인칭으로 돌아온다.

[일화] 그의 들끓는 고백의 언어들은 고스란히 자신에게 돌아왔다. 한동안 그는, 사랑하는 ○○에게로 시작되는 편지를 자주 썼다. <u>'그녀의 반응' 그녀는 그의 편지를 사랑했다. 정확하게 말하면 '편지 속의 그'를 그녀는 사랑했다.</u> 편지 속에는 그가 찾아낸 자신의 또 다른 영혼이 있었다. 또 다른 영혼의 '그'는 순수한 열정과 끝 모를 동경과 깊은 이해심을 가진 존재였다. <u>'그의 반응' 그도 역시 그녀처럼 자신의 편지 속 1인칭 화자에게 깊이 매료되었다. 하지만 너무 뻔해서 가혹했던 지리멸렬한 시간들 속에서 그는 편지 속의 1인칭 주체를 잊어버렸다.</u>

(다)

[일화] 편지조차 쓸 수 없는 시간들이 무심하게 지나가고, 다시 편지를 쓰고 싶었을 때, 그는 이미 '편지 속의 그'가 되지 못한다는 것을 알았다. <u>'그의 반응' 그는 '편지 속의 그'를 연기하는 것이 부끄러웠고, 자신의 비루함을 뼛속 깊이 실감했다. 그는 '사랑하는 ○○에게'라는편지를 쓰고 싶어 하는 자신 속의 어떤 늙지 않는 영혼을, 그 순수한 인격을 외면하고 싶었다.</u>

[일반론] 누군가가 듣기를 바라는 모든 고백이란, 위선이 아니면 위악이다.

메모

22. (가)~(다)의 공통점으로 가장 적절한 것은?

① 하강적 이미지를 활용하여 시간의 흐름을 보여 준다.
② 자연물에 빗대어 부정적 현실의 극복 가능성을 암시한다.
③ 동일한 구절의 반복과 변주를 통해 상황의 반전을 표현
한다.
④ 특정한 행위를 중심으로 행위 주체와 대상의 관계를 드러
낸다.
⑤ 공간의 이동에 따라 내용을 전개하여 역동적 분위기를 강
화한다.

길라잡이
본인만의 풀이 과정을 적어보세요!

① 하강적 이미지를 활용하여 시간의 흐름을 보여 준다.

② 자연물에 빗대어 부정적 현실의 극복 가능성을 암시한다.

③ 동일한 구절의 반복과 변주를 통해 상황의 반전을 표현
한다.

④ 특정한 행위를 중심으로 행위 주체와 대상의 관계를 드러
낸다.

⑤ 공간의 이동에 따라 내용을 전개하여 역동적 분위기를 강
화한다.

23. (가)에 대한 이해로 적절하지 <u>않은</u> 것은?

① '아주 추락하지 않을 순간'에 '배'를 밀던 '손'이 '아슬아슬히 배에서 떨어진'다는 것은 이별의 정서적 긴장감을 드러낸다.

② '뵈지도 않는 길'은 '사랑'이 '떠나'는 길이라는 점에서, 이별의 막막한 상황을 공간의 형상으로 드러낸다.

③ '슬픔'을 '밀어내는 것'을 '배'를 밀듯 '한껏 세게 밀어'낸다고 한 것은 이별의 아픔을 떨쳐 내려는 화자의 태도를 드러낸다.

④ '배가 나가'며 생긴 '흉터'가 '잠시 머물다 가라앉'는다는 것은 이별의 슬픔이 잦아든 상태에 있음을 드러낸다.

⑤ '밀려들어' 온 '배'는 '아무 소리 없이' 다시 돌아온 배라는 점에서, 대상과의 재회가 예상대로 이루어짐을 드러낸다.

길라잡이

본인만의 풀이 과정을 적어보세요!

---

① '아주 추락하지 않을 순간'에 '배'를 밀던 '손'이 '아슬아슬히 배에서 떨어진'다는 것은 이별의 정서적 긴장감을 드러낸다.

② '뵈지도 않는 길'은 '사랑'이 '떠나'는 길이라는 점에서, 이별의 막막한 상황을 공간의 형상으로 드러낸다.

③ '슬픔'을 '밀어내는 것'을 '배'를 밀듯 '한껏 세게 밀어'낸다고 한 것은 이별의 아픔을 떨쳐 내려는 화자의 태도를 드러낸다.

④ '배가 나가'며 생긴 '흉터'가 '잠시 머물다 가라앉'는다는 것은 이별의 슬픔이 잦아든 상태에 있음을 드러낸다.

⑤ '밀려들어' 온 '배'는 '아무 소리 없이' 다시 돌아온 배라는 점에서, 대상과의 재회가 예상대로 이루어짐을 드러낸다.

24. (나)의 '당신'에 대한 설명으로 적절하지 <u>않은</u> 것은?

① 화자의 내면에 살고 있는 '병자'로서 연민의 대상이다.
② 화자의 내면에 살고 있는 '병자'로서 연민의 대상이다.
③ 화자의 눈앞에 없지만 '부'름으로써 환기되는 대상이다.
④ 화자가 '버릴 수 없'고 '무를 수도 없는' 숙명적 존재이다.
⑤ 화자에게 '사랑'과 '슬픔'을 경험하게 하는 이중적 존재이다.

길라잡이

본인만의 풀이 과정을 적어보세요!

① 화자의 내면에 살고 있는 '병자'로서 연민의 대상이다.

② 화자의 내면에 살고 있는 '병자'로서 연민의 대상이다.

③ 화자의 눈앞에 없지만 '부'름으로써 환기되는 대상이다.

④ 화자가 '버릴 수 없'고 '무를 수도 없는' 숙명적 존재이다.

⑤ 화자에게 '사랑'과 '슬픔'을 경험하게 하는 이중적 존재이다.

25. <보기>를 참고하여 (나)를 감상한 내용으로 적절하지 <u>않</u>은 것은?

> ──────── <보 기> ────────
>
> 시는 표현하고자 하는 바를 어떤 심적 상태에 놓인 화자의 발화로써 형상화한다. (나)에 나타나 있는 독특한 발화 방식, 즉 끊어질 듯 이어지는 서술, 어휘의 반복적 출현, 맥락이 없어 보이는 구절들의 배열, 수시로 등장하는 말줄임표와 쉼표 등은 사랑의 기억을 떠올리거나 상처를 치유하지 못한 화자의 내면을 드러내는 시적 장치들이다. 이러한 장치들은 사랑의 기억과 함께 상실의 고통을 안고 남은 생을 살아 내야 하는 화자의 복합적인 내면을 생생하게 그려 내는 역할을 한다.

① ‘킥킥’은 반복적으로 출현하는 웃음의 의성어로서, 사랑과 슬픔이 내재된 화자의 복합적인 정서를 생생하게 드러내는 표현이겠군.
② ‘상처에 기대, 나 킥킥……,당신을 부릅니다’는 말줄임표와 쉼표를 사용한 서술로서, 상실의 고통으로 인하여 사랑의 기억이 희미해지는 화자의 심적 상태를 보여 주는 표현이겠군.
③ ‘킥킥거리며 세월에 대해 혹은 사랑과 상처,’는 맥락이 없어 보이는 표현들이 한데 이어진 서술로서, 감정들이 뒤섞인 화자의 내면을 보여 주는 표현이겠군.
④ ‘마음의 무덤’은 화자의 심적 상태를 형상화한 서술로서, 상실의 고통을 안고 생을 살아 내야 하는 화자의 내면을 비유한 표현이겠군.
⑤ ‘이쁜 당신……,당신이라는 말 참 좋지요,’는 끊어질 듯 이어지는 서술로서, 대상에 대하여 사랑의 감정을 품고 있는 화자의 내면을 보여 주는 표현이겠군.

길라잡이

본인만의 풀이 과정을 적어보세요!

① ‘킥킥’은 반복적으로 출현하는 웃음의 의성어로서, 사랑과 슬픔이 내재된 화자의 복합적인 정서를 생생하게 드러내는 표현이겠군.

② ‘상처에 기대, 나 킥킥……,당신을 부릅니다’는 말줄임표와 쉼표를 사용한 서술로서, 상실의 고통으로 인하여 사랑의 기억이 희미해지는 화자의 심적 상태를 보여 주는 표현이겠군.

③ ‘킥킥거리며 세월에 대해 혹은 사랑과 상처,’는 맥락이 없어 보이는 표현들이 한데 이어진 서술로서, 감정들이 뒤섞인 화자의 내면을 보여 주는 표현이겠군.

④ ‘마음의 무덤’은 화자의 심적 상태를 형상화한 서술로서, 상실의 고통을 안고 생을 살아 내야 하는 화자의 내면을 비유한 표현이겠군.

⑤ ‘이쁜 당신……,당신이라는 말 참 좋지요,’는 끊어질 듯 이어지는 서술로서, 대상에 대하여 사랑의 감정을 품고 있는 화자의 내면을 보여 주는 표현이겠군.

26. ⓐ, ⓑ에 대한 이해로 가장 적절한 것은?

① ⓐ는 치병의 노력으로도 환후가 사라지는 것은 아니라는 화자의 인식을 말한다.

② ⓐ는 화자가 대상의 아름다움을 발견함으로써 자신의 환후를 의식하지 않게 되었음을 말한다.

③ ⓑ는 사랑의 편지가 상대를 향한 표현일 때, 위선과 위악에서 벗어날 수 있음을 말한다.

④ ⓑ는 더 나은 자신을 드러내려는 욕망이야말로 상대를 매혹하는 진정한 요인임을 말한다.

⑤ ⓐ와 ⓑ는 모두, 아픔을 겪는 이나 고백을 하는 이가 그 아픔이나 고백의 실체를 지각하지 못함을 말한다.

길라잡이

본인만의 풀이 과정을 적어보세요!

---

① ⓐ는 치병의 노력으로도 환후가 사라지는 것은 아니라는 화자의 인식을 말한다.

② ⓐ는 화자가 대상의 아름다움을 발견함으로써 자신의 환후를 의식하지 않게 되었음을 말한다.

③ ⓑ는 사랑의 편지가 상대를 향한 표현일 때, 위선과 위악에서 벗어날 수 있음을 말한다.

④ ⓑ는 더 나은 자신을 드러내려는 욕망이야말로 상대를 매혹하는 진정한 요인임을 말한다.

⑤ ⓐ와 ⓑ는 모두, 아픔을 겪는 이나 고백을 하는 이가 그 아픔이나 고백의 실체를 지각하지 못함을 말한다.

27. <보기>를 바탕으로 (다)를 이해한 내용으로 적절하지 <u>않</u>은 것은?

<보 기>

　(다)에서 편지는 받는 사람뿐만 아니라 쓰는 사람 자신을 향한 것이기도 하다. 상대에 대한 열망으로 사랑의 편지를 쓰지만 결국 그것은 자신을 표현하는 글이다. 자신을 이상화하려는 욕구에 빠져 있기에 편지는 '그녀'가 사랑할 만한 '그'로 채워진다. 사랑의 편지를 받은 '그녀'는 '편지 속의 그'를 사랑하고, 편지를 쓰는 '그'도 '편지 속의 그'에게 매료되어 있다. 그러나 이런 식의 자기 고백이 지속될 수 없는 까닭은 이 이상화된 '그'와 실제의 '그' 사이의 간극이 주는 부끄러움 때문이다.

① '익명의 욕구'를 '통제할 수 없'다는 것은 상대를 향한 '그'의 사랑이 운명적인 것이어서 사랑을 멈출 수 없음을 말하는군.
② '아무 전언도 들어 있지 않다'는 것은 '처음에 품었던 소소한 의도'를 잊음으로써, 상대를 향한 글쓰기의 '현실적인 목표'가 실패로 돌아갔음을 말하는군.
③ '2인칭을 경유하여 1인칭으로 돌아온다'는 것은 편지가 상대를 향한 '도구적' 기능을 하지 못하고 자기 고백에 그치게 됨을 말하는군.
④ ''편지 속의 그'를 그녀는 사랑했다'는 것은 편지를 받은 그녀가 사랑한 상대는 편지 속의 '또 다른 영혼'임을 말하는군.
⑤ '자신의 비루함을 뼛속 깊이 실감했다'는 것은 실제 자신과 이상화된 자신 사이의 간극을 자각한 '그'가 부끄러움에 빠져 있음을 말하는군.

① '익명의 욕구'를 '통제할 수 없'다는 것은 상대를 향한 '그'의 사랑이 운명적인 것이어서 사랑을 멈출 수 없음을 말하는군.

② '아무 전언도 들어 있지 않다'는 것은 '처음에 품었던 소소한 의도'를 잊음으로써, 상대를 향한 글쓰기의 '현실적인 목표'가 실패로 돌아갔음을 말하는군.

③ '2인칭을 경유하여 1인칭으로 돌아온다'는 것은 편지가 상대를 향한 '도구적' 기능을 하지 못하고 자기 고백에 그치게 됨을 말하는군.

④ ''편지 속의 그'를 그녀는 사랑했다'는 것은 편지를 받은 그녀가 사랑한 상대는 편지 속의 '또 다른 영혼'임을 말하는군.

⑤ '자신의 비루함을 뼛속 깊이 실감했다'는 것은 실제 자신과 이상화된 자신 사이의 간극을 자각한 '그'가 부끄러움에 빠져 있음을 말하는군.

길라잡이
본인만의 풀이 과정을 적어보세요!

메모

메모

메모

개화

| 문학 |

|문학|

|현대 운문/수필|

| 백석, 「북방에서—정현웅에게」 / 문태준, 「살얼음 아래 같은
데 2 — 생가」 / 유본예, 「이문원노종기」 |

- 멧돌
- 멧돌의 방언

- 숙직하다(宿直)
- 관청, 회사, 학교 따위의 직장에서 밤에 교대로 잠을 자면서 지키다

- 돌비(돌碑)
- 돌로 만든 비석

- 드리우다
- 빛, 어둠, 그늘, 그림자 따위가 깃들거나 뒤덮이다. 또는 그렇게 되게 하다.

- 비롯하다
- 어떤 사물이 처음 생기거나 시작하다.

- 보전하다(保全)
- 온전하게 보호하여 유지하다

- 파리하다
- 몸이 마르고 낯빛이나 살색이 핏기가 전혀 없다.

- 계책(計策)
- 어떤 일을 이루기 위하여 꾀나 방법을 생각해 냄. 또는 그 꾀나 방법

- 생가(生家)
- 어떤 사람이 태어난 집

- 갑절
- 어떤 수나 양을 두 번 합한 만큼.

- 옹이
- 나무의 몸에 박힌 가지의 밑부분

- 조물주(造物主)
- 우주의 만물을 만들고 다스리는 신

- 산등성이(山)
- 산의 등줄기

- 모면하다(謀免)
- 어떤 일이나 책임을 꾀를 서서 벗어나다

- 누각(樓閣)
- 이 층이나 삼 층으로 지은 한옥

- 번성하다(蕃盛)
- 나무나 풀이 무성하다

메모

(가)

아득한 옛날에 나는 떠났다
㉠부여를 숙신을 발해를 여진을 요를 금을
흥안령을 음산을 아무우르를 숭가리를
범과 사슴과 너구리를 배반하고
송어와 메기와 개구리를 속이고 나는 떠났다

나는 그때
㉡자작나무와 이깔나무의 슬퍼하던 것을 기억한다
갈대와 장풍의 붙드던 말도 잊지 않았다
㉢오로촌이 멧돝을 잡아 나를 잔치해 보내던 것도
쏠론이 십릿길을 따라 나와 울던 것도 잊지 않았다

나는 그때
㉣아무 이기지 못할 슬픔도 시름도 없이
다만 게을리 먼 앞대로 떠나 나왔다
그리하여 따사한 햇귀에서 하이얀 옷을 입고 매끄러운 밥을 먹고 단 샘을 마시고 낮잠을 잤다
밤에는 먼 개소리에 놀라나고
아침에는 지나가는 사람마다에게 절을 하면서도
나는 나의 부끄러움을 알지 못했다

그동안 돌비는 깨어지고 많은 은금보화는 땅에 묻히고 가마귀도 긴 족보를 이루었는데
이리하여 또 한 아득한 새 옛날이 비롯하는 때
㉤이제는 참으로 이기지 못할 슬픔과 시름에 쫓겨
나는 나의 옛 하늘로 땅으로 — 나의 태반으로 돌아왔으나

이미 해는 늙고 달은 파리하고 바람은 미치고 보래구름만 혼자 넋 없이 떠도는데

㉥아, 나의 조상은 형제는 일가친척은 정다운 이웃은 그리운 것은 사랑하는 것은 우러르는 것은 나의 자랑은 나의 힘은 없다 바람과 물과 세월과 같이 지나가고 없다

-백석, 「북방에서-정현웅에게」 -

(나)

겨울 아침 언 길을 걸어
물가에 이르렀다
나와 물고기 사이
창이 하나 생겼다
물고기네 지붕을 튼 ⓐ살얼음의 창

투명한 **창** 아래
물고기네 방이 한눈에 훤했다
나의 생가 같았다
창으로 나를 보고
생가의 식구들이
나를 못 알아보고
사방 쪽방으로 흩어졌다
젖을 갓 뗀 어린것들은
찬 마루서 그냥저냥 **그네끼리 놀고**
어미들은
물속 쌓인 돌과 돌 그 틈새로
그걸 깊은 데라고
그걸 가장 깊은 속이라고 떼로 들어가
나를 못 알아보고
무슨 **급한 궁리를 하느라**
그 **비좁은 구석방에** 빼곡히 서서
마음아, 너도 아직이 생가 **에 살고 있는가**
시린 물속 시린 물고기의 눈을 달고

-문태준, 「살얼음 아래 같은 데 2 - 생가(生家)」 -

(다)

　이문원 동쪽 늙은 나무가 있는데 적어도 **백여 년**은 된 것 같다. 그 몸통은 울퉁불퉁 옹이가 졌고 가지는 구불구불 뻗어서 멀찍이서 보면 가파른 산등성이나 성난 파도 같았고 다가가서 보면 둥그스름한 큰 집채 같았다. ⓑ기둥으로 나무를 받쳐 놓았는데 그 기둥이 모두 열두 개이다. 나무 옆에 누각이 있는데 바로 내가 이불을 들고 가서 숙직하는 장소이다. 좌우에 책을 쌓아 놓고 교정하느라 바쁘게 시간을 보내다가 이따금 나무 곁을 산책하였다. 쏴쏴 불어오는 긴 바람 소리를 들으며 **널찍이 드리운 서늘한 그늘** 아래를 거닐면 몸은 대궐 안 관청에 있어도 숲속의 소나무와 바위 사이로 **훌쩍 벗어나 있는 기분**이 든다.
　하루는 내가 동료에게 다음과 같이 말했다.
　"이 나무는 정말 특이하군! 대체로 **풀과 나무**가 살아가려면 제각기 **몸을 보전하는 계책**이 있기 마련일세. 풀명자나 배, 귤이나 유자, 사과나 석류 같은 나무들은 열매가 커도 가지가그 무게를 충분히 감당할 수 있다네. 하지만 질경이나 냉이, 강아지풀 같은 풀들은 살아가려면 땅바닥에 붙어 있어야 하네. 그래야 말발굽이 짓밟거나 수레가 밟고 지나가도 더 손상을 입지 않지. 지금 저 늙은 나무는 줄기의 길이가 몸통 보다 갑절로 뻗어 사방에 드리워도 잘라 낼 줄 모르네. 만약 받쳐 주는 기둥이 없으면 부러지고야 말 걸세.

조물주가 이 나무에게는 사람의 손을 빌려 온전하도록 한 것인가?"

아! 내가 **암소**의 뿔을 보니 **뿔이 구부러져 안쪽으로 향**했는데 심한 것은 사람이 반드시 **톱으로 잘라** 내야만 광대뼈를 뚫는 걱정을 모면하였다. 이제야 알겠구나. 늙은 나무를 가축에 견주자면 뿔을 잘라 내야 온전해질 수 있는 암소와 같다. **가축**이 인간에게 의지하여 살아가듯이 늙은 나무도 인간에게 의지하여 살아간다.

나는 **저 깊은 산중 인적 끊긴 골짜기**에 이렇듯이 번성하게 자란 늙은 나무를 아직까지 보지 못했다.

-유본예, 「이문원노종기(摛文院老樅記)」 -

22. (가)~(다)의 공통점으로 가장 적절한 것은?

① 비판적 태도로 현실의 부정적 측면을 부각하고 있다.
② 역사적 상황을 묘사하여 비극적 현실을 부각하고 있다.
③ 빗대어 표현하는 방식으로 '나'의 인식을 드러내고 있다.
④ 영탄적 어조로 대상에 대한 '나'의 경외감을 드러내고 있다.
⑤ 향토적 소재를 활용하여 '나'의 과거에 대한 그리움을 드러내고 있다.

23. 태반 과 생가 에 대한 설명으로 가장 적절한 것은?

① (가)의 화자는 태반에서 상실감을 느끼고 있고, (나)의 화자는 생가에서 서글픔을 느끼고 있다.
② (가)의 화자는 태반에서 소외감을 느끼고 있고, (나)의 화자는 생가에서 느꼈던 수치심을 떠올리고 있다.
③ (가)에서 태반은 이별을 수용하는 공간이고, (나)에서 생가는 만남을 기약하는 공간이다.
④ (가)에서 태반은 화자의 희망이 드러나는 공간이고, (나)에서 생가는 화자의 절망이 드러나는 공간이다.
⑤ (가)에서 태반은 생명의 섭리를 지향하는 공간이고, (나)에서 생가는 생명의 섭리를 거부하는 공간이다.

24. ㉠~㉥을 이해한 것으로 적절하지 않은 것은?

① ㉠에서는 여러 민족, 나라, 지명을 열거하여, 화자가 떠나온 공간을 북방으로 포괄되는 동질적 공간으로 표현하고 있다.

② ㉡에서는 의인화된 자연물을 제시하여, 화자가 북방을 떠나면서 느낀 슬픔을 드러내고 있다.

③ ㉢에서는 이별하던 장면을 유사한 통사 구조로 제시하여, 화자가 북방에서의 기억을 여전히 간직하고 있음을 보여 주고 있다.

④ ㉣의 시구가 ㉤에서 반복, 변주되는 것을 통해, 상반된 상황이 시간의 추이에 따라 일치되는 과정을 드러내고 있다.

⑤ ㉥에서 '없다'와 그 앞에 열거된 시어들을 통해, 화자가 가깝게 느끼고 가치를 부여했던 것들이 부재함을 표현하고 있다.

25. <보기>를 참고하여 (나)를 감상한 내용으로 적절하지 않은 것은?

<보 기>

이 시에서 성년이 된 화자는 얼음 아래의 물고기를 보면서 유년 시절 자신의 생가를 회상한다. 화자는 물고기의 움직임을 지켜보면서 '물고기네'의 여기저기를 본다. 그리고 '물고기네'의 모습에 화자의 생가에 대한 기억이 겹쳐진다. 화자는 자신을 물고기에 투영하면서, 성년이 된 지금도 여전히 생가에서의 '시린' 기억을 간직하고 있는 자신을 발견한다.

① '투명한 창'을 통해 본 물고기의 생활 공간을 '물고기네 방'이라고 표현한 것을 보니, 화자는 얼음 아래 물고기의 공간과 자신의 생가를 겹쳐 보고 있군.

② '창으로 나를 보'고 '사방 쪽방으로 흩어'지는 물고기들의 움직임을, 화자는 '생가의 식구들'이 자신을 못 알아본 것으로 표현하였군.

③ '젖을 갓 뗀 어린것들'이 '그네끼리 놀고'라고 표현한 것을 보니, 화자는 물고기들이 노는 모습을 통해 유년 시절 생가에서 지내던 아이들의 모습을 떠올리고 있군.

④ 화자는 '비좁은 구석방에'서 '급한 궁리를 하'는 물고기의 모습에 유년 시절 생가에서 외따로 지내야 했던 자신의 모습을 투영하고 있군.

⑤ 화자는 '마음아, 너도 아직' 생가에서 '살고 있는가'라고 하여, 성년인 자신의 마음속에 유년의 기억이 자리 잡고 있음을 드러내고 있군.

26. ⓐ, ⓑ에 대한 이해로 가장 적절한 것은?

① ⓐ는 화자의 불안을 심화하는, ⓑ는 글쓴이의 의지를 북돋아 주는 역할을 한다.

② ⓐ는 화자의 이상향을 형상화하는, ⓑ는 글쓴이의 태도를 전환하는 역할을 한다.

③ ⓐ는 ⓑ와 달리, 화자에게 책임감을 떠올리게 하는 계기가 된다.

④ ⓑ는 ⓐ와 달리, 글쓴이가 처한 상황을 극복하게 하는 역할을 한다.

⑤ ⓐ와 ⓑ는 모두 대상을 새롭게 주목하게 하는 계기를 마련하고 있다.

27. <보기>를 바탕으로 (다)를 이해한 내용으로 적절하지 <u>않</u>은 것은?

> ──── <보기> ────
>
> 선생님: 여러분, 「이문원노종기」는 이문원의 늙은 나무가 인간의 도움을 받아 오랫동안 무성하게 자라고 있는 점에 착안한 글입니다. 서로 다른 생명체가 각각 이익을 주거나 받는 현상을 중심으로, 「이문원노종기」를 다시 읽어 보려고 해요. 이런 관점에서 이 작품을 감상해 볼까요?
>
> 학 생: ______________[A]______________
>
> 선생님: 네, 잘 말했습니다.

① ‘이문원 동쪽 늙은 나무’가 ‘백여 년’을 살 수 있었던 것은, 인간이 나무를 보살펴 주었기 때문입니다.

② 글쓴이가 ‘널찍이 드리운 서늘한 그늘’로 인해 ‘훌쩍 벗어나 있는 기분’이 든 것은, ‘이문원 동쪽 늙은 나무’에게서 인간이 이익을 얻은 경우에 해당합니다.

③ ‘풀과 나무’가 ‘몸을 보전하는 계책’이 있는 것은, ‘조물주’가 서로 다른 생명체가 이익을 주고받도록 해 준 경우에 해당합니다.

④ ‘암소’의 ‘뿔이 구부러져 안쪽으로 향’하는 위험을 인간이 ‘톱으로 잘라’서 해결해 주는 것은, ‘가축’이 인간에게 의지하며 살아가는 경우에 해당합니다.

⑤ 글쓴이가 ‘이문원 동쪽 늙은 나무’가 ‘저 깊은 산중 인적 끊긴 골짜기’에서 자란 나무보다 번성하게 자랐다고 한 것은, 인간의 도움이 필요하다는 것을 말하기 위함입니다.

메모

(가)

아득한 옛날에 나는 떠났다

부여를 숙신을 발해를 여진을 요를 금을

흥안령을 음산을 아무우르를 숭가리를

범과 사슴과 너구리를 배반하고

송어와 메기와 개구리를 속이고 나는 떠났다

잡기술(도해)

시에 등장하는 '부여', '숙신', '발해' 등은 과거 존재했던 국가를 의미한다. '범', '사슴', '너구리' 등은 동물들을 의미한다. 이때 전자는 국가 개념으로 형상화하기 어렵다. 따라서 다음과 같이 도식화할 수 있다.

잡기술(나열)

'를', '을' 등이 나열되어 있다. 따라서 '부여', '숙신'…등은 모두 유사한 속성을 지님을 알 수 있다.

(가)

나는 그때

자작나무와 이깔나무의 슬퍼하던 것을 기억한다

갈대와 장풍의 붙드던 말도 잊지 않았다

오로촌이 멧돝을 잡아 나를 잔치해 보내던 것도

쏠론이 십릿길을 따라 나와 울던 것도 잊지 않았다

잡기술(도해)

역시 자작나무와 이깔나무, 갈대, 장풍 등을 하나씩 형상화하기 쉽지 않아 다음과 같이 도식으로 나타낼 수 있다.

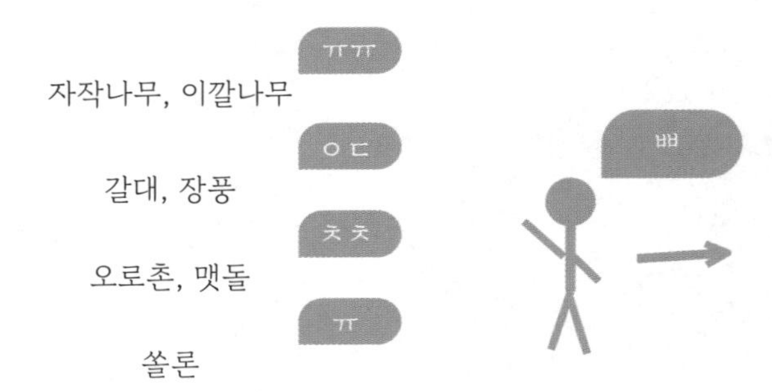

(가)

나는 그때
아무 이기지 못할 슬픔도 시름도 없이
다만 게을리 먼 앞대로 떠나 나왔다
그리하여 따사한 햇귀에서 하이얀 옷을 입고 매끄러운 밥을
먹고 단 샘을 마시고 낮잠을 잤다
밤에는 먼 개소리에 놀라나고
아침에는 지나가는 사람마다에게 절을 하면서도
나는 나의 부끄러움을 알지 못했다

잡기술(직관)

'나'가 먼 앞대로 떠나오는 모습과 나와서 옷입고, 밥먹고, 낮잠 자는 모습을 형상화할 수 있다. 이때 '옷', '밥', '잠'이 나열되어 있음을 고려하면, 이들은 유사한 속성을 지님을 알 수 있다.

'나'가 밤에 개소리에 놀라고, 아침에 사람마다 절하는 모습을 형상화할 수 있다.

잡기술(유사어구)

'A에는 B를 하다'라는 유사한 어구가 등장한다.

잡기술(보조사,시제)

'도'와 '-했-'을 고려하면, 밤에 개에 놀라고, 아침에 사람들에게 인사하는 행동은 지금 생각하면 부끄러운 행동임을 예상할 수 있다.

(가)

그동안 돌비는 깨어지고 많은 은금보화는 땅에 묻히고 가마
귀도 긴 족보를 이루었는데
이리하여 또 한 아득한 새 옛날이 비롯하는 때
이제는 참으로 이기지 못할 슬픔과 시름에 쫓겨
나는 나의 옛 하늘로 땅으로 — 나의 태반으로 돌아왔으나

잡기술(직관)

돌비가 깨지고, 은금보화가 묻히고, 가마귀가 족보를 이루는 것을 형상화 할 수 있다. 또 이러한 시간이 지나고 '나'가 슬픔과 시름에 쫓겨 다시 돌아온 것도 마찬가지다.

잡기술(나열)

돌비가 깨지고, 은금보화가 묻히고, 가마귀가 족보를 이루는 것을 형상화 할 수 있다. 또 이러한 시간이 지나고 '나'가 슬픔과 시름에 쫓겨 다시 돌아온 것도 마찬가지다.

잡기술(문장화)

'이렇게 해서 또 한없이 아득한 새 옛날이 시작되는 때가 찾아왔는데, 이제는 견딜 수 없는 슬픔과 시름에 쫓겨 태반(옛 하늘,땅)으로 돌아왔다'

(가)

이미 해는 늙고 달은 파리하고 바람은 미치고 보래구름만 혼자 넋 없이 떠도는데

잡기술(도해)

해, 달, 바람, 보래구름이 있는 모습을 형상화할 수 있다.

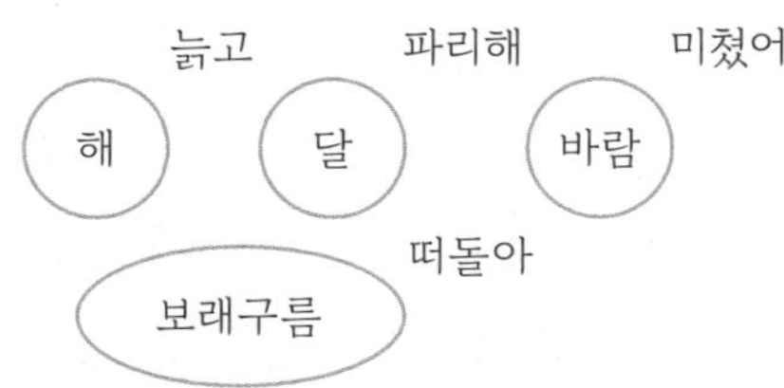

잡기술(나열)

해, 달, 바람, 보래구름은 나열되어 있다 따라서 유사한 속성을 지님을 알 수 있다.

(가)

아, 나의 조상은 형제는 일가친척은 정다운 이웃은 그리운 것은 사랑하는 것은 우러르는 것은 나의 자랑은 나의 힘은 없다 바람과 물과 세월과 같이 지나가고 없다

잡기술(도해)

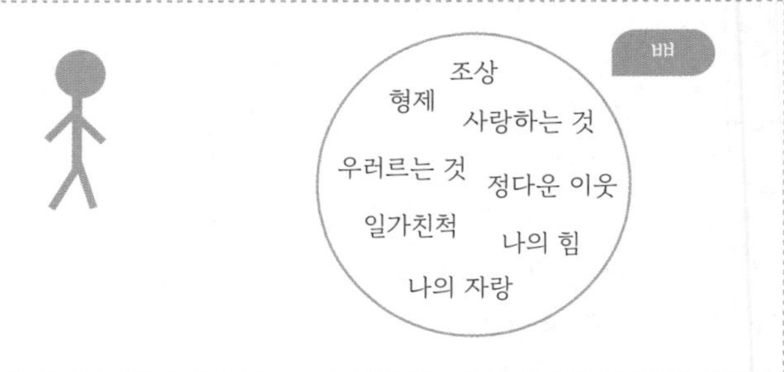

잡기술(나열)

조상 , 형제, 일가친척, 이웃, 그리운 것, 사랑하는 것, 우러르는 것, 자랑, 힘은 유사한 속성을 지니는 것을 알 수 있다.

잡기술(비유)

'같은'을 통해 이전에 나열된 것과 바람, 물, 세월은 유사한 속성을 지님을 알 수 있다.

잡기술(문장화)

'나의 조상, 형제, 친척, 이웃, 그리운 것, 사랑하는 것, 우러르는 것, 자랑, 힘은 바람, 물, 세월처럼 지나가고 없다.'

(나)

겨울 아침 언 길을 걸어
물가에 이르렀다

잡기술(도해)

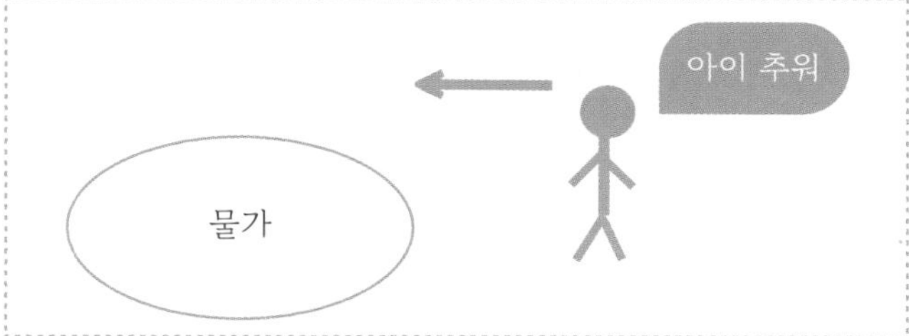

(나)

나와 물고기 사이
창이 하나 생겼다

잡기술(도해)

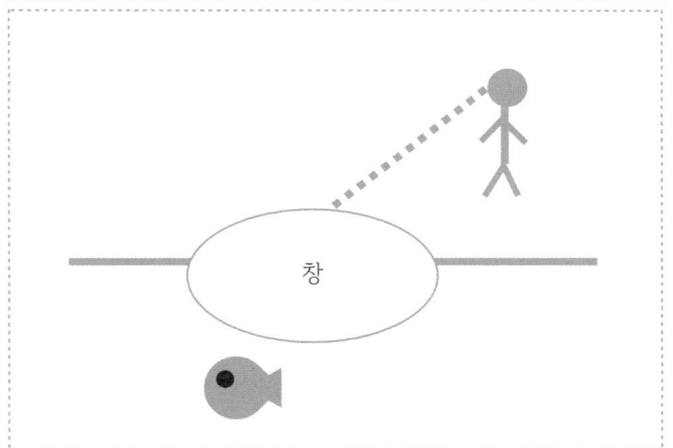

(나)

물고기네 지붕을 튼 살얼음의 창
투명한 창아래
물고기네 방이 한눈에 훤했다
나의 생가 같았다

잡기술(도해)

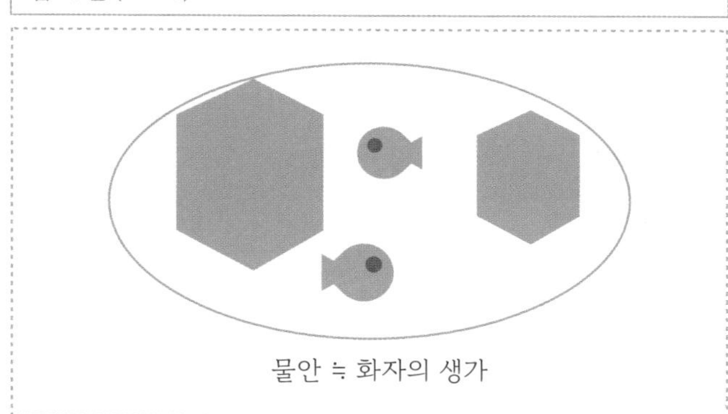

(나)

창으로 나를 보고
생가의 식구들이
나를 못 알아보고
사방 쪽방으로 흩어졌다

잡기술(도해)

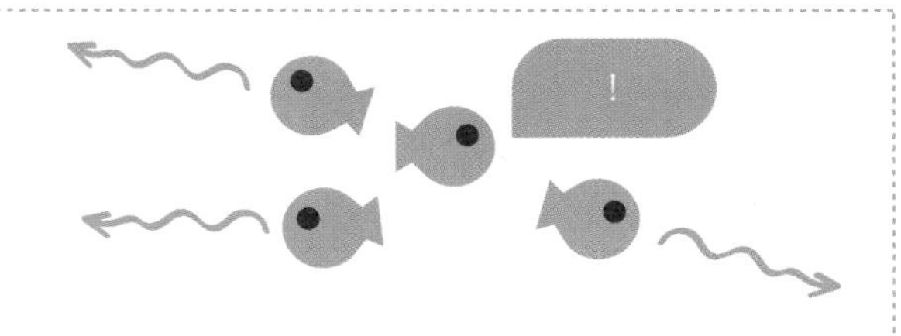

잡기술(문장화)

'생가의 식구들이 창으로 나를 보고 나를 못알아보고 사방
쪽방으로 흩어졌다.'

(나)

젖을 갓 뗀 어린것들은
찬 마루서 그냥저냥 그네끼리 놀고
어미들은
물속 쌓인 돌과 돌 그 틈새로
그걸 깊은 데라고
그걸 가장 깊은 속이라고 떼로 들어가
나를 못 알아보고
무슨 급한 궁리를 하느라
그 비좁은 구석 방에 빼곡히 서서

잡기술(도해)

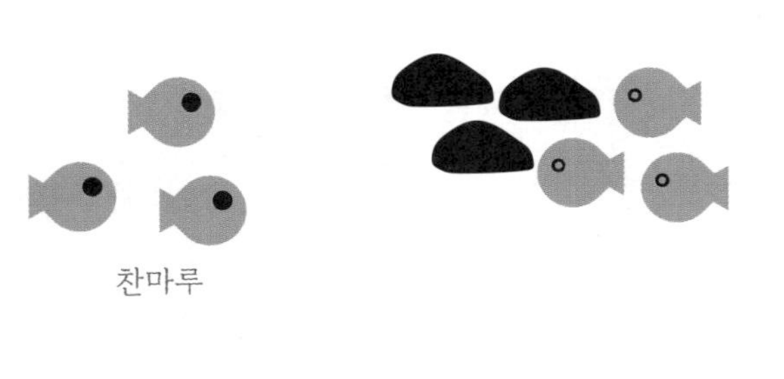

잡기술(문장화)

'젖을 갓 뗀 어린 것들은 찬 마루서 그냥 저냥 그네끼리 놀고, 어미들은 물속 쌓인 돌과 그 틈새로 떼로 들어가 나를 못알아보고 있다. 그들은 무슨 급한 궁리를 하느라 그 비좁은 구석 방에 빼곡이 서있다.'

(나)

마음아, 너도 아직 이 생가에 살고 있는가
시린 물속 시린 물고기의 눈을 달고

잡기술(도해)

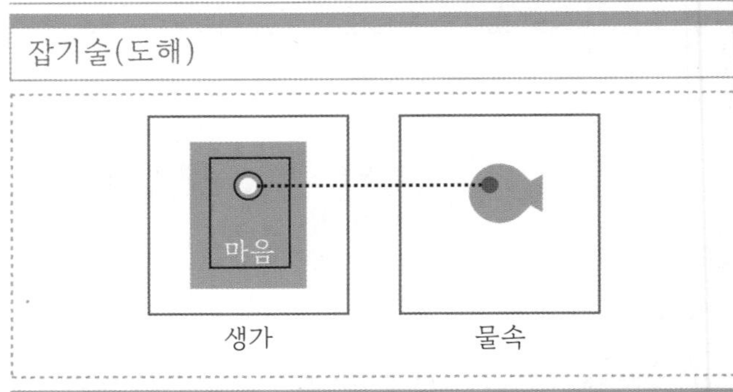

잡기술(문장화)

'마음아 시린 물속 시린 물고기의 눈을 달고 너도 아직 이 생가에 살고 있냐?'

(다)

　이문원 동쪽 [늙은 나무]가 있는데 적어도 백여 년은 된 것 같다. 그 몸통은 울퉁불퉁 옹이가 졌고 가지는 구불구불 뻗어서 [멀찍이서 보면 가파른 산등성이나 성난 파도 같았고] [다가가서 보면 둥그스름한 큰 집채 같았다.] 기둥으로 나무를 받쳐 놓았는데 그 기둥이 모두 열두 개이다. 나무 옆에 [누각]이 있는데 바로 내가 이불을 들고 가서 숙직하는 장소이다. 좌우에 책을 쌓아 놓고 교정하느라 바쁘게 시간을 보내다가 이따금 나무 곁을 산책하였다. 쏴쏴 불어오는 긴 바람 소리를 들으며 널찍이 드리운 서늘한 그늘 아래를 거닐면 몸은 대궐 안 관청에 있어도 숲속의 소나무와 바위 사이로 훌쩍 벗어나 있는 기분이 든다.

잡기술(도해)

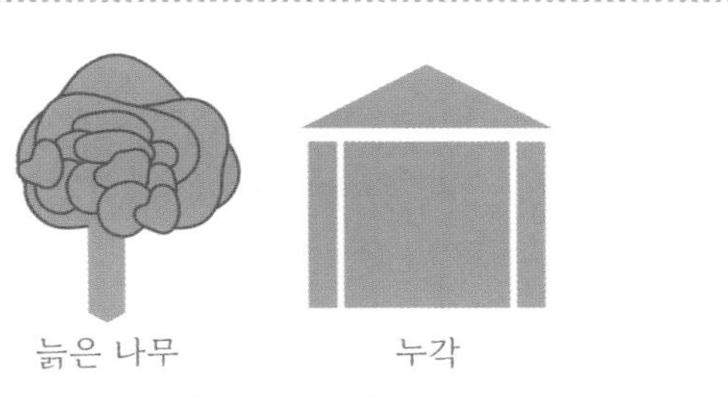

(다)

　하루는 내가 동료에게 다음과 같이 말했다.

"이 나무는 정말 특이하군! [대체로 풀과 나무가 살아가려면 제각기 몸을 보전하는 계책이 있기 마련]일세. [풀명자나 배, 귤이나 유자, 사과나 석류 같은 나무들은 열매가 커도 가지가 그 무게를 충분히 감당할 수 있다네.] 하지만 [질경이나 냉이, 강아지풀 같은 풀들은 살아가려면 땅바닥에 붙어 있어야 하네. 그래야 말발굽이 짓밟거나 수레가 밟고 지나가도 더 손상을 입지 않지.] [지금 저 늙은 나무는 줄기의 길이가 몸통보다 갑절로 뻗어 사방에 드리워도 잘라 낼 줄 모르네. 만약 받쳐 주는 기둥이 없으면 부러지고야 말 걸세.] 조물주가 이 나무에게는 사람의 손을 빌려 온전하도록 한 것인가?"

잡기술(원칙/예외)

　문맥과 '대체로'를 고려하면, 풀과 나무가 원칙, 저 늙은 나무는 예외임을 알 수 있다.

잡기술(대비)

　'하지만'을 고려하면, 풀과 나무의 관계가 대비됨을 알 수 있다.

(다)

아! 내가 [암소의 뿔]을 보니 뿔이 구부러져 안쪽으로 향했는데 심한 것은 사람이 반드시 톱으로 잘라내야만 광대뼈를 뚫는 걱정을 모면하였다. [이제야 알겠구나. 늙은 나무를 가축에 견주자면 뿔을 잘라 내야 온전해질 수 있는 암소와 같다. 가축이 인간에게 의지하여 살아가듯이 늙은 나무도 인간에게 의지하여 살아간다.]

나는 저 깊은 산중 인적 끊긴 골짜기에 이렇듯이 번성하게 자란 늙은 나무를 아직까지 보지 못했다.

잡기술(도해)

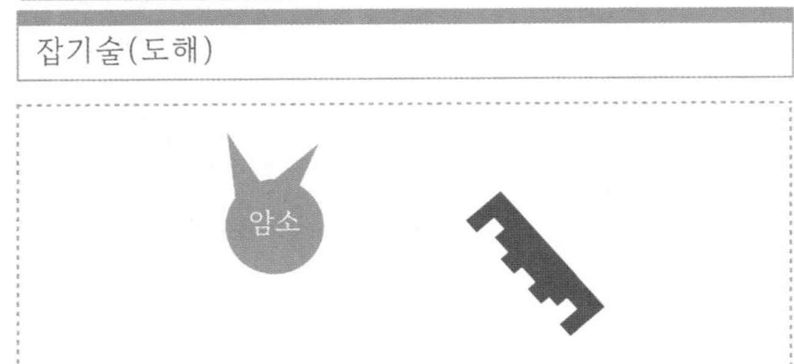

메모

22. (가)~(다)의 공통점으로 가장 적절한 것은?

① 비판적 태도로 현실의 부정적 측면을 부각하고 있다.
② 역사적 상황을 묘사하여 비극적 현실을 부각하고 있다.
③ 빗대어 표현하는 방식으로 '나'의 인식을 드러내고 있다.
④ 영탄적 어조로 대상에 대한 '나'의 경외감을 드러내고 있다.
⑤ 향토적 소재를 활용하여 '나'의 과거에 대한 그리움을 드러
   내고 있다.

길라잡이
본인만의 풀이 과정을 적어보세요!

① 비판적 태도로 현실의 부정적 측면을 부각하고 있다.

② 역사적 상황을 묘사하여 비극적 현실을 부각하고 있다.

③ 빗대어 표현하는 방식으로 '나'의 인식을 드러내고 있다.

④ 영탄적 어조로 대상에 대한 '나'의 경외감을 드러내고 있
   다.

⑤ 향토적 소재를 활용하여 '나'의 과거에 대한 그리움을 드
   러내고 있다.

23. 태반과 생가에 대한 설명으로 가장 적절한 것은?

① (가)의 화자는 태반에서 상실감을 느끼고 있고, (나)의 화자는 생가에서 서글픔을 느끼고 있다.

② (가)의 화자는 태반에서 소외감을 느끼고 있고, (나)의 화자는 생가에서 느꼈던 수치심을 떠올리고 있다.

③ (가)에서 태반은 이별을 수용하는 공간이고, (나)에서 생가는 만남을 기약하는 공간이다.

④ (가)에서 태반은 화자의 희망이 드러나는 공간이고, (나)에서 생가는 화자의 절망이 드러나는 공간이다.

⑤ (가)에서 태반은 생명의 섭리를 지향하는 공간이고, (나)에서 생가는 생명의 섭리를 거부하는 공간이다.

길라잡이
본인만의 풀이 과정을 적어보세요!

① (가)의 화자는 태반에서 상실감을 느끼고 있고, (나)의 화자는 생가에서 서글픔을 느끼고 있다.

② (가)의 화자는 태반에서 소외감을 느끼고 있고, (나)의 화자는 생가에서 느꼈던 수치심을 떠올리고 있다.

③ '2인칭을 경유하여 1인칭으로 돌아온다'는 것은 편지가 상대를 향한 '도구적' 기능을 하지 못하고 자기 고백에 그치게 됨을 말하는군.

④ (가)에서 태반은 화자의 희망이 드러나는 공간이고, (나)에서 생가는 화자의 절망이 드러나는 공간이다.

⑤ (가)에서 태반은 생명의 섭리를 지향하는 공간이고, (나)에서 생가는 생명의 섭리를 거부하는 공간이다.

24. ㉠~㉤을 이해한 것으로 적절하지 <u>않은</u> 것은?

① ㉠에서는 여러 민족, 나라, 지명을 열거하여, 화자가 떠나 온 공간을 북방으로 포괄되는 동질적 공간으로 표현하고 있다.

② ㉡에서는 의인화된 자연물을 제시하여, 화자가 북방을 떠나면서 느낀 슬픔을 드러내고 있다.

③ ㉢에서는 이별하던 장면을 유사한 통사 구조로 제시하여, 화자가 북방에서의 기억을 여전히 간직하고 있음을 보여 주고 있다.

④ ㉣의 시구가 ㉤에서 반복, 변주되는 것을 통해, 상반된 상황이 시간의 추이에 따라 일치되는 과정을 드러내고 있다.

⑤ ㉥에서 '없다'와 그 앞에 열거된 시어들을 통해, 화자가 가깝게 느끼고 가치를 부여했던 것들이 부재함을 표현하고 있다.

길라잡이

본인만의 풀이 과정을 적어보세요!

① ㉠에서는 여러 민족, 나라, 지명을 열거하여, 화자가 떠나 온 공간을 북방으로 포괄되는 동질적 공간으로 표현하고 있다.

② ㉡에서는 의인화된 자연물을 제시하여, 화자가 북방을 떠나면서 느낀 슬픔을 드러내고 있다.

③ ㉢에서는 이별하던 장면을 유사한 통사 구조로 제시하여, 화자가 북방에서의 기억을 여전히 간직하고 있음을 보여 주고 있다.

④ ㉣의 시구가 ㉤에서 반복, 변주되는 것을 통해, 상반된 상황이 시간의 추이에 따라 일치되는 과정을 드러내고 있다.

⑤ ㉥에서 '없다'와 그 앞에 열거된 시어들을 통해, 화자가 가깝게 느끼고 가치를 부여했던 것들이 부재함을 표현하고 있다.

25. <보기>를 참고하여 (나)를 감상한 내용으로 적절하지 <u>않</u>은 것은?

─────── <보 기> ───────

　이 시에서 성년이 된 화자는 얼음 아래의 물고기를 보면서 유년 시절 자신의 생가를 회상한다. 화자는 물고기의 움직임을 지켜보면서 '물고기네'의 여기저기를 본다. 그리고 '물고기네'의 모습에 화자의 생가에 대한 기억이 겹쳐진다. 화자는 자신을 물고기에 투영하면서, 성년이 된 지금도 여전히 생가에서의 '시린' 기억을 간직하고 있는 자신을 발견한다.

① '투명한 창'을 통해 본 물고기의 생활 공간을 '물고기네 방'이라고 표현한 것을 보니, 화자는 얼음 아래 물고기의 공간과 자신의 생가를 겹쳐 보고 있군.

② '창으로 나를 보'고 '사방 쪽방으로 흩어'지는 물고기들의 움직임을, 화자는 '생가의 식구들'이 자신을 못 알아본 것으로 표현하였군.

③ '젖을 갓 뗀 어린것들'이 '그네끼리 놀고'라고 표현한 것을 보니, 화자는 물고기들이 노는 모습을 통해 유년 시절 생가에서 지내던 아이들의 모습을 떠올리고 있군.

④ 화자는 '비좁은 구석방에'서 '급한 궁리를 하'는 물고기의 모습에 유년 시절 생가에서 외따로 지내야 했던 자신의 모습을 투영하고 있군.

⑤ 화자는 '마음아, 너도 아직' 생가에서 '살고 있는가'라고 하여, 성년인 자신의 마음속에 유년의 기억이 자리 잡고 있음을 드러내고 있군.

① '투명한 창'을 통해 본 물고기의 생활 공간을 '물고기네 방'이라고 표현한 것을 보니, 화자는 얼음 아래 물고기의 공간과 자신의 생가를 겹쳐 보고 있군.

② '창으로 나를 보'고 '사방 쪽방으로 흩어'지는 물고기들의 움직임을, 화자는 '생가의 식구들'이 자신을 못 알아본 것으로 표현하였군.

③ '젖을 갓 뗀 어린것들'이 '그네끼리 놀고'라고 표현한 것을 보니, 화자는 물고기들이 노는 모습을 통해 유년 시절 생가에서 지내던 아이들의 모습을 떠올리고 있군.

④ 화자는 '비좁은 구석방에'서 '급한 궁리를 하'는 물고기의 모습에 유년 시절 생가에서 외따로 지내야 했던 자신의 모습을 투영하고 있군.

⑤ 화자는 '마음아, 너도 아직' 생가에서 '살고 있는가'라고 하여, 성년인 자신의 마음속에 유년의 기억이 자리 잡고 있음을 드러내고 있군.

길라잡이

본인만의 풀이 과정을 적어보세요!

26. ⓐ, ⓑ에 대한 이해로 가장 적절한 것은?

① ⓐ는 화자의 불안을 심화하는, ⓑ는 글쓴이의 의지를 북돋아 주는 역할을 한다.
② ⓐ는 화자의 이상향을 형상화하는, ⓑ는 글쓴이의 태도를 전환하는 역할을 한다.
③ ⓐ는 ⓑ와 달리, 화자에게 책임감을 떠올리게 하는 계기가 된다.
④ ⓑ는 ⓐ와 달리, 글쓴이가 처한 상황을 극복하게 하는 역할을 한다.
⑤ ⓐ와 ⓑ는 모두 대상을 새롭게 주목하게 하는 계기를 마련하고 있다.

길라잡이
본인만의 풀이 과정을 적어보세요!

① ⓐ는 화자의 불안을 심화하는, ⓑ는 글쓴이의 의지를 북돋아 주는 역할을 한다.

② ⓐ는 화자의 이상향을 형상화하는, ⓑ는 글쓴이의 태도를 전환하는 역할을 한다.

③ ⓐ는 ⓑ와 달리, 화자에게 책임감을 떠올리게 하는 계기가 된다.

④ ⓑ는 ⓐ와 달리, 글쓴이가 처한 상황을 극복하게 하는 역할을 한다.

⑤ ⓐ와 ⓑ는 모두 대상을 새롭게 주목하게 하는 계기를 마련하고 있다.

27. <보기>를 바탕으로 (다)를 이해한 내용으로 적절하지 <u>않</u>은 것은?

<보기>

선생님: 여러분, 「이문원노종기」는 이문원의 늙은 나무가 인간의 도움을 받아 오랫동안 무성하게 자라고 있는 점에 착안한 글입니다. 서로 다른 생명체가 각각 이익을 주거나 받는 현상을 중심으로, 「이문원노종기」를 다시 읽어 보려고 해요. 이런 관점에서 이 작품을 감상해 볼까요?

학 생: ________________ [A] ________________

선생님: 네, 잘 말했습니다..

---

① '이문원 동쪽 늙은 나무'가 '백여 년'을 살 수 있었던 것은, 인간이 나무를 보살펴 주었기 때문입니다.
② 글쓴이가 '널찍이 드리운 서늘한 그늘'로 인해 '훌쩍 벗어나 있는 기분'이 든 것은, '이문원 동쪽 늙은 나무'에게서 인간이 이익을 얻은 경우에 해당합니다.
③ '풀과 나무'가 '몸을 보전하는 계책'이 있는 것은, '조물주'가 서로 다른 생명체가 이익을 주고받도록 해 준 경우에 해당합니다.
④ '암소'의 '뿔이 구부러져 안쪽으로 향'하는 위험을 인간이 '톱으로 잘라'서 해결해 주는 것은, '가축'이 인간에게 의지하며 살아가는 경우에 해당합니다.
⑤ 글쓴이가 '이문원 동쪽 늙은 나무'가 '저 깊은 산중 인적 끊긴 골짜기'에서 자란 나무보다 번성하게 자랐다고 한 것은, 인간의 도움이 필요하다는 것을 말하기 위함입니다.

① '이문원 동쪽 늙은 나무'가 '백여 년'을 살 수 있었던 것은, 인간이 나무를 보살펴 주었기 때문입니다.

② 글쓴이가 '널찍이 드리운 서늘한 그늘'로 인해 '훌쩍 벗어나 있는 기분'이 든 것은, '이문원 동쪽 늙은 나무'에게서 인간이 이익을 얻은 경우에 해당합니다.

③ '풀과 나무'가 '몸을 보전하는 계책'이 있는 것은, '조물주'가 서로 다른 생명체가 이익을 주고받도록 해 준 경우에 해당합니다.

④ '암소'의 '뿔이 구부러져 안쪽으로 향'하는 위험을 인간이 '톱으로 잘라'서 해결해 주는 것은, '가축'이 인간에게 의지하며 살아가는 경우에 해당합니다.

⑤ 글쓴이가 '이문원 동쪽 늙은 나무'가 '저 깊은 산중 인적 끊긴 골짜기'에서 자란 나무보다 번성하게 자랐다고 한 것은, 인간의 도움이 필요하다는 것을 말하기 위함입니다.

개화

문학

|현대 운문/수필 |

| 이기철, 「청산행」 / 김현승, 「사실과
관습: 고독 이후」 |

□ 청산(靑山)
□ 풀과 나무가 무성한 푸른 산

□ 인가(人家)
□ 사람이 사는 집

□ 여울
□ 강이나 바다 따위의 바닥이 얕거나 폭이 좁아 물살이 세게 흐르는 곳

□ 야성(野性)
□ 자연 또는 본능 그대로의 거친 성질

□ 고즈넉하다
□ 고요하고 아늑하다

길라잡이
모르는 어휘가 있다면 정리하세요!

메모

(가)

손 흔들고 떠나갈 미련은 없다
며칠째 청산에 와 발을 푸니
㉠흐리던 산길이 잘 보인다.
상수리 열매를 주우며 인가를 내려다보고
쓰다 둔 편지 구절과 버린 칫솔을 생각한다.
남방으로 가다 길을 놓치고
두어 번 허우적거리는 여울물
산 아래는 때까치들이 몰려와
모든 야성을 버리고 들 가운데 순결해진다.
길을 가다가 자주 뒤를 돌아보게 하는
서른 번 다져 두고 서른 번 포기했던 ⓐ관습들
서쪽 마을을 바라보면 나무들의 잔숨결처럼
㉡가늘게 흩어지는 저녁 연기가
한 가정의 고민의 양식으로 피어오르고
생목 울타리엔 들거미줄
맨살 ㉢비비는
돌들과 함께 누워
실로 이 세상을 앓아 보지 않은 것들과 함께
잠들고 싶다

- 이기철, 「청산행」 -

(나)

나는 차를 앞에 놓고
고즈넉한 저녁에 호을로 마신다.
내가 좋아하는 차를 마신다.
그러나 이것은 다만 사실일 뿐,
차의 짙은 향기와는 관계 없이
이것은 물과 같이 담담한 사실일 뿐이다.

누구의 시킴을 받아
참새 한 마리가 땅에 떨어지는 것도 아니고
누구의 손으로 들국화를 어여삐 가꾼 것도 아니다.
차를 마시는 것은
이와 같이 ㉣스스로 달갑고 가장 즐거울 뿐,
이것은 다만 사실이며 또 ⓑ관습이다.
나의 고즈넉한 관습이다.

물에게 물은 물일 뿐
소금물일 뿐,
앞으로 남은 십년을 더 살든지 죽든지
나에게도 나는 나일 뿐,

㉤이제는 차를 마시는 나일 뿐,

이 짙은 향기와는 관계도 없이
차를 마시는 사실과 관습은
내가 아는 내게 대한 모든 것이다.
그리고 모든 것에 대한 모든 것도 된다.

- 김현승, 「사실과 관습: 고독 이후」 -

31. (가), (나)에 대한 설명으로 적절하지 <u>않은</u> 것은?

① (가)는 인격화한 대상을 통해 화자의 심리를 내포하고 있다.

② (나)는 대상을 한정하는 어휘들을 사용하여 주제 의식을 강조하고 있다.

③ (가)는 (나)와 달리, 공간의 이동에 따라 포착된 사물을 통해 화자의 태도를 드러내고 있다.

④ (나)는 (가)와 달리, 화자를 거듭 명시하면서 시상을 전개하고 있다.

⑤ (가)와 (나)는 모두, 자연물에 화자의 정서를 투영함으로써 대상에 대한 친밀감을 드러내고 있다.

32. ⓐ, ⓑ에 대한 이해로 가장 적절한 것은?

① ⓐ는 '길을 가다가 자주 뒤를 돌아보게' 하는 것이라는 점에서 다시 돌아갈 수 없는 그리움의 대상이다.

② ⓑ는 '호을로' 하는 행위라는 점에서 행위 주체의 사회적 고립을 드러내고 있다.

③ ⓐ는 바라봄의 대상인 '서쪽 마을'과 관련되어 있다는 점에서 피안에 대한 지향을, ⓑ는 일과를 마친 '저녁'과 관련되어 있다는 점에서 안식에 대한 지향을 드러내고 있다.

④ ⓐ는 '서른 번 다져 두고 서른 번 포기'한 것이라는 점에서 내면의 갈등을, ⓑ는 '고즈넉한' 상황에서 이루어지는 '담담한 사실'이라는 점에서 내면의 평정함을 내포한다.

⑤ ⓐ는 사물들을 '내려다보'아 촉발된 것이라는 점에서 자기 연민의 성격을, ⓑ는 '달갑고', '좋아하는' 것이라는 점에서 자기 위안적 성격을 띠고 있다.

33. ㉠~㉤에 대한 이해로 적절하지 <u>않은</u> 것은?

① ㉠은 대상이 이전에는 제대로 파악되지 않았음을 드러내
는 표현이다.

② ㉡은 '저녁 연기'의 형상으로 '한 가정'의 상황과 처지를
시각화한 표현이다.

③ ㉢은 '맨살'을 드러낸 '돌들'이 부대끼는 형상으로 세파
에 시달리는 모습을 나타내는 표현이다.

④ ㉣은 '차를 마시는 것'이 화자의 선호에 따른 주체적 행
위임을 드러내는 표현이다.

⑤ ㉤은 '나'에 대한 현재의 인식이 이전과는 달라졌음을 드
러내는 표현이다.

34. <보기>를 참고하여 (나)를 감상한 내용으로 적절하지 <u>않</u>
은 것은?

─────< 보 기 >─────

　자연과 절대자는 각각 인간에게 안식을 주거나 인
간과 세계를 규정하는 중요한 준거로 인식되어 왔다.
(가)는 세속의 일상을 떠나 자연에 들어온 화자가 점
차 자연에 동화되어 가는 과정과 심리 상태를 그리고
있다. (나)는 자신과 세계 인식의 준거였던 절대자와
의 관계를 회의하고 자신이 경험한 사실에 기초하
여 존재를 인식하겠다는 태도를 표명하고 있다.

① (가)의 '쓰다 둔 편지 구절과 버린 칫솔을 생각한다'는 것
은 자연에 온전히 동화되지 못하는 화자의 심리를 보여 주
는 것이겠군.

② (나)의 '차를 마시는' 행위가 '내가 아는 내게 대한 모든
것', '모든 것에 대한 모든 것'으로 확장되는 것은 경험적
사실을 '나'와 모든 존재들에 대한 인식의 유일한 근거로
삼겠다는 의식이 반영된 것이겠군.

③ (가)의 '발을 푸니' '잘 보인다'는 것은 화자가 자연에 친
숙해지는 심리 상태를, (나)의 '앞으로 남은 십년을 더 살
든지 죽든지'는 절대자에 대해 회의하고 현실에 얽매이지
않겠다는 태도를 드러내고 있겠군.

④ (가)의 '여울물'과 '때까치들'에는 자연에 들어와서 느끼
는 화자의 심리가 투사되어 있음을, (나)의 '참새'의 떨어
짐이 '누구'에 의한 것이 '아니'라는 데에서 절대자와의 관
계에 대한 회의가 드러나 있음을 알 수 있겠군.

⑤ (가)의 '이 세상을 앓아 보지 않은 것들과 함께'는 자연에
동화되려는 태도를, (나)의 '물은 물일 뿐'은 경험적 사실
로만 대상을 인식하겠다는 태도를 드러내는 것이겠군.

메모

(가)

손 흔들고 떠나갈 미련은 없다
며칠째 청산에 와 발을 푸니
흐리던 산길이 잘 보인다.

잡기술(도해)

청산에 와서 발을 푸니 흐리던 산길이 잘 보이는 장면을 형상화 할 수 있다.

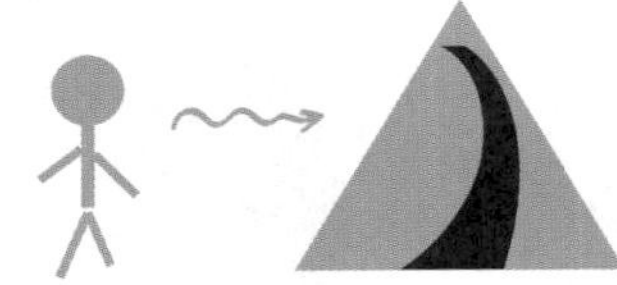

잡기술(반응)

'손 흔들고 떠나갈 미련이 없다'는 화자의 반응이다. 이때 무엇에 대한 반응인지 등장하지 않았다.

잡기술(인과)

'푸니'를 고려하면 '발을 푸는 행위'와 '흐리던 산길이 잘보이는 사실'은 원인과 결과임을 알 수 있다.

(가)

상수리 열매를 주우며 인가를 내려다보고
쓰다 둔 편지 구절과 버린 칫솔을 생각한다.

잡기술(도해)

'열매'를 주우며 '인가'를 보며, '편지 구절'과 '칫솔'을 생각하는 화자를 다음과 같이 형상화 할 수 있다.

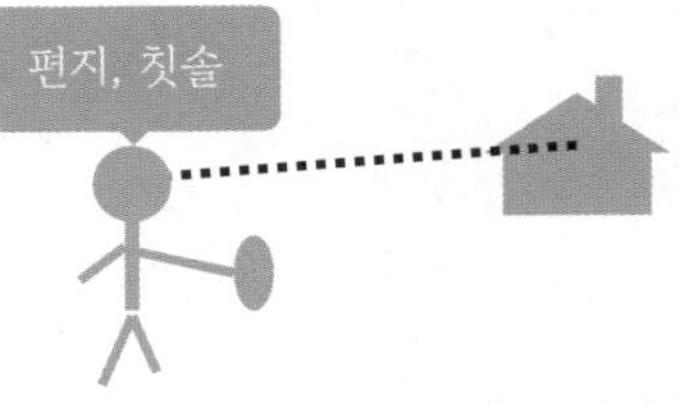

잡기술(나열)

'과'를 통해 편지 구절과 버린 칫솔이 나열되어 있다. 따라서 이 둘이 유사한 속성을 지닌다는 것을 알 수 있다.

(가)

남방으로 가다 길을 놓치고
두어 번 허우적거리는 여울물
산 아래는 때까치들이 몰려와
모든 야성을 버리고 들 가운데 순결해진다.

잡기술(도해)

'여울물'과 '때까치'들이 야성을 버리고 순결해지는 모습을 형상화할 수 있다.

잡기술(나열)

여울물과 때가치들이 나열되어 있으므로 역시 유사한 속성을 지니는 것을 알 수 있다.

(가)

길을 가다가 자주 뒤를 돌아보게 하는
서른 번 다져 두고 서른 번 포기했던 관습들

잡기술(도해)

화자가 '관습들'에 대해 계속 뒤돌아보는 장면을 형상화할
수 있다.

(가)

서쪽 마을을 바라보면 나무들의 잔숨결처럼
가늘게 흩어지는 저녁 연기가
한 가정의 고민의 양식으로 피어오르고
생목 울타리엔 들거미줄

잡기술(도해)

화자가 서쪽 마을을 바라보는 장면을 형상화 할 수 있다.

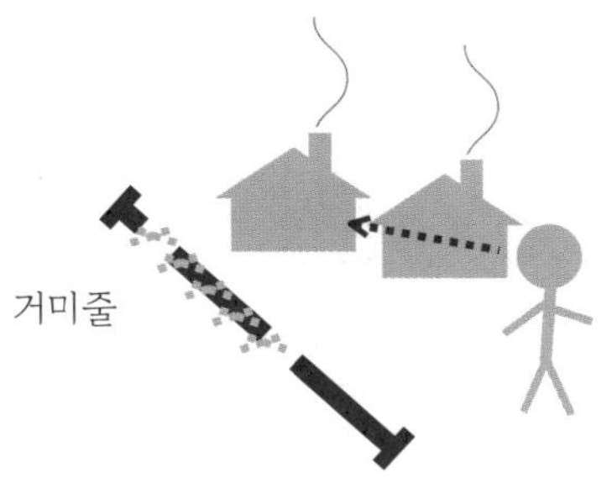

(가)

맨살 비비는
돌들과 함께 누워
실로 이 세상을 앓아 보지 않은 것들과 함께
잠들고 싶다

잡기술(도해)

화자가 돌들과 누워있는 모습을 형상화할 수 있다.

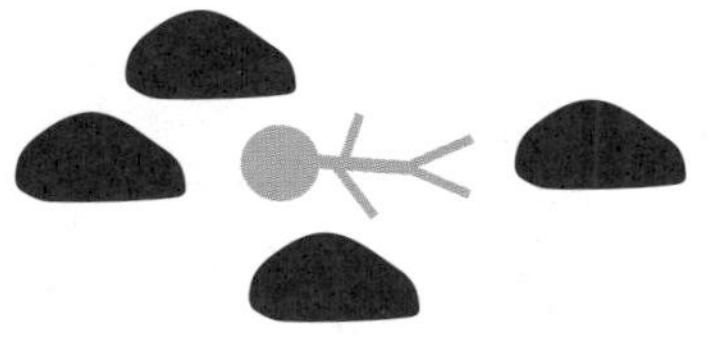

잡기술(나열)

'함께'를 고려하면, '돌들'과 '세상을 앓아 보지 않은 것들'은
화자와 같이 누워있다. 따라서 그 둘은 유사한 속성을 지니는
것을 알 수 있다.

(나)

나는 차를 앞에 놓고
고즈넉한 저녁에 호을로 마신다.
내가 좋아하는 차를 마신다.
그러나 이것은 다만 사실일 뿐,
차의 짙은 향기와는 관계 없이
이것은 물과 같이 담담한 사실일 뿐이다

잡기술(도해)

'나'가 좋아하는 차를 앞에 두고 고즈넉한 저녁에 마시는 장면을 다음과 같이 형상화 시킬 수 있다.

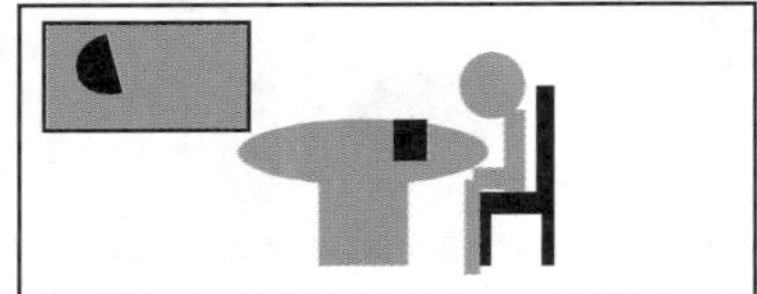

잡기술(대명사)

'이것'은 화자가 차를 좋아하는 사실이다.

잡기술(도해)

화자는 '이것'과 '차의 짙은 향기'의 관련성을 부정한다. 이때 추상적인 개념은 형상화하기 힘들기에 개념간의 도식화를 통해 이해할 수 있다.

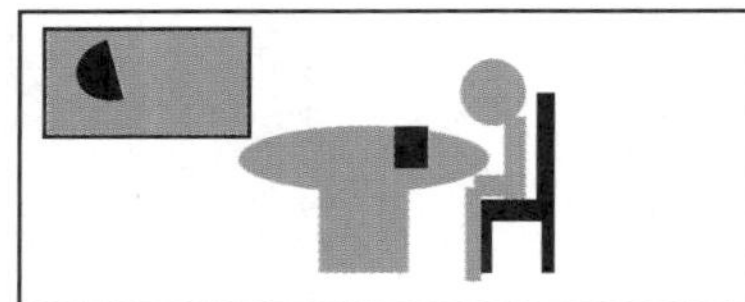

차의 짙은 향기   이것

(나)

누구의 시킴을 받아
참새 한 마리가 땅에 떨어지는 것도 아니고
누구의 손으로 들국화를 어여삐 가꾼 것도 아니다.
차를 마시는 것은
이와 같이 스스로 달갑고 가장 즐거울 뿐,
이것은 다만 사실이며 또 관습이다.
나의 고즈넉한 관습이다

잡기술(인과)

'받아', '손으로'를 고려하면, 화자는 각 항목의 인과관계를 부정하고 있다. 즉, '누구의 시킴'과 '참새가 떨어지는 것'의, '누구의 손'과 '들국화를 가꾼 것'의 인과관계를 부정하는 것이다.

잡기술(도해)

이렇게 화자가 인과관계를 부정하는 부분에서 독자는 다음과 같은 그림을 그려볼 수 있다.

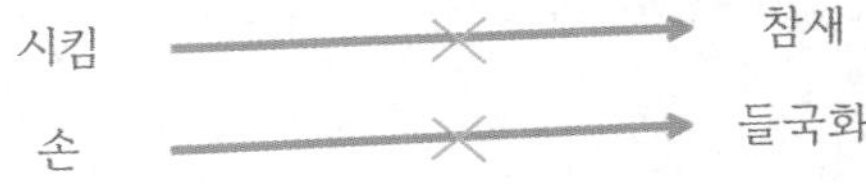

'관습'이라는 추상적인 개념이 등장했다. 따라서 독자는 이전에 설정했던 도식에 추가할 수 있다.

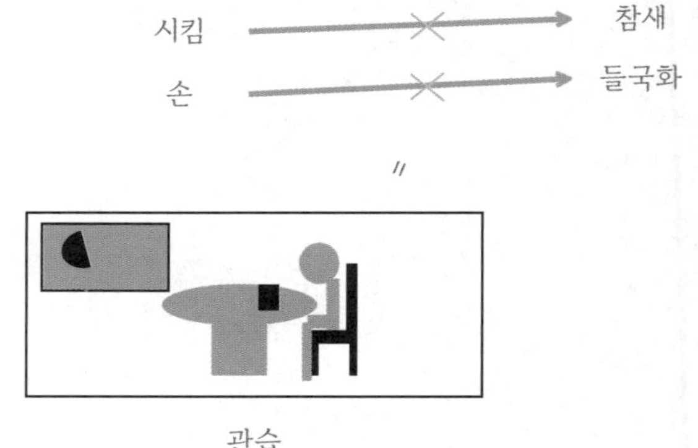

(나)

물에게 물은 물일 뿐
소금물일 뿐,
앞으로 남은 십년을 더 살든지 죽든지
나에게도 나는 나일 뿐,
이제는 차를 마시는 나일 뿐

잡기술(나열)

'소금물'과 '나'가 나열되어 있다. 따라서 그 둘은 유사한 속성을 지님을 알 수 있다.

잡기술(도해)

새로 등장한 '물'을 이전에 설정한 도식에 추가할 수 있다.

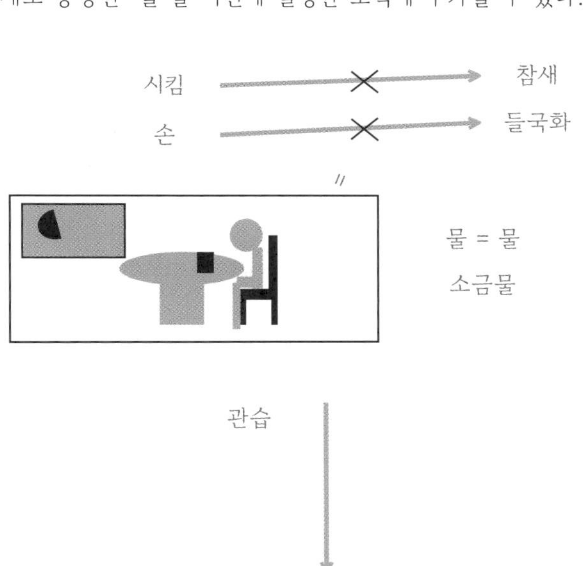

(나)

이 짙은 향기와는 관계도 없이
차를 마시는 사실과 관습은
내가 아는 내게 대한 모든 것이다.
그리고 모든 것에 대한 모든 것도 된다

잡기술(도해)

'내가 아는 내게 대한 모든 것', '모든 것에 대한 모든 것'이 추가되어 도식으로 나타낼 수 있다, 이때 '된다'를 고려하면, '사실', '관습'과 문맥상 유사한 의미를 지님을 알 수 있다.

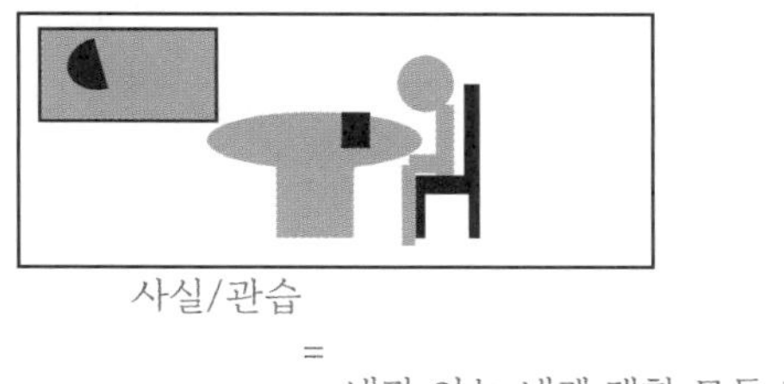

31. (가), (나)에 대한 설명으로 적절하지 것은?

① (가)는 인격화한 대상을 통해 화자의 심리를 내포하고 있다.

② (나)는 대상을 한정하는 어휘들을 사용하여 주제 의식을 강조하고 있다.

③ (가)는 (나)와 달리, 공간의 이동에 따라 포착된 사물을 통해 화자의 태도를 드러내고 있다.

④ (나)는 (가)와 달리, 화자를 거듭 명시하면서 시상을 전개하고 있다.

⑤ (가)와 (나)는 모두, 자연물에 화자의 정서를 투영함으로써 대상에 대한 친밀감을 드러내고 있다.

길라잡이

본인만의 풀이 과정을 적어보세요!

① (가)는 인격화한 대상을 통해 화자의 심리를 내포하고 있다.

② (나)는 대상을 한정하는 어휘들을 사용하여 주제 의식을 강조하고 있다.

③ (가)는 (나)와 달리, 공간의 이동에 따라 포착된 사물을 통해 화자의 태도를 드러내고 있다.

④ (나)는 (가)와 달리, 화자를 거듭 명시하면서 시상을 전개하고 있다.

⑤ (가)와 (나)는 모두, 자연물에 화자의 정서를 투영함으로써 대상에 대한 친밀감을 드러내고 있다.

32. ⓐ, ⓑ에 대한 이해로 가장 적절한 것은?

① ⓐ는 '길을 가다가 자주 뒤를 돌아보게' 하는 것이라는
   점에서 다시 돌아갈 수 없는 그리움의 대상이다.
② ⓑ는 '호을로' 하는 행위라는 점에서 행위 주체의 사회적
   고립을 드러내고 있다.
③ ⓐ는 바라봄의 대상인 '서쪽 마을'과 관련되어 있다는 점
   에서 피안에 대한 지향을, ⓑ는 일과를 마친 '저녁'과 관련
   되어 있다는 점에서 안식에 대한 지향을 드러내고 있다.
④ ⓐ는 '서른 번 다져 두고 서른 번 포기'한 것이라는 점에
   서 내면의 갈등을, ⓑ는 '고즈넉한' 상황에서 이루어지는
   '담담한 사실'이라는 점에서 내면의 평정함을 내포한다.
⑤ ⓐ는 사물들을 '내려다보'아 촉발된 것이라는 점에서 자
   기 연민의 성격을, ⓑ는 '달갑고', '좋아하는' 것이라는 점
   에서 자기 위안적 성격을 띠고 있다.

길라잡이
본인만의 풀이 과정을 적어보세요!

---

① ⓐ는 '길을 가다가 자주 뒤를 돌아보게' 하는 것이라는
   점에서 다시 돌아갈 수 없는 그리움의 대상이다.

② ⓑ는 '호을로' 하는 행위라는 점에서 행위 주체의 사회적
   고립을 드러내고 있다.

③ ⓐ는 바라봄의 대상인 '서쪽 마을'과 관련되어 있다는 점
   에서 피안에 대한 지향을, ⓑ는 일과를 마친 '저녁'과 관련
   되어 있다는 점에서 안식에 대한 지향을 드러내고 있다.

④ ⓐ는 '서른 번 다져 두고 서른 번 포기'한 것이라는 점에
   서 내면의 갈등을, ⓑ는 '고즈넉한' 상황에서 이루어지는
   '담담한 사실'이라는 점에서 내면의 평정함을 내포한다.

⑤ ⓐ는 사물들을 '내려다보'아 촉발된 것이라는 점에서 자
   기 연민의 성격을, ⓑ는 '달갑고', '좋아하는' 것이라는 점
   에서 자기 위안적 성격을 띠고 있다.

33. ㉠~㉤에 대한 이해로 적절하지 <u>않은</u> 것은?

① ㉠은 대상이 이전에는 제대로 파악되지 않았음을 드러내
는 표현이다.

② ㉡은 '저녁 연기'의 형상으로 '한 가정'의 상황과 처지를
시각화한 표현이다.

③ ㉢은 '맨살'을 드러낸 '돌들'이 부대끼는 형상으로 세파
에 시달리는 모습을 나타내는 표현이다.

④ ㉣은 '차를 마시는 것'이 화자의 선호에 따른 주체적 행
위임을 드러내는 표현이다.

⑤ ㉤은 '나'에 대한 현재의 인식이 이전과는 달라졌음을 드
러내는 표현이다.

① ㉠은 대상이 이전에는 제대로 파악되지 않았음을 드러내
는 표현이다.

② ㉡은 '저녁 연기'의 형상으로 '한 가정'의 상황과 처지를
시각화한 표현이다.

③ ㉢은 '맨살'을 드러낸 '돌들'이 부대끼는 형상으로 세파
에 시달리는 모습을 나타내는 표현이다.

④ ㉣은 '차를 마시는 것'이 화자의 선호에 따른 주체적 행
위임을 드러내는 표현이다.

⑤ ㉤은 '나'에 대한 현재의 인식이 이전과는 달라졌음을 드
러내는 표현이다.

34. <보기>를 참고하여 (나)를 감상한 내용으로 적절하지 <u>않</u>은 것은?

> ───── <보 기> ─────
>
> 　자연과 절대자는 각각 인간에게 안식을 주거나 인간과 세계를 규정하는 중요한 준거로 인식되어 왔다. (가)는 세속의 일상을 떠나 자연에 들어온 화자가 점차 자연에 동화되어 가는 과정과 심리 상태를 그리고 있다. (나)는 자신과 세계 인식의 준거였던 절대자와의 관계를 회의하고 자신이 경험한 사실에 기초하여 존재를 인식하겠다는 태도를 표명하고 있다.

① (가)의 '쓰다 둔 편지 구절과 버린 칫솔을 생각한다'는 것은 자연에 온전히 동화되지 못하는 화자의 심리를 보여 주는 것이겠군.

② (나)의 '차를 마시는' 행위가 '내가 아는 내게 대한 모든 것', '모든 것에 대한 모든 것'으로 확장되는 것은 경험적 사실을 '나'와 모든 존재들에 대한 인식의 유일한 근거로 삼겠다는 의식이 반영된 것이겠군.

③ (가)의 '발을 푸니' '잘 보인다'는 것은 화자가 자연에 친숙해지는 심리 상태를, (나)의 '앞으로 남은 십년을 더 살든지 죽든지'는 절대자에 대해 회의하고 현실에 얽매이지 않겠다는 태도를 드러내고 있겠군.

④ (가)의 '여울물'과 '때까치들'에는 자연에 들어와서 느끼는 화자의 심리가 투사되어 있음을, (나)의 '참새'의 떨어짐이 '누구'에 의한 것이 '아니'라는 데에서 절대자와의 관계에 대한 회의가 드러나 있음을 알 수 있겠군.

⑤ (가)의 '이 세상을 앓아 보지 않은 것들과 함께'는 자연에 동화되려는 태도를, (나)의 '물은 물일 뿐'은 경험적 사실로만 대상을 인식하겠다는 태도를 드러내는 것이겠군.

① (가)의 '쓰다 둔 편지 구절과 버린 칫솔을 생각한다'는 것은 자연에 온전히 동화되지 못하는 화자의 심리를 보여 주는 것이겠군.

② (나)의 '차를 마시는' 행위가 '내가 아는 내게 대한 모든 것', '모든 것에 대한 모든 것'으로 확장되는 것은 경험적 사실을 '나'와 모든 존재들에 대한 인식의 유일한 근거로 삼겠다는 의식이 반영된 것이겠군.

③ (가)의 '발을 푸니' '잘 보인다'는 것은 화자가 자연에 친숙해지는 심리 상태를, (나)의 '앞으로 남은 십년을 더 살든지 죽든지'는 절대자에 대해 회의하고 현실에 얽매이지 않겠다는 태도를 드러내고 있겠군.

④ (가)의 '여울물'과 '때까치들'에는 자연에 들어와서 느끼는 화자의 심리가 투사되어 있음을, (나)의 '참새'의 떨어짐이 '누구'에 의한 것이 '아니'라는 데에서 절대자와의 관계에 대한 회의가 드러나 있음을 알 수 있겠군.

⑤ (가)의 '이 세상을 앓아 보지 않은 것들과 함께'는 자연에 동화되려는 태도를, (나)의 '물은 물일 뿐'은 경험적 사실로만 대상을 인식하겠다는 태도를 드러내는 것이겠군.

길라잡이
본인만의 풀이 과정을 적어보세요!

개화

문학

문학

| 고전 운문 / 수필 |

| 기초 이론 |

어휘

어휘

고전 운문(시가)은 어휘나 문법이 낯설어서, 처음 접하면 해석
에 많은 에너지가 든다. 하지만 시험에 자주 등장하는 제재는
비교적 한정되어 있다. 꾸준히 연습하다 보면, 본문을 '현대어
로 번역'하는 수준만으로도 전체 맥락을 어느 정도 자동적으
로 이해하게 되는 단계에 도달할 수 있다.

이는 <영어로 된 간단한 시>를 읽는 상황과 비슷하다. 모국
어가 아닌 언어로 쓰인 시를 볼 때 먼저 단어나 구문을 해석
(번역)하고, 그다음에 뜻을 파악하듯이, 고전시가도 옛말을
현대어로 옮기는 과정(번역), 번역된 문장을 통해 의미를 파
악하는 과정이 순차적으로 이루어진다.

결국 실전에서 '번역'만 해도 작품의 흐름과 주제를 어느 정도
감 잡을 수 있게 되면 가장 이상적이다. 물론 이를 위해서는
고어(**古語**) 어휘, 어미 활용, 관용 표현 등을 꾸준히 접하고
익히는 과정이 필요하다. 그렇지만 범위가 제한된 시험 제재를
중심으로 반복 학습을 하다 보면,<번역 → 즉각적인 이해>로
이어지는 자연스러운 독해 습관이 형성될 수 있다.

메모

|고전 운문/수필 |

| 작자 미상, 「갑민가」 / 작자 미상, 사설시조 |

□ 노닥노닥
□ 해지고 찢어진 곳을 여기저기 깁거나 덧붙인 모양

□ 잠매(潛賣)
□ 물건을 몰래 팖

□ 곱장 할미
□ 허리 굽은 할미

□ 가사 전토
□ 집과 땅

□ 전태발이
□ 절름발이

□ 생원(生員)
□ 조선 시대에, 소과(小科)인 생원과에 합격한 사람

□ 타도(他道)
□ 행정 구역상 자기가 속하지 아니한 도

□ 초관(哨官)
□ 조선 시대에, 한 초(哨)를 거느리던 종구품 무관 벼슬

□ 타관(他官)
□ 자기 고향이 아닌 고장

□ 무관(武官)
□ 벼슬아치

□ 고장
□ 사람이 많이 사는 지방이나 지역

□ 금장 옥패(金裝玉佩)
□ 금 장식과 옥 패물

□ 상사(常事)
□ 보통 있는 일

□ 패물(佩物)
□ 사람의 몸치장으로 차는, 귀금속 따위로 만든 장식물

□ 공채 신역
□ 세금

□ 시종신(侍從臣)
□ 임금의 곁에서 문학으로 보필하던 벼슬아치(임금을 모시던 관리)

□ 참소(譖訴)
□ 남을 헐뜯어서 죄가 있는 것처럼 꾸며 윗사람에게 고하여 바
   침

□ 수다
□ 많은

□ 일가
□ 한집에서 사는 가족

□ 하릴없다
□ 달리 어떻게 할 도리가 없다. 조금도 틀림이 없다.

□ 신역
□ 나라에서 성인 장정에게 부과하던 군역과 부역

□ 의법(依法)
□ 법에 의거함

□ 돈피(獤皮)
□ 동물 담비의 모피

(가)

어져 어져 저기 가는 저 사람아
네 행색을 보아 하니 군사 도망 네로구나
허리 위로 볼작시면 베적삼이 깃만 남고
허리 아래 굽어보니 헌 잠방이 노닥노닥
곱장 할미 앞에 가고 전태발이 뒤에 간다
십 리 길을 하루 가니 몇 리 가서 엎어지리
내 고을의 양반 사람 타도 타관 옮겨 살면
천히 되기 상사여든 본토 군정(軍丁) 싫다 하고
자네 또한 도망하면 일국 일토(一土) 한 인심에
근본 숨겨 살려 한들 어데 간들 면할쏜가
차라리 네 살던 곳에 아무렇게나 뿌리박혀
칠팔월에 ⓐ인삼 캐고 구시월에 돈피* 잡아
공채 신역 갚은 후에 그 나머지 두었다가
함흥 북청 홍원 장사 돌아들어 잠매할 때
후한 값에 팔아 내어 살기 좋은 넓은 곳에
가사 전토(家舍田土) 다시 사고 살림살이 장만하여
부모처자 보전하고 새 즐거움 누리려무나
어와 생원인지 초관인지
그대 말씀 그만두고 **이내** 말씀 들어 보소
이 내 또한 갑민(甲民)*이라 이 땅에서 생장하니 이때 일
을 모를쏘냐
우리 조상 남쪽 양반 진사 급제 계속하여
금장 옥패 빗기 차고 시종신을 다니다가
시기인의 참소 입어 변방으로 쫓겨 와서
국내 변방 이 땅에서 칠팔 대를 살아오니
조상 덕에 하는 일이 읍중 구실 첫째로다
들어가면 좌수 별감 나가서는 풍헌 감관
유사 장의 채지 나면 체면 보아 사양터니
애슬프다 내 시절에 원수인의 모해로써
군사 강정 되단 말가 내 한 몸이 헐어 나니
좌우전후 수다 일가 차차 충군(充軍) 되것고야
조상 제사 이내 몸은 하릴없이 매여 있고
시름없는 친족들은 자취 없이 도망하고
여러 사람 모든 신역 내 한 몸에 모두 무니
한 몸 신역 삼 냥 오 전 돈피 두 장 의법이라
열두 사람 없는 구실 합쳐 보면 사십육 냥
해마다 맡아 무니 석숭*인들 당할쏘냐

- 작자 미상, 「갑민가」 -

* 돈피: 담비 가죽.

* 갑민: 갑산의 백성.

* 석숭: 중국 진나라 때의 부자

(나)

녹양방초 언덕에 소 먹이는 **아희들**아
앞내 ⓑ고기 뒷내 고기를 다 몽땅 잡아내 다래끼*에 넣어
주거든 네 소 궁둥이에 얹어다가 주렴
우리도 서주(西疇)*에 일이 많아 바삐 가는 길이매 가 전
할동 말동 하여라

- 작자 미상, 사설시조 -

* 다래끼: 물고기나 작은 물건 등을 넣는 바구니.

* 서주: 서쪽 밭.

32. (가)에 대한 설명으로 적절하지 <u>않은</u> 것은?

① 대구 표현으로 외양을 묘사하여 대상의 처지를 드러낸다.
② 행위의 실행을 가정하여 부정적 전망을 제시한다.
③ 의문의 표현을 사용하여 상대의 행적에 대해 의심한다.
④ 과거와 현재를 대비하여 악화된 처지를 보여 준다.
⑤ 구체적 수치를 제시하여 감당하기 힘든 현실을 드러낸다.

33. ㉠, ㉡에 대한 이해로 가장 적절한 것은?

① ㉠은 ㉠을 언급하는 화자가 이주해 가려는 땅에서 재배할 약재이다.
② ㉡은 ㉡을 언급하는 화자가 말을 건네는 상대에게 노동의 대가로 주는 보상이다.
③ ㉠과 ㉡은 모두, 각각을 언급하는 화자가 유흥을 목적으로 구하려는 물품이다.
④ ㉠과 ㉡은 모두, 각각을 언급하는 화자가 획득하려면 상대의 도움이 필요한 대상이다.
⑤ ㉠과 ㉡은 모두, 각각을 언급하는 화자가 보기에 상대가 했으면 하는 행위의 대상이다.

34. <보기>를 참고하여 (가), (나)를 감상한 내용으로 적절
   하지 <u>않은</u> 것은?

---- <보 기> ----

　조선 후기의 가사나 사설시조에서는 입장이 다른 발
화자가 등장하는 대화체를 사용해 작중 상황을 극의
한 장면처럼 만들기도 한다. 대화를 통해 사실성을
추구하는 작품의 경우, 구체적 소재와 다각적인 내용
으로 그 시대 삶의 모습을 보여준다. 대화를 통해 유
희성을 보이는 작품의 경우, 대화가 논쟁, 의견 불일
치 등 의외의 상황으로 전개되면서 재미가 생겨나며,
때로 등장하는 불완전한 표현은 이러한 작품이 내
용 자체보다 대화의 전개 양상에 주목함을 보여 준
다.

① (가)의 '그대'가 '자네'의 선택과 다른 권유를 함으로써
   '자네'가 풀어낸 사연은, 당시 갑산 백성이 겪었음 직한 고
   통을 사실적으로 보여 주는군.
② (가)의 '이내' 말씀은 집안의 내력과 사회적 지위를 구체
   적으로 언급하며 사회의 부조리를 해결하자는 입장으로,
   '그대' 말씀과 의견이 일치하지 않는군.
③ (나)는 선행하는 화자의 요청에 대해 '우리'가 선행하는
   화자의 기대에 어긋난 대답을 하면서 대화가 의외의 상황
   으로 펼쳐지는군.
④ (나)의 선행하는 화자가 '고기'를 누구에게 주라고 하는
   지 명시하지 않아 불완전한 표현이 된 것은 이 작품이 내
   용보다 대화의 전개 양상에 주목한다는 것을 드러내는군.
⑤ (가)의 '그대'는 길 가는 '자네'를, (나)의 선행하는 화자
   는 소 먹이는 '아희들'을 불러 말을 건네고 있어 작품의 상
   황이 극 중 장면처럼 보이는군.

메모

어져 어져 저기 가는 저 사람아

잡기술(현대어 번역)

어허 어허, 저기 지나가는 저 사람아

네 행색을 보아 하니 군사 도망 네로구나

잡기술(현대어 번역)

너의 행색을 보니 군역을 피해 달아나는구나

잡기술(문장화)

실전에서 우리가 사용하는 문맥이 아닌 듯하여도 단어들을 끼워맞춰서 이해할 수 있어야 한다. 따라서 '군사 도망 네로구나'는 '군사에서 도망친 것이 너이구나'로 이해할 수 있다.

허리 위로 볼작시면 베적삼이 깃만 남고

잡기술(현대어 번역)

허리 위로 보면, 베적삼이 깃만 남아있고

허리 아래 굽어보니 헌 잠방이 노닥노닥

잡기술(현대어 번역)

허리 아래를 굽어보면, 헤어진 잠방이가 노닥노닥 매달려 있다

잡기술(유사어구)

실전에서 우리가 사용하는 문맥이 아닌 듯하여도 단어들을 끼워맞춰서 이해할 수 있어야 한다. 따라서 '군사 도망 네로구나'는 '군사에서 도망친 것이 너이구나'로 이해할 수 있다.

곱장 할미 앞에 가고 전태발이 뒤에 간다

잡기술(현대어 번역)

허리 굽은 할머니 앞에 가고 절름발이는 뒤에 간다.

십 리 길을 하루 가니 몇 리 가서 엎어지리

잡기술(현대어 번역)

하루 종일 십리를 가니, 몇 리 못가 엎어질게 뻔하리.

내 고을의 양반 사람 타도 타관 옮겨 살면

잡기술(현대어 번역)

내 고을의 양반 사람도 다른 고을로 이주하면

천히 되기 상사여든 본토 군정(軍丁) 싫다 하고

잡기술(현대어 번역)

신분이 낮아지기도 쉽거든 고향 군역이 싫다고 하고

자네또한 도망하면 일국 일토(一土) 한 인심에

잡기술(현대어 번역)

자네도 이렇게 도망치면, 이 나라의 백성들도 같은 마음인데,

근본 숨겨 살려 한들 어데 간들 면할쏜가

잡기술(현대어 번역)

신분을 숨겨 살아도 언제 어디선든 들키지 않을리 있는가

차라리 네 살던 곳에 아무렇게나 뿌리박혀

잡기술(현대어 번역)

차라리 원래 살던 곳에 자리 잡고

칠팔월에 인삼캐고 구시월에 돈피잡아

잡기술(현대어 번역)

칠팔월에 인삼 캐고, 구시월에는 수달 또는 족제비를 잡아.

공채 신역 갚은 후에 그 나머지 두었다가

잡기술(현대어 번역)

나라에 바치는 세금과 부역을 먼저 해결하고 남은 것은 모았다가

함흥 북청 홍원 장사 돌아들어 잠매할 때

잡기술(현대어 번역)

함흥, 북청, 홍원 같은 곳을 돌아다니며 장사할 때

후한 값에 팔아 내어 살기 좋은 넓은 곳에

잡기술(현대어 번역)

후한 값에 팔아 목돈을 만들고, 삶기 좋은 넓은 곳에

가사 전토(家舍田土) 다시 사고 살림살이 장만하여

잡기술(현대어 번역)

집과 밭을 새로 사고, 살림살이 장만해서

부모처자 보전하고 새 즐거움 누리려무나

잡기술(현대어 번역)

부모와 처자를 잘 모시고 새로운 즐거움을 누려보렴

어와 생원인지 초관인지

잡기술(현대어 번역)

생원이든 초관이든

잡기술(화자 변경)

독자는 이러한 대화체의 고전 시가에서 화자가 변화할 수 있다는 가능성을 염두하자.

그대말씀 그만두고 이내말씀 들어 보소

잡기술(현대어 번역)

잠시 말씀 멈추고 내 말좀 들어보소

이 내 또한 갑민(甲民)이라 이 땅에서 생장하니 이때 일을 모를쏘냐

잡기술(현대어 번역)

나도 이 땅에서 태어나고 자란 갑민이니, 이런 일을 내가 모를까

우리 조상 남쪽 양반 진사 급제 계속하여

잡기술(현대어 번역)

우리 조상은 남쪽에서 나온 양반으로 진사 시험에 급제하여

금장 옥패 빗기 차고 시종신을 다니다가

잡기술(현대어 번역)

금장과 옥패, 빗을 차고 임금님을 모시다가

시기인의 참소 입어 변방으로 쫓겨 와서

잡기술(현대어 번역)

누군가의 모함으로 변방으로 쫓겨나고

국내 변방 이 땅에서 칠팔 대를 살아오니

잡기술(현대어 번역)

이 땅에서 7, 8대째 살아오니

조상 덕에 하는 일이 읍중 구실 첫째로다

잡기술(현대어 번역)

조상 덕에 우리 집안은 읍내 관아 벼슬을 첫째로 도맡았다

들어가면 좌수 별감 나가서는 풍헌 감관

잡기술(현대어 번역)

안으로 들어가면 좌수나 별감, 밖으로 나가면 풍헌이나 감관

유사 장의 채지 나면 체면 보아 사양터니

잡기술(현대어 번역)

관아 말단 직책은 체면 때문에 거절하니

애슬프다 내 시절에 원수인의 모해로써

잡기술(현대어 번역)

슬프게도 내 시절의 원수의 모함으로

군사 강정 되단 말가 내 한 몸이 헐어 나니

잡기술(현대어 번역)

군사로 강등되었단 말인가, 내 몸뚱이가 다 망가지니

좌우전후 수다 일가 차차 충군(充軍) 되것고야

잡기술(현대어 번역)

주변의 많던 가족들도 차츰차츰 다 군역에 끌려갈 테고

조상 제사 이내 몸은 하릴없이 매여 있고

잡기술(현대어 번역)

나는 조상 제사를 모셔야 할 몸인데도 불구하고 발이 묶여있으니 답답할 뿐이오

시름없는 친족들은 자취 없이 도망하고

잡기술(현대어 번역)

게다가 근심 없는 친족들은 흔적도 없이 달아나 버렸고,

여러 사람 모든 신역 내 한 몸에 모두 무니

잡기술(현대어 번역)

결국 여러 사람의 부역을 전부 내가 짊어지고

한 몸 신역 삼 냥 오 전 돈피 두 장 의법이라

잡기술(현대어 번역)

원래 한 사람의 부역은 3냥 5전에 담비 가죽 두 장이 법인데

열두 사람 없는 구실 합쳐 보면 사십육 냥

잡기술(현대어 번역)

이렇게 없어진 열두 사람 몫까지 합치니 무려 46냥이 되고,

해마다 맡아 무니 석숭인들 당할쏘냐

해마다 그것을 내가 다 떠안아야 하니, 아무리 중국에 돈 많은 부자라도 어떻게 감당하겠소?"

(나)
　녹양방초 언덕에 소 먹이는 아희들아
　앞내 고기뒷내 고기를 다 몽땅 잡아내 다래끼*에 넣어 주거든 네 소 궁둥이에 얹어다가 주렴
　우리도 서주(西疇)에 일이 많아 바삐 가는 길이매 가 전할동 말동 하여라

푸른 버드나무와 풀이 우거진 언덕에서 소를 먹이는 아이들아,

윗개울, 아랫개울 물고기를 몽땅 잡아서 바구니에 담아서 우리에게 주려거든, 너희 소의 엉덩이에 실어서 가져다주렴.

우리도 서쪽 밭에 할 일이 많아 급하게 길을 떠나니, 전해주던 말던 네 마음대로 해라.

1연, 2연에서 화자가 '소 먹이는 아희들'에게 부탁을 하지만, 3연에서 아이들이 이를 거절한다. 이는 최소한의 해석을 통해 알 수 있고, 독자는 이러한 대화체의 고전시가에서 화자가 변화할 수 있다는 가능성을 염두하자.

32. (가)에 대한 설명으로 적절하지 <u>않은</u> 것은?

① 대구 표현으로 외양을 묘사하여 대상의 처지를 드러낸다.
② 행위의 실행을 가정하여 부정적 전망을 제시한다.
③ 의문의 표현을 사용하여 상대의 행적에 대해 의심한다.
④ 과거와 현재를 대비하여 악화된 처지를 보여 준다.
⑤ 구체적 수치를 제시하여 감당하기 힘든 현실을 드러낸다.

길라잡이
본인만의 풀이 과정을 적어보세요!

① 대구 표현으로 외양을 묘사하여 대상의 처지를 드러낸다.

② 행위의 실행을 가정하여 부정적 전망을 제시한다.

③ 의문의 표현을 사용하여 상대의 행적에 대해 의심한다.

④ 과거와 현재를 대비하여 악화된 처지를 보여 준다.

⑤ 구체적 수치를 제시하여 감당하기 힘든 현실을 드러낸다.

33. ㉠, ㉡에 대한 이해로 가장 적절한 것은?

① ㉠은 ㉠을 언급하는 화자가 이주해 가려는 땅에서 재배할 약재이다.

② ㉡은 ㉡을 언급하는 화자가 말을 건네는 상대에게 노동의 대가로 주는 보상이다.

③ ㉠과 ㉡은 모두, 각각을 언급하는 화자가 유흥을 목적으로 구하려는 물품이다.

④ ㉠과 ㉡은 모두, 각각을 언급하는 화자가 획득하려면 상대의 도움이 필요한 대상이다.

⑤ ㉠과 ㉡은 모두, 각각을 언급하는 화자가 보기에 상대가 했으면 하는 행위의 대상이다.

길라잡이

본인만의 풀이 과정을 적어보세요!

---

① ㉠은 ㉠을 언급하는 화자가 이주해 가려는 땅에서 재배할 약재이다.

② ㉡은 ㉡을 언급하는 화자가 말을 건네는 상대에게 노동의 대가로 주는 보상이다.

③ ㉠과 ㉡은 모두, 각각을 언급하는 화자가 유흥을 목적으로 구하려는 물품이다.

④ ㉠과 ㉡은 모두, 각각을 언급하는 화자가 획득하려면 상대의 도움이 필요한 대상이다.

⑤ ㉠과 ㉡은 모두, 각각을 언급하는 화자가 보기에 상대가 했으면 하는 행위의 대상이다.

34. <보기>를 참고하여 (가), (나)를 감상한 내용으로 적절하지 <u>않은</u> 것은?

———————— <보 기> ————————

조선 후기의 가사나 사설시조에서는 입장이 다른 발화자가 등장하는 대화체를 사용해 작중 상황을 극의 한 장면처럼 만들기도 한다. 대화를 통해 사실성을 추구하는 작품의 경우, 구체적 소재와 다각적인 내용으로 그 시대 삶의 모습을 보여준다. 대화를 통해 유희성을 보이는 작품의 경우, 대화가 논쟁, 의견 불일치 등 의외의 상황으로 전개되면서 재미가 생겨나며, 때로 등장하는 불완전한 표현은 이러한 작품이 내용 자체보다 대화의 전개 양상에 주목함을 보여 준다.

① (가)의 '그대'가 '자네'의 선택과 다른 권유를 함으로써 '자네'가 풀어낸 사연은, 당시 갑산 백성이 겪었음 직한 고통을 사실적으로 보여 주는군.
② (가)의 '이내' 말씀은 집안의 내력과 사회적 지위를 구체적으로 언급하며 사회의 부조리를 해결하자는 입장으로, '그대' 말씀과 의견이 일치하지 않는군.
③ (나)는 선행하는 화자의 요청에 대해 '우리'가 선행하는 화자의 기대에 어긋난 대답을 하면서 대화가 의외의 상황으로 펼쳐지는군.
④ (나)의 선행하는 화자가 '고기'를 누구에게 주라고 하는지 명시하지 않아 불완전한 표현이 된 것은 이 작품이 내용보다 대화의 전개 양상에 주목한다는 것을 드러내는군.
⑤ (가)의 '그대'는 길 가는 '자네'를, (나)의 선행하는 화자는 소 먹이는 '아희들'을 불러 말을 건네고 있어 작품의 상황이 극 중 장면처럼 보이는군.

① (가)의 '그대'가 '자네'의 선택과 다른 권유를 함으로써 '자네'가 풀어낸 사연은, 당시 갑산 백성이 겪었음 직한 고통을 사실적으로 보여 주는군.

② (가)의 '이내' 말씀은 집안의 내력과 사회적 지위를 구체적으로 언급하며 사회의 부조리를 해결하자는 입장으로, '그대' 말씀과 의견이 일치하지 않는군.

③ (나)는 선행하는 화자의 요청에 대해 '우리'가 선행하는 화자의 기대에 어긋난 대답을 하면서 대화가 의외의 상황으로 펼쳐지는군.

④ (나)의 선행하는 화자가 '고기'를 누구에게 주라고 하는지 명시하지 않아 불완전한 표현이 된 것은 이 작품이 내용보다 대화의 전개 양상에 주목한다는 것을 드러내는군.

⑤ (가)의 '그대'는 길 가는 '자네'를, (나)의 선행하는 화자는 소 먹이는 '아희들'을 불러 말을 건네고 있어 작품의 상황이 극 중 장면처럼 보이는군.

메모

문학

고전 운문/수필

| 정철, 「풍파에 일렁이던 배~」 / 정철, 「심의산 서너 바퀴~」 /
조존성, 「호아곡」 |

□ 풍파(風波)
□
□ 세찬 바람과 험한 물결을 아울러 이르는 말.

□ 분네
□
□ '분'을 덜 친근하게 이르는 말

□ 자취눈
□
□ 겨우 발자국이 날 만큼 적게 내린 눈

□ 조석(朝夕)
□
□ 아침과 저녁을 아울러 이르는 말

□ 죽조반(粥早飯)
□
□ 아침 먹기 전에 일찍 먹는 죽

길라잡이

모르는 어휘가 있다면 정리하세요!

메모

(가)

풍파에 **일렁이던 배** 어디로 갔단 말인가

구름이 험하거늘 처음 나왔는가 어찌하여

허술한 배 두신 분네는 모두 조심하소서

- 정철의 시조 -

(나)

심의산(深意山) 서녀 바퀴 감돌아 휘돌아 들어

오뉴월 한낮에 살얼음 엉긴 위에 된서리 섞어 치고 **자취눈**

내렸거늘 보았는가 임아 임아

온 놈이 온 말을 하여도 **임**이 짐작하소서

- 정철의 시조 -

(다)

아이야 구력 망태 찾아라 서쪽 산에 날 늦겠다

밤 지낸 고사리 벌써 아니 자랐으랴

이 몸이 이 나물 아니면 조석(朝夕) 어이 지내리

<제1수>

아이야 도롱이 삿갓 차려라 동쪽 시내에 비 내린다

기나긴 낚싯대에 **미늘*없는 낚시** 매어

저 고기 놀라지 마라 내 흥 겨워하노라

<제2수>

아이야 죽조반(粥早飯) 다오 남쪽 논밭에 일 많구나

서투른 따비*는 누구와 마주 잡을꼬

두어라 성세궁경(聖世躬耕)*도 역군은(亦君恩)이시니라

<제3수>

아이야 소 먹여 내어라 북쪽 마을에서 새 술 먹자

잔뜩 취한 얼굴을 달빛에 실어 오니

어즈버 희황상인(羲皇上人)*을 오늘 다시 보는구나

<제4수>

- 조존성, 「호아곡」 -

* 미늘: 고기가 물면 빠지지 않게 만든 낚시 끝의 안쪽에 있는 작
은 갈고리.

* 따비: 풀뿌리를 뽑거나 밭을 가는 데 쓰는 농기구.

* 성세궁경: 태평한 세월에 자기가 직접 농사를 지음.

* 희황상인: 세상일을 잊고 한가하고 태평하게 숨어 사는 사람을
이르는 말.

32. (가)~(다)의 공통점으로 가장 적절한 것은?

① 말을 건네는 방식을 통해 화자의 요구를 전달하고 있다.
② 대상을 의인화하여 화자와 자연의 유대감을 나타내고 있다.
③ 과거와 현재를 대비하여 미래에 대한 전망을 드러내고 있다.
④ 물음의 방식을 활용하여 대상에 대한 친밀감을 표현하고 있다.
⑤ 풍경을 사실적으로 묘사하여 계절의 변화상을 그려 내고 있다.

33. (다)에 대한 이해로 적절하지 <u>않은</u> 것은?

① 각 수의 첫 음보를 동일한 시어로 제시하여 시상 전개에 안정감을 부여하고 있다.
② <제1수>와 <제2수>에서는 생활 도구를 언급하여 화자가 살아가는 모습을 보여 주고 있다.
③ <제1수> 중장과 <제3수> 중장에서 나타나는 화자의 걱정은 각 수의 종장에서 강화되고 있다.
④ <제1수> 종장과 <제3수> 초장에서는 간단한 먹을거리를 언급하여 화자의 소박한 생활을 드러내고 있다.
⑤ <제4수> 종장은 첫 음보의 감탄 표현을 활용하여 시상을 집약하고 있다.

34. <보기>를 참고하여 (가)~(다)를 감상한 내용으로 적절
 하지 <u>않은</u> 것은?

> ─── <보 기> ───
>
>   정철과 조존성이 살았던 16세기 후반~17세기 초반
> 에는 정치 참여 과정에서 당파 간의 대립과 투쟁이 극
> 심해지면서 정치적 공격을 받은 문인들이 벼슬에서
> 파직, 유배되거나 산림에 은거하는 등 정계에서 소외
> 된 상태에 놓이는 경우가 잦았다. 이 과정에서 문인
> 들은 정치 경험을 바탕으로 정치 현실에 대한 비판과
> 경계, 처세관, 자연에 몰입하려는 태도 등을 작품에
> 드러내었다.

① ‘풍파’가 험난한 정치 현실이고 ‘일렁이던 배’가 시련을 겪
 은 관료라면, (가)의 초장은 당쟁에 휘말린 사람이 정치적
 소외 상태에 놓인 것을 의미하겠군.

② ‘구름이 험하거늘’이 정치적 위기의 조짐에 해당하고 ‘허
 술한 배 두신 분네’가 신진 관료라면, (가)의 종장은 화자
 가 정치 경험이 충분치 않은 이들에게 정치의 험난함을 알
 려 주는 것이겠군.

③ ‘심의산’이 화자의 심회이고 ‘오뉴월’의 ‘자취눈’이 화자의
 복잡한 심정을 비유한 표현이라면, (나)의 초장과 중장에
 서는 당쟁의 상황에서 굳은 마음을 견지하려는 화자의 의
 지를 드러내는 것이겠군.

④ ‘온 놈이 온 말을 하’는 상황이 비방과 모략이 난무하는
 현실이고 ‘임’이 임금이라면, (나)의 종장은 온갖 참소를
 임금이 잘 판단해 달라는 것이겠군.

⑤ ‘미늘 없는 낚시’가 욕심 없이 사는 삶을 의미한다면,
 (다)의 <제2수> 종장은 자연과 더불어 지내는 화자의 흥
 을 드러내는 것이겠군.

메모

(가)

풍파에 일렁이던 배 어디로 갔단 말인가

구름이 험하거늘 처음 나왔는가 어찌하여

허술한 배 두신 분네는 모두 조심하소서

거센 물결에 흔들리던 배는 어디로 갔는가

구름이 험한데, 왜 처음 출항했는가.

부실한 배를 갖고 계신 분들은 모두 조심하길.

(나)

심의산(深意山) 서너 바퀴 감돌아 휘돌아 들어

오뉴월 한낮에 살얼음 엉긴 위에 된서리 섞어 치고 자취눈 내렸거늘 보았는가 임아 임아

온 놈이 온 말을 하여도 임이 짐작하소서

심의산을 서너 바퀴 돌아서 들어가니,

오뉴월 한낮인데도 살얼음이 얼고, 매서운 서리에 눈까지 내려렸는데, 임께서는 보셨습니까?

사람들이 온갖 말을 떠들어도, 그대가 잘 헤아려 주십시오.

화자는 임에게 설의산의 풍경을 보고 말하고 있다.

(다)

아이야 구럭 망태 찾아라 서쪽 산에 날 늦겠다

밤 지낸 고사리 벌써 아니 자랐으랴

이 몸이 이 나물 아니면 조석(朝夕) 어이 지내리

아야, 바구니랑 망태를 찾아오너라. 해가 지기 전에 서쪽 산에 가자.

하룻밤 지났으니 고사리가 벌써 무럭무럭 자라지 않겠냐.

이 몸은 이 나물이 없으면 아침, 저녁을 뭘 먹고 지내겠니

(다)

아이야 도롱이 삿갓 차려라 동쪽 시내에 비 내린다

기나긴 낚싯대에 미늘 없는 낚시 매어

저 고기 놀라지 마라 내 흥 겨워하노라

잡기술(현대어 번역)

아이야, 도롱이와 삿갓을 준비하거라. 동쪽 시냇가에 비가 오고 있다.

긴 낚싯대에 미늘 없는 낚시를 매어 놓으니,

물고기들아 놀라지 마라. 나는 그저 흥겹게 놀려 할 뿐이다.

(다)

서투른 따비는 누구와 마주 잡을꼬

두어라 성세궁경(**聖世躬耕**)도 역군은(**亦君恩**)이시니라

잡기술(현대어 번역)

아이야, 아침에 먹는 간단한 죽을 다오, 남쪽 논밭에 할 일이 참 많구나

서툰 따비는 누구랑 함께 잡아야 하나.

그만하렴. 태평한 세상에 농사짓는 것도 임금님의 큰 은혜 아니겠느냐.

아이야 소 먹여 내어라 북쪽 마을에서 새 술 먹자

잡기술(현대어 번역)

아이야, 소를 몰고 나가라. 북쪽 마을에서 갓 빚은 술을 마시자

잔뜩 취한 얼굴을 달빛에 실어 오니

잡기술(현대어 번역)

듬뿍 취해서 얼굴에 달빛을 받으며 돌아오니,

어즈버 희황상인(**羲皇上人**)을 오늘 다시 보는구나

잡기술(현대어 번역)

아, 마치 태고의 성인(희황상인)을 오늘 다시 만나는 듯하구나.

32. (가)~(다)의 공통점으로 가장 적절한 것은?

① 말을 건네는 방식을 통해 화자의 요구를 전달하고 있다.

② 대상을 의인화하여 화자와 자연의 유대감을 나타내고 있다.

③ 과거와 현재를 대비하여 미래에 대한 전망을 드러내고 있다.

④ 물음의 방식을 활용하여 대상에 대한 친밀감을 표현하고 있다.

⑤ 풍경을 사실적으로 묘사하여 계절의 변화상을 그려 내고 있다.

길라잡이

본인만의 풀이 과정을 적어보세요!

① 말을 건네는 방식을 통해 화자의 요구를 전달하고 있다.

② 대상을 의인화하여 화자와 자연의 유대감을 나타내고 있다.

③ 과거와 현재를 대비하여 미래에 대한 전망을 드러내고 있다.

④ 물음의 방식을 활용하여 대상에 대한 친밀감을 표현하고 있다.

⑤ 풍경을 사실적으로 묘사하여 계절의 변화상을 그려 내고 있다.

33. (다)에 대한 이해로 적절하지 <u>않은</u> 것은?

① 각 수의 첫 음보를 동일한 시어로 제시하여 시상 전개에
   안정감을 부여하고 있다.
② <제1수>와 <제2수>에서는 생활 도구를 언급하여 화자
   가 살아가는 모습을 보여 주고 있다.
③ <제1수> 중장과 <제3수> 중장에서 나타나는 화자의 걱
   정은 각 수의 종장에서 강화되고 있다.
④ <제1수> 종장과 <제3수> 초장에서는 간단한 먹을거리
   를 언급하여 화자의 소박한 생활을 드러내고 있다.
⑤ <제4수> 종장은 첫 음보의 감탄 표현을 활용하여 시상
   을 집약하고 있다.

길라잡이
본인만의 풀이 과정을 적어보세요!

① 각 수의 첫 음보를 동일한 시어로 제시하여 시상 전개에
   안정감을 부여하고 있다.

② <제1수>와 <제2수>에서는 생활 도구를 언급하여 화자
   가 살아가는 모습을 보여 주고 있다.

③ <제1수> 중장과 <제3수> 중장에서 나타나는 화자의 걱
   정은 각 수의 종장에서 강화되고 있다.

④ <제1수> 종장과 <제3수> 초장에서는 간단한 먹을거리
   를 언급하여 화자의 소박한 생활을 드러내고 있다.

⑤ <제4수> 종장은 첫 음보의 감탄 표현을 활용하여 시상
   을 집약하고 있다.

34. <보기>를 참고하여 (가)~(다)를 감상한 내용으로 적절하지 <u>않은</u> 것은?

> ─── <보 기> ───
>
> 　정철과 조존성이 살았던 16세기 후반~17세기 초반에는 정치 참여 과정에서 당파 간의 대립과 투쟁이 극심해지면서 정치적 공격을 받은 문인들이 벼슬에서 파직, 유배되거나 산림에 은거하는 등 정계에서 소외된 상태에 놓이는 경우가 잦았다. 이 과정에서 문인들은 정치 경험을 바탕으로 정치 현실에 대한 비판과 경계, 처세관, 자연에 몰입하려는 태도 등을 작품에 드러내었다.

① ‘풍파’가 험난한 정치 현실이고 ‘일렁이던 배’가 시련을 겪은 관료라면, (가)의 초장은 당쟁에 휘말린 사람이 정치적 소외 상태에 놓인 것을 의미하겠군.

② ‘구름이 험하거늘’이 정치적 위기의 조짐에 해당하고 ‘허술한 배 두신 분네’가 신진 관료라면, (가)의 종장은 화자가 정치 경험이 충분치 않은 이들에게 정치의 험난함을 알려 주는 것이겠군.

③ ‘심의산’이 화자의 심회이고 ‘오뉴월’의 ‘자취눈’이 화자의 복잡한 심정을 비유한 표현이라면, (나)의 초장과 중장에서는 당쟁의 상황에서 굳은 마음을 견지하려는 화자의 의지를 드러내는 것이겠군.

④ ‘온 놈이 온 말을 하’는 상황이 비방과 모략이 난무하는 현실이고 ‘임’이 임금이라면, (나)의 종장은 온갖 참소를 임금이 잘 판단해 달라는 것이겠군.

⑤ ‘미늘 없는 낚시’가 욕심 없이 사는 삶을 의미한다면, (다)의 <제2수> 종장은 자연과 더불어 지내는 화자의 흥을 드러내는 것이겠군.

<table>
<tr><td>

길라잡이

본인만의 풀이 과정을 적어보세요!

</td></tr>
</table>

① ‘풍파’가 험난한 정치 현실이고 ‘일렁이던 배’가 시련을 겪은 관료라면, (가)의 초장은 당쟁에 휘말린 사람이 정치적 소외 상태에 놓인 것을 의미하겠군.

② ‘구름이 험하거늘’이 정치적 위기의 조짐에 해당하고 ‘허술한 배 두신 분네’가 신진 관료라면, (가)의 종장은 화자가 정치 경험이 충분치 않은 이들에게 정치의 험난함을 알려 주는 것이겠군.

③ ‘심의산’이 화자의 심회이고 ‘오뉴월’의 ‘자취눈’이 화자의 복잡한 심정을 비유한 표현이라면, (나)의 초장과 중장에서는 당쟁의 상황에서 굳은 마음을 견지하려는 화자의 의지를 드러내는 것이겠군.

④ ‘온 놈이 온 말을 하’는 상황이 비방과 모략이 난무하는 현실이고 ‘임’이 임금이라면, (나)의 종장은 온갖 참소를 임금이 잘 판단해 달라는 것이겠군.

⑤ ‘미늘 없는 낚시’가 욕심 없이 사는 삶을 의미한다면, (다)의 <제2수> 종장은 자연과 더불어 지내는 화자의 흥을 드러내는 것이겠군.

메모

|고전 운문/수필|

| 작자 미상, 「우부가」 / 성현, 「타농설」 |

□ 음양술수(陰陽術數)
□ 여러 방면으로 일을 꾸밈

□ 뜬재물(뜬財物)
□ 뜻하지 않은 기회에 우연히 얻은 재물

□ 당대발복(當代發福)
□ 풍수지리에서, 부모를 좋은 무덤에 장사 지낸 덕으로 그 아들 대에서 부귀를 누리게 됨

□ 경영하다
□ '마련하다'의 옛말

□ 행로(行路)
□ 사람이나 차가 많이 다니는 넓은 길

□ 경향출입(京鄕出入)
□ 서울과 시골을 오르내리면서 널리 교제함

□ 공것(空)
□ 공짜 물건만 받기를 바람

□ 재상(宰相)
□ 임금을 돕고 모든 관원을 지휘하고 감독하는 일을 맡아보던 이품 이상의 벼슬

□ 기인취물(欺人取物)
□ 사람을 속이고 재물을 빼앗음.

□ 청질하다(請질하다)
□ 어떤 일을하는 데에 권세 있는 사람에게 부탁하여 그 힘을 빌리다.

□ 공납(公納)
□ 국가로 들어가는 세금을 통틀어 이르는 말

□ 고을
□ 군아(郡衙)가 있던 곳

□ 범용(犯用)
□ 남이 맡긴 물건이나 보관하여야 할 물건을 마음대로 써 버림

□ 걸태
□ 염치나 체면을 차리지 않고 재물 따위를 마구 긁어모으다

□ 일가(一家)
□ 한집에서 사는 가족

□ 혼금(閽禁)
□ 관아에서 잡인의 출입을 금지하던 일.

□ 중매(仲媒)
결혼이 이루어지도록 중간에서 소개하는 일. 또는 그런 사람

□ 가대(家垈)
집이나 토지 등을 통틀어 이르는 말

□ 구문(口文)
흥정을 붙여 주고 그 보수로 받는 돈

□ 불의행실(不義行實)
사람의 도리나 정의에 어긋나 옳지 않은 행동.

□ 비리호송(非理好訟)
이치에 맞지 아니한 송사(訟事)를 잘 일으킴

□ 송사(訟事)
백성끼리 분쟁이 있을 때, 관부에 호소하여 판결을 구하던 일

□ 감언이설(甘言利說)
귀가 솔깃하도록 남의 비위를 맞추거나 이로운 조건을 내세워 꾀는 말

□ 언막이(堰)
논에 물을 대기 위하여 막아 쌓은 둑

□ 보막이(洑)
보(洑)를 막기 위하여 둑을 쌓거나 고치는 일

□ 은/금광(銀鑛)(金鑛)
은/금을 캐내는 광산

□ 색주가(色酒家)
젊은 여자를 두고 술과 함께 몸을 팔게 하는 집. 또는 그곳에서 몸을 파는 여자

□ 뚜쟁이
중매인을 낮잡아 이르는 말

□ 초인(招人)
사람을 오라고 부름

□ 산진매(山陳매)
산에서 자라 여러 해를 묵은 매나 새매

□ 수진매(手陳매)
사람의 손으로 길들인 매나 새매

□ 부지거처(不知去處)
간 곳을 모름

□ 김을 매다
□ 잡초를 뽑다

□ 허사(虛事)
□ 보람을 얻지 못하고 쓸데없이 한 노력

□ 무익하다(無益)
□ 이롭거나 도움이 될 만한 것이 없다

□ 들밥
□ 들일을 하다가 들에서 먹는 밥

□ 아녀자(兒女子)
□ 여자를 낮잡아 이르는 말

□ 천명(天命)
□ 하늘의 명령

□ 파산(坡山)
□ ??

□ 성글다
□ 물건의 사이가 뜨다

□ 비단(非但)
□ 부정하는 말 앞에서 '다만', '오직'의 뜻으로 쓰이는 말

□ 시서(詩書)
□ 시와 글씨

□ 육경(六經)
□ 중국 춘추 시대의 여섯 가지 경서(經書). ≪역경≫, ≪서경≫, ≪시경≫, ≪춘추≫, ≪예기≫, ≪악기≫를 이르는데 ≪악기≫ 대신 ≪주례≫를 넣기도 한다

□ 사서(史書)
□ 역사적 사실을 기록한 책

□ 삼태기
□ 흙이나 쓰레기, 거름 따위를 담아 나르는 데 쓰는 기구

메모

(가)

저 건너 ⓐ꽁생원은 팔자를 원망토다

제 아비 덕분으로 **돈천이나 가졌더니**

술 한 잔 밥 한 술을 **친구 대접 하였던가**

주제넘게 아는 체로 ㉠음양술수(陰陽術數) 현혹되어

이장도 자주 하며 이사도 힘을 쓰고

당대발복(當代發福) 예 아니면 피란처가 여기로다

올 적 갈 적 행로상에 ㉡처자식을 흩어 놓고

유무(有無) 상관 아니하고 **공것을** 바라도다

기인취물(欺人取物) 하자 하니 두 번째는 아니 속고

공납(公納) 범용 하자 하니 일가 중에 부자 없고

뜬재물을 경영하여 경향출입 싸다닐 제

재상가에 ㉢청질하다 봉변당해 물러서며

남의 고을 걸태 하다 혼금(閽禁)에 쫓겨 오기

혼인 중매 선채*돈에 창피당해 뺨 맞으며

가대*흥정 구문 먹기 ㉣핀잔 듣고 자빠지고

불의행실(不義行實) 찌그렁이 위조문서 비리호송(非理好訟)

부자나 후려 볼까 ㉤감언이설 꾀어 보자

언막이에 보막이며 은광이며 금광이라

큰길가에 색주가며 노름판에 푼돈 떼기

남북촌에 뚜쟁이로 인물 초인(招引) 하여 볼까

산진매 수진매로 사냥질로 놀아나기

혼인 핑계 어린 딸이 백 냥짜리 되었구나

대종손 양반 자랑 산소나 팔아 볼까

아낙은 친정살이 자식은 머슴살이

일가에게 인심 잃고 **친구**에게 손가락질

부지거처(不知去處) 나간 후에 소문이나 들었던가

- 작자 미상, 「우부가」 -

* 선채(先綵):혼례 전에 신랑 집에서 신부 집으로 보내는 비단.
* 가대(家垈):집이나 토지 등을 통틀어 이르는 말.

(나)

경인년(庚寅年)에 큰 가뭄이 들어 정월부터 가을 7월에 이르기까지 **비가 내리지 않았다.** 봄에는 논밭을 갈지 못했고, 여름에는 **김을 맬 수가 없었다.** 들판에 있는 풀은 하나같이 누렇게 말랐고, 논밭의 곡식도 모두 시들었다.

부지런한 농부가 말하기를,

"김을 매도 죽을 것이고 김을 매지 않아도 죽을 것이다. 편안히 앉아 기다리는 것보다는 힘을 다하여 곡식을 살리는 게 나을 것이다. 만일 비가 내린다면 어찌 그동안 들인 노력이 모두 허사가 되겠는가."

라고 하였다. 그러므로 논밭은 이미 갈라졌으나 김매기를 그치지 아니하고 싹이 이미 시들었어도 **풀 뽑기를 쉬지 아니하여,** 한 해가 다 가도록 부지런히 일을 하면서 자신이 할 일에 최선을 다하였다.

ⓑ게으른 농부는 말하기를,

"김을 매도 죽을 것이고 김을 매지 않아도 죽을 것이다. 바쁘게 일하면서 수고로운 것보다는 아무 일도 하지 않고 **그냥 쉬는 것이 나을 것**이다. 만일 비가 오지 않으면 이것 모두 무익하게 될 것이다."

라고 하였다. 그러므로 밭에서 일하는 농부들을 보고 비웃기를 그치지 않았고, 들밥을 내가는 아녀자들을 보고 조롱하기를 그만두지 않으면서, 한 해가 다 가도록 물러나 앉아 천명을 기다리고 있었다.

나는 일찍이 가을걷이할 무렵 파산(坡山)의 들판에 가 보았다. 그 밭의 절반은 황폐하였고 절반은 곡식이 잘 가꾸어져 있었는데, 절반은 곡식이 성글게 달렸고 절반은 빽빽하게 달려 있었다. 어떤 농부는 목을 뻣뻣이 세우고 하늘을 우러러보고, 또 어떤 농부는 술에 취해 잠이 들어 있었다. 마을 노인에게 이유를 물으니,

"저 황폐하고 성긴 곡식은 목을 뻣뻣이 세우고 하늘을 우러러 보는 자들이 무익하다고 여겨 김을 매지 않은 것이고, 잘 가꾸어져 빽빽한 곡식은 술에 취한 채 목이 메어 잠든 자들이 정성과 힘을 다하여 살린 것이다. 한때의 편안함을 탐내었다가 일 년 내내 굶주리게 되었고, 한때의 괴로움을 참아 일 년 내내 배불리 지낼 수 있게 되었다."

라고 하였다.

아, 열심히 일하여 얻고, 편안하게 놀다가 잃는 것은 비단 농사일만이 아닐 것이다. 오늘날 시서(詩書)를 공부하여 벼슬길에 나아가기를 도모하는 사람들도 어찌 이와 다를 것인가?

ⓒ선비들은 젊었을 때에 학문에 뜻을 두고 밤낮없이 부지런히 노력하여 육경(六經)과 온갖 사서(史書)를 탐구하지 않음이 없고 문장과 아름다운 글귀를 익히지 않음이 없다. 저마다 재주를 품고 기이한 재주를 쌓아 과거 시험장에 나아가 솜씨를 겨루어, 한 번에 뜻을 이루지 못하면 못마땅해 하고, 두 번에 뜻을 얻지 못하면 마음이 흐려지고, 세 번에도 뜻을 얻지 못하면 스스로 낙심하여 말하기를,

"공명에는 분수가 있어서 학문으로 이룰 수 있는 것이 아니며, 부귀는 운명에 달려 있으니 역시 학문으로 이룰 수 있는 것이 아니다."

라고 한다. 그동안 배운 것을 버리고 아울러 이전에 쌓아 온 바를 버려서 어떤 이는 중도에 그만두기도 하고 또 어떤 이는 문(門)에 거의 다 이르렀다가 되돌아간다. 아홉 길 높

이로 산을 쌓고도 한 삼태기의 힘을 마저 쏟지 않는 것과 같
으니, 어찌 게을러서 김을 매지 않는 자들과 같지 않으리오.
　학문의 수고로움은 농부들이 봄, 여름, 가을의 세 계절을
고생하는 것에 비할 바가 아니나, 학문을 하여 얻는 공이 어
찌 농사를 지어 얻는 이로움 정도뿐이겠는가. 농사를 지어
입과 배를 채우는 것은 그 이로움이 적으나, 학문을 하여 명
성을 취하는 것은 그 이로움이 크다. 이로움이 작은 일도 오
히려 부지런히 하지 않을 수 없는데, 하물며 **큰 일을 하면서
부지런**하지 않을 수 있겠는가. 마음을 수고롭게 하는 군자
는 도리어 몸을 수고롭게 하는 소인이 끝까지 노력함을 알
지 못한다. 그러므로 이 글을 지어 그들을 깨우치는 바이다.

- 성현, 「타농설」 -

22. (가)와 (나)에 대한 설명으로 가장 적절한 것은?

① (가)는 열거의 방식을, (나)는 대조의 방식을 활용하여 주제를 부각하고 있다.

② (가)는 (나)와 달리, 대구적 표현을 활용하여 인물에 대한 태도의 변화를 드러내고 있다.

③ (나)는 (가)와 달리, 반어적 표현을 활용하여 인물에 대한 기대감을 높이고 있다.

④ (가)와 (나)는 모두, 계절적 배경을 활용하여 향토적 분위기를 조성하고 있다.

⑤ (가)와 (나)는 모두, 해학적 표현을 활용하여 인물 간의 우호적 관계를 드러내고 있다.

23. ㉠~㉤을 이해한 내용으로 적절하지 <u>않은</u> 것은?

① ㉠은 집터나 묏자리를 통해 길운을 바라는 꽁생원이 관심을 보이는 대상이다.

② ㉡은 재물을 모은 꽁생원이 함께 풍요로운 삶을 누리고 싶은 대상이다.

③ ㉢은 재물을 경영하여 부를 증식하려는 꽁생원이 권력가의 권세를 이용하기 위한 방법이다.

④ ㉣은 집이나 땅을 중개하여 이문을 취하려는 꽁생원이 흥정 과정에서 겪은 부정적 반응이다.

⑤ ㉤은 부자의 재산으로 이익을 얻으려는 꽁생원이 부자를 꾀는 수단이다.

24. ⓐ~ⓒ에 대한 이해로 가장 적절한 것은?

① ⓐ는 도박과 음주에 빠져 있고, ⓑ는 파산의 들판에서 술에 취해 잠들어 있다.
② ⓐ는 부모의 혜택을 받지 못하여 팔자를 원망하고, ⓒ는 분수를 알아 자신의 배움에 한계가 있다고 생각한다.
③ ⓐ는 혼인을 중매하는 일에 성공하지 못하여 창피를 당하고, ⓒ는 과거 시험에서 뜻을 이루지 못하여 수치를 당한다.
④ ⓑ는 가뭄에 김을 매지 않아 다른 농부들의 조롱을 받고, ⓒ는 한때의 괴로움을 참지 못하여 공명을 이루지 못한다.
⑤ ⓑ는 김매기를 하여도 작물이 죽을 것이라고 생각하고, ⓒ는 학문에 힘을 쏟아도 부귀를 이루지 못할 수 있다고 생각한다.

25. (나)에 대한 설명으로 적절하지 <u>않은</u> 것은?

① 인물들의 말을 인용하여 특정 상황에 대한 서로 다른 태도를 드러내고 있다.
② 글쓴이의 주장과 그에 대한 반박을 제시하여 화제에 대한 상반된 입장을 나타내고 있다.
③ 물음에 답하는 인물을 통해 글쓴이가 관찰한 상황이 발생하게 된 이유를 제시하고 있다.
④ 다른 사람에게 교훈을 전달하고자 하는 글쓴이의 의도를 드러내며 글을 마무리하고 있다.
⑤ 글쓴이의 경험을 통해 얻은 깨달음을 바탕으로 논의의 대상을 다른 상황으로 확장하고 있다.

26. <보기>를 참고하여 (가), (나)를 감상한 내용으로 적절
　　하지 <u>않은</u> 것은?

———— <보 기> ————

　　당면한 현실에 대응하는 양상에 따라 삶에 대한 평
가는 달라진다. 요행을 바라면서 책임감 없는 삶을
사는 경우에는 부정적으로, 현실적 한계를 극복하고
자 노력하는 삶을 사는 경우에는 긍정적으로 평가된
다. (가)에서는 당대 규범에서 벗어나 세속적 욕망을
추구하며 요행을 바라는 태도에 대한 경계가, (나)에
서는 운명론적 태도에서 벗어나 삶의 주체로서 문제
를 성실하게 해결하는 자세에 대한 권면이 나타나고
있다.

① (가)의 '공것'과 '뜬재물'은 정당한 노력을 기울이지 않고
　　요행을 바라는 태도를 알 수 있는 소재이군.
② (나)의 '비가 내리지 않'아 '김을 맬 수가 없'는 것을 보
　　니, 농부들이 농경에 부적합한 환경이라는 문제 상황에 당
　　면하게 된 것을 알 수 있군.
③ (가)의 '공납'을 유용하려는 것에서 이익을 위해 규범을
　　무시하는 태도를, (나)의 '그냥 쉬는 것이 나을 것'에서 불
　　행한 결과를 예단하는 운명론적 태도를 확인할 수 있군.
④ (가)의 '돈천이나 가졌더니', '친구 대접 하였던가'에서 재
　　물을 베푸는 데 인색한 물욕을, (나)의 '풀 뽑기를 쉬지
　　아니하여'에서 한계 상황을 극복하고자 하는 의지를 확인
　　할 수 있군.
⑤ (가)의 '일가'와 '친구'에게서 소외당한 꽁생원의 말로에
　　서 무책임한 삶에 대한 경계가, (나)의 '큰 일을 하면서 부
　　지런하'기를 촉구하는 데에서 게으른 농부에 대한 권면이
　　나타나는군.

메모

저 건너 꽁생원은 팔자를 원망토다

잡기술(현대어 번역)

저기 건너에 사는 꽁생원이라는 사람은 자기 팔자를 원망하고 있구나.

제 아비 덕분으로 돈천이나가졌더니

잡기술(현대어 번역)

아버지 덕으로 천냥이나 가져봤더니

술 한 잔 밥 한 술을 친구 대접 하였던가

잡기술(현대어 번역)

술 한 잔과 밥 한 술을 친구에게 대접이라도 한번 했던가

주제넘게 아는 체로 음양술수(陰陽術數) 현혹되어

잡기술(현대어 번역)

주제 넘게 아는 척하느라 풍수나 점 같은것에 홀려

이장도 자주 하며 이사도 힘을 쓰고

잡기술(현대어 번역)

묘도 자주 옮기고 이사도 자주하고

당대발복(當代發福) 예 아니면 피란처가 여기로다

잡기술(현대어 번역)

바로 복이 들어오지 않으면, 다른 곳이 피란처라 하고 또 달아나려 하네.

올 적 갈 적 행로상에 처자식을 흩어 놓고

잡기술(현대어 번역)

오고 가는 길바닥에 처자식을 흩어 놓고

유무(有無) 상관 아니하고 공것을 바라도다

잡기술(현대어 번역)

돈이 있든 없든 상관하지 않고 공짜를 바라는 구나

기인취물(**欺人取物**) 하자 하니 두 번째는 아니 속고

잡기술(현대어 번역)

사람을 속여 돈을 빼앗으려 해도, 두 번이나 속아 줄 사람 없고

공납(**公納**) 범용 하자 하니 일가 중에 부자 없고

잡기술(현대어 번역)

나랏돈을 훔치자니, 가죽 중에 부자 없고

뜬재물을 경영하여 경향출입 싸다닐 제

잡기술(현대어 번역)

허황된 재물을 쓰면서 서울, 시골을 오가며 돌아다닐 때

재상가에 청질하다 봉변당해 물러서며

잡기술(현대어 번역)

재상댁에 가서 청탁하려다 봉변당하고 쫓겨났으며

남의 고을 걸태 하다 혼금(**閽禁**)에 쫓겨 오기

잡기술(현대어 번역)

남의 고을로 구걸하러가다가 관아 쫓겨 다시 돌아오니

혼인 중매 선채 돈에 창피당해 뺨 맞으며

잡기술(현대어 번역)

혼인을 중매하던 중 돈 문제로 창피를 당하고, 뺨까지 맞으며

가대 흥정 구문 먹기 핀잔듣고 자빠지고

잡기술(현대어 번역)

집이나 땅을 흥정하려다 핀잔만 듣고 자빠지고

불의행실(**不義行實**) 찌그렁이 위조문서 비리호송(**非理好訟**)

잡기술(현대어 번역)

부정한 짓에, 위조 문서로 불합리한 송사를 일으키고

부자나 후려 볼까 감언이설 꾀어 보자

잡기술(현대어 번역)

부자나 속여 볼까해 감언이설로 꾈라하니

언막이에 보막이며 은광이며 금광이라

잡기술(현대어 번역)

언막이에 보막이며 은광이며 금광이라

큰길가에 색주가며 노름판에 푼돈 떼기

잡기술(현대어 번역)

대로변에 기생집다니면서 노름판에서 잔돈이나 떼 먹으려하네

남북촌에 뚜쟁이로 인물 초인(招引) 하여 볼까

잡기술(현대어 번역)

남북 북촌을 기웃거리며 뚜쟁이로 인물 소개나 해볼까

산진매 수진매로 사냥질로 놀아나기

잡기술(현대어 번역)

야생매나 길들인 매로 사냥하면서 놀다가

혼인 핑계 어린 딸이 백 냥짜리 되었구나

잡기술(현대어 번역)

혼인을 핑계로 어린 딸을 백 냥에짜리로 팔았구나

대종손 양반 자랑 산소나 팔아 볼까

잡기술(현대어 번역)

대종손 양반집이라고 자랑하며 산소나 팔 생각을 하니

아낙은 친정살이 자식은 머슴살이

잡기술(현대어 번역)

아내는 친정에 얹혀 있고, 자식은 남의 집 머슴 노릇하니

일가에게 인심 잃고 친구에게 손가락질

잡기술(현대어 번역)

가족에겐 인심 잃고 친구에게 손가락질 당하던가

부지거처(**不知去處**) 나간 후에 소문이나 들었던가

잡기술(현대어 번역)

어디로 간 줄도 모르게 사려저 버린 뒤에, 소식은 들었던가.

(나)

경인년(庚寅年)에 큰 가뭄이 들어 정월부터 가을 7월에 이르기 까지 비가내리지 않았다. 봄에는 논밭을 갈지 못했고, 여름에는 김을 맬 수가 없었다. 들판에 있는 풀은 하나같이 누렇게 말랐고, 논밭의 곡식도 모두 시들었다.

부지런한 농부가 말하기를,

"김을 매도 죽을 것이고 김을 매지 않아도 죽을 것이다. 편안히 앉아 기다리는 것보다는 힘을 다하여 곡식을 살리는 게 나을 것이다. 만일 비가 내린다면 어찌 그동안 들인 노력이 모두 허사가 되겠는가."

라고 하였다. 그러므로 논밭은 이미 갈라졌으나 김매기를 그치지 아니하고 싹이 이미 시들었어도 풀 뽑기를 쉬지 아니하여, 한 해가 다 가도록 부지런히 일을 하면서 자신이 할 일에 최선을 다하였다.

게으른 농부는 말하기를,

"김을 매도 죽을 것이고 김을 매지 않아도 죽을 것이다. 바쁘게 일하면서 수고로운 것보다는 아무 일도 하지 않고 그냥 쉬는 것이 나을 것이다. 만일 비가 오지 않으면 이것 모두 무익하게 될 것이다."

라고 하였다. 그러므로 밭에서 일하는 농부들을 보고 비웃기를 그치지 않았고, 들밥을 내가는 아녀자들을 보고 조롱하기를 그만두지 않으면서, 한 해가 다 가도록 물러나 앉아 천명을 기다리고 있었다.

잡기술(현대어 번역)

경인년(庚寅年)에 큰 가뭄이 들어, 정월부터 가을 7월까지 비가 오지 않았다. 봄에는 논밭을 갈지 못했고, 여름엔 잡초를 뽑을 수도 없었다. 들판의 풀들은 모두 누렇게 말라 버렸고, 논밭의 곡식도 전부 시들어 버렸다.

부지런한 농부가 말하기를,

"김을 매도 곡식이 죽을 것이고, 안 매도 곡식이 죽을 것이다. 그래도 가만히 앉아 있기보다는, 혹시 비가 내릴 때를 대비해 힘써 곡식을 살리는 편이 낫지 않겠는가. 비만 온다면 그동안 들인 노력이 헛되지 않을 테니."

라고 하였다. 그래서 땅이 갈라져도 김매기를 멈추지 않고, 싹이 시들어도 풀 뽑기를 그치지 않으며, 한 해 내내 부지런히 땀 흘려 일했다.

게으른 농부는 말하기를,

"김을 매도 죽을 것이고, 안 매도 죽을 것이다. 괜히 힘들게 일하지 말고, 그냥 편하게 쉬는 게 낫다. 비가 오지 않으면 수고한 보람도 없을 텐데 뭐 하러 애쓰겠는가."

라고 하였다. 그래서 일하는 사람을 비웃고, 들로 밥을 나르는 아녀자들을 조롱하면서, 결국 한 해가 다 가도록 빈둥대며 하늘만 바라보고 있었다.

(나)

나는 일찍이 가을걷이할 무렵 파산(坡山)의 들판에 가 보았다. 그 밭의 절반은 황폐하였고 절반은 곡식이 잘 가꾸어져 있었는데, 절반은 곡식이 성글게 달렸고 절반은 빽빽하게 달려 있었다. 어떤 농부는 목을 뻣뻣이 세우고 하늘을 우러러보고, 또 어떤 농부는 술에 취해 잠이 들어 있었다. 마을 노인에게 이유를 물으니,

"저 황폐하고 성긴 곡식은 목을 뻣뻣이 세우고 하늘을 우러러 보는 자들이 무익하다고 여겨 김을 매지 않은 것이고, 잘 가꾸어져 빽빽한 곡식은 술에 취한 채 목이 메어 잠든 자들이 정성과 힘을 다하여 살린 것이다. 한때의 편안함을 탐내었다가 일 년 내내 굶주리게 되었고, 한때의 괴로움을 참아 일 년 내내 배불리 지낼 수 있게 되었다."
라고 하였다.

잡기술(현대어 번역)

내가 가을걷이 무렵 파산(坡山)의 들판에 가 보니, 그 밭은 절반은 황폐하고 절반은 풍성했다. 어떤 농부는 하늘만 쳐다보고 있었고, 또 어떤 농부는 술에 취해 잠이 들어 있었다. 마을 노인에게 물으니,

"저 황폐하고 듬성듬성한 곡식은, '헛수고'라 여겨 김매기를 하지 않았던 농부의 밭이고, 잘 가꾸어져 알차게 결실한 곡식은, 한여름 고생을 마다하지 않았던 농부의 밭이라오. 잠시 편하자고 일을 게을리했던 자들은 일 년 내내 굶주리게 되었고, 잠시 힘들어도 부지런히 일했던 자들은 일 년 내내 배불리 먹게 되었지요."
라고 대답하였다.

(나)

아, 열심히 일하여 얻고, 편안하게 놀다가 잃는 것은 비단 농사일만이 아닐 것이다. 오늘날 시서(詩書)를 공부하여 벼슬길에 나아가기를 도모하는 사람들도 어찌 이와 다를 것인가?

선비들은 젊었을 때에 학문에 뜻을 두고 밤낮없이 부지런히 노력하여 육경(六經)과 온갖 사서(史書)를 탐구하지 않음이 없고 문장과 아름다운 글귀를 익히지 않음이 없다. 저마다 재주를 품고 기이한 재주를 쌓아 과거 시험장에 나아가 솜씨를 겨루어, 한 번에 뜻을 이루지 못하면 못마땅해하고, 두 번에 뜻을 얻지 못하면 마음이 흐려지고, 세 번에도 뜻을 얻지 못하면 스스로 낙심하여 말하기를,

"공명에는 분수가 있어서 학문으로 이룰 수 있는 것이 아니며, 부귀는 운명에 달려 있으니 역시 학문으로 이룰 수 있는 것이 아니다."

라고 한다. 그동안 배운 것을 버리고 아울러 이전에 쌓아 온 바를 버려서 어떤 이는 중도에 그만두기도 하고 또 어떤 이는 문(門)에 거의 다 이르렀다가 되돌아간다. 아홉 길 높이로 산을 쌓고도 한 삼태기의 힘을 마저 쏟지 않는 것과 같으니, 어찌 게을러서 김을 매지 않는 자들과 같지 않으리오.

학문의 수고로움은 농부들이 봄, 여름, 가을의 세 계절을 고생하는 것에 비할 바가 아니나, 학문을 하여 얻는 공이 어찌 농사를 지어 얻는 이로움 정도뿐이겠는가. 농사를 지어 입과 배를 채우는 것은 그 이로움이 적으나, 학문을 하여 명성을 취하는 것은 그 이로움이 크다. 이로움이 작은 일도 오히려 부지런히 하지 않을 수 없는데, 하물며 큰 일을 하면서 부지런하지 않을 수 있겠는가. 마음을 수고롭게 하는 군자는 도리어 몸을 수고롭게 하는 소인이 끝까지 노력함을 알지 못한다. 그러므로 이 글을 지어 그들을 깨우치는 바이다.

잡기술(현대어 번역)

아, 열심히 일하여 얻고, 게을리 놀다가 잃는 것은 농사에만 국한된 이야기가 아니다. 오늘날 시서(詩書)를 공부하여 벼슬길에 오르고자 하는 사람들도 어찌 이와 다르랴?

젊은 선비들이 처음에는 밤낮없이 부지런히 육경과 모든 사서를 익혀 재능을 쌓다가, 과거 시험에 한두 번 낙방하면 "공명은 운명이고, 부귀는 하늘이 정하는 것"이라며 학문을 포기해 버린다.

이는 산을 아홉 길이나 쌓고도 마지막 삽질(삼태기) 하나를 하지 않아 완성 못 하는 것과 같다. 어찌 김을 매지 않는 게으른 농부와 같지 않겠는가?

농사는 밥벌이에 도움을 줄 뿐이지만, 학문을 통해 얻는 공은 훨씬 더 큰 것이니, 작은 이익도 부지런히 해야 한다면 하물며 큰일을 이루는 데야 더욱 부지런히 힘써야 하지 않겠는가?

몸으로만 수고하는 사람(소인)은 끝까지 노력하는 법을 알고, 마음 쓰는 사람(군자)은 되레 게으름을 부리기도 하니, 그래서 이 글을 지어 그들을 깨우치고자 한다.

메모

22. (가)와 (나)에 대한 설명으로 가장 적절한 것은?

① (가)는 열거의 방식을, (나)는 대조의 방식을 활용하여
주제를 부각하고 있다.
② (가)는 (나)와 달리, 대구적 표현을 활용하여 인물에 대
한 태도의 변화를 드러내고 있다.
③ (나)는 (가)와 달리, 반어적 표현을 활용하여 인물에 대
한 기대감을 높이고 있다.
④ (가)와 (나)는 모두, 계절적 배경을 활용하여 향토적 분
위기를 조성하고 있다.
⑤ (가)와 (나)는 모두, 해학적 표현을 활용하여 인물 간의
우호적 관계를 드러내고 있다.

길라잡이
본인만의 풀이 과정을 적어보세요!

---

① (가)는 열거의 방식을, (나)는 대조의 방식을 활용하여
주제를 부각하고 있다.

---

② (가)는 (나)와 달리, 대구적 표현을 활용하여 인물에 대
한 태도의 변화를 드러내고 있다.

---

③ (나)는 (가)와 달리, 반어적 표현을 활용하여 인물에 대
한 기대감을 높이고 있다.

---

④ (가)와 (나)는 모두, 계절적 배경을 활용하여 향토적 분
위기를 조성하고 있다.

---

⑤ (가)와 (나)는 모두, 해학적 표현을 활용하여 인물 간의
우호적 관계를 드러내고 있다.

23. ㉠~㉤을 이해한 내용으로 적절하지 <u>않은</u> 것은?

① ㉠은 집터나 묏자리를 통해 길운을 바라는 꽁생원이 관심을 보이는 대상이다.

② ㉡은 재물을 모은 꽁생원이 함께 풍요로운 삶을 누리고 싶은 대상이다.

③ ㉢은 재물을 경영하여 부를 증식하려는 꽁생원이 권력가의 권세를 이용하기 위한 방법이다.

④ ㉣은 집이나 땅을 중개하여 이문을 취하려는 꽁생원이 흥정 과정에서 겪은 부정적 반응이다.

⑤ ㉤은 부자의 재산으로 이익을 얻으려는 꽁생원이 부자를 꾀는 수단이다.

길라잡이

본인만의 풀이 과정을 적어보세요!

---

① ㉠은 집터나 묏자리를 통해 길운을 바라는 꽁생원이 관심을 보이는 대상이다.

---

② ㉡은 재물을 모은 꽁생원이 함께 풍요로운 삶을 누리고 싶은 대상이다.

---

③ ㉢은 재물을 경영하여 부를 증식하려는 꽁생원이 권력가의 권세를 이용하기 위한 방법이다.

---

④ ㉣은 집이나 땅을 중개하여 이문을 취하려는 꽁생원이 흥정 과정에서 겪은 부정적 반응이다.

---

⑤ ㉤은 부자의 재산으로 이익을 얻으려는 꽁생원이 부자를 꾀는 수단이다.

24. @~ⓒ에 대한 이해로 가장 적절한 것은?

① @는 도박과 음주에 빠져 있고, ⓑ는 파산의 들판에서 술에 취해 잠들어 있다.

② @는 부모의 혜택을 받지 못하여 팔자를 원망하고, ⓒ는 분수를 알아 자신의 배움에 한계가 있다고 생각한다.

③ @는 혼인을 중매하는 일에 성공하지 못하여 창피를 당하고, ⓒ는 과거 시험에서 뜻을 이루지 못하여 수치를 당한다.

④ ⓑ는 가뭄에 김을 매지 않아 다른 농부들의 조롱을 받고, ⓒ는 한때의 괴로움을 참지 못하여 공명을 이루지 못한다.

⑤ ⓑ는 김매기를 하여도 작물이 죽을 것이라고 생각하고, ⓒ는 학문에 힘을 쏟아도 부귀를 이루지 못할 수 있다고 생각한다.

① @는 도박과 음주에 빠져 있고, ⓑ는 파산의 들판에서 술에 취해 잠들어 있다.

② @는 부모의 혜택을 받지 못하여 팔자를 원망하고, ⓒ는 분수를 알아 자신의 배움에 한계가 있다고 생각한다.

③ @는 혼인을 중매하는 일에 성공하지 못하여 창피를 당하고, ⓒ는 과거 시험에서 뜻을 이루지 못하여 수치를 당한다.

④ ⓑ는 가뭄에 김을 매지 않아 다른 농부들의 조롱을 받고, ⓒ는 한때의 괴로움을 참지 못하여 공명을 이루지 못한다.

⑤ ⓑ는 김매기를 하여도 작물이 죽을 것이라고 생각하고, ⓒ는 학문에 힘을 쏟아도 부귀를 이루지 못할 수 있다고 생각한다.

25. (나)에 대한 설명으로 적절하지 <u>않은</u> 것은?

① 인물들의 말을 인용하여 특정 상황에 대한 서로 다른 태도를 드러내고 있다.
② 글쓴이의 주장과 그에 대한 반박을 제시하여 화제에 대한 상반된 입장을 나타내고 있다.
③ 물음에 답하는 인물을 통해 글쓴이가 관찰한 상황이 발생하게 된 이유를 제시하고 있다.
④ 다른 사람에게 교훈을 전달하고자 하는 글쓴이의 의도를 드러내며 글을 마무리하고 있다.
⑤ 글쓴이의 경험을 통해 얻은 깨달음을 바탕으로 논의의 대상을 다른 상황으로 확장하고 있다.

<table>
<tr><td>길라잡이</td></tr>
<tr><td>본인만의 풀이 과정을 적어보세요!</td></tr>
</table>

① 인물들의 말을 인용하여 특정 상황에 대한 서로 다른 태도를 드러내고 있다.

② 글쓴이의 주장과 그에 대한 반박을 제시하여 화제에 대한 상반된 입장을 나타내고 있다.

③ 물음에 답하는 인물을 통해 글쓴이가 관찰한 상황이 발생하게 된 이유를 제시하고 있다.

④ 다른 사람에게 교훈을 전달하고자 하는 글쓴이의 의도를 드러내며 글을 마무리하고 있다.

⑤ 글쓴이의 경험을 통해 얻은 깨달음을 바탕으로 논의의 대상을 다른 상황으로 확장하고 있다.

26. <보기>를 참고하여 (가), (나)를 감상한 내용으로 적절하지 <u>않은</u> 것은?

> ─── <보 기> ───
>
> 당면한 현실에 대응하는 양상에 따라 삶에 대한 평가는 달라진다. 요행을 바라면서 책임감 없는 삶을 사는 경우에는 부정적으로, 현실적 한계를 극복하고자 노력하는 삶을 사는 경우에는 긍정적으로 평가된다. (가)에서는 당대 규범에서 벗어나 세속적 욕망을 추구하며 요행을 바라는 태도에 대한 경계가, (나)에서는 운명론적 태도에서 벗어나 삶의 주체로서 문제를 성실하게 해결하는 자세에 대한 권면이 나타나고 있다.

① (가)의 '공것'과 '뜬재물'은 정당한 노력을 기울이지 않고 요행을 바라는 태도를 알 수 있는 소재이군.

② (나)의 '비가 내리지 않'아 '김을 맬 수가 없'는 것을 보니, 농부들이 농경에 부적합한 환경이라는 문제 상황에 당면하게 된 것을 알 수 있군.

③ (가)의 '공납'을 유용하려는 것에서 이익을 위해 규범을 무시하는 태도를, (나)의 '그냥 쉬는 것이 나을 것'에서 불행한 결과를 예단하는 운명론적 태도를 확인할 수 있군.

④ (가)의 '돈천이나 가졌더니', '친구 대접 하였던가'에서 재물을 베푸는 데 인색한 물욕을, (나)의 '풀 뽑기를 쉬지 아니하여'에서 한계 상황을 극복하고자 하는 의지를 확인할 수 있군.

⑤ (가)의 '일가'와 '친구'에게서 소외당한 꽁생원의 말로에서 무책임한 삶에 대한 경계가, (나)의 '큰 일을 하면서 부지런하'기를 촉구하는 데에서 게으른 농부에 대한 권면이 나타나는군.

① (가)의 '공것'과 '뜬재물'은 정당한 노력을 기울이지 않고 요행을 바라는 태도를 알 수 있는 소재이군.

② (나)의 '비가 내리지 않'아 '김을 맬 수가 없'는 것을 보니, 농부들이 농경에 부적합한 환경이라는 문제 상황에 당면하게 된 것을 알 수 있군.

③ (가)의 '공납'을 유용하려는 것에서 이익을 위해 규범을 무시하는 태도를, (나)의 '그냥 쉬는 것이 나을 것'에서 불행한 결과를 예단하는 운명론적 태도를 확인할 수 있군.

④ (가)의 '돈천이나 가졌더니', '친구 대접 하였던가'에서 재물을 베푸는 데 인색한 물욕을, (나)의 '풀 뽑기를 쉬지 아니하여'에서 한계 상황을 극복하고자 하는 의지를 확인할 수 있군.

⑤ (가)의 '일가'와 '친구'에게서 소외당한 꽁생원의 말로에서 무책임한 삶에 대한 경계가, (나)의 '큰 일을 하면서 부지런하'기를 촉구하는 데에서 게으른 농부에 대한 권면이 나타나는군.

길라잡이

본인만의 풀이 과정을 적어보세요!

메모

I. 독서

법학

기술

역사학

과학

윤리학

경영학

미학

Ⅱ. 문학

현대 산문

고전 산문

현대 운문/수필

고전 운문/수필